Antonia Krummheuer
Interaktion mit virtuellen Agenten?

Qualitative Soziologie · Band 11

Herausgegeben von

Jörg R. Bergmann
Stefan Hirschauer
Herbert Kalthoff

Die Reihe „Qualitative Soziologie" präsentiert ausgewählte Beiträge aus der qualitativen Sozialforschung, die methodisch anspruchsvolle Untersuchungen mit einem dezidierten Interesse an der Weiterentwicklung soziologischer Theorie verbinden. Ihr Spektrum umfasst ethnographische Feldstudien wie Analysen mündlicher und schriftlicher Kommunikation, Arbeiten zur historischen Sozialforschung wie zur Visuellen Soziologie. Die Reihe versammelt ohne Beschränkung auf bestimmte Gegenstände originelle Beiträge zur Wissenssoziologie, zur Interaktions- und Organisationsanalyse, zur Sprach- und Kultursoziologie wie zur Methodologie qualitativer Sozialforschung und sie ist offen für Arbeiten aus den angrenzenden Kulturwissenschaften. Sie bietet ein Forum für Publikationen, in denen sich weltoffenes Forschen, methodologisches Reflektieren und analytisches Arbeiten wechselseitig verschränken. Nicht zuletzt soll die Reihe „Qualitative Soziologie" den Sinn dafür schärfen, wie die Soziologie selbst an sozialer Praxis teilhat.

Interaktion mit virtuellen Agenten?

Zur Aneignung eines ungewohnten Artefakts

von Antonia Krummheuer

 Lucius & Lucius · Stuttgart

Anschrift der Autorin:

Dr. Antonia Krummheuer
Institut für Kultur-, Literatur- und Musikwissenschaft
Alpen-Adria-Universität Klagenfurt
Universitätsstraße 65-67
9020 Klagenfurt
Österreich

Antonia.Krummheuer@uni-klu.ac.at

Veröffentlicht mit Unterstützung der Österreichischen Forschungsgemeinschaft und des Forschungsrates der Alpen-Adria-Universität Klagenfurt aus den Fördermitteln der Privatstiftung Kärntner Sparkasse.

Bibliographische Information der Deutschen Nationalbibliothek

Die Deutsche Nationalbibliothek verzeichnet diese Publikation in der Deutschen Nationalbibliographie; detaillierte bibliographische Daten sind im Internet über http://dnb.ddb.de abrufbar

ISBN 978-3-8282-0489-8
ISSN 1617-0164

© Lucius & Lucius Verlagsgesellschaft mbH · Stuttgart · 2010
Gerokstraße 51 · D-70184 Stuttgart · www.luciusverlag.com

Das Werk einschließlich aller seiner Teile ist urheberrechtlich geschützt. Jede Verwertung außerhalb der engen Grenzen des Urheberrechtsgesetzes ist ohne Zustimmung des Verlags unzulässig und strafbar. Das gilt insbesondere für Vervielfältigungen, Übersetzungen, Mikroverfilmungen und die Einspeicherung und Verarbeitung in elektronischen Systemen.

Umschlagentwurf: Isabelle Devaux, Stuttgart
Druck und Einband: Rosch-Buch, Scheßlitz
Printed in Germany

Danksagung

Das Buch geht auf meine Dissertation zurück. Sie nahm ihren Anfang am DFG-Graduiertenkolleg „Auf dem Weg in die Wissensgesellschaft" am Institut für Wissenschafts- und Technikforschung der Universität Bielefeld. Unter dem Titel „Hybrider Austausch zwischen Technik und Mensch. Sozio-technische Grundlagen und Ambiguitäten im Austausch zwischen menschlichem Akteur und virtuellem Agenten" wurde sie an der Alpen-Adria-Universität Klagenfurt eingereicht und 2008 abgeschlossen.
Ohne die finanzielle Unterstützung von verschiedenen Seiten wäre diese Arbeit nicht möglich gewesen. Mein Dank gilt der DFG für ein Graduiertenstipendium, dem DAAD für ein Auslandsstipendium nach Lancaster und der IGSS für die Finanzierung der Datenerhebung.
Des Weiteren danke ich Ipke Wachsmuth, Stefan Kopp, Marc Latoschik und Christian Becker-Asano der Arbeitsgruppe „Wissensbasierte Systeme" an der Technischen Fakultät der Universität Bielefeld, die mir die Datenerhebung ermöglichten. Für die Unterstützung bei der audiovisuellen Erhebung danke ich Paul John, Christine Rüdel sowie Heike Greschke. Ganz besonders möchte ich Ruth Ayaß und Jörg Bergmann für ihre hervorragende Betreuung danken. Für ihre kritischen Anmerkungen sei Heike Greschke, Marion Müller, Karola Pitsch, Matthias Rehm, Matthias Wieser und Stephan Windmann gedankt. Der Dank gilt auch Claudia Küttel, Claudia Isep und Nicole Kelner für die Korrekturarbeiten. Gedankt sei ebenso Werner Kießling, Stefan Fischer und Sven Döring sowie Alfons Bora und meinen Mitstreitern am Graduiertenkolleg.
Herzlich gedankt sei zudem meinen Freunden, meinem Ehemann und meiner Familie, ohne deren Unterstützung diese Arbeit nicht zustande gekommen wäre.

Im Dezember 2009, Antonia Lina Krummheuer

Inhaltsverzeichnis

1	**Einleitung**	**1**
2	**Technik als Interaktionspartner?**	**13**
	2.1 Soziale Interaktion	13
	2.2 Interaktion und Technik	30
3	**Erhebung und Analyse audiovisueller Daten**	**55**
	3.1 Konversationsanalyse als Methode	56
	3.2 Erhebung und Datenmaterial	58
	3.3 Transkriptionskonventionen	67
4	**Virtuelle Agenten als Kommunikationspartner**	**75**
	4.1 Virtuelle Agenten – Das Problem einer Definition	76
	4.2 Vom Computer zum virtuellen Ansprechpartner	78
	4.3 Der Embodied Conversational Agent Max	83
5	**Rahmung einer ungewohnten Situation**	**103**
	5.1 Die Zweiweltlichkeit des hybriden Austauschs	104
	5.2 Ungewohnte Andersartigkeit	107
	5.3 Der Test auf Gemeinsamkeit	114
	5.4 Teilnahmestrukturen zwischen zwei Welten	125
	5.5 So-Tun-als-ob-Rahmung	140
6	**Technisierte Interaktionsroutinen**	**145**
	6.1 Grundlagen sozialer Interaktion	145
	6.2 Rituelle Klammern	149
	6.3 Unentschiedene Handlungsträgerschaft	190
7	**Gesprächsorganisation im Umbruch**	**193**
	7.1 Sprecherwechsel und Gesprächsdynamik	194
	7.2 Technische Sequentialität	210
	7.3 Basisstruktur des hybriden Austauschs	226

8 Verstehenssicherung als Herausforderung — 235
- 8.1 Umgang mit Kommunikationsproblemen 236
- 8.2 Vorbeugende Verständnissicherung 238
- 8.3 Gemeinsame 'Reparaturen' 242
- 8.4 Problembehandlung unter Ausschluss von Max 246
- 8.5 Grenzen der Akteurfiktion 251
- 8.6 Simuliertes Verstehen 259

9 Zwischen Spiel und Provokation — 263
- 9.1 Das Ratespiel als Test der Ebenbürtigkeit 263
- 9.2 Frotzeln als spielerische Provokation des Agenten 274
- 9.3 Von der Themensuche zum Schlagfertigkeitstest 285
- 9.4 Beleidigungen und adäquates Verhalten 294
- 9.5 Attacken auf das Programm 305
- 9.6 Rahmenwechsel als Normalisierungstechnik 311

10 Zusammenfassung und Ausblick — 315

Literaturverzeichnis — 329

KAPITEL 1
Einleitung

Die vorliegende Arbeit untersucht den Umgang von menschlichen Akteuren mit sogenannten „Embodied Conversational Agents" (ECA) (Cassell, Sullivan, Prevost & Churchill 2000b). ECAs sind Softwareprogramme, die von ihren Entwicklern als 'interaktive' Ansprechpartner mit künstlicher Intelligenz beschrieben werden. Sie treten dem Nutzer – die Informatiker bezeichnen damit menschliche Akteure, die mit computerbasierten Technologien umgehen - als virtuell verkörperter Ansprechpartner gegenüber, der ein menschenähnliches Kommunikationsverhalten aufweisen soll (s. Abb. 1.1). Während die Entwickler solcher Systeme von einer Interaktion von Nutzer und Agent sprechen, stellt sich die Frage, ob aus einer soziologischen Perspektive der menschliche Umgang mit dem Agenten als Interaktion bezeichnet werden kann. Aus soziologischer Perspektive finden soziale Interaktionen statt, wenn mindestens zwei Individuen sich wechselseitig wahrnehmen, die Wahrnehmung des anderen wahrnehmen, einen gemeinsamen Aufmerksamkeitsfokus teilen und ihre Handlungen am Verhalten des anderen orientieren (vgl. Goffman 1983). Damit verbunden sind komplexe und wechselseitig verschränkte Deutungsprozesse, insofern die Individuen wechselseitig ihrem eigenen Handeln und dem des anderen Sinn zuschreiben (vgl. Weber 1984). Diese Sinnkonstruktionen sind an die individuellen, aber auch sozial-kulturell geprägten Wissens- und Erfahrungsvorräte der Individuen gebunden (vgl. Schütz 1971). Interaktive Deutungsprozesse zeichnen sich folglich durch eine „sehr hoch angesetzte Komplexität" (Lindemann 2002b: 80) aus, die traditionell nur dem Menschen zugeschrieben wird. Virtuelle Agenten scheiden somit als Interaktionspartner aus.

Mit dem Einzug computerbasierter Technologien ins alltägliche Leben werden zunehmend Handlungen und Kommunikationen über technische und mit technischen Artefakten ausgeführt. Dazu zählen z.B. die automatisierte Fahrkartenbestellung, bei der der Nutzer in einen dialogartigen Austausch mit einem programmierten Bestellformular tritt, um eine Fahrkarte zu kaufen, oder Kommunikationen innerhalb von Onlinespielen, in denen programmierte Agenten und von menschlichen Nut-

Abbildung 1.1: Der Embodied Conversational Agent Max.

zern gesteuerte Avatars gemeinsam Aufgaben lösen. Auch die Entwicklung der ECAs orientiert sich an einem Umgang mit computerbasierten Technologien, der als Dialog konzeptualisiert wird. Dadurch soll eine 'interaktive' und 'intuitive' Aneignung des Artefakts ermöglicht werden, da das Artefakt dem Nutzer als menschenähnlicher Ansprechpartner gegenübertritt. Diese verschiedenen 'Dialogformen' mit computerbasierten Ansprechpartnern unterscheiden sich sowohl von zwischenmenschlichen Kommunikationen, z.B. dem Fahrkartenverkauf bei einem menschlichen Bahnangestellten am Schalter, als auch vom instrumentellen Umgang mit Artefakten, wie das Abstempeln einer Fahrkarte, das Tippen auf der Tastatur oder die Verwendung von Werkzeugen. Gleichzeitig weist der Umgang von Menschen mit computerbasierten und dialoggesteuerten Artefakten häufig „a form of quasi-conversational turn-taking" (Hutchby 2001a: 141) auf. Der Soziologie fehlt es jedoch an theoretischen Konzepten, um diese zunehmend alltäglichen und scheinbar interaktionsähnlichen Kommunikationsformen zu fassen, die weder als instrumentelles Handeln noch als soziale (zwischenmenschliche) Interaktion beschrieben werden können.

Fragestellung

Während die Entwickler den Austausch zwischen Mensch und Agent als Interaktion bezeichnen, stellt die vorliegende Arbeit die Frage, *wie der Austausch zwischen Nutzer und Agent aus soziologischer Sicht konzeptualisiert werden kann. Kann der Austausch als Interaktion beschrie-*

ben werden, obwohl der Agent kein menschlicher Akteur ist? Diesen Fragen wird auf der Grundlage einer empirischen und qualitativen Analyse nachgegangen, in der untersucht wird, *welche kommunikativen Strukturen im Austausch zwischen Nutzer und Agent beobachtet werden können und wie sich diese von zwischenmenschlichen Interaktionen unterscheiden.* Ausgehend von dieser Analyse wird ein soziologisches Konzept für den Austausch zwischen Agent und Nutzer entwickelt.

Die vorliegende Arbeit hinterfragt die anthropozentrische Sicht der Soziologie und verortet sich vor dem Hintergrund der soziologischen Diskussion um die Handlungsträgerschaft von Technik, die durch die Laborstudien in den 1970er und 1980er Jahren (vgl. Knorr-Cetina 1991 (engl. Orig. von 1981), Latour 1987, Latour & Woolgar 1979, Lynch 1985) mit angestoßen wurde. Die Studien fokussierten die handlungspraktische Ebene der wissenschaftlichen Erkenntnisproduktion und dekonstruierten die „Fabrikation" (Knorr-Cetina 1991: 17) des 'objektiven' Wissens der Wissenschaft. Dabei wurden auch zunehmend technische Artefakte und wissenschaftliche Objekte in den Blick genommen, die einerseits durch wissenschaftliches Handeln fabriziert werden und andererseits auf das wissenschaftliche Handeln Einfluss nehmen. Die aus den Arbeiten von Latour hervorgehende Akteur-Netzwerk-Theorie postuliert schließlich einen symmetrischen (semiotischen) Handlungsbegriff, in dem „humans and nonhumans" (Johnson [alias Bruno Latour] 1988: 298), wie technische Artefakte und Mikroben, gleichermaßen agieren können. In kritischer Auseinandersetzung mit der postulierten Symmetrie der Akteur-Netzwerk-Theorie und der traditionellen Polarisierung von Technischem und Sozialem entwickelten sich verschiedene Ansätze, die einen breiteren Handlungsbegriff vorschlagen. Dabei beruhen einige auf einer ontologischen Unterscheidung von technischen und menschlichen Aktivitäten, verweisen aber darauf, dass menschliches Handeln Strukturen aufweisen kann, die mechanisch darstellbar sind (z.B. eine Schraube in die Tür drehen) (vgl. Collins & Kusch 1998). Andere wechseln die Perspektive auf beobachtbare Zuschreibungsprozesse der Akteure und entwickeln unterschiedliche Stufen von Handlungsträgerschaft (vgl. Lindemann 2002b, Rammert & Schulz-Schaeffer 2002b). Im Gegensatz zu den Laborstudien und der Akteur-Netzwerk-Theorie, die technischen Artefakten im Allgemeinen Handlungsträgerschaft zuschreiben, differenzieren diese Ansätze „avancierte Technik als mögliches Handlungssubjekt" (Rammert & Schulz-Schaeffer 2002b: 27) von „*nur-technische[n]* Arte-

fakte[n]" (Lindemann 2002b: 97).[1] Abgesehen von diesen Unterschieden vollziehen alle genannten Ansätze einen 'material-turn', insofern sie das Zusammenspiel von Sozialem und Technischem betonen.
Parallel zu der techniksoziologischen Diskussion haben die Workplace Studies sowie die damit verbundenen Arbeiten der Computer Supported Cooperative Work (CSCW) und der Mensch-Computer-Interaktion (Human Computer Interaction – HCI) eine Vielzahl empirischer und qualitativer Studien hervorgebracht, die dem situativen Umgang mit technischen Artefakten am Arbeitsplatz sowie den Strukturen technisch vermittelter Kommunikation nachgehen (vgl. Luff, Hindmarsh & Heath 2000b). Die Arbeiten der Workplace Studies fokussieren vor allem die Arbeitsorganisation kopräsenter und räumlich verteilter Teams und somit weiterhin zwischenmenschliche Kommunikationen. Die Arbeiten der Computer Supported Cooperative Work und die der Mensch-Computer-Interaktion gehen dem Umgang von Nutzern mit computerbasierten Technologien nach. In detaillierten Analysen zeigen diese Arbeiten auf, wie Akteure gemeinsam mit einem technisch vermittelten und/oder computerbasierten Gegenüber Verstehen und (eine Art) Intersubjektivität konstruieren, weisen aber auch auf die kommunikativen Probleme hin, welche diese Kommunikationsformen mit sich bringen (vgl. z.B. Goodwin & Goodwin 1998, Knorr-Cetina & Brügger 2005, Moore, Ducheneaut & Nickell 2006). So geht die klassische ethnomethodologische Studie „Plans and Situated Action" von Lucy Suchman (1987) – die aufgrund ihrer Aktualität 2007 in zweiter Fassung neu erschienen (Suchman 2007) ist – dem Austausch zwischen Nutzern und einem computerbasierten und dialoggesteuerten Fotokopierer nach. Sie zeigt, dass Kopierer und menschliche Akteure ihr Verstehen und ihr Handeln auf unterschiedlichen Erwartungsstrukturen aufbauen. Die planbasierten Handlungen der Maschine gehen auf von den Entwicklern antizipierte Handlungsverläufe zurück, die im Programm festlegt werden. Die menschlichen Akteure basieren ihre Handlungen hingegen auf Sinnzuschreibungen, die sich im situativen Austausch mit dem Kopierer ergeben. Diese beiden Formen der Handlungsdeutung und -gestaltung unterscheiden sich grundsätzlich und führen häufig zu 'Missverständnissen'.

---

[1] Diese Differenzierung kann auch für das Soziale beobachtet werden. Lindemann (2002b) zeigt, dass die Handlungsträgerschaft von Menschen situativ variieren kann. So wird ein Patient, solange er im Koma liegt, von den Ärzten als soziale Person, aber nicht als Interaktionspartner behandelt.

Der skizzierte Überblick zeigt, dass sich der soziologische Diskurs zunehmend den Grenzen des Sozialen und der sozialen Interaktionen zuwendet, insofern Kommunikationsformen über technische und mit technischen Artefakten fokussiert werden und über die Handlungsträgerschaft technischer Artefakte diskutiert wird (vgl. auch Ayaß 2005).[2] Dabei werden auch computerbasierte Technologien zunehmend in den Blick genommen. Dem (vermeintlichen) Interaktionsvermögen von virtuellen Agenten hat sich aus soziologischer Sicht bisher nur eine Arbeit empirisch genähert. So geht Braun-Thürmann (2002) in seiner Studie zur „künstlichen Interaktion" der Frage nach, wie virtuelle Agenten interagieren. Anhand von empirischen Beobachtungen von Forschungsfeldern, in denen Agenten entwickelt werden, zeigt er die Mechanismen auf, mittels derer virtuelle Agenten in einen Austausch mit dem Nutzer oder anderen Agenten treten können, so dass ein Beobachter den Eindruck erhält, die Agenten seien Subjekte einer (künstlichen) Interaktion. Der Fokus richtet sich dabei vor allem auf die programmierten Fähigkeiten der Agenten und nur am Rande auf die Austauschprozesse zwischen Agent und Nutzer. Eine systematische und empirische Untersuchung, inwiefern der Austausch zwischen virtuellen Agenten und Nutzern tatsächlich als soziale Interaktion bezeichnet werden kann, ist bisher noch nicht erfolgt und wird in dieser Arbeit in Angriff genommen.

Hybrider Austausch – Eine Annäherung

Um den Austausch zwischen Nutzer und Agent zu konzeptualisieren, untersucht die vorliegende Arbeit im Vergleich mit zwischenmenschlichen Interaktionen, ob und inwiefern der Austausch zwischen Agent und Nutzer als soziale Interaktion bezeichnet werden kann. Da zu Anfang der Analyse nicht feststeht, ob es sich um eine Interaktion im soziologischen Sinne handelt, wird der Umgang von Nutzern mit dem Agenten als *hybrider Austausch* bezeichnet. Der Begriff *Austausch* wurde gewählt, um die beobachtete Abfolge und wechselseitige Koordination von Aktivitäten von Nutzer und Agent vom Begriff der Interaktion zu unterscheiden.

---

[2]Das aktuelle Interesse der Soziologie an interaktiven und sozialen Grenzen zeigt sich auch in den unterschiedlichen Studien zur Kommunikation mit Tieren (Bergmann 1988d, Tannen 2004) oder geistig bzw. körperlich beeinträchtigten Menschen wie Aphasikern oder taub-blinden Personen (Goode 2003, Goodwin 2003b) sowie zum Umgang mit Komapatienten (Lindemann 2002a).

Agent und Nutzer werden dabei als Teilnehmer in diesem Austausch begriffen, insofern sie eigenständige Beiträge liefern, die eine Orientierung am vorherigen Beitrag zeigen. Die Beiträge führen jeweils zu einer Veränderung der aktuellen Situationswahrnehmung von Nutzer und Agent und es kann somit ein Austauschprozess beobachtet werden. Der Begriff *hybrid* wird aus der Chemie und Biologie übernommen. Er verweist darauf, dass etwas „gemischt, von zweierlei Herkunft" (Meyers Lexikonredaktion 1995: 97, Band 10) ist. Der Begriff wird für den Austausch zwischen Agent und Nutzer verwendet, da sich dieser aus Beiträgen von Teilnehmern gestaltet, die verschiedener Herkunft sind, insofern es sich einerseits um ein biologisches und sozialisiertes Wesen und andererseits um eine technische und sozial geformte Entität handelt. Ähnlich wie schon Suchman (1987) festgestellt hat, basieren Nutzer und Agent ihre Aktivitäten auf der Grundlage unterschiedlicher Erwartungsstrukturen: Der Nutzer interpretiert situativ, der Agent wird von programmbasierten Strukturen gesteuert. Die Analyse wird zeigen, dass Nutzer und Agent eine Orientierung an diesen Unterschieden zeigen und somit die Hybridität des Austauschs im Austausch selbst konstruieren. *Der hybride Austausch bezeichnet somit die wechselseitige Abfolge und Koordination von Aktivitäten zwischen zwei Wesen, die sich a) materiell unterscheiden, b) aufgrund dessen die Situation unterschiedlich wahrnehmen und unterschiedliche Erwartungen an sie stellen und c) eine Orientierung an diesen Unterschieden zeigen und somit die Hybridität selbst herstellen.* (Eine weitere Ausführung des Begriffs erfolgt im Abschnitt 5.1).

Mit dem Blick auf die Austauschprozesse führt die Arbeit keine ontologische Debatte darüber, ob Technik handeln kann oder nicht. Stattdessen werden die Aktivitäten und Zuschreibungsprozesse im Austausch zwischen Nutzer und Agent beobachtet. Die Arbeit nimmt damit eine interpretative Perspektive auf den Austauschprozess ein und fragt danach, *wie* der Austausch zwischen Nutzer und Agent gemeinsam gestaltet wird. Aus dieser Perspektive bestimmen die Interaktionsteilnehmer, wer ein Interaktionspartner ist und wer nicht. Der Soziologe befragt die aufgefundenen Zuschreibungsprozesse danach, ob *Nutzer und Agent den Austausch als soziale Interaktion und sich selbst und ihr Gegenüber als Interaktionspartner behandeln.*

Das Anliegen dieser Arbeit besteht auch nicht darin, den soziologischen Begriff der sozialen Interaktion zu erweitern, sondern zielt darauf, ihn von seinem anthropozentrischen Akteurbegriff zu lösen. Der Begriff soll nicht erweitert werden, da er sich gerade dadurch auszeichnet, dass er relativ eindeutig und einheitlich definiert ist. Eine Erweiterung des Begriffs der sozialen Interaktion um den Umgang mit technischen Artefakten im Allgemeinen würde dem Begriff seine Präzision nehmen.[3] Im Gegensatz zu klassischen soziologischen Theorien bindet die vorliegende Arbeit den Begriff jedoch nicht allein an menschliche Akteure. Vielmehr zergliedert die vorliegende Arbeit den Begriff der sozialen Interaktion in seine strukturellen Elemente, wie wechselseitige Wahrnehmung, gemeinsamer Aufmerksamkeitfokus, Verstehensunterstellungen, und untersucht, inwiefern im hybriden Austausch ähnliche Merkmale beobachtet werden können. Stellt sich heraus, dass der Austausch zwischen Nutzer und Agent die gleichen Strukturen aufweist wie zwischenmenschliche Interaktionen und stellen sich Nutzer und Agent wechselseitig als Interaktionspartner dar und behandeln sich als solche, so kann der hybride Austausch als soziale Interaktion bezeichnet werden. Ist dies nicht der Fall, so muss der hybride Austausch als eigenständige Kommunikationsform konzeptualisiert werden.

Empirische Basis

Die Arbeit fokussiert die Herstellungs- und Zuschreibungsprozesse im Zusammenspiel der Aktivitäten zwischen Mensch und Agent und verortet sich damit innerhalb des interpretativen Paradigmas der Soziologie. Der Fragestellung, ob es sich beim Austausch mit dem Agenten um eine soziale Interaktion handelt, geht die Arbeit auf der Grundlage einer empirischen und qualitativen Analyse von Austauschprozessen zwischen Nutzern und einem Embodied Conversational Agent (ECA) nach. Da ECAs bisher nur als Prototypen existieren und kaum den Schritt aus dem Entwicklungslabor geschafft haben, wurde eines der wenigen Agentensysteme ausgewählt, das für ein interessiertes Publikum erreichbar ist: der ECA Max (vgl. Abb. 1.1). Der Agent wurde maßgeblich von Dr. Stefan Kopp in der Arbeitsgruppe „Wissensbasierte Systeme" an der Technischen Fakultät der Universität Bielefeld unter Leitung von Univ.-Prof. Dr. Ipke Wachsmuth entwickelt und wird weiterhin in verschiedenen Versionen ausgebaut (mehr dazu s. Abschnitt 4.3). Er ist ein Präsentationsagent, der über verschiedene Themenbereiche informieren kann (z.B.

---

[3]Dies zeigt sich z.B. im Interaktivitätsbegriff, der sich durch seinen vielfältigen und häufig unbestimmten Gebrauch auszeichnet (vgl. Schönhagen 2004: 26).

künstliche Intelligenz), sich aber auch für den Nutzer interessiert (z.B. Hobbies, Name, Alter) und z.B. über das Wetter plaudern kann.

Das Datenmaterial für die vorliegende Studie wurde im Februar 2004 auf dem Event „Campus:City!" erhoben. „Campus:City!" war ein gemeinsames PUSH-Projekt (Public Understanding of Science and Humanities) der Bielefelder Hochschulen und der Stadt Bielefeld. Zu diesem Ereignis wurden Forschungsprojekte der Universität Bielefeld in der Einkaufspassage der Innenstadt aufgebaut und waren damit einem nichtuniversitären und nichtakademischen Publikum zugänglich. Auch der virtuelle Agent Max wurde von der Forschungsgruppe während dieses Ereignisses präsentiert. Am Präsentationsstand des Agenten konnten interessierte Passanten in einen Austausch mit Max treten und sich somit ein Forschungsobjekt aneignen, das bisher noch nicht im Alltag anzutreffen ist. Der Austausch zwischen Nutzer und Max wurde für die soziologische Untersuchung mit zwei Videokameras aufgezeichnet und nach den Maximen der ethnomethodologischen Konversationsanalyse interpretiert (mehr dazu in Kapitel 3).

Aufbau der Argumentation

Um sich der Frage zu nähern, wie der Austausch zwischen Max und Nutzer konzeptualisiert werden kann und ob es sich um eine Interaktion im soziologischen Sinne handelt, wurden verschiedene Unterfragen formuliert, die in den einzelnen Kapiteln behandelt werden:
In Kapitel 2 wird gefragt: *Was ist soziale Interaktion und wie können technische Artefakte Interaktionen mitgestalten bzw. als Handlungsträger auftreten?* Dazu werden zunächst der soziologische Begriff der sozialen Interaktion und der interpretative Hintergrund der Arbeit vorgestellt. Der Fokus richtet sich dabei auf die alltäglichen Sinnkonstruktionen (nach Schütz) und die ethnomethodologische Fragestellung, wie Teilnehmer sozialen Sinn und soziale Ordnung herstellen (nach Garfinkel). In diesem Zusammenhang wird auch der konversationsanalytische Blick auf „*talk-in-interaction*" (Hutchby & Wooffitt 1998: 13) erläutert. Anschließend wird in die wissenschaftlichen Diskurse eingeführt, in denen der Blick auf das Zusammenspiel von Technik und Sozialem gerichtet wird. Dazu zählen die Workplace Studies, konversationsanalytisch ausgerichtete Studien zur Mensch-Computer-Interaktion, die techniksoziologische Diskussion über die Handlungsträgerschaft von Artefakten sowie die wenigen

soziologischen Ansätze, die sich tatsächlich der 'Interaktion' von Mensch und computerbasierter Technik zuwenden. Der Überblick wird zeigen, dass der soziologische Blick sich zunehmend auf die Grenzen des Sozialen richtet und dabei die Zuschreibungsprozesse der Teilnehmer selbst fokussiert werden.

In den folgenden Kapiteln werden das methodische Vorgehen und der Forschungsgegenstand vorgestellt. Dazu wird die ethnomethodologische Konversationsanalyse als Methode zur Untersuchung audiovisuell erhobener Interaktionen dargestellt, ein Überblick über die Datenerhebung gegeben und in die Transkriptionskonventionen der Arbeit eingeführt (Kapitel 3). Da es sich bei virtuellen Agenten um relativ unbekannte Objekte handelt, wird in Kapitel 4 ein kurzer Überblick über die Entstehungsgeschichte der Embodied Conversational Agents gegeben, die auf der Vorstellung beruht, dass menschliches Handeln mechanisch darstellbar ist. Anschließend werden der Forschungskontext des virtuellen Agenten Max sowie der Agent selbst und seine Kommunikationsfähigkeiten dargestellt. Ausgehend von der Frage *"Durch welche programmbasierten Mechanismen kann der ECA Max zum 'Interaktionspartner' werden?"* wird erstens die Programmstruktur des Agenten vorgestellt, in der der Austausch mit dem Nutzer als Dialog konzeptualisiert ist, und an einem Dialogbeispiel erläutert. Zweitens werden die Präsentation des Agenten auf dem Bildschirm sowie ein Präsentationstext analysiert, in dem sich der Agent einem Nutzer vorstellt. Es wird sich zeigen, dass Max als ein Ansprechpartner bezeichnet werden kann, der Soziales und Technisches vereint. Der Agent zeichnet sich somit als ein Handlungsträger mit ambigen Charakter aus.

Kapitel 5 führt den Begriff des hybriden Austauschs ein und geht der Frage nach, *welche situativen Rahmungen des hybriden Austauschs im aufgezeichneten Datenmaterial zu finden sind.* Virtuelle Agenten sind Prototypen und nur selten im Alltag anzutreffen. Der aufgenommene Austausch findet auf dem Event „Campus:City!" statt und zeichnet sich durch seine Einmaligkeit und Außergewöhnlichkeit aus. Es sind somit keine Handlungsroutinen zu beobachten, sondern vielmehr die situative Aneignung eines neuen Artefakts durch den Nutzer, die häufig einen testenden Charakter hat. Der hybride Austausch wird von Nutzer und dem Agenten als eine Situation des Kennenlernens gerahmt, in der Max als außergewöhnliches und fremdes, als andersartiges Gegenüber konstruiert wird. Nutzer und Agent fragen sich wechselseitig persönliche Informationen ab und stellen Gemeinsamkeiten und Unterschiede fest. Dabei steht Max auf dem Prüfstand, insofern die Nutzer den interaktiven und sozialen Status des Agenten ausloten. Es wird sich zeigen, dass sich der Austausch durch einen hybriden und unentschiedenen Charakter auszeichnet, der von Nutzer und Agent immer wieder selbst hergestellt wird.

Die aufgenommenen Situationen zeichnen sich zudem durch ihren öffentlichen Charakter aus. Während der Agent von einem Dialog mit einem Nutzer ausgeht, befindet sich der Nutzer in einer Situation mit Publikum, das ihn beobachtet. Die besondere Struktur dieser Zweiweltlichkeit, ihre unterschiedlichen Teilnahmemöglichkeiten und differenten Aufmerksamkeitsorientierungen werden ebenfalls in diesem Kapitel vorgestellt und unter Rückgriff auf den „footing"-Begriff von Goffman (1981a) analysiert. Dabei wird sich zeigen, dass der Austausch mit Max immer wieder als ein „So-Tun-als-ob" (Goffman 1980: 60) einer sozialen Interaktion gerahmt wird.

Die Frage, *auf welchen 'interaktiven' Grundlagen der hybride Austausch aufbaut*, wird in Kapitel 6 und 7 verfolgt. Dazu wird der soziologische Interaktionsbegriff in seine wesentlichen Bestandteile zergliedert und der Austausch zwischen Nutzer und Agent daraufhin untersucht. Kapitel 6 geht diesen Fragen in der Analyse der Eröffnungen und Beendigungen im hybriden Austausch nach. Diese „rituellen Klammern" (Goffman 1982a: 118) werden mit Eröffnungen und Beendigungen in zwischenmenschlichen Interaktionen verglichen und ihre Besonderheiten herausgearbeitet. Es wird sich zeigen, dass die Eröffnungen und Beendigungen im hybriden Austausch dem strukturellen Aufbau zwischenmenschlicher Gespräche ähneln. Die soziale Rahmung des Austauschs wird jedoch immer wieder gebrochen und es wird auf seine technischen Grundlagen verwiesen. Auch hier zeigt sich der hybride und ambige Charakter des Austauschs, der zwischen sozialen Interaktionsroutinen und technischer Determinierung changiert.

Kapitel 7 widmet sich der Gesprächsorganisation und der sequentiellen Verknüpfung der einzelnen Beiträge von Nutzer und Agent. Im Gegensatz zu zwischenmenschlichen Interaktionen zeichnet sich der hybride Austausch durch eine asynchrone und deterministische Beitragsabfolge aus. Die sequentielle Verknüpfung der Beiträge weist dabei häufig Brüche auf, insofern die Beiträge des Agenten 'schief' anschließen oder vom Nutzer als nicht relevant betrachtet werden. Die Nutzer können ihre Handlungen daher häufig nicht auf einer Unterstellung gemeinsamen Verstehens und reziproken Perspektiven aufbauen. Insgesamt zeichnet sich der Austausch durch einen Wechsel von Phasen aus, die den Eindruck einer fokussierten Interaktion erwecken, und Phasen, in denen Nutzer und Agent keine gemeinsame Interaktionsgrundlage herstellen können. Aufbauend auf diesen Erkenntnissen wird ein Modell für die Basisstruktur im hybriden Austausch entwickelt, das sich auch auf andere computerbasierte und dialogartige Austauschprozesse übertragen lässt.

Da ein zentrales Problem im hybriden Austausch die fehlenden Sinnanschlüsse des Agenten sind, geht Kapitel 8 der Frage nach, *wie die Nutzer im hybriden Austausch mit kommunikativen Störungen umgehen*. Es werden verschiedene Mechanismen der Verstehenssicherung analysiert, welche die Nutzer anwenden, um ein gefährdetes Verstehen zu bereinigen: die Textkorrektur, die Reparatur und die Problembehandlung. Deutlich wird in diesem Kapitel die Zweiweltlichkeit des Austauschs, denn der Agent definiert auch einen Austausch als problemlos, den der Nutzer als problematisch behandelt. Zudem zeigen sich in der Analyse deutlich die Grenzen, innerhalb derer der Austausch als eine Art Interaktion und der Agent als eine Art Akteur gedeutet werden können.

Kapitel 9 geht einer Besonderheit der Austauschprozesse zwischen Nutzer und Max nach. Im Datenmaterial konnten immer wieder spielerische und provokative Formen gefunden werden, mit denen die Nutzer die Handlungsträgerschaft des Agenten herausfordern. In einem Ratespiel wird der Agent auf seine Ebenbürtigkeit mit dem Nutzer geprüft. Anhand einer Frotzelsequenz und einem Schlagfertigkeitstest wird gezeigt, wie die Nutzer dem ambigen Charakter des Agenten durch Handlungsformen begegnen, die sich selbst durch ihre Doppelbödigkeit auszeichnen. Während in diesen Beispielen immer wieder Gemeinsamkeiten mit dem Agenten gefunden werden, können auch stark provokative Formen beobachtet werden, in denen eine Art Machtkampf mit dem technischen Artefakt stattfindet. Dies wird am Beispiel einer Beleidigung und eines versuchten Rechnerabsturzes gezeigt. Die provokativen und spielerischen Rahmungen des Austauschs durch die Nutzer werden als Versuch gedeutet, das ausweichende Verhalten des Agenten zu normalisieren. Gleichzeitig wird jedoch auch deutlich, dass es eine Vorstellung von einem adäquaten Umgang mit dem Agenten gibt, der sich gerade dadurch auszeichnet, dass der unentschiedene Status des Agenten offengelassen wird.

Kapitel 10 fasst die Erkenntnisse zusammen und diskutiert die zentralen Merkmale des Austauschs, seine Hybridität und Ambiguität.

Verwendung zentraler Begriffe

Eine Schwierigkeit dieser Arbeit besteht darin, über einen technischen Ansprechpartner zu schreiben, ohne diesen selbst zu anthropomorphisieren. In der Arbeit wird daher zwischen Max, Agent und System unterschieden. 'Max' wird verwendet, wenn der Agent als 'Interaktionspartner' im Austausch mit dem Nutzer beschrieben wird, z.B. in Transkripten oder Situationsbeschreibungen. In diesem Fall wird der Agent als handlungsfähiger Akteur beschrieben, der denken, handeln, fühlen kann. 'Agent' und 'System' werden in der Analyse verwendet und verweisen auf die technischen Programmstrukturen, mittels derer Max 'lebendig' wird. Dabei behandelt der Begriff Agent das Programm stärker als eine programmierte, audiovisuelle und autonome Entität, der Begriff System verweist stärker auf die Programmstrukturen, die 'im Hintergrund' tätig sind.

An einigen Stellen wird der Austausch in der vorliegenden Arbeit auch als 'Dialog' bezeichnet. Beim Begriff Dialog handelt es sich um eine Beschreibungskategorie des Felds, da das Agentensystem auf der Vorstellung eines Dialogs zwischen Agent und Nutzer aufbaut. Die Personen, die in einen Austausch mit Max treten, werden als 'Nutzer' bezeichnet. Auch dies ist eine Kategorie des Felds – als Nutzer bezeichnen die Informatiker Personen, die mit dem Agenten umgehen. Zudem zeigt die Analyse, dass die Personen, die in einen Austausch mit Max treten, selbst eine Orientierung an der Rolle des Nutzers zeigen und sich somit selbst als solcher ausgeben (vgl. Abschnitt 5.4).

KAPITEL 2
Technik als Interaktionspartner?

Um die Frage zu beantworten, inwiefern es sich beim hybriden Austausch mit dem Agenten um eine soziale Interaktion handelt, muss zunächst der Begriff der sozialen Interaktion geklärt werden. Im Folgenden wird zunächst der soziologische Interaktionsbegriff vor dem Hintergrund des interpretativen Paradigmas der Soziologie vorgestellt, auf dem die vorliegende Arbeit aufbaut. Dabei wird neben der Frage, was Interaktion ist, auch die Frage verfolgt, wie Akteure ihrem Handeln und dem des anderen Sinn zuschreiben und ein gemeinsames (intersubjektives) Verstehen möglich ist. Es wird sich zeigen, dass der soziologische Interaktionsbegriff allein menschlichen Akteuren die Fähigkeit zur Interaktion zuschreibt. Demnach kann der hybride Austausch nicht als Interaktion beschrieben werden, da der Agent ein technisches Artefakt ist. Entsprechend werden im anschließenden Abschnitt 2.2 verschiedene Ansätze vorgestellt, die den Umgang mit technischen Artefakten fokussieren und die Möglichkeiten technischer Handlungsträgerschaft diskutieren.

2.1 Soziale Interaktion

Der heutige Interaktionsbegriff der Soziologie wurde vor allem durch die Arbeiten von Erving Goffman geprägt (s. unter anderem Goffman 1959, 1972a, 1982a und 1982b), der den Bereich der Interaktion als eigenständigen soziologischen Untersuchungsgegenstand „in its own right" (Goffman 1983: 2) einforderte und gleichsam etablierte. Als *Interaktion* wird die wechselseitige Wahrnehmung und Kommunikation von zwei körperlich anwesenden Personen verstanden, die wahrnehmen, dass sie wahrgenommen werden, und einen gemeinsamen Aufmerksamkeitsfokus teilen (vgl. Goffman 1983).
Goffman betont, dass Interaktionen in „social situations" (Goffman 1983: 2) stattfinden, in denen sich mindestens zwei Personen in „response presence" (ebenda) des anderen befinden. Häufig sind auch weitere Personen anwesend, die nicht in die Interaktion einbezogen werden. Goffman (1972a) unterscheidet daher zwischen „*unfocused interaction* and *focused*

interaction" (ebenda: 7). Unfokussierte Interaktionen beziehen sich lediglich auf die wechselseitige Wahrnehmung der physikalischen Präsenz anderer, an der sich die Akteure wechselseitig ausrichten, z.B. Fußgänger auf der Straße, die am Verhalten des anderen ihr Verhalten ausrichten, oder Patienten im Warteraum. In fokussierten Interaktionen teilen die Interaktionspartner zudem eine visuelle und kognitive Aufmerksamkeit und Gerichtetheit auf einen gemeinsamen Fokus über eine bestimmte Dauer, z.B. zwei Personen im Gespräch, das gemeinsame Brettspiel oder ein tanzendes Pärchen (vgl. ebenda).[1] Innerhalb der Soziologie werden soziale Interaktionen meist als fokussierte Interaktionen begriffen.[2] Fokussierte Interaktionen sind somit räumlich und zeitlich begrenzt und an die körperliche Anwesenheit der Personen gebunden, die ihre Aufmerksamkeit auf einen gemeinsamen Fokus richten und ihr Verhalten am Verhalten des anderen ausrichten und dies ebenso vom anderen erwarten.[3] Die Interaktion zeichnet sich dabei durch eine „special mutuality" (Kendon 1988: 22) von Wahrnehmung, Wahrnehmungs-Wahrnehmung[4] und Handlungskoordination aus:

„P can guage the actions of Q and adjust his own actions accordingly, but in co-presence Q can do likewise, and both P and Q can, therefore, adjust his actions to the fact that the other is adjusting to his own adjustings." (ebenda)

Die wechselseitige Verstrickung von Handlungsorientierungen ist an gesellschaftliche Deutungsmuster und Konventionen gebunden (vgl. Goffman 1983, s. auch die Ausführungen zu Schütz weiter unten). Die Ak-

---

[1] Eine anschauliche Unterscheidung der beiden Begriffe und ihren häufig fließenden Übergängen findet sich in Kendon 1988: 24-30.

[2] Ausführliche Überblicke und Vergleiche der Interaktionsbegriffe und ihrer jeweils theoretischen Einbettungen geben Abels 2004a und 2004b, Jäckel 1995, Schneider 2002 und 2005 sowie Wilson 1981.

[3] Zeitgleiche Kommunikationssituationen mit technisch vermitteltem Gegenüber werden häufig als eingeschränkte Interaktionsvarianten genannt, z.B. ein Telefongespräch (vgl. Goffman 1983: 2, s. auch Kieserling 1999: 24).

[4] Der Begriff der Wahrnehmungs-Wahrnehmung bezeichnet in dieser Arbeit den Vorgang, dass sich zwei Personen wechselseitig wahrnehmen und ebenso wahrnehmen, dass sie von der anderen Person wahrgenommen werden. Ähnlich wie der von Luhmann geprägte Begriff der Erwartungs-Erwartungen steht der Begriff somit als eine Art 'Abkürzung' für einen komplexen Vorgang und dient auch als Lesehilfe, da der Prozess nicht immer wieder neu beschrieben werden muss.

teure bilden entsprechend Erwartungen an Situationen und das Handeln des anderen aus und erwarten ebenfalls, dass das Gegenüber solche Erwartungen an die Situation stellt (vgl. den Begriff der Erwartungs-Erwartungen nach Luhmann).
Der Interaktionsbegriff basiert auf der Vorstellung einer Wechselwirkung und sozialen Orientierung am anderen, die ihren Ursprung in klassischen soziologischen Arbeiten von Georg Simmel und Max Weber hat. Mit dem Begriff der *Wechselwirkung* legte Georg Simmel Ende des 19. Jahrhunderts „die Basis für eine Soziologie der 'Inter-Aktion'" (Abels 2004a: 203), ohne jedoch selbst diesen Begriff zu verwenden. Unter dem Begriff der Wechselwirkung versteht er, dass der Mensch auf andere Menschen „Wirkungen ... ausübt und Wirkungen von ihnen empfängt" (Simmel 1992: 18). Diese Wirkungen können unterschiedlicher Natur sein, z.B. kämpferisch oder spielerisch, und verschieden motiviert sein, z.B. aus erotischen oder religiösen Trieben oder um einen bestimmten Zweck zu erfüllen. Stark verkürzt dargestellt, entstehen durch das Zusammenspiel der Wechselwirkungen Strukturen und Formen eines Ganzen, einer Gesellschaft. Diese wird von den Individuen als Realität erfahren und wirkt sich wiederum auf die Wechselwirkungen der Individuen aus (vgl. ebenda, s. auch Abels 2004a: 204-208).
Den zweiten Bezugspunkt bildet der Begriff des *sozialen Handelns* von Max Weber:

> „'Soziales' Handeln ... soll ein solches Handeln heißen, welches seinem von dem oder den Handelnden gemeinten Sinn nach auf das Verhalten *anderer* bezogen wird und daran in seinem Ablauf orientiert ist." (Weber 1984: 19)

Für Weber ist Handeln immer mit einem subjektiven Sinn verbunden, den die Akteure dem Handeln zuschreiben (vgl. ebenda). Der Begriff des sozialen Handelns beinhaltet die Vorstellung einer Ausrichtung der Akteure aufeinander, in der das Gegenüber und seine Handlungen in das eigene Handeln eingeschlossen werden. Eine wechselseitige Anwesenheit und Ausgerichtetheit der Akteure ist dabei nicht notwendig. Weber selbst verwendet den Begriff der Interaktion nicht. Im Vergleich des Begriffs der sozialen Handlung mit dem der Interaktion stellt Abels (2004) fest, dass der Unterschied „nur in der *fortdauernden Wechselseitigkeit* des Handelns" (ebenda: 210) liegt. Diese wechselseitige Ausrichtung der Akteure aufeinander und die Orientierung am anderen wird auch von Weber mit dem Begriff der „sozialen Beziehung" (ebenda: 47) gefasst, die in der „Chance" (ebenda) eines wechselseitigen sinnvollen Handelns liegt. Als Beispiele nennt er z.B. Freundschaft und Kampf, aber auch soziale Gebilde wie Staat und Kirche. Der Begriff beinhaltet somit neben sozialen Interaktionen auch andere Beziehungsformen.

Im Wesentlichen können zwei Paradigmen des soziologischen Interaktionsbegriffs unterschieden werden: Das „interpretative Paradigma" und das „normative Paradigma" (Wilson 1981).[5] Das normative Paradigma basiert auf dem Strukturfunktionalismus von Talcott Parsons. Es geht davon aus, dass Individuen im Lauf ihrer Sozialisation ein gemeinsam geteiltes „System kulturell etablierter Symbole und Bedeutungen" (ebenda: 57) erwerben und verinnerlichen. Dieses System ermöglicht folglich eine wechselseitig geteilte Deutung von Handlungen und Objekten und damit ein gemeinsames Verstehen. Damit unterstellt das Paradigma eine „feste Verbindung ... zwischen der Situation eines Handelnden und seinem Handeln in dieser Situation" (ebenda: 56), aus der deduktiv geschlossen werden kann, wie Handelnde abhängig von ihren Dispositionen und der aufgefundenen Situation wahrscheinlich handeln werden.

Die vorliegende Arbeit fokussiert hingegen die situativen Interpretationen und Aneignungsprozesse, die am Präsentationsstand von Max beobachtet werden können. Damit verortet sich die vorliegende Studie im interpretativen Paradigma, das „Interaktion als einen im Kern interpretativen Prozess [versteht], in dem sich im Ablauf der Interaktion Bedeutungen ausbilden und wandeln" (Wilson 1981: 60). Diesem Paradigma sind die Arbeiten von George Herbert Mead (1991, Orig.: 1934) und Herbert Blumer (1973), die Arbeiten von Alfred Schütz (1981, Orig.: 1953), Peter Berger und Thomas Luckmann (2000, Orig.: 1966) sowie die Arbeiten der darauf aufbauenden Ethnomethodologie zuzurechnen (vgl. Garfinkel

---

[5]Im Gegensatz dazu werden traditionell *drei* Handlungstheorien unterschieden: Das interpretative, das normative und das zweckgerichtete Paradigma, dem die Rational-Choice-Ansätze zuzurechnen sind. Die Rational-Choice-Ansätze verknüpfen Handeln und Rationalität. Rational handelnde Akteure setzen verschiedene Mittel zu einem bestimmten Zweck ein. Die Auswahl einer Handlung berechnen Akteure danach, welche Handlungsalternativen von allen wahrgenommenen Alternativen ihnen in einer Situation am wahrscheinlichsten erscheinen und deren Nutzen in Abhängigkeit von seinen Kosten für sie am höchsten ist (Nutzungsmaximierung). Die Einfachheit dieser Formel täuscht jedoch über ihre Schwierigkeiten hinweg. Es stellt sich die Frage, wie Akteure Erwartungswahrscheinlichkeit, Nutzenwert und Anzahl der Handlungsalternativen angeben können (vgl. Esser 1991 und Schneider 2005: 83-183).

1967).⁶

In den folgenden Abschnitten wird dargestellt, wie Akteure ihren Alltag und die Handlungen anderer als sinnvoll deuten, und wie sie durch ihr Handeln ein gemeinsames Verstehen und soziale Ordnung herstellen. Dazu wird auf die Arbeiten von Alfred Schütz und Harold Garfinkel zurückgegriffen und die interaktionistische Perspektive der Konversationsanalyse dargestellt, die auf diesen Arbeiten aufbaut. Auf die Arbeiten der Konversationsanalyse wird in der vorliegenden Studie doppelt zurückgegriffen. Einerseits dient die konversationsanalytische Perspektive auf situative Deutungsprozesse in zwischenmenschlichen Interaktionen als Vergleichsfolie für die Strukturen, die im hybriden Austausch gefunden werden können (vgl. Abschnitt 2.1). Andererseits wird die Konversationsanalyse auch als Methode genutzt, um diese kommunikativen Prozesse zu interpretieren (vgl. dazu Abschnitt 3.1).

Interaktive Sinnkonstruktion

Wie oben dargestellt, basieren Interaktionen auf der Verkettung sozialer Handlungen mehrerer Akteure, die ihr Verhalten wechselseitig aneinander ausrichten. Der Sinn einer sozialen Handlung basiert nach Weber auf dem subjektiven Sinn, mit dem ein menschliches Individuum sein Handeln verbindet. Es stellt sich daher die Frage, wie subjektiver und intersubjektiver Sinn hergestellt und erfahren werden kann. Während Weber diese Frage offenlässt, geht Alfred Schütz (1971, 1981) den Konstruktionsprinzipien des Sinnverstehens nach.

---

⁶Neben dem normativen und interpretativen Paradigma wurde in den letzten Jahren auch ein systemtheoretischer Interaktionsbegriff entwickelt, der sich stark an die Arbeiten von Goffman anlehnt. Interaktionen werden als „einfache Sozialsysteme" (Luhmann 1975a) verstanden, die sich durch die wechselseitige Wahrnehmung und „Kommunikation unter Anwesenden" (Kieserling 1999) von ihrer Umwelt abgrenzen (vgl. auch Luhmann 1975b). Ähnlich wie bei Goffman ist die körperliche Anwesenheit der Interagierenden zentral. Kieserling (1999) beschreibt Interaktionen als einen „Sachverhalt, der die Personen in Hörweite und ihre Körper in Griffnähe bringt" (ebenda: 15). Die wechselseitigen Sinnkonstruktionen finden im Kommunikationsprozess statt. Kommunikation wird in drei Bestandteile differenziert: Information, Mitteilung und Verstehen (vgl. Luhmann 1995: 115). Die Unterscheidungsleistung von Information und Mitteilung ist dabei konstitutiv für die Sinngebung. Verstehen wird jeweils durch Anschlusshandlungen abgesichert, durch die zu erkennen gegeben wird, wie die erste Handlung verstanden wurde und die Kommunikation fortgesetzt wird (vgl. Luhmann 1987: 191-241 und 1995).

Schütz geht davon aus, dass das Individuum in seiner „natürlichen Weltanschauung" (Schütz 1981: 137) die „alltägliche Lebenswelt" (Schütz & Luckmann 2003: 29) als geordnet und selbstverständlich gegeben erlebt. Dies beruht jedoch nicht auf fix gegebenen Strukturen des Alltags, wie im normativen Paradigma, vielmehr ist die Geordnetheit und Selbstverständlichkeit des Alltags eine interpretative Leistung des Individuums. Der Einzelne orientiert sich innerhalb des Alltags abhängig von seinem Wissen und seinen Interessen sowie eigenen Erfahrungen und den Erfahrungen, die ihm von anderen übermittelt wurden (vgl. Schütz 1971). Die jeweilige Situation, in der sich das Individuum befindet, wird dabei nicht in ihrer gesamten Komplexität erfasst, sondern es werden jeweils bestimmte Ausschnitte fokussiert und relevant gesetzt. Die Relevanz eines Gegenstands gestaltet sich abhängig vom pragmatischen Interesse einer Person zu diesem Zeitpunkt und seiner „biographisch bestimmten Situation" (ebenda: 10), d.h. seinem aktuell verfügbaren Wissensvorrat und den Erfahrungen, auf Grund derer das Individuum eine Situation deutet. Die Elemente einer Situation werden somit, abhängig von ihrer Relevanz für das Individuum, ausgewählt.

Diese Auswahl wird unter Rückgriff auf „Typisierungen" (Schütz 1971: 17-22) von Situationen, Akteuren und Handlungen getroffen. Um menschliches Handeln zu verstehen, „genügt es, typische Motive von typischen Akteuren zu finden, welche das Handeln als ein typisches solches erklären, das aus einer typischen Situation entstand" (Schütz 1972b: 14). Schütz spricht auch von „Rezepten und Faustregeln" (Schütz 1971: 24), die Alltagsteilnehmer sowohl als Deutungsmuster für die Auslegung des Alltags als auch als Orientierung für die Gestaltung eigener Handlungen verwenden. Diese Rezepte werden als selbstverständliche Wissensressourcen unterstellt und können gerade in interkulturellen Zusammenhängen irritiert werden, in denen das Gegenüber andere Rezepte zur Interpretation und Gestaltung der Interaktion verwendet (vgl. Schütz 1972a).

Typisierungen und Rezepte beruhen auf zwei Idealisierungen, die Schütz von Husserl übernimmt: Die „Idealisierung des 'Und-so-weiter'" und die „Idealisierung des 'Ich kann immer wieder'" (Schütz & Luckmann 2003: 34). Diese Idealisierungen beziehen sich auf die alltäglichen Annahmen, dass unser Erleben Bestand hat und wiederholte Handlungen ähnliche Ergebnissen erzielen können. Der Einzelne nimmt z.B. an, dass er beim Bäcker Brot, aber keine Blumen kaufen kann, und dass er wie schon gestern dieses Brot mit Geld, aber nicht mit Streichhölzern erwerben kann.

2.1 Soziale Interaktion

Die Lebenswelt wird von Einzelnen als intersubjektive Welt erfahren.
„Sie ist intersubjektiv, da wir in ihr als Menschen unter Menschen leben, an welche wir durch gemeinsames Einwirken und Arbeiten gebunden sind, welche wir verstehen und von welchen wir verstanden werden." (Schütz 1971: 11)
Die anderen Menschen erlebt der Einzelne abhängig von ihrer raumzeitlichen Verfügbarkeit. Schütz unterscheidet den unmittelbar gegebenen „Mitmenschen" (ebenda: 18), den „Zeitgenossen" (ebenda: 17), der zur selben Zeit aber an einem anderen Ort existiert, sowie „Vorgänger" und „Nachfolger" (ebenda: 18), die an anderen Orten zu anderen Zeiten existierten oder existieren werden (vgl. auch Schütz & Luckmann 2003: 98-146). Abhängig von ihrer Verfügbarkeit bildet der Einzelne unterschiedliche Beziehungen zu den anderen aus. Ego nimmt einen ihm unmittelbar gegebenen Mitmenschen als ein anderes, ihm ähnliches Bewusstsein wahr („Dubeziehung" (Schütz 1981: 228)).[7] Während die Du-Bezichung einseitig ist, kommt es in der „Wirbeziehung" (ebenda: 229) zu einer unmittelbaren und wechselseitigen Wahrnehmung von Alter und Ego.[8] Das Erleben von Alter ist Ego z.B. durch dessen Mimik, Gestik oder sprachliche Äußerungen zugänglich und wird als „subjektiv sinnvolle Erfahrungen eines fremden Ich[s]" (Schütz & Luckmann 2003: 103) wahrgenommen. Am Beispiel der gemeinsamen Beobachtung eines Vogelflugs verdeutlicht Schütz des Weiteren, dass Ego, obwohl er keinen direkten Zugang zur Erfahrungswelt von Alter hat, unterstellt, dass Alter den Vogel zeitgleich mit ihm und auf ähnliche Weise wie er erfährt (vgl. Schütz 1981: 229-232). Alter und Ego unterstellen sich somit wechselseitig ein gemeinsames intersubjektives Erleben. Durch Wir-Beziehungen wird die „Intersubjektivität der Lebenswelt überhaupt aus[ge]bildet und kontinuierlich bestätigt" (Schütz & Luckmann 2003: 109). Wir-Beziehungen entwickeln sich in Face-to-Face-Situationen und sie werden als „Prototyp" (Schütz 1972b: 15) sozialer Beziehungen bezeichnet.
Schütz geht davon aus, dass ein vollständiges Fremdverstehen (und auch Selbstverstehen) nicht möglich ist: „fremd gemeinter Sinn bleibt auch

---
[7]Es hat sich später die Schreibweise „Du-Beziehung" durchgesetzt.
[8]Davon unterscheidet sich z.B. die „Ihr-Beziehung" (Schütz & Luckmann 2003: 118) mit einem nicht anwesenden Zeitgenossen. Diese Beziehung zeichnet sich durch einen höheren Grad der Anonymität aus und beruht auf abgeleiteten Typisierungen (vgl. ebenda: 116-128).

bei optimaler Deutung ein Limesbegriff" (Schütz 1981: 139). Es stellt sich daher die Frage, wie Verstehen unter dieser Voraussetzung möglich ist. Schütz argumentiert, dass die Alltagsteilnehmer das Problem pragmatisch lösen: Sie wissen um die unterschiedlichen Erfahrungen und Wissensvorräte des anderen, doch unterstellen sie eine gemeinsame Deutung der Welt und ein gemeinsames Verstehen (vgl. Schütz 1971: 11-15). Diese Herstellung intersubjektiven Verstehens fasst er unter dem Begriff der „Generalthese der reziproken Perspektiven" (ebenda: 14, s. auch Schütz & Luckmann 2003: 99), die auf zwei Idealisierungen beruht.

Die erste Idealisierung ist die „Idealisierung der Vertauschbarkeit der Standorte" (Schütz 1971: 13): Ausgehend von dem Standort, den Ego in einer Situation einnimmt, gestalten sich seine „Reichweite" (Schütz & Luckmann 2003: 71) und „Wirkzone" (ebenda: 77), also der Ausschnitt der Welt, den er unmittelbar wahrnehmen und auf den er unmittelbar einwirken kann. Prinzipiell unterscheiden sich die Standorte von Alter und Ego, doch geht Ego im alltäglichen Leben davon aus, dass er an der Stelle des anderen die gleiche Perspektive auf die Welt hätte:

> „Wäre ich dort, wo er jetzt ist, würde ich die Dinge in gleicher Perspektive, Distanz, Reichweite erfahren wie er; und wäre er hier, wo ich jetzt bin, würde er die Dinge in gleicher Perspektive erfahren wie ich." (Schütz & Luckmann 2003: 99)

Die zweite Idealisierung betrifft die „Idealisierung der Kongruenz der Relevanzsysteme" (Schütz 1971: 13). Während die erste Idealisierung von ähnlichen Perspektiven der Akteure in Bezug auf die Distanz zu Gegenständen abhängig vom Standort ausgeht, idealisiert die zweite Grundannahme die Perspektiven auf eine Situation anhand der biographischen Erfahrungen. Ego geht davon aus, dass zwischen Alter und ihm genügend Ähnlichkeiten bestehen, dass er an Alters Stelle die Welt ähnlich wahrnehmen und sich ähnlich verhalten würde. Bei der Interpretation von Alters Verhalten greift Ego auf Konstruktionen typischer Situationen, Akteur-, Handlungs- und Deutungsmuster zurück, die er zuvor erfahren hat und deren Erfahrung er Alter gleichermaßen unterstellt (vgl. Schütz 1971, Schütz & Luckmann 2003: 98-101).

Schütz verwendet den Begriff der Interaktion nicht, da er die Alltagserfahrung aus der Perspektive des Einzelnen beschreibt. Er beschreibt jedoch, wie Ego den anderen in Face-to-Face-Situationen als Mitmenschen erfahren kann. Zudem kann Ego Alter in sein Handeln einbeziehen. Da-

2.1 Soziale Interaktion

zu wird zwischen dem Handeln, dem geplanten Verhalten eines Individuums und der Handlung, dem abgeschlossenen Handeln, unterschieden (vgl. Schütz 1971: 22-23). Handeln ist somit immer an einen Entwurf gebunden, in dem auch das Ergebnis der abgeschlossenen Handlung mit eingeplant wird. Handeln erhält damit eine zeitliche Perspektive und wird zudem an Motive gebunden, also an einen Sinn und Zweck, den der Handelnde mit seinem Tun verbindet.

Die interpretativen Sinnzuschreibungen beschreibt Schütz durch eine Verkettung von „Um-zu-Motiv" und „Weil-Motiv" (Schütz 1971: 24-25, vgl. auch Schütz 1981: 115-136). Das Weil-Motiv bezieht sich auf Gründe, die in vergangenen Erfahrungen des Handelnden liegen, z.B. tötet ein Mann, weil er in einer finanziellen Notlage war (vgl. Schütz 1971: 24-25). Das Um-zu-Motiv verweist dagegen in die Zukunft, ein Mann tötet z.B., um das Geld des Opfers zu bekommen (vgl. ebenda).[9] Im Entwurf eines Austauschs mit einem anderen unterstellt Ego, dass Alter das Um-zu-Motiv von Egos Handlung erkennt und dies zum Weil-Motiv von Alters Handlung wird. Ego geht z.B. beim Entwurf einer Frage davon aus, dass Alter sein Handeln als Frage erkennt, mit der Ego ein bestimmtes Ziel erreichen möchte. Des Weiteren geht Ego davon aus, dass Alter aufbauend auf dem erkannten Um-zu-Motiv der Frage, z.B. Auskunft zu erhalten, sein Handeln entwirft, z.B. Auskunft zu geben. Ego nimmt somit an, dass seine Frage zum Weil-Motiv wird, an dem Alter sein Handeln orientiert. Die Frage ist somit „das Weil-Motiv der Antwort ..., ebenso wie die Antwort das Um-zu-Motiv der Frage ist" (Schütz 1972b: 16). Die Konstruktion von Sinn wird somit als wechselseitiger Prozess verstanden, in dem die Akteure das eigene Handeln und das des anderen interpretieren und sich an diesem orientieren. Dieser Prozess basiert auf einer „Idealisierung der Reziprozität der Motive" (Schütz 1971: 26), insofern Alter ähnliche Motive in typischen Situationen zugeschrieben werden und Ego zudem davon ausgeht, dass Alter dies auch ihm unterstellt.

---

[9]Sprachlich können Um-zu-Motive auch in Weil-Sätzen formuliert werden. Schütz differenziert daher das unechte und das „echte Weil-Motiv" (Schütz 1981: 122). Letzteres kann nicht in einen Um-zu-Satz umformuliert werden (vgl. ebenda: 119-130).

Methodische Herstellung sozialer Ordnung

Während Schütz die Herstellung intersubjektiver Sinnkonstruktionen aus der Perspektive der „phänomenologischen Introspektion" (Schneider 2005: 13) beschreibt, richten die Ethnomethodologie und die ethnomethodologische Konversationsanalyse den Blick auf die *gemeinsame* Herstellung *beobachtbarer* alltäglicher Praktiken, durch die soziale Ordnung und sozialer Sinn hergestellt werden.

Anfang der 1960er Jahre begründete Harold Garfinkel, in Abgrenzung zum Strukturfunktionalismus von Talcott Parsons und in Anlehnung an die Arbeiten von Alfred Schütz und an kulturanthropologische Vorstellungen der Ethnoscience, die Ethnomethodologie. Ähnlich wie Schütz geht Garfinkel davon aus, dass Alltagsteilnehmer die soziale Wirklichkeit und die normative Ordnung der Gesellschaft als „natural facts of life" (Garfinkel 1972b: 1) erfahren und dass diese selbstverständlichen Tatsachen soziale Konstruktionen sind. Im Gegensatz zu Schütz fokussiert Garfinkel die Frage, *wie* Alltagsteilnehmer durch ihr Handeln soziale Wirklichkeit als sinnvoll und selbstverständlich deuten und hervorbringen. Die Ethnomethodologie beruht auf dem Gedanken, dass die Herstellung sozialer Ordnung methodisch verläuft und beobachtbar ist. Die Vorsilbe „Ethno" bezieht sich auf die Mitglieder einer bestimmten Gruppe oder Kultur „and 'method' refers to the things members routinely do to create and recreate various recognizable social actions or social practices" (Rawls 2003: 10). Diese Praktiken sind nicht nur vom Forscher beobachtbar, vielmehr liefern die Akteure selbst in ihren Handlungen Interpretationshinweise. Die Ethnomethodologie fokussiert somit die Beschreibung und Analyse der Ethno-Methoden, mittels derer Alltagsteilnehmer ihren Alltag als geordnet und sinnvoll darstellen und interpretieren.

> „Ethnomethodological studies analyze everyday activities as members' methods for making those same activities visibly-rational-and-reportable-for-all-practical-purpose, i.e., 'accountable,' as organizations of commonplace everyday activities."
> (Garfinkel 1967: vii)

Die Aktivitäten und Handlungen der Teilnehmer werden als „practical activities" (Garfinkel 1967: 1) bezeichnet. Bergmann (1988a) deutet den Begriff als „die unausweichlichen Bedingungen der Realisierung von Handlungen in alltäglichen Situationen und Kontexten" (ebenda: 27). In Anlehnung an Schütz wird die ausgeführte Handlung jeweils als eine Selektion von verschiedenen Handlungsmöglichkeiten innerhalb eines bestimmten Kontextes beschrieben. Es gibt somit immer die Möglichkeit, auch anders handeln zu können. Im alltäglichen Handeln stellt sich dem Akteur somit immer wieder die Frage, was er als nächstes machen soll. Diese Frage wird von Garfinkel auch als „question *par excellence*" (1967: 12) bezeichnet. Dieser Handlungszwang stellt sich den Alltagshandelnden meist nicht als Problem dar. Vielmehr können die Akteure auf „eingespielte Lösungen" (Bergmann 1988a: 29) zurückgreifen, auf Grund derer sie Situationen als selbstverständlich deuten. (Hier zeigt sich die Nähe zu Schütz' Begriffen der Typisierungen und Rezepte.)

Die Selbstverständlichkeit, mit der Alltagsteilnehmer die Wirklichkeit deuten und herstellen, wird als ein Produkt wechselseitig verschränkter Handlungsvollzüge gesehen. Garfinkel (1967) spricht von „an ongoing accomplishment of the concerted activities of daily life" (ebenda: vii). Im Deutschen wird dies als „Vollzugswirklichkeit" (Bergmann 1981a: 12) bezeichnet, unter der eine Wirklichkeit zu verstehen ist, „die lokal (also: vor Ort, im Ablauf des Handelns), endogen (also: in und aus der Handlungssituation), audiovisuell (also: durch Hören und Sprechen, durch Wahrnehmung und Agieren) in der Interaktion der Beteiligten erzeugt wird" (ebenda).

Handelnde achten darauf, dass ihre Handlungen von anderen als sinnvolle, selbstverständliche und geordnete Praktiken erkannt werden. In ihren Handlungen liefern sie Interpretationshinweise, durch die ihr Handeln 'accountable' wird, d.h. „observable-and-reportable, *i.e.* available to members as situated practices of looking-and-telling" (Garfinkel 1967: 1). Der 'account'-Begriff beinhaltet die Vorstellung einer „rationally oriented ordinary observable orderliness" (Lynch 1993: 15) menschlichen Handelns. Ethnomethodologische und konversationsanalytische Arbeiten beschreiben Aktivitäten daher häufig mit dem Begriff des „doings", durch den die methodische Hervorbringung der Aktivität und die Orientierung an einem deutenden Gegenüber hervorgehoben wird. So veranschaulicht Sacks (1984b) in seiner Arbeit „On doing 'being ordinary'", dass eine Person nicht einfach „an ordinary person" (ebenda: 414) ist, sondern sich durch ihr Verhalten als normale Person darstellt und die anderen sie anhand dieses Verhaltens als solche erkennen können. Die Praktiken zur Herstellung sozialer Ordnung sind somit beobachtbar und können von

Alltagsteilnehmern und Forschern beschrieben werden.[10]
Weitere zentrale Begriffe der Ethnomethodologie sind die Indexikalität und Reflexivität (vgl. Garfinkel 1967, s. auch Bergmann 1988a und Lynch 1993). Mit dem Begriff der Indexikalität wird hervorgehoben, dass die Bedeutung von Äußerungen und Handlungen immer nur in ihrem Kontext zu verstehen ist (vgl. Garfinkel 1967: 4-7). Dies wird besonders deutlich bei Begriffen wie 'ich', 'hier' oder 'jetzt', deren Bedeutung sich abhängig von Sprecher, Raum und Zeit verändert, gilt aber genauso für Worte wie 'Brot' oder 'Treffen', z.B. in Äußerungen wie „Kannst du mir mal das Brot reichen?" oder „Wer geht auf das Treffen heute Abend?" (vgl. auch Bsp. 2.1, S. 28). Mit diesen Begriffen werden bestimmte Merkmale einer Situation hervorgehoben, wobei sich die Bedeutung des Begriffs aus dem jeweiligen Kontext ergibt, also: um welches Brot oder Treffen es sich handelt, und welche Personen mit den Wörtern 'wer' oder 'du' gemeint sind. Der reflexive Charakter praktischer Handlungen bezieht sich auf diese Verschränkung von Handlung und dem aktuellen Kontext ihrer Herstellung. Handeln erzeugt einerseits die Ordnungsstruktur der Situation und ist „andererseits selbst Teil dieser Situation" (Bergmann 1988a: 49, vgl. auch Garfinkel 1967: 7-9). Ein bekanntes Beispiel ist das der Warteschlange. Indem sich eine Person A an das Ende einer aufgereihten Personengruppe stellt, rekonstruiert sie den schon bestehenden Kontext der Warteschlange und konstruiert sich gleichzeitig als Teil der Situation. Der Kontext der Warteschlange wird durch das Verhalten der Person A mitbegründet und das Verhalten wird durch die Ordnungsstruktur der Warteschlange verständlich (s. auch Livingston 1987).
Handeln und Verstehen zeichnen sich überdies durch eine „specific vagueness" (Garfinkel 1972b: 6) aus, die als notwendig ungelöst beschrieben wird, da eine detaillierte Explikation dessen, was man gerade warum tut, den Handlungsablauf stilllegen würde.

> „For the purposes of *conducting their everyday affairs*, persons refuse to permit each other to understand 'what they are really talking about' in this way. The anticipation that persons *will* understand, the occasionality of expressions, the

---

[10]Damit einher geht auch ein Aufbrechen der traditionell soziologischen Vorstellung einer objektiven Wissenschaft, die der sozialen Welt aus einer distanzierten Perspektive gegenübertritt (ausführlich in Lynch 1993, vgl. auch die Unterscheidung der Konstruktionen erster und zweiter Ordnung nach Schütz 1981).

specific vagueness of references, the retrospective-prospective sense of a present occurrence, waiting for something later in order to see what was meant before, are sanctioned properties of common discourse." (ebenda)

Die alltägliche Sinnaushandlung beruht somit auf der Vagheit der Sprache. An verschiedenen Beispielen zeigt Garfinkel, dass die Alltagsteilnehmer im Umgang mit den anderen gemeinsam geteilte „background expectancies" (Garfinkel 1972b: 2) unterstellen, die sich auf gesellschaftlichen Deutungsmustern und gemeinsam geteilten Interaktionsgeschichten oder erwarteten biographischen Erfahrungen etc. aufbauen, jedoch nicht expliziert werden (vgl. Garfinkel 1972b: 3-7). Diese „seen but unnoticed features of common discourse" (Garfinkel 1967: 6) lösen gemeinsam mit der Vagheit der Handlungen das Problem der Unmöglichkeit des Fremdverstehens, da sie auf Idealisierung des gemeinsamen Verstehens und den gemeinsam geteilten Hintergrunderwartungen aufbauen, die, solange keine Probleme auftreten, als gemeinsam geteilt vorausgesetzt werden können.

Die Unterstellung gemeinsamer Erwartungen verdeutlicht Garfinkel an verschiedenen Krisenexperimenten, die er von seinen Studierenden ausführen ließ (vgl. z.B. Garfinkel 1963 und 1972b). In einem Experiment sollten sich die Studierenden entgegen selbstverständlichen Alltagserwartungen verhalten, indem sie sich zuhause als Fremde ausgaben oder den exakten Sinn von bestimmten Worten oder Floskeln im Gespräch mit anderen erfragen sollten (z.B. auf die Frage „Wie geht es dir?" die Gegenfrage stellen, was die Person damit genau wissen möchte). Sämtliche Experimente führten zu Irritationen und Desorientierungen des Gegenübers. Das Verhalten der Studierenden wurde von den anderen als Normalitätsbruch interpretiert, und es wurden Versuche beobachtet, die Normalität wieder herzustellen (z.B. indem die Studierenden aufgefordert wurden, sich wieder 'normal' zu verhalten) oder das Verhalten des anderen zu erklären (z.B. durch eine Laune der Person), teilweise kam es auch zum Abbruch der Interaktion.

Indem die Experimente die Selbstverständlichkeit alltäglicher sozialer Ordnung aufbrechen, bringen sie „diejenigen Strukturmerkmale zutage, die diese Ordnung aufrechterhalten" (Bergmann 1988a: 42) und verweisen zugleich auf die „Brüchigkeit sozialer Ordnungen" (Ayaß 2004: 8). Soziale Ordnung und Sinn sind nicht fix gegeben, sondern werden in jeder Situation erneut hervorgebracht. Die unhinterfragte Selbstverständlichkeit des Alltags baut somit auf der Reproduktion von Handlungen auf, die ein weiteres erstes Mal („another first time" (Garfinkel 1967: 9)) soziale Ordnung herstellen.[11]

Talk-in-Interaction

Aufbauend auf der Ethnomethodologie und den interaktionsanalytischen Studien von Erving Goffman begründeten Harvey Sacks und Emanuel Schegloff Mitte der 1960er Jahre die Konversationsanalyse, deren Perspektive auf Interaktion im Folgenden vorgestellt wird (vgl. Schegloff 1972, Schegloff & Sacks 1973, Sacks, Schegloff & Jefferson 1974 sowie die posthum veröffentlichten Vorlesungsmitschriften von Sacks 1992).[12] (Eine Darstellung des methodischen Vorgehens der Konversationsanalyse findet sich im Abschnitt 3.1.) Anhand detailreicher Analysen natürlicher, d.h. ungestellter und nicht fiktiver, Interaktionssituationen gehen die konversationsanalytischen Studien den situativen und interaktiven Praktiken nach, mittels derer die Teilnehmer soziale Ordnung und Sinn hervorbringen. Für die Analyse werden Gespräche mit Tonband oder Videokamera aufgezeichnet und später in Transkripte überführt, die den zeitlichen Verlauf und die Art der Realisierung der Handlungen festhalten. Gespräche werden als interaktive und situative Aushandlungsprozesse betrachtet, die auf einer „turn-by-turn basis" (Sacks et al. 1974: 725) beruhen. Der Fokus liegt dabei auf der Produktion und Interpretation sozialer Handlungen. Gegenstand der Konversationsanalyse ist nicht das Gespräch allein, sondern sein interaktiver und situativer Aushandlungsprozess, statt von Gespräch wird daher auch von „talk-in-interaction" (Hutchby & Woffitt 1998: 13) gesprochen (vgl. dazu Sacks et al. 1974).
Die Verbundenheit der Konversationsanalyse mit den theoretischen An-

---

[11] Die Ethnomethodologie wird häufig zu Unrecht allein auf die Krisenexperimente reduziert. Um sich selbst zu befremden, kann ein Forscher auch ungewöhnliche Situationen aufsuchen oder detaillierte Beobachtungen während einer Feldforschung durchführen. Als weitere Möglichkeit ist das Vorgehen der ethnomethodologischen Konversationsanalyse zu nennen, die sich mittels Ton- und Filmaufnahmen sowie Transkripten vom Interaktionsgeschehen distanziert und sich so der Herstellung sozialer Ordnung nähert (vgl. dazu auch ten Have 1990: 29f).

[12] Es gibt eine Vielzahl von Einführungen in die ethnomethodologische Konversationsanalyse. An dieser Stelle seien Bergmann 1988c und 2000, Eberle 1997, Heritage 1984: 233-292 und Hutchby & Wooffitt 1998 sowie die Sammelbände von Atkinson & Heritage 1984 und Boden & Zimmerman 1991 genannt.

2.1 Soziale Interaktion

nahmen von Schütz und Garfinkel zeigt sich in drei Grundannahmen (nach Heritage 1984: 241-244):

1. Die Konversationsanalyse geht davon aus, dass interaktive Vorgänge geordnet verlaufen. Diese Ordnung weist Strukturen „in their own right and as social in character" (ebenda: 241) auf. Sie sind somit eigenständige Ordnungsvorgänge, die unabhängig von externen Einflüssen oder psychologischen Vorgängen wirken. Gleichzeitig zeigen sich in den Interaktionen die Orientierungen der Akteure an unterstellten, gesellschaftlich geteilten Annahmen und Erwartungen, die sie in ihren Handlungen und Interpretationen zeigen.

2. Interaktionsbeiträge sind an ihrem Kontext orientiert, durch den sie gestaltet werden und den sie gleichzeitig mitgestalten. Heritage bezeichnet Beiträge als „*context-shaped* and *context-renewing*" (ebenda: 242) und verweist auf die darin enthaltene Verbundenheit zu den ethnomethodologischen Begriffen der Indexikalität und Reflexivität.

3. Das konversationsanalytische Vorgehen ist an der Prämisse, „that there is order at all points" (Sacks 1984a: 22), orientiert. Elemente einer Äußerung werden bei der Analyse nicht a priori vom Forscher als Zufallsprodukt angesehen, sondern als ordnungsgebender Bestandteil.

Die Basis konversationsanalytischer Studien bilden im Wesentlichen die Organisation einzelner Redezüge und ihre sequentielle Verknüpfung. Redezüge sind, eröffnen oder beenden sie nicht das Gespräch, jeweils in einen vorherigen und einen nachfolgenden Beitrag eingebettet und zeigen eine Orientierung an dieser Einbettung. Dies wird auch als „three-part structure" (Sacks et al. 1974: 722) bezeichnet: Ein Redezug stellt, erstens, einen Bezug zum vorherigen Beitrag her, bringt, zweitens, einen eigenen Beitrag und stellt, drittens, eine Erwartungsstruktur für den nächsten Beitrag auf.

Der sequentiellen Verknüpfung der Redezüge untereinander ist eine Verständnissicherung inhärent, die als „next-turn proof procedure" (Hutchby & Wooffitt 1998: 15, erstmals beschrieben in Sacks et al. 1974: 728f) bezeichnet wird. Jeder nächste Beitrag enthält eine Interpretation der vorherigen Äußerung. Die Gesprächsteilnehmer können somit in der jeweiligen Anschlusshandlung des Gegenübers prüfen, wie ihre Äußerung interpretiert wurde. Entsprechend können sie im darauffolgenden (dritten) Redezug diese Interpretation ablehnen oder daran anknüpfen und somit bestätigen. Schneider (2005) spricht daher auch von einer „Sequenz von dreizügigem Elementarformat" (ebenda: 64). Ähnlich wie in der Ethnomethodologie wird somit die Herstellung gemeinsamen Verstehens als öffentlicher Prozess verstanden, der von den Beteiligten selbst – aber auch von anderen – beobachtbar ist.

Am Beispiel der Paarsequenz („adjacency pairs" (Schegloff & Sacks 1973: 295)) wird die sequentielle Verknüpfung von Redebeiträgen besonders deutlich. Paarsequenzen bestehen aus zwei direkt aufeinanderfolgenden Gesprächsbeiträgen, die von zwei unterschiedlichen Personen geäußert werden. Typische Beispiele sind Gruß-Gegengruß, Frage-Antwort, Angebot-Annahme/Ablehnung. Erster und zweiter Teil der Paarsequenz stehen in einem asymmetrischen Verhältnis. Wird der erste Teil einer Paarsequenz geäußert, so wird die Produktion des zweiten Teils erwartet, er wird „conditionally relevant" (Schegloff 1972: 364). Das heißt, der zweite Teil weist der vorherigen Äußerung den Status einer ersten Äußerung zu. Das Ausbleiben einer zweiten Äußerung wird somit erklärungsbedürftig. Zudem bestimmt der erste Teil den zweiten Teil, insofern auf eine Frage z.B. eine Antwort und kein Gegengruß erwartet wird. Zudem weist der erste Teil das Rederecht einem anderen Sprecher zu. Häufig fällt nach der Produktion des zweiten Teils das Rederecht wieder dem Produzenten des ersten Teils zu, der nun z.B. andeutet, ob er mit der Antwort zufrieden ist oder nicht (vgl. Schegloff 1972, Schegloff & Sacks 1973).

Das folgende Beispiel verdeutlicht die sequentielle Verknüpfung von Paarsequenzen (Quelle: Schegloff 1988: 57f):[13]

Transkript 2.1: Sequentielle Verknüpfung von Redezügen

```
1    Mother:  do you know who's going to that meeting?
2    Russ:    who.
3    Mother:  I don't knO:w.
4    Russ:    oh::, prob'ly missiz McOwen ('n detsa) en
5             prob'ly missiz Cadry and some of the teachers.
```

---

[13]Das Transkript wurde gekürzt, vereinfacht und den Transkriptionskonventionen der vorliegenden Arbeit angepasst. Eigennamen und das englische I werden weiterhin großgeschrieben. Eine ausführliche Diskussion des Beispiels findet sich auch in Hutchby & Wooffitt 1998: 15-17 und Schneider 2005: 61-65.

Die Mutter erkundigt sich in Zeile 1, ob Russ weiß, wer zu dem Treffen geht. Der Beitrag der Mutter ist so strukturiert, dass er als Frage oder aber als Ankündigung eines Themas verstanden werden kann. Russ zeigt mit seinem nächsten Beitrag (Z. 2), dass er die Äußerung der Mutter als Ankündigung verstanden hat und fordert sie auf, mehr über dieses Thema zu berichten. Im folgenden Redezug der Mutter (Z. 3) wird deutlich, dass sie nicht weiß, wer zum Treffen kommt. Sie deutet ihre erste Äußerung somit als Informationsfrage. Russ zeigt mit seinem „oh::" (Z. 4) an, dass er ihre erste Äußerung (Z. 1) missverstanden hat und liefert die konditionell relevante Antwort auf die Frage in Zeile 1 nach. Das Beispiel zeigt, wie Mutter und Russ gemeinsam den Sinn ihrer Äußerungen aushandeln und sich dabei jeweils an den Beiträgen des anderen orientieren.[14]

Neben der sequentiellen Verknüpfung von Redezügen, mit der die Teilnehmer eine Orientierung am anderen anzeigen, weisen Äußerungen zudem einen rezipientenspezifischen Zuschnitt auf („recipient design" (Sacks et al. 1974: 727)). Gesprächsteilnehmer gestalten, abhängig von den Wissensressourcen, Erfahrungen und Fähigkeiten, die sie dem anderen unterstellen, die Art und Weise wie sie ihre Äußerung und Handlungen ausführen. Somit konstruieren die Teilnehmer ihr Auftreten nicht nur durch ihr eigenes Handeln, sondern Aspekte ihrer Identität werden ihnen auch von dem anderen zugeschrieben, der sie als 'Fremder', 'Experte', 'Laie' etc. anspricht (vgl. Bergmann 1988c: 39-43). Gerade in Bezug auf den Umgang mit dem Agenten stellt sich daher nicht nur die Frage, welche Interaktionsstrukturen gefunden werden können, sondern auch welches 'recipient design' die menschlichen Akteure ihm gegenüber anwenden.

Die konversationsanalytischen Arbeiten untersuchen ein breites Spektrum von interaktiven Phänomenen, z.B. die interaktive Organisation von Redezügen, Sprecherwechseln, Pausen, Paarsequenzen, Problembehandlungen und Ähnliches sowie größere kommunikative Formen wie Erzählungen, moralische Handlungen oder Konflikte etc. Während die ersten Studien vor allem Alltagsgespräche untersuchten, wurden bald auch Studien in institutionellen und medialen Kontexten durchgeführt,

---

[14]Schütz würde die Sequenz jeweils aus der Perspektive des Einzelnen beschreiben, der das eigene Handeln und das des anderen mit Um-zu- und Weil-Motiven verknüpft. Die Mutter möchte gern wissen, wer zum Treffen kommt. Sie fragt Russ, um dies zu erfahren (Um-zu-Motiv), dabei unterstellt sie, dass Russ das Um-zu-Motiv ihrer Äußerung erkennen wird und dass ihre Frage zum Weil-Motiv seiner Antwort wird.

die sich den besonderen Merkmalen dieser Interaktionen zuwandten. Dabei wurde der Blick zunehmend auch für den Umgang mit technischen Artefakten geöffnet.

2.2 Interaktion und Technik

Im obigen Abschnitt wurden soziale Interaktionen als situative und wechselseitige Handlungsprozesse zwischen mindestens zwei anwesenden Personen beschrieben. Die interaktiven Sinnkonstruktionen basieren auf der Unterstellung und Idealisierung gemeinsam geteilter sozial-kultureller Deutungsmuster und Hintergrunderwartungen, aber auch auf persönlichen Biographien, so dass die Akteure von einem intersubjektiven Verstehen und Erleben der Situation ausgehen. Die Voraussetzungen für Interaktionen der oben beschriebenen Theorien sind zu anspruchsvoll, um die neuartigen Austauschprozesse zwischen virtuellen Agenten und menschlichen Akteuren als soziale Interaktion zu bezeichnen. Agentensysteme können weder in einer derart komplexen Welt agieren (s. Kapitel 4), noch können die umfangreichen Voraussetzungen für die Deutungsprozesse im gleichen Maße wie beim Menschen unterstellt werden (vgl. auch Lindemann 2002b: 80-82). Es stellt sich daher die Frage, wie technische Artefakte in soziale Interaktionen eingebunden werden können, und ob sie dem menschlichen Akteur als Interaktionspartner gegenübertreten können.

Innerhalb der soziologischen Diskussion können vor allem zwei Ansätze unterschieden werden, die diesen Fragen nachgehen: Die empirisch fundierten Workplace Studies fragen, wie technische Artefakte in Arbeitsroutinen eingebunden werden und wie sich Interaktionsorganisation verändert, wenn das Gespräch technisch vermittelt wird. Dabei wenden sich gerade die mit diesen Studien verbundenen ethnomethodologisch und konversationsanalytisch fundierten Arbeiten der Mensch-Computer-Interaktion der situativen Gestaltung kommunikativer Prozesse im Austausch zwischen Nutzer und computerbasierter Technik zu. Des Weiteren beschäftigt sich die techniksoziologische Diskussion mit der Handlungsträgerschaft technischer Artefakte. In dieser Debatte wird die klassische Trennung von Sozialem und Technischem hinterfragt. Diese Diskussion fokussiert vor allem den Handlungs- und Akteurbegriff der Soziologie. Nur wenige Studien reflektieren dabei auch den Begriff der Interaktion, wie z.B. Braun-Thürmann (2002).

Interaktive Aneignung von Technik

Schon die ersten konversationsanalytischen Studien greifen für die Analyse der Gesprächsorganisation auch auf Audioaufnahmen von Telefonaten zurück (z.B. Schegloff 1972 und 1979). Bei der Analyse wurden jedoch zunächst weniger die Besonderheiten der *technisch* vermittelten Kommunikation herausgearbeitet als elementare Grundlagen der Gesprächsorganisation im Allgemeinen. Erst mit dem Aufkommen der ethnomethodologischen und konversationsanalytischen Workplace Studies in den 1980er Jahren wurden die Rolle technischer Artefakte im kommunikativen Austausch und die Besonderheiten technisch vermittelter Kommunikationen untersucht (vgl. Heath, Knoblauch & Luff 2000: 300, s. auch Luff, Hindmarsh & Heath 2000a).[15]

Die Workplace Studies führen die Diskussionen der kognitionswissenschaftlich ausgerichteten Forschungsrichtungen der Künstlichen Intelligenz (KI) und der Mensch-Computer-Interaktion (Human Computer Interaction – HCI) mit den interpretativen Annahmen und dem Vorgehen der ethnomethodologisch fundierten Studies of Work und der Laborstudien zusammen (vgl. Heath et al. 2000 und Bergmann 2005). Viele der Studien entstanden vor dem Hintergrund, dass neu entwickelte Technologien bei der Anwendung am Arbeitsplatz zum Zusammenbruch alltäglicher Arbeitsroutinen führten oder vom Nutzer nicht oder nur teilweise genutzt wurden (vgl. Heath & Luff 2000: 1-8, Suchman, Blomberg, Orr & Trigg 1999: 393f). Vor diesem Hintergrund entstand eine Debatte um die Diskrepanzen und Koordinationsmöglichkeiten der „design-features" (Hutchby 2001a: 124), die im Artefakt manifestierten Nutzungsvorstellungen der Entwickler bezüglich dessen, was ein technisches Artefakt tun, sein oder ermöglichen sollte, und den „features-in-use" (ebenda), die der Nutzer dem Artefakt im situativen Gebrauch zuschreibt.

Die Workplace Studies kritisieren die traditionellen, kognitionswissenschaftlichen Studien, in denen die Bedienungsfreundlichkeit des Computers auf der Grundlage quantitativer Auswertungen laborähnlicher Experimente und/oder Befragungen beruht (z.B. in Usability-Tests). Diesem Vorgehen setzen sie eine ethnomethodologisch geleitete Analyse natürli-

---

[15]Einführende Überblicke s. Arminen 2005: 198-242, Heath & Luff 2000, Knoblauch & Heath 1999, Luff et al. 2000b. Eine ausführliche Darstellung zum Thema Konversationsanalyse und Technik ist in Hutchby 2001a zu finden.

cher Gesprächssituationen am Arbeitsplatz entgegen.[16] Erst der situative und interaktive Gebrauch technischer Objekte in den jeweiligen Arbeitskontexten, so das Argument, zeige ihre tatsächliche Nutzbarkeit an.

Die Workplace Studies umfassen eine große Anzahl empirischer Studien, die vor allem interaktive Prozesse innerhalb hochtechnologisierter Organisationen – den sogenannten „centers of coordination" (Suchman 1997) – fokussieren. Die Studien richten ihre Aufmerksamkeit auf das Zusammenspiel kopräsenter und räumlich getrennter Akteure, die an unterschiedlichen Aufgaben arbeiten und ihre Handlungen miteinander abstimmen müssen. In der Analyse wird dabei nicht nur die zwischenmenschliche Kommunikation untersucht, sondern auch „the ways in which tools and artefacts feature, moment by moment, in the developing and collaborative production of workplace activities" (Heath et al. 2000: 308). Dies zeigt sich z.B. beim Zusammenspiel von verschiedenen Bildschirmanzeigen, Zeittafeln, lokalen Gegebenheiten und Arbeitsroutinen beim Beladen von Flugzeugen am Flughafen (vgl. Goodwin & Goodwin 1998, Suchman 1998) oder bei der Koordination des Schienenverkehrs der Londoner U-Bahn (Heath, Hindmarsh & Luff 1999, Heath & Luff 1998).[17]

Neben dem Zusammenspiel von technischen Artefakten und Handlungsroutinen am Arbeitsplatz erarbeiten die Workplace Studies und die damit verbundenen Studien der Computer Supported Cooperative Work (CSCW), wie sich die Gesprächsorganisation durch ihre technische Vermittlung verändert. So zeigen Heath & Luff (1993) in ihrer Studie zu videovermittelten Kommunikationen auf, wie die Videotechnik einerseits die gemeinsame Handlungskoordination räumlich getrennter Akteure ermöglicht, andererseits die technisch vermittelte Präsenz des Gegenübers den gemeinsamen Interpretationsprozess beeinflusst. So unterstützt z.B. ein Teilnehmer im Gespräch mit einem videovermittelten Interaktionspartner seine sprachlichen Äußerungen mit nonverbalen Handlungen. Diese Darstellungen können jedoch von der Gegenseite nicht

---

[16]Die Workplace Studies sind empirisch angelegt, dabei werden ethnographische Beobachtung, Interviews sowie ethnomethodologische und konversationsanalytischen Analyse audiovisueller Aufnahmen kombiniert.

[17]Für den deutschsprachigen Raum können die Arbeiten von Goll (2002), über ein vernetztes Unternehmen, und Meier (1999, 2000 und 2002), über Videokonferenzen in einem Unternehmen, sowie die Studien von Knorr-Cetina & Brügger (2005), zum Finanzmarkt, genannt werden.

2.2 Interaktion und Technik

wahrgenommen werden, da sie außerhalb des Bereichs ausgeführt werden, den die Kamera überträgt. Selbst die Gesten, die von der Kamera übertragen werden, verlieren ihre performative Wirkung und werden daher auch als „disembodied" (ebenda: 47) bezeichnet. Dem Interaktionspartner ist dabei häufig nicht transparent, welche Handlungen und Informationen beim technisch vermittelten Gegenüber als bedeutungsrelevante Handlungen wahrgenommen werden können, so dass es zu Verzerrungen bei der Unterstellung reziproker Perspektiven kommt (vgl. Heath & Luff 1993: 50, s. auch Heath & Luff 2000: 179-216 sowie Meier 1999, 2000 und 2002).

Verzerrungen der Verstehensunterstellungen zeigen sich auch in der Chatkommunikation. Garcia & Jacobs (1998) beobachten im Rahmen einer Studie zu Chatkommunikation sogenannte „phantom adjacency pairs" (ebenda: 305). Im Chat sind häufig mehrere Teilnehmer involviert, die gleichzeitig ihren Text produzieren. Die Nachrichten erscheinen in der Reihenfolge, in der sie von den Teilnehmern abgesandt wurden, auf dem Bildschirm. Dabei können zwei untereinanderstehende Textbeiträge den Anschein einer sequentiellen Verknüpfung erwecken, obwohl sich die Texte nicht aufeinander beziehen.

Moore et al. (2006) gehen den Schwierigkeiten der Handlungskoordination in Multi-User-Onlinespielen nach, in denen räumlich getrennte Spieler virtuelle Avatars in einer Onlinewelt steuern und gemeinsam mit anderen Avatars Aufgaben lösen. Bei der Koordination der gemeinsamen Aktivitäten deuten die Spieler das Verhalten der anderen Avatars häufig als 'accountable' (nach Garfinkel). Während der Avatar im Spiel den Anschein erweckt, 'gerade nichts zu tun' (die Überschrift des Artikels lautet „Doing Virtually Nothing"), ist der Nutzer häufig damit beschäftigt, eine neue Handlung in das Softwareprogramm einzugeben. Ein Spieler A veranlasst z.B. seinen Avatar Vindar dazu, sich vor den Avatar Doriel zu stellen, der von einem Spieler B gesteuert wird. Während sich die beiden Avatars anblicken, führt der Spieler A unterschiedliche Handlungen im Programm aus, damit Vindar sich vor Doriel verbeugt. Mit dieser Verbeugung soll der Avatar Doriel zum Kampf herausgefordert werden. In dem Moment, in dem sich Vindar verbeugt, dreht sich Doriel jedoch um und geht. Der Spieler B, der den Avatar Doriel steuert, hat scheinbar in der Zeit, in der der Spieler A die Verbeugung eingibt, ebenfalls eine neue Aktivität für Doriel eingegeben. Während die Avatars sich gegenüberstehen, sich anblicken und 'nichts tun', waren die Spieler mit der

Handlungssteuerung ihrer Avatars beschäftigt, konnten jedoch aus dem Verhalten des gegenüberstehenden Avatars nicht erkennen, was dieser als Nächstes tun wird. Vindar verbeugt sich somit in den leeren Raum.

Das Verhältnis von Technologie und Handlung wird in den Workplace Studies als reflexiv gesehen:

> „Technologien dienen ... einmal dazu, Arbeitsvorgänge zu strukturieren .... Andererseits werden Technologien erst durch genau jene Handlungen definiert, mit denen sie 'bedient' werden." (Knoblauch 1996: 353)

Dieses reflexive Verhältnis fasst Hutchby (2001a) unter Rückgriff auf Gibsons Theorie der psychologischen Wahrnehmung mit dem Begriff der „affordance" (Hutchby 2001a: 26). Er distanziert sich mit diesem Begriff sowohl von einem rein technikdeterministischen als auch von einem rein sozialkonstruktivistischen Technikbegriff (ebenda: 13-33, vgl. auch Hutchby 2001b). Der Begriff der 'affordance' bezieht sich darauf, dass Menschen (und Tiere) Objekte in Bezug auf ihre Möglichkeit wahrnehmen, die sie für das eigene Handeln bieten (vgl. Hutchby 2001a: 26). Ein Objekt ermöglicht verschiedene Handlungsspielräume und gleichzeitig sind andere ausgeschlossen: Mit einem Messer kann ich Brot schneiden oder jemanden bedrohen, aber keine Suppe löffeln. Dabei kann ein Objekt für verschiedene Akteure und abhängig vom jeweiligen Kontext unterschiedliche 'affordances' aufweisen. Eine Wasseroberfläche kann für eine Mücke einen Landeplatz bieten, dem Elefanten hingegen als Trink- oder Bademöglichkeit dienen. 'Affordances' sind Eigenschaften eines Objekts, die im „context of material encounters between actors and object" (ebenda: 27) hervortreten. Dem Objekt wird damit etwas Eigenes zugeschrieben, und gleichzeitig auf den sozialen Gebrauch verwiesen, in dem das Eigene hervortritt.[18] Diese Eigenschaften sind weder endlich noch determiniert und können je nach Situation variieren, bestimmte Eigenschaften können z.B. verdeckt bleiben, da ihr Nutzen nicht erkannt wird, und erst zu einem bestimmten Zeitpunkt in den Vordergrund treten (vgl. ebenda).

Während sich der Begriff der 'affordance' mit dem reflexiven Status der Technik im menschlichen Handeln beschäftigt, fasst Goodwin (2000)

---

[18]Dabei muss es sich nicht um ein materielles Objekt handeln. Hutchby (2001a) spricht auch von einer „affordance offered by [a] question" (ebenda: 28).

mit dem Begriff der „semiotic ressources" (ebenda: 1490) das Zusammenspiel von sprachlichen, nicht sprachlichen und materiellen Zeichensystemen und Bedeutungszusammenhängen. Seine Arbeiten wie auch die der Workplace Studies zeigen, dass die Konversationsanalyse nicht mehr allein sprachliche Merkmale analysiert, sondern den Blick auf die komplexen Wirkungsbeziehungen von sprachlichen und nicht sprachlichen Ressourcen in Interaktionen richtet. Er zeigt anhand empirischer Daten das Zusammenspiel von „multiple sign systems with alternative properties" (ebenda: 1489), die sich im Verlauf der Interaktion wechselseitig kontextualisieren und Bedeutung zuschreiben und ein „semiotic field" (ebenda: 1490 und 1494) bilden. Dieses setzt sich zusammen aus sprachlichen Mitteln (Prosodie, Syntax etc.), körperlichen Darstellungsmöglichkeiten (Gesten, Mimik, Teilnehmerkonstellationen, Körperpositionen etc.), materiellen Strukturen (Zeichnungen, Gegenständen etc.) sowie größeren sozialen und interaktiven Einheiten (z.B. die Rahmung von Handlung, der Einfluss der bisherigen Interaktionsgeschichte etc.). Während der Interaktion werden jeweils bestimmte Konfigurationen des semiotischen Felds relevant gesetzt. Die Zusammenstellung, die von den Teilnehmern zu einem bestimmten Zeitpunkt als relevant behandelt wird, bezeichnet Goodwin als „contextual configuration" (ebenda: 1490). An verschiedenen Beispielen zeigt er auf, wie sich diese kontextuellen Konfigurationen im Verlauf der Handlung immer wieder verändern und die Akteure auf unterschiedliche semiotische Ressourcen zurückgreifen, die sie situativ relevant setzen (vgl. Goodwin 1996, 2000 und 2003a, s. auch Goodwin & Goodwin 1998).

Mensch-Computer-Interaktion

Während der Großteil der ethnomethodologischen und konversationsanalytischen Studien auf unmittelbaren und mittelbaren zwischenmenschlichen Austauschprozessen aufbaut, haben sich einige Studien auch mit den Austauschprozessen zwischen Mensch und Maschine oder Computer auseinandergesetzt, die als Studien der Mensch-Computer-Interaktion gefasst werden. Ähnlich wie die vorliegende Arbeit gehen diese Studien im weitesten Sinne der Frage nach, wie ein interaktionsähnlicher Austausch zwischen Mensch und Computer gestaltet wird bzw. werden kann. Die Bezeichnung Mensch-Computer-Interaktion ist ein feststehender Begriff, wobei der Interaktionsbegriff nicht mit dem soziologischen Begriff der sozialen Interaktion gleichzusetzen ist, sondern vielmehr das Ziel der Entwickler benennt.

Die klassischen Studien der Mensch-Computer-Interaktion bauen auf dem kognitionswissenschaftlichen „planning model" (Suchman 1987: 28) auf. Dieses Modell geht davon aus, dass das Handeln von Akteuren auf mentalen Prozessen im Inneren des Individuums beruht. Pläne sind Handlungsentwürfe, mit dem ein Akteur ein bestimmtes Ziel erreichen möchte. Abhängig von diesem Plan werden bestimmte Handlungen durchgeführt. Das Gegenüber kann aufgrund der Handlungen auf die dahinterliegenden Pläne des Handelnden und somit auch auf dessen Ziele schließen (vgl. ebenda: 27-48, s. auch Wooffitt, Fraser, Gilbert & McGlashan 1997: 5-8, Hutchby 2001a: 34-53). Der Fokus der kognitionswissenschaftlichen Ansätze liegt somit auf den Bewusstseinsvorgängen des Einzelnen. Mittels quantitativer und experimenteller Untersuchungen (wie Usability-Tests) wird z.B. die Zufriedenheit der Nutzer und die Bedienungsfreundlichkeit der computerbasierten Artefakte untersucht. Kontext, Nutzer und Handlungen werden als abstrakte, in sich geschlossene Variablen behandelt, die als solche einem Computerprogramm implementiert werden können (vgl. Robinson 1990).

Die Kritik am kognitionswissenschaftlichen Interaktionsmodell umfasst im Wesentlichen drei Punkte (vgl. Dourish 2001: 17-23, Hutchby 2001a: 34-53, Robinson 1990, Suchman 1987, Wooffitt et al. 1997: 58): Erstens wird die Übertragung von Laborergebnissen auf die Computernutzung im Allgemeinen als unzulässig angesehen. Laborexperimente sind Situationen, in denen sich kontextspezifische Deutungsmuster und Interaktionsroutinen ausbilden, die sich von alltäglichen Kontexten und Routinen unterscheiden. Zweitens vernachlässigen die abstrakten Variablen den aktuellen situativen Kontext einer Interaktion, insofern es sich immer um spezifische Kontexte, Nutzer und Artefakte handelt. Drittens wird Verstehen als ein mentaler Prozess im Inneren eines Individuums gesehen und nicht als interaktiver und situativer Aushandlungsprozess.

In Abgrenzung zu diesem Modell haben sich innerhalb der Workplace Studies verschiedene Studien herausgebildet, die sich der Analyse des menschlichen Umgangs mit computerbasierter Technologie vor ethnographischem, ethnomethodologischem und konversationsanalytischem Hintergrund nähern (vgl. dazu Beiträge im Sammelband von Luff, Gilbert & Frohlich 1990 und Thomas 1995, s. auch Dourish 2001, Suchman 1987 und 2007 sowie Wooffitt et al. 1997). Aufbauend auf der Vorstellung einer wechselseitig ausgehandelten Sinnkonstruktion, die sich in den Handlungen der Akteure beobachten lässt, gehen diese Studien den kommunikativen Strukturen im Austausch zwischen Akteur und Computer/Maschine nach. So entwickeln Frohlich & Luff (1990) ein Advice System auf der Grundlage konversationsanalytischer Erkenntnisse, Raudaskoski (1990) und Wooffitt et al. (1997) nähern sich mittels einer konversationsanalytischen Untersuchung den Organisationsprinzipien simulierter Mensch-Computer-Interaktionen, Heath & Luff (2000) analysieren das Zusammenspiel von Mensch und Software bei der computergestützten Erstellung von Bauplänen in einem Architekturbüro (ebenda: 155-178).[19]

Die Studie „Plans and Situated Actions" von Lucy Suchman (1987, vgl. auch Suchman 2007) zum Umgang mit einem interaktiven Fotokopierer kann als Klassiker im Bereich der ethnomethodologischen Studien der Mensch-Computer-Interaktion bezeichnet werden. Suchman geht den Fragen nach, wie Mensch und Nutzer ihre Aktivitäten deuten und was passiert, wenn es zu Missverständnissen kommt. Ausgehend von ihrer Analyse entwickelt sie eine fundamentale Kritik an klassischen kognitionswissenschaftlichen Modellen der Mensch-Computer-Interaktion.

Suchman (1987) filmt jeweils zwei Testpersonen, die verschiedene Kopieraufgaben durchführen. Sie analysiert den situativen Verlauf der Aktivitäten, die von Menschen und Maschine durchgeführt werden, und ihre verschiedenen Situationsdeutungen, welche sie ihren Aktivitäten zugrunde legen. Suchman definiert die „situation of action" (ebenda: 118) in Abhängigkeit von den Ressourcen, die einem Handelnden zur Verfügung stehen, um sich selbst auszudrücken und das Verhalten und die Handlungen eines anderen zu deuten. Die „situation of the user" (ebenda: 119) zeichnet sich dadurch aus, dass der Nutzer Vermutungen über die Fähigkeiten der Maschine und die Art mit ihr umzugehen mit seinen situativen Interpretationen während des Umgangs mit der Maschine verbindet. Davon unterscheidet Suchman die „situation of the machine" (ebenda), die implementierten Programmstrukturen, die das Verhalten der Maschine steuern und die Handlungen des Nutzers 'interpretieren'. Diese Programmstrukturen beruhen auf Ablaufplänen, welche die Entwickler bei der Erstellung des Programms antizipierten.

---

[19]Neben diesen Arbeiten gibt es auch eine Reihe von linguistischen, sprach- und sozialwissenschaftlichen Arbeiten zur Mensch-Computer-Interaktion (vgl. Haase 2005, Hartmann 1992, Wagner 2002).

Abhängig von den verschiedenen Situationswahrnehmungen und den verschiedenen Interaktionsmodellen, auf denen die Situationsdeutungen und Aktivitäten der Nutzer und der Maschine basieren, kommt es häufig zu Missinterpretationen der Handlungen des anderen. Suchman differenziert zwei Formen des kommunikativen Zusammenbruchs: „false alarm" (1987: 163-165) und „garden path" (ebenda: 165-169). Als 'false alarm' bezeichnet sie Vorgänge, in denen die Nutzer feststellen, dass ihr Verhalten gegenüber der Maschine fehlerhaft war, die Maschine jedoch von keinem Fehler ausgeht. So wollen z.B. zwei Nutzer fünf Kopien von einer Vorlage machen, indem sie das Dokument auf den Kopierer legen und fünf Mal hintereinander eine Kopie machen (vgl. Suchman 1987: 164). In Abhängigkeit von den Voreinstellungen definieren systeminterne Einstellungen des Kopierers den Auftrag nach der ersten Kopie für beendet. Das entsprechende Bildschirmbild zeigt an, dass die Aufgabe erfolgreich abgeschlossen wurde. Dies führt zu Irritationen auf Seiten der Nutzer, die fünf Mal eine Kopie erstellen wollten, aber nun keine Möglichkeit mehr haben, den Kopiervorgang fortzusetzen. Das Problem ist für die Nutzer nicht lösbar, da für die Maschine kein Problem vorliegt und der aktuelle Bildschirm auch keine alternativen Handlungsoptionen anbietet.

Als „garden path" bezeichnet Suchman Situationen, in denen Handlungen der Nutzer im Ablaufplan der Maschine gedeutet werden können, jedoch für Nutzer und Maschine unterschiedliche Bedeutung haben. In diesem Fall bemerken weder die Maschine noch die Nutzer das Missverständnis, da sie eine gemeinsame Interpretation der Aktivitäten unterstellen, die jedoch nicht gegeben ist.

Wooffitt et al. (1997) gehen den Besonderheiten der Mensch-Computer-Interaktion in der Analyse sogenannter WOZ-Experimente nach. WOZ ist die Abkürzung für „Wizard of Oz" und spielt auf das gleichnamige Kinderbuch an, in dem ein furchteinflößender Zauberer sich als eine Maschine entpuppt, die von einem Menschen gesteuert wird.[20] Es handelt sich dabei um Simulationsexperimente, in denen die Testperson davon ausgeht, mit einem computerbasierten Dialogsystem zu sprechen, während ein menschlicher Akteur als „Wizard" den Part des digitalen Gegenübers übernimmt und so tut, als sei er ein computerbasiertes Dialogsystem. Diese Experimente werden bei der Softwareentwicklung eingesetzt, um den Entwurf von Dialogsystemen zu testen, bevor dieser mit

---

[20]Eine ähnliche Studie führt auch Raudaskoski (1990) durch.

2.2 Interaktion und Technik

viel Arbeitsaufwand implementiert wird. In der Studie von Wooffitt et al. holen Testpersonen telefonisch verschiedene Informationen beim Fluginformationsservice der British Airways ein, z.B. ob ein Flug Verspätung hat. Die Autoren vergleichen die Gespräche von Testpersonen mit einem Wizard mit Gesprächen dieser Testpersonen mit einem menschlichen Ansprechpartner im Servicecenter. Die Analyse zeigt die Unterschiede und Ähnlichkeiten in der Struktur der Gesprächsorganisation, der Organisation von Reparaturen, Überlappungen und Ähnliches auf. So ähnelt die Gesprächsorganisation der WOZ-Experimente denen der zwischenmenschlichen Telefongespräche, unterscheidet sich jedoch durch ein eher abwartendes Verhalten der Testpersonen. Die Gespräche mit dem Wizard zeichnen sich z.B. durch längere Pausen vor dem Sprecherwechsel aus. Diese Trägheit erklären die Autoren durch die simuliert verzerrte Sprachwiedergabe des Wizards, mittels derer der Eindruck eines computerbasierten Dialogsystems hergestellt werden soll. Die verzerrte Wiedergabe erschwert den Anrufern, das Ende des Redezugs der Maschine vorherzusehen. Durch ihr abwartendes Verhalten stellen die Anrufer sicher, dass das simulierte Dialogsystem seinen Beitrag beendet hat und vermeiden Überlappungen (vgl. dazu auch Abschnitt 7.1).[21]

Die konversationsanalytischen Studien der Mensch-Computer-Interaktionen sind nicht unumstritten. Button und Sharrock problematisieren, dass die Übertragung konversationsanalytischer Regeln in einen Computer nicht damit gleichgesetzt werden darf, dass der Computer sprechen könne (vgl. Button 1990, Button & Sharrock 1995):

> „There is a distinction then between rules that people can be shown to orient to, and rules that are said to be an interior mental machinery. One the latter understanding, rules stand behind action, on the former, rules are embedded within action." (Button 1990: 78f)

---

[21] Die Autoren diskutieren ausführlich die Probleme der Simulationsexperimente. Sie verweisen darauf, dass die Testpersonen während des Telefonats und auch in späteren Interviews die Wizards als Computerprogramm behandeln. Problematisch ist meines Erachtens jedoch nicht die Orientierung der Nutzer, sondern das 'zu menschlich' Verhalten der Wizards. So verstehen die Wizards z.B. sehr komplexe Äußerungen der Testpersonen. Auch verzögern die Wizards Redezüge, wenn der Anrufer wieder zu sprechen beginnt. Die Analyse des hybriden Austauschs mit dem Agenten Max wird jedoch zeigen, dass gerade diese situativen Anpassungen vom Agenten nicht durchgeführt werden können.

Die Argumentation basiert der Autor auf einer ontologischen Differenz von Menschlichem und Technischem. Während das Verhalten des Computers durch Regeln determiniert ist, spricht die Konversationsanalyse von Regeln im Sinne von Erwartungsstrukturen, an denen die Akteure eine Orientierung anzeigen, von denen sie aber auch abweichen können, wie die Krisenexperimente von Garfinkel zeigen.

Diese Kritik trifft durchaus einen Kern der wissenschaftlichen Diskussion, die sich häufig durch unbedachte Anthropomorphisierungen computerbasierter Technologie auszeichnet. Die Studie von Suchman zeigt jedoch, dass für die Analyse des Umgangs mit interaktiven Artefakten ethnomethodologische und konversationsanalytische Ansätze genutzt werden können, *ohne* die Unterstellung zu übernehmen, dass der Computer kommunizieren könnte. Im Gegensatz zum kognitionswissenschaftlichen 'planning-model' fokussieren die vorgestellten Studien nicht die mentalen Prozesse von einzelnen Individuen, sondern den beobachtbaren Austausch zwischen Mensch und Maschine und die darin erkennbaren Deutungsmuster. Die konversationsanalytischen Studien zur Mensch-Computer-Interaktion haben sich als sehr fruchtbar erwiesen, da sie durch ihre detaillierten Analysen die situativen Elemente und die sozialen Erwartungsstrukturen herausarbeiten können, die im Austausch aufeinander treffen und an denen der Austausch auch häufig scheitert. Obwohl die konversationsanalytischen Studien als erfolgreich angesehen werden, stellt Bannon fest, dass „much of the mainstream HCI conferences continue to reflect an individualist, cognitivist, laboratory-based framework for analysing human interaction with computers" (Bannon 2000: 236).

Die oben dargestellten Studien zeigen die Differenzen zwischen Mensch-Maschine-Kommunikationen und zwischenmenschlichen Gesprächen auf und verdeutlichen zudem, dass im Austausch mit einem nicht intentionalen computerbasierten Gesprächspartner Austauschformen beschrieben werden können, die aus der Perspektive des Nutzers „a form of quasi-conversational turn-taking" (Hutchby 2001a: 141) annehmen können. Dabei zeigen die Akteure, obwohl sie wissen, dass sie mit einer Maschine sprechen, eine Orientierung an Erwartungsstrukturen zwischenmenschlicher Interaktionen. In diesem Zusammenhang spricht Hutchby (2001a) auch von einer „persistence of conversation": „at certain points the normative structures of talk-in-interaction override the system's attempts to 'technologize' the interaction" (ebenda: 165).

Handlungsträgerschaft von Technik

Das Aufkommen neuer Informations- und Kommunikationstechnologien, die von ihren Entwicklern als „interaktiv" und „intelligent" bezeichnet werden, hat eine Vielzahl wissenschaftlicher und außerwissenschaftlicher Diskussionen ausgelöst. Während der Begriff der künstlichen Intelligenz vor allem in der Philosophie diskutiert wurde (vgl. Dreyfus 1985, Searle 1992, Weizenbaum 1977, s. auch Abschnitt 4.2), hat sich innerhalb der Soziologie eine kontroverse Diskussion um die Handlungsträgerschaft von Technik und ihren Akteurstatus entwickelt.

Die Diskussion um den Stellenwert der Technik im menschlichen Leben wurde zunächst in der Philosophie und Anthropologie geführt (vgl. Fohler 2003). Diese Diskussion zeichnet sich vor allem durch zwei theoretische Positionen aus, die als zwei „Pole *eines* Diskursfeldes" (ebenda: 14) um die Frage der Autonomie von Mensch und Technik kreisen. Die erste Position schreibt allein dem Menschen Autonomie zu. Sie sieht Technik als Mittel des Menschen an, das in bestimmten Bereichen des menschlichen Lebens kontrolliert eingesetzt werden kann und bestimmte Funktionen erfüllt, indem Werkzeuge menschliche Handlungsfähigkeiten ergänzen (z.B. ein Hammer, der die Kraft verstärkt) oder Techniken diese subsumieren (z.B. die Ampel, die den Verkehrspolizisten ersetzt) (vgl. ebenda: 25-105). Die andere Position geht von einer „entfesselten Technik" (ebenda: 20) aus. Der Technik wird eine autonome und anonyme Macht zugestanden, die dem Menschen gegenübertritt und ihn in seiner „Subjektposition abzulösen droht" (ebenda: 188). Diesen Diskurs bestimmen dabei sowohl pessimistische als auch optimistische Stimmen, die die technische Entwicklung als bedrohlich einstufen oder euphorisch begrüßen. Pessimisten und Optimisten teilen dabei ein totalitäres Technikverständnis, in dem Technik gesellschaftliche Entwicklungen determiniert (vgl. ebenda: 107-192).

In den 1960er Jahren verschiebt sich die Diskussion zunehmend in die Soziologie und führt zur Entstehung der Techniksoziologie in den 1980er Jahren (vgl. Fohler 2003: 235 und Rammert 1993). Auch innerhalb dieser Ansätze lassen sich technikdeterministische Positionen finden, die jedoch stark von sozialkonstruktivistischen Ansätzen kritisiert wurden (s. z.B. die Beiträge in Bijker 1992). Der Blick wird zunehmend auf das Zusammenspiel von technischen Artefakten und sozialen Strukturen gerichtet. So betont Rammert (1993) in einer Einführung in die Techniksoziologie, dass die Differenz von Technik und Sozialem nicht mehr als selbstverständlich vorausgesetzt wird (vgl. ebenda: 10). Technik wird vielmehr als ein soziales Produkt gesehen, in das während der Herstellung Sozialstrukturen eingeschrieben werden, und das sich während der Handhabung auf sozialen Wandel auswirkt (ebenda: 3, vgl. auch Schulz-Schaeffer 1999). Fohler (2003) bezeichnet diese theoretischen Positionen als „Spielräume der Technik", in denen die Entgegensetzung von Mensch und Technik relativiert und die „Verflochtenheit und Verschachtelung humaner und apparativer sozialer und technischer Gegebenheiten" (ebenda: 14) fokussiert wird (vgl. auch ebenda: 193-268).

Diese Entwicklung führt gemeinsam mit dem zunehmenden Eindringen computerbasierter Artefakte in den Alltag zu einer kontroversen Diskussion der Handlungsträgerschaft von Technik. Während die klassischen Techniktheorien allein dem Menschen Handlungsfähigkeit zuschreiben, die auf seiner Autonomie, Flexibilität, Willensfreiheit, Intentionalität und Reflexivität beruht (Christaller & Wehner 2003b), wird diese klare Zuordnung zunehmend hinterfragt (s. die Beiträge in den Sammelbänden Christaller & Wehner 2003a, Rammert & Schulz-Schaeffer 2002a). Dabei lassen sich verschiedene Ansätze hinsichtlich der Handlungsträgerschaft von Technik unterscheiden.[22]

Die Akteur-Netzwerk-Theorie (ANT) entwickelte sich vor dem Hintergrund der konstruktivistischen Wissenschaftsforschung und der empirisch angelegten Laborstudien. Die Laborstudien gehen der Frage nach, wie wissenschaftliche Wirklichkeit und Erkenntnisse durch das Forschungshandeln selbst hergestellt werden (vgl. Knorr-Cetina 1988 und 1991, Latour 1987, Latour & Woolgar 1979, Lynch 1985, Pickering 1993, s. auch die Überblicke von Heintz 1998, Knorr-Cetina 1995, Lynch 1993: 71-116). Dabei werden die kulturellen Praktiken des wissenschaftlichen Erkenntnisprozesses beschrieben und gleichzeitig das Zusammenspiel von wissenschaftlichen Objekten und Wissenschaftlern an der „Fabrikation von Erkenntnis" (Knorr-Cetina 1991) aufgezeigt. Labore werden als Orte betrachtet, in denen Subjekte und Objekte rekonfiguriert werden. So erhält z.B. die Maus im wissenschaftlichen Handeln von Mikrobiologen andere Referenten als im Alltag (vgl. Amann 1994). Sie wird innerhalb naturwis-

---

[22]Eine ausführliche Darstellung der Diskussion kann an dieser Stelle nicht erfolgen. Einen systematischen Überblick der verschiedenen Positionen bieten Rammert & Schulz-Schaeffer (2002b).

senschaftlicher Modellierungssysteme gedeutet und damit zum „Träger theoretischer Eigenschaften" (ebenda: 34). Dies gilt auch für technische Artefakte und trifft ebenso auf die Subjekte zu:

> „Im Labor verkörpern Wissenschaftler auf der einen Seite 'Methoden' der Erkenntnisgewinnung; sie sind Teil der Forschungsstrategien und ein technisches Hilfsmittel bei der Produktion von Erkenntnis. Aber sie sind auf der anderen Seite auch 'menschliches Material', *eingebunden* in Aktivitäten im Zusammenspiel mit anderen Materialien – auf diese Weise bilden sich neue Formen von Einheiten und Handelnden." (Knorr-Cetina 1995: 107)

Mit dieser Perspektive auf das Zusammenspiel von Objekten und Subjekten wenden sich die Laborstudien von der klassischen Trennung von Technischem und Sozialem ab.

Auch Latour und die daran anschließende Akteur-Netzwerk-Theorie kritisieren die polarisierte Sichtweise auf das Verhältnis von Technik und Sozialem (vgl. Johnson [alias Bruno Latour] 1988, Latour 1987 und 2005, s. auch die Beiträge in Belliger & Krieger 2006a und Law 1991). Anstelle eines dualen Verhältnisses gehen diese Ansätze von hybriden Netzwerken aus, in denen menschliche und nicht menschliche Knotenpunkte gemeinsam Handlungen vollziehen. Dies veranschaulicht Latour (2006) unter anderem am Gebrauch der Schusswaffe. Latour argumentiert, dass weder die Waffe noch der Mensch allein schießt. Der Schuss wird vielmehr von Mensch und Waffe als „Hybrid-Akteur" (ebenda: 488) durchgeführt. Dabei verändert sich auch der Zustand von Mensch und Waffe. Die Waffe wird in den Händen des Menschen zur Schusswaffe und der Mensch wird mit der Waffe in den Händen zum Schützen.

Die Beziehung zwischen Mensch und Technik und auch ihr Anteil an der durchgeführten Handlung werden in der Akteur-Netzwerk-Theorie als gleichwertig angesehen. Diese Symmetrie zeigt sich auch im Begriff des „Aktanten":

> „An 'actor' in ANT is a semiotic definition – an actant that is something that acts or to which activity is granted by others. It implies *no* special motivation of *human individual* actors, nor of humans in general. An actant can literally be anything provided it is granted to be the source of an action." (Latour 1996: 373)

Der Begriff des Aktanten unterscheidet nicht zwischen Mensch und Technik, sondern bezeichnet eine Entität, die handeln kann. Die Fähigkeit zum Handeln wird dabei nicht mehr an Intentionalität oder Bewusstsein gebunden, sondern vielmehr an die Fähigkeit etwas zu verändern: „agencies are always presented in an account as *doing* something, that is, making some difference to a state of affairs, transforming some As into Bs through trials with Cs." (Latour 2005: 52f)[23] Das, was handelt, kann dabei auch eine abstrakte und/oder anonyme Form annehmen (ebenda). Dies verdeutlicht Latour (2000) am Beispiel der Entdeckung der Hefe von Pasteur im Jahr 1858. Pasteur geht in einem Laborexperiment der Milchsäuregärung nach. In seinem Bericht hält Pasteur seine Beobachtungen fest: Bei der Gärung kommt es zur Gasbildung, es bildet sich Niederschlag etc. Pasteur sieht, dass etwas geschieht, kann aber zunächst nicht feststellen, wodurch dies geschieht. Erst durch verschiedene Experimente entdeckt er den Aktanten des Gärungsprozesses: die Hefe. Latour unterscheidet bei diesem Experiment die Handlungen des Forschers, der die Hefe untersucht, und den Beitrag der Hefe, die als selbstständig handelnder Aktant beschrieben wird. Dabei schreiben sich Forscher und Hefe wechselseitig Handlungsträgerschaft zu. Erst durch die Versuchsreihen kann die Hefe ihre 'Gärtätigkeit' vollziehen und dadurch, dass sie dies tut, kann Pasteur sich anderen Forschern gegenüber als Forscher darstellen.

Aktanten- und Handlungsbegriff der Akteur-Netzwerk-Theorie sind umstritten. Ihr wird die Anthropomorphisierung nicht menschlicher Entitäten und eine Negierung der differenten Handlungsfähigkeiten von Mensch und Technik vorgeworfen (vgl. Belliger & Krieger 2006b: 34 und 36, Braun-Thürmann 2002: 38 und 63, Rammert & Schulz-Schaeffer 2002b: 33). Unabhängig von dieser Kritik hebt die Akteur-Netzwerk-Theorie anschaulich den Widerstand hervor, den technische Artefakte menschlichem Handeln entgegensetzen können, wie z.B. eine Straßenschwelle, die Schnellfahrer ausbremst (vgl. Latour 2006: 494) oder der 'streikende' Türschließer (vgl. Johnson [alias Bruno Latour] 1988), der den Menschen die Aufgabe auferlegt, die Tür nun selbst zu schließen.[24]

---

[23]Den Begriff der 'accountability' übernimmt Latour von der Ethnomethodologie und koppelt ihn mit semiotischen Annahmen (mehr dazu Latour 2005: 122f).

[24]Vergleiche hierzu auch das Konzept von Pickering (1993), der das Zusammenspiel von menschlicher und materieller „agency" als „dialectic of resistance and accommodation" beschreibt (ebenda. 567, vgl. auch Pickering 1995).

2.2 Interaktion und Technik

In Abgrenzung zur Akteur-Netzwerk-Theorie entwickelten verschiedene Ansätze einen ausdifferenzierten Handlungsbegriff. So unterscheiden Collins und Kusch (1995 und 1998) menschliche Aktivitäten in „*polimorphic actions*" und „*mimeomorphic actions*" (Collins & Kusch 1995: 806). Mimeomorphe Handlungen sind routinierte Handlungen, die schon fast technisierte Formen haben, insofern sie immer wieder gleich ausgeführt werden, z.B. eine Tür öffnen. Ihnen muss zur Ausführung kein intentionales Bewusstsein unterstellt werden und sie können daher auch von Maschinen imitiert werden. Polimorphe Handlungen werden abhängig von den situativen Gegebenheiten anders ausgeführt, z.B. einen Liebesbrief schreiben. Sie können nur von menschlichen Akteuren durchgeführt werden, da sie auf der Fähigkeit des Sinnverstehens beruhen und an das Verständnis gesellschaftlicher Strukturen gebunden sind. Collins und Kusch weisen damit technischen Artefakten die Möglichkeit eines nicht intentionalen Handelns zu und verdeutlichen zudem, dass menschliches Handeln technisierte Formen annehmen kann. Sie basieren ihre Annahme jedoch im Gegensatz zur Akteur-Netzwerk-Theorie auf einer ontologischen Differenz zwischen technischem und menschlichem Handeln, denn Technik kann nicht handeln, sondern nur routiniertes menschliches Handeln imitieren.

Rammert und Schulz-Schaeffer (2002b) kritisieren sowohl die ontologische Unterscheidung von Mensch und Technik, die letztere als Handlungsträger ausschließt, als auch die Forderung nach „generalisierter Symmetrie" (ebenda: 34), mit der die Akteur-Netzwerk-Theorie die unterschiedlichen Handlungsfähigkeiten von Mensch und Technik negiert. Sie schlagen einen Perspektivenwechsel vor. Es sollen nicht die Akteure selbst, sondern die Handlungen und die darin enthaltenen Zuschreibungsprozesse betrachtet werden.

> „Die Frage, ob Maschinen handeln können, ist aus dieser Perspektive die Frage danach, welche Techniken in welchen Handlungszusammenhängen und unter welchen gesellschaftlichen Bedingungen als (Mit-)Handelnde definiert und behandelt werden und inwieweit sich diese Sicht- und Handlungsweise mit welchen Folgen durchsetzt." (ebenda: 56)

Dieser Perspektivenwechsel fokussiert nicht mehr auf den Wissenschaftler, der durch a priori Annahmen die Beziehung zwischen Mensch und Technik definiert, sondern die Zuschreibungsprozesse der Interaktionsteilnehmer sowie gesellschaftliche Deutungspraktiken. Ob Maschinen handeln können, wird somit zu einer empirischen Frage.[25]

In Auseinandersetzung mit verschiedenen Technikbegriffen der Informatik, Philosphie und Sozialwissenschaften entwickeln Rammert und Schulz-Schaeffer (2002b) die Vorstellung eines „verteilten Handelns in sozio-technischen Konstellationen" (ebd: 39). Der Begriff fokussiert Handlungen als Zusammenspiel verschiedener Aktivitäten, die von menschlichen und nicht menschlichen Instanzen ausgeführt werden können. So wird ein Flugzeug nicht vom Pilot allein gesteuert, sondern von diesem gemeinsam mit Softwareprogrammen und der Maschinerie des Flugzeugs (vgl. ebenda: 42). Sie vollziehen damit einen Perspektivenwechsel auf die Handlungszuschreibungen und die Handlungsvollzüge „ohne Ansehen der Einheit, die agiert" (ebenda: 48). Ähnlich wie in der Akteur-Netzwerk-Theorie wird Handeln als Zusammenspiel menschlicher und nicht menschlicher Handlungsträgerschaft verstanden. Im Gegensatz zur Akteur-Netzwerk-Theorie differenzieren Rammert und Schulz-Schaeffer jedoch die Qualität des Handelns und entwickeln, angelehnt an Giddens, den Begriff des „gradualisierten Handelns" (ebenda: 39). Handeln wird dahingehend unterschieden, ob

1. das Handeln etwas bewirkt oder verändert,

2. das Handeln auf der Fähigkeit des „Auch-anders-handeln-Könnens" (ebenda: 45) beruht, mit der auch eine Kontingenz des Handelns einhergeht,

3. das Handeln auf Intentionalität und Reflexivität beruht (vgl. ebenda: 39-50).

Die Autoren unterscheiden z.B. Softwareprogramme, die immer wieder die gleichen Anweisungen ausführen, von solchen, die sich neuen Anforderungen anpassen und damit Auch-anders-handeln-Können, z.B. den Änderungswünschen des Kunden am Fahrkartenautomaten nachkommen können (vgl. Rammert & Schulz-Schaeffer 2002b: 45). Zudem verweisen die Autoren auf komplexe Agentensysteme, deren Programmstruktur zwar weiterhin auf Instruktionen beruht, aber im Zusammenspiel der

---

[25] In dieser Forderung unterscheiden sie sich nicht von Latour, der auch zu einer empirischen Beobachtung auffordert, in der der Forscher den Aktanten folgt (vgl. Latour 1987: 258).

2.2 Interaktion und Technik

verschiedenen Komponenten Freiheitsgrade lässt, die nicht mehr vorhersehbar sind und zudem häufig auch ein Anpassen der Programme an situative Gegebenheiten ermöglichen. Das technische Handeln zeichnet sich in diesen Fällen durch eine Kontingenz aus (s. Punkt 2 der Auflistung), durch die sich die Technik von traditionellen Technologien (Hammer, Nagel, Schere) unterscheidet. „Avancierten Techniken" (ebenda: 47) können laut der Autoren auch Aktivitäten aufweisen, die einem intentionalen und reflektierten Handeln gleichen (s. Punkt 3 der Auflistung). Dies gilt z.B. für Programme,

> „[deren Aktivitäten] sich -- wenn wir eine stärkere operative Auffassung von Intention und Reflexivität verfolgen -- so interpretieren [lassen], als ob sie eine intentionale Struktur besäßen, die alle ihre Operationen in eine bestimmte Richtung treibt, und als ob sie ein Metaprogramm aufrufen könnten, das in Rekurs auf die Reaktionen anderer Agenten die Rahmen für die eigenen Programme verändert." (ebenda: 46)

Die Autoren verdeutlichen dies am Beispiel von Agentensystemen, in denen Programmstrukturen implementiert sind, die den Agenten mit Wünschen, Intentionen oder Zielen ausstatten (sog. Belive-Desire-Intention-Strukturen), die dieser auch im Austausch mit einem Gegenüber äußert (vgl. ebenda: 46f). Inwieweit sich diese programmierte Intention und Reflexivität auch im Umgang mit Artefakten bewähren, bleibt jedoch eine offene Frage, die noch empirisch zu klären ist (vgl. ebenda: 47).

Lindemann (2002b) geht der Frage nach der Handlungsträgerschaft von Technik nach, indem sie den Akteursstatus von Handelnden differenziert. Ebenso wie Rammert und Schulz-Schaeffer kritisiert sie die anthropozentrische Perspektive der Soziologie und argumentiert, dass nicht der Soziologe a priori die Grenzen des Sozialen festlegen sollte, sondern die Prozesse der Grenzziehung beobachtet werden sollen, die durch die zu beobachtenden sozialen Entitäten selbst gezogen werden. Wer oder was ein sozialer Akteur sei, werde damit zu einer offenen und empirischen Frage. Der Blick auf die Grenzziehung biete zudem die Möglichkeit, Übergänge zu betrachten, in denen Entitäten z.B. „probehalber Subjektsein" (ebenda: 84) zugeschrieben wird. Neben der „sozialen Person" (ebenda: 86), die von der zuschreibenden Gemeinschaft als generalisierter sozialer Akteur behandelt wird – z.B. ein Komapatient, der auch als sozialer Akteur wahrgenommen wird, wenn er nicht kommunizieren kann – könnten dann z.B. Entitäten unterschieden werden, die von einer sozialen Person einen „episodischen Akteursstatus" (ebenda) zugeschrieben bekommen – wie z.B. alltägliche Personalisierungen von Computern.

Um den anthropozentrischen Blick der soziologischen Theorie aufzubrechen, differenziert Lindemann (2002b) nach Plessner zwischen

- *Leben* – eine Entität, der eine Eigenaktivität des Körpers zugeschrieben wird,
- *Bewusstsein* – eine Entität, der zudem unterstellt wird, dass sie Erwartungen an die Umwelt entwickelt,
- *Person* – eine Entität, der des Weiteren die Ausbildung und Zuschreibung von Erwartungs-Erwartung unterstellt wird.

Anhand der Analyse des Umgangs mit Komapatienten zeigt sie die alltäglichen Praktiken zur Bestimmung der Zurechnungsfähigkeit der Personen auf (s. auch Lindemann 2002a). Ihre Erkenntnisse überträgt sie auf die Diskussion zur Handlungsträgerschaft technischer Artefakte. Um technische Artefakte als soziale Akteure beschreiben zu können, müssten sie Erwartungs-Erwartungen ausbilden, vom Gegenüber als sozialer Akteur anerkannt werden und diesen ebenso als sozialen Akteur erkennen (vgl. Lindemann 2002b: 92-94). Sind sie dazu nicht fähig, müsste untersucht werden, inwiefern sie Erwartungen an die Umwelt ausbilden. In diesem Fall könnten sie als eine Art Bewusstsein behandelt werden, „d.h. sie würden ihre Umgebung wahrnehmen, dabei auch Neues und Ungewohntes erfassen und aus dieser Begegnung lernen, indem sie einfache Erwartungen ausbilden" (ebenda: 93). Ist auch dies nicht der Fall, müsste geprüft werden, ob die Aktivitäten des technischen Artefakts als „Ereignis am technischen Körper oder eine Aktivität des technischen Körpers" (ebenda: 97) zu begreifen sind. Technische Artefakte ohne eigenständige Aktivität bezeichnet Lindemann als „*nur-technische* Artefakte" (ebenda).

Ähnlich wie Rammert und Schulz-Schaeffer (2002b) unterscheidet auch sie drei Stufen. Während Rammert und Schulz-Schaeffer die Abstufung auf Handlungszuschreibungen beziehen, wendet Lindemann diese auf Akteurzuschreibungen an. In beiden Fällen handelt es sich um theoretische Argumentationen, die empirische Anwendung der Abstufung auf die Handlungsträgerschaft bzw. den Akteursstatus von Technik bleibt offen.

Künstliche Interaktion

Die oben dargestellte Diskussion der Techniksoziologie widmet sich vor allem dem Begriff der Handlungsträgerschaft technischer Artefakte und dem Zusammenspiel von Technischem und Sozialem, aber nicht dem Begriff der Interaktion. Hans Geser (1989) befasst sich als einer der ersten Soziologen mit der Frage, ob der Personal Computer (PC) ein Interaktionspartner sein kann. Er argumentiert, dass soziale Interaktion und soziales Handeln auch mit einem PC stattfinde. Er spricht dieser Interaktion jedoch eine andere Qualität als zwischenmenschlichen Interaktionen zu. Angelehnt an phänomenologische Perspektiven zeigt er auf, dass reziprokes Sinnverstehen auf subjektiven Zuschreibungen beruht, die dem Gegenüber als selbstverständlich unterstellt werden. So lange es zu keinen Problemen kommt, werden diese nicht überprüft. Die Akteure können auch einem Computer „subjektanaloge Eigenschaften (des Wahrnehmens, intelligenten Schlußfolgerns, Lernens, verbalen Verstehens u.a.)" (ebenda: 233) zuschreiben und interpersonale Erwartungshaltungen ihm gegenüber ausbilden. Die Akteure behandeln den Computer, „als ob" (ebenda) er ein Subjekt sei. Dieses 'als ob' ist für Geser „eine hinreichende Bedingung, um individuelles Verhalten gegenüber dem Computer als 'soziales Handeln' zu qualifizieren" (ebenda). Es kommt zu einer „Akteurfiktion" (Werle 2002: 128).[26]

Die Frage, die sich daran anschließt, betrifft die Qualität dieser Interaktion. Geser (1989) differenziert verschiedene funktionale Merkmale und Konsequenzen von Mensch-Computer-Interaktionen (vgl. ebenda: 235-241). So argumentiert er, dass sich Mensch-Computer-Interaktionen durch eine „ahistorisch-reversible, punktuell-gegenwartsbezogene Beziehungsform" (ebenda: 235) auszeichnen. Im Gegensatz zu interpersonalen Beziehungen könne ein falscher Satz z.B. rückgängig gemacht werden oder mehrmals die gleiche Frage an den Rechner gestellt werden, ohne dass dieser einen schlechten Eindruck von der Person bekomme. Auch geht er von einer sachspezifisch und affektiv neutralen Beziehung zum Computer aus und argumentiert, dass gerade die Unmenschlichkeit

---

[26] Ähnlich argumentiert Ruth Ayaß (2005), dass die Frage, wer oder was ein interaktives Gegenüber ist, von den Teilnehmern der Interaktion selbst gelöst wird. „Denn so verstanden manifestiert sich das Gegenüber *in* der Interaktion. Das Gegenüber ist genau genommen ein *Produkt* von interaktiven Vorgängen. Insofern gibt es keine Interaktion ohne Gegenüber." (ebenda: 47)

und Unvoreingenommenheit eines Softwareprogramms Vertrauen evoziert (vgl. ebenda: 236f). Im Gegensatz zur zwischenmenschlichen Interaktion müssen jedoch Wissensbestände und Verfahrensregeln stärker expliziert und konsequenter angewandt werden, da sie nicht situationsspezifisch ausgehandelt werden können (vgl. ebenda: 237f).

Während Geser sich der Interaktion mit dem Computer durch Gedankenexperimente am Schreibtisch näherte, geht Braun-Thürmann (2002) der Frage nach, wie virtuelle Agenten interagieren. Dabei handelt es sich um eine der wenigen soziologischen Studien, die sich empirisch mit der Interaktionsfähigkeit virtueller Agenten auseinandersetzt.[27] Aufbauend auf der Perspektive der Zuschreibung von Handlungsträgerschaft (vgl. Rammert & Schulz-Schaeffer 2002b) entwickelt Braun-Thürmann den (operativen) Begriff der „künstlichen Interaktion" (ebenda: 14). Es handelt sich dabei um „jene Interaktionen, an denen technische Dinge in einer Weise teilnehmen, dass sie von menschlichen BeobachterInnen als Subjekte einer sozialen Interaktion wahrgenommen werden können" (ebenda: 15).

Diese künstlichen Interaktionen beobachtet er in Forschungsfeldern, in denen künstliche Agenten entwickelt werden. Dabei unterscheidet er „Intraaktionen" (ebenda: 14) von Agentensystemen untereinander und „Interaktivität" (ebenda) zwischen Nutzer und technischem Artefakt. Den Begriff der Interaktivität führt Braun-Thürmann in Abgrenzung zum soziologischen Interaktionsbegriff ein und definiert ihn als „jene Form sequentieller Aktivitäten, die zwischen dem technischen Artefakt und der NutzerIn stattfinden" (Braun-Thürmann 2002: 118). Im Gegensatz zur Interaktion ist die Interaktivität „im hohen Maße durch das technische Artefakt fest- oder vorgeschrieben" (ebenda).[28] Am Beispiel

---

[27]Virtuelle Agenten werden auch im DFG-Schwerpunktprogramm *Sozionik* erforscht. Die verschiedenen Projekte fokussieren jedoch nicht die Interaktionsfähigkeit von Agenten, sondern entwickeln auf der Grundlage soziologischer Erkenntnisse Computertechnologien oder überführen soziologische Theorien in Computersimulationen (s. Malsch 1998).

[28]Der Begriff der Interaktivität findet vor allem in den Medien- und Kommunikationswissenschaften Verwendung. Darunter werden im Wesentlichen Kommunikationen zwischen Mensch und 'interaktivem' Medium (z.B. ein computergestütztes Dialogsystem) und/oder Kommunikationen zwischen mehreren Menschen durch ein 'interaktives' Medium (z.B. Chat, Internetforen) verstanden (vgl. Schönhagen 2004: 26). Der Begriff zeichnet sich im Gegensatz zum soziologischen Interaktionsbegriff vor allem durch seine vielfältige, uneinheitliche und unbestimmte Verwendung aus (vgl. ebenda: 10, u. auch Goertz 1995, Leggewie & Bieber 2004, Quiring & Schweiger 2006, Rafae-

des Agenten Hamilton im Architekturprojekt VIENA (VIrtual ENvironments and Agents) veranschaulicht er, welche Möglichkeiten der Interaktivität dem Agenten und seiner virtuellen Umwelt implementiert wurden, durch die der Austausch zwischen Agent und Mensch gestaltet wird. Er zeigt, dass die Interaktivität des Agenten einerseits technisch bestimmt und damit limitiert ist, und andererseits eine Orientierung an sozialen Mustern zwischenmenschlicher Interaktionen aufweist. Konstitutiv für die Interaktivität in solchen hybriden Kontexten sind ein virtueller Raum, ein virtueller Agent sowie die „Mechanismen der Interaktivität" (ebenda: 117, vgl. auch Braun-Thürmann 2003).

Im Projekt VIENA ist der virtuelle Raum ein Bürozimmer, das Nutzer und Agent gemeinsam einrichten. Durch den virtuellen Raum wird eine gemeinsame Bezugswirklichkeit geschaffen, in der der Agent als koexistent wahrgenommen werden kann (Braun-Thürmann 2002: 147). Den virtuellen Agenten bezeichnet Braun-Thürmann als „Schwellen-Objekt zwischen zwei Welten", das „weder Ding noch Mensch" (ebenda: 133) ist. Als „kommunikative Adresse" (ebenda: 130) motiviert er den Nutzer, in eine Art Dialog mit der Technik zu treten. Wesentlich für den Austausch zwischen Nutzer und Agent sind die „Mechanismen der Interaktivität" (ebenda: 117), welche den Austausch einerseits begrenzen, andererseits aber auch ermöglichen. So kann der Agent Hamilton nicht sprechen, aber auf sprachliche Eingaben reagieren: Er hebt z.B. die Hand zum Gruß, nachdem er gegrüßt wurde, oder kommt näher, wenn er dazu aufgefordert wird (vgl. ebenda: 140-142).

Die verschiedenen technisch geformten Mechanismen ermöglichen im begrenzten Maß soziale Erfahrungswerte, wie bspw. die „Erfahrung von einer gemeinsamen Welt" (Braun-Thürmann 2002: 145), durch die der Eindruck entsteht, dass Agent und Nutzer in einem „intersubjektiven Verhältnis zueinander stünden" (ebenda). Die Interaktivität des Agenten bietet zudem Möglichkeiten, welche die alltäglichen, realweltlichen Erfahrungen des Nutzers überschreiten. So kann der Nutzer z.B. in den 'Körper' von Hamilton 'schlüpfen' und so den virtuellen Raum aus der Perspektive des Agenten betrachten (ebenda: 136-139).

---

li 1988). Innerhalb der Soziologie findet der Begriff kaum Verwendung (vgl. Jäckel 1995: 471), wird aber in aktuellen Arbeiten der Techniksoziologie eingeführt (z.B. Braun-Thürmann 2002: 118 oder Rammert 2003: 299).

Die oben dargestellte Diskussion hat verschiedene Entwicklungen aufgezeigt, in denen die anthropozentrische Perspektive der Soziologie dekonstruiert wird.[29] Einerseits wurden die Workplace Studies vorgestellt, die empirisch den Strukturen und Funktionen technisch vermittelter Kommunikation nachgehen und ihre Ähnlichkeiten und Differenzen zu Face-to-Face-Kommunikation aufzeigen. Ähnlich fokussieren die konversationsanalytisch ausgerichteten Studien der Mensch-Computer-Interaktion die Entwicklung interaktionsähnlicher Austauschformen mit programmbasiertem Gegenüber. Andererseits wurde die techniksoziologische Debatte erläutert, die das Verhältnis von Technischem und Sozialem diskutiert und neue Konzepte der Handlungsträgerschaft von Technik vorschlägt. Eine systematische Reflexion des Interaktionsbegriffs in Bezug auf Austauschprozesse zwischen Nutzern und sogenannten interaktiven Artefakten steht jedoch noch aus und wird in der vorliegenden Arbeit durchgeführt. Braun-Thürmann geht zwar der Frage nach, wie Agenten interagieren, doch diskutiert er die beobachtbaren Wechselwirkungen zwischen Agent und Nutzer nur ansatzweise. Auch die ethnomethodologischen Studien der Mensch-Computer-Interaktion ziehen zwar häufig den Vergleich zu zwischenmenschlichen Gesprächen, reflektieren jedoch nicht den soziologischen Interaktionsbegriff.

In den aufgeführten Studien wird das Zusammenspiel technischer und sozialer Entitäten betont. Der Technik wird eine Eigenständigkeit zugeschrieben, die menschliches Handeln ermöglichen oder sich diesem entgegensetzen kann. Zudem entlarvt die Diskussion die einseitige Zuschreibung des Sozialen an den Menschen als wissenschaftliches Konstrukt. Einige Studien richten ihren Blick daher auf die Zuschreibungsprozesse der Alltagsteilnehmer. Schon Luckmann (1980) kommt in seinem Aufsatz „Über die Grenzen der Sozialwelt" zu dem Schluss, „daß es weder empirische noch theoretische Gründe dafür gibt, in der Gleichsetzung von Sozialem mit Menschlichem das Normale schlechthin zu sehen" (ebenda: 68). Er argumentiert, dass sich die Grenzen des Sozialen vielmehr abhängig von soziokulturellen Deutungsmustern und Klassifikationssystemen ergeben, die ihre eigene Logik haben und für die Mitglieder einer Kultur unhinterfragt gelten. So wird z.B. in der Kultur der Dobu (im

---

[29]Es ist anzumerken, dass die klassische Trennung von Sozialem und Technischem nie eindeutig war. So hebt Ayaß (2005) hervor, dass schon nach Simmel Geld dem Individuum als autonomes Objekt gegenübertreten kann.

2.2 Interaktion und Technik

Westpazifik) Yamswurzeln der Status einer Person zugeschrieben (vgl. ebenda: 80).

Auch die vorliegende Arbeit fokussiert die Zuschreibungsprozesse der Gesprächsteilnehmer. Entsprechend muss die Fragestellung, ob es sich beim hybriden Austausch um eine soziale Interaktion handelt oder nicht, umformuliert werden: *Behandeln Nutzer und Agent den hybriden Austausch als soziale Interaktion, und sich selbst und den anderen als Interaktionspartner?* Zur Beantwortung dieser Frage werden im Folgenden Videoaufzeichnungen von Austauschprozessen zwischen Menschen und virtuellen Agenten auf ihr interaktives Potential hin untersucht (zum methodischen Vorgehen s. Kapitel 3). Um zu entscheiden, inwiefern die Zuschreibungen der Teilnehmer als interaktionsähnlich angesehen werden können, werden die Aushandlungsprozesse entsprechend dem oben aufgeführten Interaktionsbegriff auf die folgenden Aspekte hin untersucht:

1. Inwiefern werden im hybriden Austausch Anwesenheit, Wahrnehmung und Wahrnehmungs-Wahrnehmungen realisiert?

2. Kann eine Handlungskoordination zwischen Nutzer und Agent im hybriden Austausch beobachtet werden?

3. Können die Teilnehmer einen gemeinsamen Aufmerksamkeitsfokus etablieren?

4. Inwiefern kann eine intersubjektive Beziehung zwischen Agent und Nutzer hergestellt werden, die auf der Idealisierung gemeinsamen Verstehens und reziproker Perspektiven aufbaut?

Dabei sind auch die beobachtbaren Identitätszuschreibungen und Situationsdeutungen der Teilnehmer von Bedeutung.

Diese Fragen ziehen sich durch die gesamte Arbeit und werden in den Kapiteln unter verschiedenen Perspektiven erarbeitet. Im Vergleich mit zwischenmenschlichen Interaktionen stellen sich dabei auch weitere Besonderheiten des hybriden Austauschs heraus. In den Kapiteln 6 und 7 werden Gesprächseinstieg und -beendigung sowie die Aushandlung von Gesprächsthemen analysiert. Zu Beginn eines Gesprächs müssen die Akteure die interaktiven Grundlagen schaffen, um ein Gespräch führen zu können. Entsprechend stellt sich die Frage, welche Grundlagen zu Beginn des hybriden Austauschs geschaffen werden. Sind diese Grundlagen auch am Ende des Austauschs zu beobachten? Und wie gestaltet sich der

Teil dazwischen? Aufbauend auf dieser Analyse wird das 'kommunikative Grundgerüst' des hybriden Austauschs entwickelt.

Diesen Kapiteln folgt eine Analyse des Umgangs mit Störungen. Zwischenmenschliche Interaktionen zeichnen sich dadurch aus, dass auch der Umgang mit Störungen kommunikativen und sozialen Routinen folgt. Die Analyse von Störungen verweist auf die jeweils fehlenden interaktiven Grundlagen, die von den Teilnehmern in der Interaktion unterstellt bzw. hergestellt werden. Auch im Austausch mit dem Agenten kommt es immer wieder zu Störungen. Entsprechend stellt sich die Frage, was die Teilnehmer des hybriden Austauschs als Störung ansehen und wie sie damit umgehen. Gibt es Grenzen des hybriden Austauschs (Kapitel 8)?

Bei der Analyse des Datenmaterials fiel auf, dass im Umgang mit dem Agenten immer wieder verschiedene kommunikative Gattungen angewandt werden, wie z.B. ein Ratespiel, Frotzelsequenzen und/oder Beleidigungen. Im Vergleich zu zwischenmenschlichen Interaktionen zeigen sich in der Analyse weitere zentrale Besonderheiten des hybriden Austauschs, die nicht nur auf seine kommunikativen Grundlagen verweisen, sondern auch auf seine soziokulturelle Einbettung (Kapitel 9).

Da gemäß Goffman Interaktionen immer sozial situiert sind (s.o.), geht den Kapiteln 6 bis 9 eine Analyse der situativen Rahmungen des hybriden Austauschs sowie eine Untersuchung der Teilnahmestrukturen voraus (Kapitel 5). Diese Analyse ist entscheidend, um ein Grundverständnis der situativen Besonderheiten des hybriden Austauschs zu erhalten, die den gesamten Austauschprozess mitprägen. Denn erst durch die entsprechende Rahmung ist es den Nutzern möglich, mit einem technischen Artefakt zu sprechen, als sei es ein soziales Gegenüber.

KAPITEL 3
Erhebung und Analyse audiovisueller Daten

Die vorliegende Studie verortet sich innerhalb des interpretativen Paradigmas der Soziologie und nimmt entsprechend eine interpretative Perspektive bei der Analyse des Datenmaterials ein. Damit unterscheidet sich die vorliegende Arbeit von traditionellen Studien der kognitionswissenschaftlichen Mensch-Computer-Interaktion. Diese Studien bauen auf einem kognitionswissenschaftlichen Interaktionsmodell auf, in dem Sinnverstehen als mentaler Prozess eines generalisierten Individuums gesehen wird. Ihr Ziel ist es, eine bedienungsfreundliche Benutzerschnittstelle (Interface) zu gestalten und die Bedienung des Computers zu erleichtern. In sogenannten Usability-Tests werden quantitative Auswertungen von Laborexperimenten, Logfiles und/oder Interviews durchgeführt, indem verschiedene Variablen und ihr kausaler Zusammenhang geprüft werden (Barnum 2002, Douglas 1995, Rubin 1994). Die theoretischen Annahmen und auch das methodische Vorgehen dieser Ansätze wurden stark kritisiert (vgl. Abschnitt 2.2). Statt den mentalen Prozessen der Nutzer in experimentellen Situationen nachzugehen, untersuchen die Workplace Studies den interaktiven und situativen Prozess der Verstehensaushandlung im Umgang mit computerbasierten Medien und technischen Artefakten. Die Analysen der Workplace Studies basieren auf ethnographischen, ethnomethodologischen und konversationsanalytischen Konzepten und haben sich als sehr erfolgreich erwiesen, da sie die situative Entfaltung der technisch vermittelten Kommunikation im Detail erfassen und damit wiederkehrende kommunikative Probleme in den Deutungsmustern der Teilnehmer und den Erwartungsstrukturen des Artefakts verorten können.

Für die Untersuchung der situativen Deutungszuschreibungen und Organisationsprinzipien im hybriden Austausch greift die Arbeit auf die methodischen Maximen der Konversationsanalyse zurück. (Die konversationsanalytische Perspektive auf Interaktionsprozesse wurde im Abschnitt 2.1 vorgestellt.) Die vorliegende Arbeit schließt damit an das methodische Vorgehen der Workplace Studies an, unterscheidet sich jedoch von den klassischen Workplace Studies, da es sich beim Umgang mit dem Agenten nicht um einen routinierten Aushandlungsprozess am Arbeitsplatz handelt, sondern vielmehr um die Aneignung eines ungewohnten Artefakts in einer außeralltäglichen Situation. Im Folgenden werden das methodische Vorgehen der Arbeit, die Datenerhebung und die Erhebungssituation sowie die Notation der Transkripte vorgestellt.

3.1 Konversationsanalyse als Methode

Konversationsanalytische Arbeiten untersuchen audio(visuelle) Interaktionsaufnahmen auf ihre kontextunabhängigen und gleichzeitig kontextsensiblen Organisationsprinzipien, mittels derer die Interaktionsteilnehmer soziale Ordnung und sozialen Sinn herstellen (vgl. Sacks et al. 1974). Das Ziel der Analyse ist nicht „die Beschreibung von Verhaltensgleichförmigkeiten ..., sondern die Identifizierung von Prinzipien, die ihrem Status nach reale Orientierungsgrößen für die Akteure darstellen" (Bergmann 2000: 533). Die ethnomethodologische Konversationsanalyse greift nicht auf einen festgelegten Methodenkanon zurück, sondern orientiert sich an Garfinkels Postulat der „unique adequacy of methods" (Garfinkel 2002: 124), d.h. einem gegenstandsadäquaten Vorgehen. Es lassen sich jedoch einige methodische Prinzipien festhalten, nach denen konversationsanalytische Arbeiten vorgehen.[1]

Grundlage jeder Analyse bilden Video- oder Tonaufnahmen natürlicher, d.h. ungestellter und nicht fiktiver, Interaktionen und ihre Übertragung in Transkripte (vgl. Sacks 1984a). Die Video- oder Tonaufnahmen halten das Geschehen in seinem zeitlichen Verlauf fest und ermöglichen so eine detaillierte Analyse des Interaktionsvollzugs, da die Aufnahmen immer wieder abgespielt, angehalten usw. werden können. Die audiovisuellen Vorgänge werden zudem in Transkriptionen überführt, in denen die verbalen und nonverbalen Vorgänge, das Auftreten von Pausen in ihrem zeitlichen Verlauf sowie in ihrer Realisierungsform (z.B. Intonation, Dehnung, Wortabbrüche etc.) festgehalten werden. Durch die Transkription des Datenmaterials wird das Geschehen sozusagen „eingefroren" (Bergmann 1981a: 19) und im Detail 'aufgeschlüsselt'. Dadurch wird eine gründliche Analyse des Handlungsvollzugs ermöglicht, die auch für andere dargestellt werden kann, insofern die Transkripte (teilweise zusammen mit Bildauszügen) in Publikationen eingebunden werden können.

---

[1]Hilfreiche Darstellungen des methodischen Vorgehens finden sich in Bergmann 1988b und 2000, Heritage 1984: 233-292, Hutchby & Wooffitt 1998.

Die Transkriptionen werden nicht als Ersatz für die Aufnahmen verwendet, sondern als ihre „representation" (Hutchby & Wooffitt 1998: 74). Die Analyse erfolgt daher unter Berücksichtigung der Originalaufnahmen. Die Erstellung der Transkripte orientiert sich, ebenso wie die Analyse, an der Prämisse „that there is order at all points" (Sacks 1984a: 22). Elemente einer Interaktion werden nicht als zufällig angesehen, sondern als Teil einer sozialen Ordnung, die von den Teilnehmern hergestellt wird. Bei der Erstellung der Transkripte muss daher ein Kompromiss zwischen einer möglichst detaillierten Wiedergabe des Geschehens und der Lesbarkeit der Transkripte gefunden werden. Transkriptionen (und in gewisser Weise auch die Aufnahmen) stellen somit schon erste Selektionen und Konstruktionen der Wiedergabe des Geschehens dar, die an Forschungsinteresse, den aufgenommenen Ausschnitt und Relevanzstrukturen des Felds gekoppelt sind. Transkriptionen sind somit schon Teil der Analyse (vgl. Hutchby & Wooffitt 1998: 73).

In der Analyse werden die formalen Organisationsprinzipien des interaktiven Geschehens herausgearbeitet. Die Analyse sollte dabei vor allem durch zwei Fragen geleitet werden: „Can we find order? Can we provide for that order?" (zitiert nach Bergmann 1981a: 21, s. auch Sacks 1984a). Das Material wird entsprechend auf seine regelmäßig wiederkehrenden Strukturen untersucht. Die aufgefundenen Strukturen werden beschrieben und auf ihre kommunikative und soziale Funktion hinterfragt. Die Frage, welche Merkmale als relevant behandelt werden, wird in Abhängigkeit von der Orientierung der Teilnehmer rekonstruiert, die innerhalb ihres Handelns bestimmte Merkmale relevant setzen und andere nicht. Eine wesentliche Rolle spielt in diesem Zusammenhang auch die Analyse abweichender Fälle. Sie werden nicht aussortiert, sondern mit in die Analyse einbezogen, da sie zur Validierung der Erkenntnisse dienen: Werden abweichende Fälle von den Handelnden selbst als abweichend behandelt, so zeigen die Teilnehmer eine Orientierung an einer erwarteten Normalität an (vgl. Bergmann 1988a: 48f). Die ersten Studien der Konversationsanalyse haben mit Tonbandaufnahmen gearbeitet und somit nur die sprachlichen Aspekte von Gesprächen fokussiert. Mit den audiovisuellen Arbeiten von Charles und Marjorie Goodwin sowie Christian Heath (vgl. Goodwin 1981, Goodwin & Goodwin 1998 und Heath 1986) wurden auch visuelle Praktiken in die Analyse einbezogen. Diese Arbeiten fanden häufig im Rahmen der Workplace Studies statt. Die Analyse visueller Daten ermöglichte dabei nicht nur den Blick auf nonverbale Handlungen der Akteure, sondern auch auf ihren Umgang mit technischen Artefakten. Für die Analyse audiovisueller Daten werden, ebenso wie für die Analyse von Sprache, die Relevanzstrukturen berücksichtigt, welche durch die Teilnehmer interaktiv relevant gesetzt werden. Die Aspekte, welche Teilnehmer zu einem bestimmten Zeitpunkt der Interaktion als relevant markieren, werden als „contextual configuration" (Goodwin 2000: 1490) bezeichnet, die in Abhängigkeit zu den semiotischen Ressourcen gesehen werden, die eine Situation zur Verfügung stellt (s. auch Abschnitt 2.2). Die Art und Weise, wie etwas relevant gesetzt werden kann, ist dabei auch abhängig vom Medium, in dem es dargestellt wird. Sprachliche Betonungen können z.B. durch Lautstärke oder Prosodie dargestellt werden, graphische Hervorhebungen im Text z.B. durch Fettdruck, im Film kann dazu ein Zoom und Ähnliches eingesetzt werden. Die audiovisuelle Analyse muss somit sensitiv für das Medium sein, mit dem etwas übertragen wird, wie auch für das interaktive Zusammenspiel, in dem verschiedene semiotische Ressourcen ihre Bedeutung gewinnen und verändern.[2]

3.2 Erhebung und Datenmaterial „Campus:City!"

Agenten befinden sich in der Entwicklung und sind daher (noch) nicht in alltäglichen Situationen anzutreffen. Personen, die nicht an der Entwicklung der Agenten beteiligt sind, können Agenten in ihren Entstehungskontexten (z.B. Labore der Informatiker) aufsuchen oder aber in Präsentationskontexten begegnen (z.B. Konferenzen, Messen oder universitären Ereignissen wie dem Tag der offenen Tür), an denen wissenschaftliche Objekte der Öffentlichkeit vorgestellt werden. Diese Situationen haben ihre eigenen Charakteristika, insofern sie ein Objekt vorstellen, Informationen liefern und zugleich Aufmerksamkeit erregen.

Die Datenerhebung fand auf dem Event „Campus:City!" im Februar 2004 statt, auf dem die Arbeitsgruppe „Wissensbasierte Systeme" der Technischen Fakultät der Universität Bielefeld den virtuellen Agenten Max einer nicht wissenschaftlichen Öffentlichkeit präsentierte.[3] „Campus:City!" gehörte zu den Abschlussereignissen des Eventjahrs „Hoch-

---

[2]Einen Überblick über verschiedene Verfahren der Analyse visueller Daten geben M. S. Ball & Smith 1992, Emmison & Smith 2000, Leeuwen & Jewitt 2001.

[3]Der Agent wird im Abschnitt 4.3 vorgestellt.

schulstadt Bielefeld – Wissen schafft Einblicke", das von der Stadt Bielefeld und sieben Hochschulen durchgeführt wurde, um das Profil der Stadt als innovativer Hochschulstandort zu schärfen (mehr dazu Bielefelder Universitätszeitung 216/2004). Zu dieser Abschlussveranstaltung wurde der „Campus" der Universität an einem verkaufsoffenen Samstag (von 11 bis 18 Uhr) in die Bielefelder Innenstadt („City") verlegt. In Einkaufszentren und Einkaufsstraßen wurden wissenschaftliche Projekte und universitäre Einrichtungen vorgestellt. Neben dem virtuellen Agenten Max wurden z.B. ein Stabheuschreckenroboter und sein natürliches Vorbild vorgestellt, es wurden Lesungen in einem Café gehalten, eine „Experimentalshow Chemie" vorgeführt und vieles mehr. Passanten konnten mit den Wissenschaftlern in Kontakt treten, sich im Vorbeigehen oder gezielt über die Forschungsgegenstände informieren und sich häufig auch interaktiv mit den Objekten auseinandersetzen.[4]

Durch das Event „Campus:City!" wurden wissenschaftliche Objekte in den Alltag der Stadtbevölkerung gebracht. Es kann somit als PUSH-Projekt (Public Understanding of Science and Humanities) bezeichnet werden, da die Wissenschaft der Öffentlichkeit nähergebracht werden sollte. Das Event unterscheidet sich z.B. von Messen und Konferenzen, da wissenschaftliche Objekte in einen durch Verkaufsgeschäfte vorstrukturierten Raum 'importiert' wurden und es ein einmaliges Ereignis war. Durch die Präsentation wissenschaftlicher 'Fremdkörper' im öffentlichen Raum erlangen die wissenschaftlichen Objekte, aber auch der öffentliche Raum, einen Attraktionswert, der auch durch die Werbung für das Event unterstützt wurde. Da es sich um eine einmalige und außergewöhnliche Situation handelt, wird im Folgenden ein ausführlicher Überblick über das Feld und die Erhebungssituation gegeben und wesentliche Merkmale der Situation herausgearbeitet.

Der virtuelle Agent Max wurde vor der Technikabteilung im Untergeschoss eines Einkaufszentrums präsentiert. An den Eingängen zum Kaufhaus und vor der Rolltreppe im Erdgeschoss, waren Schilder aufgestellt, die auf den Agenten im Untergeschoss verwiesen. Der Präsentationsstand wurde neben dem Eingang zur Technikabteilung aufgebaut, auf die die

---

[4]Das Event fand zum ersten Mal statt und wurde stark beworben. In der Stadt und an der Universität kündigten Plakate das Ereignis an. Zudem berichteten Zeitungen, lokales Fernsehen, Radio sowie die Internetseiten der Stadt und der Universität vor, nach und teilweise sogar währenddessen über das Ereignis. Insgesamt kann das Event als Erfolg gewertet werden, da es am 16. Juni 2005 zum zweiten Mal stattfand.

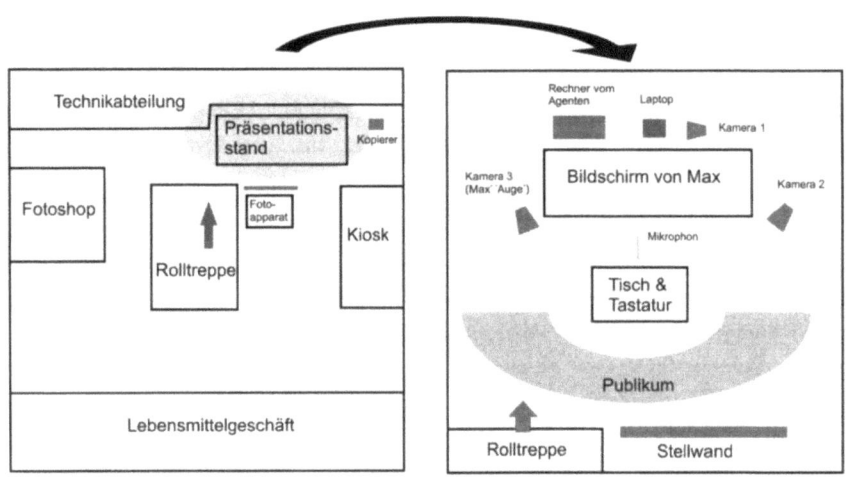

Skizze vom Untergeschoss des Einkaufszentrums

Skizze vom Präsentationsstand

Abbildung 3.1: Skizze der Aufnahmesituation (Umgebung und Präsentationsstand) auf dem Event „Campus:City!", Bielefeld 2004.

Abbildung 3.2: Der Bildschirm mit dem virtuellen Agenten Max auf dem Event „Campus:City!", Bielefeld 2004. (Foto: Ipke Wachsmuth)

3.2 Erhebung und Datenmaterial

Rolltreppe vom Erdgeschoss zuläuft (s. Abb. 3.1). Dieser Ort wird für Werbezwecke genutzt und zeichnet sich dadurch aus, dass er einerseits sofort ins Auge springt und andererseits ein Durchgangsort ist, an dem sich die Kunden dem ausgestellten Objekt zuwenden können, da sie nicht mit anderen Aktivitäten beschäftigt sind, z.B. der Auswahl von Artikeln oder dem Bezahlen.

Der Präsentationsstand bildete im Verkaufsgeschehen des Kaufhauses einen eigenen Interaktionsraum, der durch die Aufstellung und Ausrichtung verschiedener Artefakte (Bildschirm von Max, Tisch, Tastatur, Kameras, Mikrophone etc.) und Personen (die betreuenden Informatiker, die Forscherin sowie das Publikum) sowie spezifischen Handlungen (neben dem Umgang mit Max z.B. das Beobachten der Interaktion) gebildet wird (s. Abb. 3.1). Die äußeren Grenzen des Standes bildeten die Trennwände der Technikabteilung, die Stellwand vor dem Fotoautomaten und die Wege von der Rolltreppe zum Eingang der Technikabteilung bzw. der Weg am Zeitungskiosk entlang. Die Grenzen des Stands wurden zeitweise durch das Publikum gebildet, das sich um den Stand herum aufstellte.

Zentrum der Aufmerksamkeit am Stand bildete der Bildschirm mit Max, der gegenüber einem Tisch mit Tastatur aufgestellt war (s. Abb. 3.1 und 3.2). Max wurde auf einem ca. 2,10 m hohen und 1,70 m breiten Bildschirm präsentiert, der aus einem Sockel bestand, auf dem der Bildschirm mit Max befestigt war. Die zentrale Aufstellung des großen, augenfälligen Bildschirms direkt vor der Rolltreppe positionierte Max als einen Aufmerksamkeitsfänger. Kunden, die die Rolltreppe herunter kamen, konnten den Stand nicht unbeachtet passieren. Die zentrale Bedeutung von Bildschirm und Tisch wurde auch durch ihren offensichtlichen Standort markiert, durch die Ausrichtungen der verschiedenen technischen Geräte (Kameras, Mikrophone) auf den Tisch und der Ausrichtung des Publikums, das sich jeweils im Halbkreis um Tisch und Bildschirm anordnete (s. auch das rechte Bild der Abb. 3.3).

Vom Tisch wurden zu beiden Seiten Absperrseile gespannt, die verhindern sollten, dass Kunden zu nah an den Bildschirm herantraten. Sie bildeten sozusagen die Grenze zwischen dem publikumsoffenen Bereich des Stands und dem, der nur für das wissenschaftliche Personal (Informatiker und Soziologen) zugänglich war. Vor dieser Grenze – im publikumsoffenen Bereich – befand sich der Tisch mit der Tastatur, welche für die Kommunikation mit Max angeboten wurde, sowie ein Werbeplakat vom „Campus:City!" (auf der rechten Seite des Stands) und ein kleiner Aufsteller mit Werbungen (auf der linken Seite des Stands) für das Heinz Nixdorf Museumsforum (HNF), in dem eine andere Version von Max ausgestellt ist.

Hinter den Absperrseilen war das technische Equipment für Max und für die soziologische Erhebung aufgebaut (s. auch Tabelle 3.1). Zum technischen Aufbau von Max gehören der Bildschirm, ein Rechner, auf dem das Agentensystem läuft, eine Kamera, die sozusagen als Max' Augen dient (zur Funktionsweise des Agenten s. Abschnitt 4.3), sowie die Tastatur, mit der die Nachrichten der Nutzer an Max übertragen werden. Der Rechner stand hinter dem Bildschirm und war für das Publikum nicht sichtbar. Max' 'Auge' (Kamera 3) war links neben dem Bildschirm auf einem Stativ aufgestellt und auf die Person/en am Tisch ausgerichtet.

Tabelle 3.1: Technisches Equipment am Präsentationsstand

Agentensystem (Max)	Soziologische Erhebung
Bildschirm von Max	separates Bildschirmbild (Laptop)
Rechner	Kamera 1
Kamera 3	Kamera 2
Tastatur	Mikrophon

Für die soziologische Erhebung wurde eine Kamera aufgebaut, die das Geschehen am Tisch und vor dem Bildschirm filmte (Kamera 2). Diese Kamera war mit einem Mikrophon verbunden, das vor dem Tisch stand und die Tonqualität der Aufnahmen vor dem Bildschirm sicherte. Eine zweite Kamera wurde hinter dem Bildschirm aufgebaut (Kamera 1). Sie war für die Nutzer nicht sichtbar und nahm Max' Bildschirmbild von einem separaten Rechner (einem Laptop) auf, der mit dem Rechner des Agentensystems verbunden war und das aktuelle Bildschirmbild von Max anzeigte. Dieser separate Bildschirm wurde verwendet, damit die Aufnahmen von Max nicht durch Köpfe der Kunden verdeckt werden (Abb. 3.3 zeigt die jeweiligen Perspektiven der Kamera 1 und 2). Zudem war am Sockel des Bildschirms ein Zettel befestigt, der die Kunden darüber informierte, dass an diesem Stand Filmaufnahmen für wissenschaftliche Zwecke durchgeführt werden.

Bezüglich der forschungsbedingten Aufnahmen kann festgehalten werden, dass Zuschauer und Nutzer eine Orientierung an der Forschungskamera (Kamera 2) zeigen (s. auch Krummheuer 2005). Es konnten immer

3.2 Erhebung und Datenmaterial 63

Abbildung 3.3: Perspektiven der Forschungskameras
Links: Perspektive der Kamera 1 auf das Bildschirmbild des Agenten.
Rechts: Perspektive der Kamera 2 auf die Situation vor dem Bildschirm.

wieder Blicke in die Kamera beobachtet werden sowie Techniken, mit denen die Nutzer vermieden, dass die Kamera ihr Handeln festhalten konnte (z.B. Flüstern hinter vorgehaltener Hand). Das Forschungsequipment hat die beobachteten Handlungsstrukturen jedoch nicht gravierend verändert. Vielmehr wurde die Kamera als Bestandteil des Felds behandelt. Die Nutzer befanden sich an einem Ort, der unter Beobachtung stand. Die Kamera war neben Publikum, Informatikern, Freunden etc. nur eine weitere Beobachtungsinstanz. Zudem zeichnete sich der Stand durch eine Anhäufung technischer Artefakte aus (Bildschirm, Rechner sowie die Kamera des Agenten). Forschungskamera und Mikrophon waren somit neben den technischen Geräten des Agenten nur weitere technische Geräte und wurden somit im technisch gesättigten Umfeld sozusagen naturalisiert (vgl. ebenda).[5]

---

[5]Die Erhebung audiovisueller Daten ist aufwendig. Meist werden zusammen mit der Kamera auch Stativ und Mikrophon genutzt, zudem ist eine Person zugegen, die die Aufnahmen überwacht, die Kassetten austauscht und Ähnliches. (Einen guten Einblick in die Vorbereitung visueller Erhebungen geben Hartung 2005, Heath 1997 und Meier 1998.) Der Forschungsprozess wird somit öffentlich im Feld ausgeführt und wirkt auch auf dieses ein. Während in audiovisuellen Studien häufig die technischen Details beschrieben, die Vorteile gepriesen und auf Schwierigkeiten – wie z.B. den enormen Arbeitsaufwand – verwiesen wird, gibt es nur wenige Studien, die sich methodisch reflexiv mit dem neuen Aufnahmemedium auseinandersetzen (vgl. Goodwin 1981, Lomax & Casey 1998). Reflexive Untersuchungen audiovisueller Daten, in denen

Die Situation am Präsentationsstand zeichnete sich zudem durch verschiedene Personengruppen aus, die unterschiedlich in den hybriden Austausch verwickelt waren (s. dazu auch Abschnitt 5.4): die Nutzer, das Publikum sowie die Informatiker und die Forscherin. Zentrum der Aufmerksamkeit bildeten Max und der Nutzer, um die sich das beobachtende Publikum aufstellte. Der Nutzer rekrutierte sich meist aus dem Publikum und zeichnete sich dadurch aus, dass er am Tisch stand und über die Tastatur den Austausch mit Max gestaltete. Auch wenn nicht immer ein Nutzer am Tisch stand, so wurde seine Position durch den freien Tisch und die Tastatur markiert. Die Nutzer hatten sehr unterschiedliches Vorwissen über Max. Teilweise waren es Informatikstudenten, die im Studium Informationen über Max oder andere Agentensysteme gesammelt hatten. Einige waren Freunde, Bekannte oder Verwandte der Informatiker und hatten in Gesprächen Erfahrungen über Max gesammelt, z.B. wussten einige Nutzer, dass Max den Bildschirm verlassen kann und ein Ratespiel beherrscht. Andere Nutzer dagegen zeigten im Austausch nur wenig Vorwissen über Agenten oder Max.

Die Publikumsmenge variierte stark im Verlauf des Tages. Das Publikum bestand aus anonymen Beobachtern, aber auch aus Bekannten oder Freunden der Informatiker. Es gab einzelne Beobachter, Paare und Gruppen. Dabei stellte sich das Publikum immer im Halbkreis um den Tisch bzw. den Nutzer und hielt einen gewissen Abstand ein. In einigen Fällen traten Freunde oder Familienmitglieder des Nutzers mit an den Tisch heran. Der Platz an der Tastatur wurde dem Nutzer jedoch nicht streitig gemacht.

Der Stand wurde von zwei Informatikern betreut. Sie trugen kleine Namensschilder mit dem Logo der Universität, durch die sie als für Max zuständige Informatiker erkannt werden konnten. Die Informatiker haben den Stand auf- und abgebaut und waren dort den gesamten Tag anzutreffen. Sie standen meist in den Publikumsreihen und boten sich als Gesprächspartner an. Hin und wieder gestalteten sie auch einen Austausch mit Max, z.B. wenn die Presse kam. Die beiden Informatiker werden in der vorliegenden Arbeit als I1 und I2 bezeichnet. Dieses Kürzel

---

die Akteure Bezug auf die Kamera oder den Forscher nehmen, zeigen, dass das Feld eine Orientierung am Forschungsequipment und am Forscher zeigt. Das Feld wird jedoch kein grundsätzlich anderes Feld, nur weil eine Kamera aufgestellt wird. Vielmehr zeigt gerade der Umgang des Felds mit der Kamera spezifische Merkmale des Felds (s. auch Krummheuer 2005).

verweist auf ihre Rolle als Informatiker am Stand, in der sie sich präsentierten. Auch wurde ihnen diese Rolle vom Publikum zugeschrieben, das sich immer wieder an die beiden als die zuständigen Experten wandt.[6]

Zudem befanden sich zwei Soziologinnen am Präsentationsstand, die die Datenerhebung für die vorliegende Arbeit durchführten. Die Kameraassistentin stand meistens in der Nähe der Kameras (Kamera 1 und 2) und betreute die audiovisuelle Erhebung. Durch ihre Position neben der Kamera in dem Bereich, von dem das Publikum ausgeschlossen war, war sie als Wissenschaftlerin erkenntlich.[7] Die Forscherin hatte ein kleines Namensschild, das sie als Angehörige der Universität Bielefeld auswies und konnte damit als dem Stand zugehörig erkannt werden. Im Gegensatz zu den Informatikern wurde die Forscherin jedoch weniger als Ansprechpartnerin wahrgenommen, was an den unterschiedlichen Handlungen lag, die Informatiker und Forscherin ausführten. Während die Informatiker sich als Ansprechpartner anboten, beobachtete die Forscherin den Stand aus dem Hintergrund, sprach mit den Nutzern kurz über den Austausch mit Max und holte Einwilligungserklärungen für die Veröffentlichung der Bilder ein.

Zusammenfassend kann festgehalten werden, dass sich die Situation am Stand durch ihren öffentlichen Charakter auszeichnete, wobei gerade die Position des Nutzers unter Beobachtung stand. Das Event rahmte die Situation als *eine einmalige und außergewöhnliche Situation* und gab ihr gleichzeitig einen *wissenschaftlichen Bezug*. Das Event, aber auch der Agent und seine Aufstellung, verliehen der Situation einen Attraktionswert. Ein weiterer zentraler Aspekt der Situation war ihr *technisch bestimmter Kontext*, der durch das Umfeld und die große Anzahl technischer Geräte am Stand hergestellt wurde.[8]

---

[6]Die Nummerierungen I1 und I2 beinhalten keine Hierarchie, sondern entstanden dadurch, dass I1 in den Videoaufnahmen als Erster zu sprechen beginnt.

[7]An dieser Stelle sei noch einmal Paul John und Christine Rüdel vom Audiovisuellen Zentrum der Universität Bielefeld sowie Heike Greschke und Christian Becker-Asano für ihre Unterstützung bei den Videoaufnahmen gedankt.

[8]Die technische Bestimmung der Situation wurde nicht nur durch den Stand selbst etabliert, sondern auch durch seine Positionierung vor der Technikabteilung. Hinter dem Präsentationsstand waren die verschiedenen Auslagen der Technikabteilung zu sehen. Zudem sind auf den Aufnahmen teilweise die Spielgeräusche von Kindern zu hören, die in der Technikabteilung hinter dem Stand Computerspiele ausprobieren.

Das audiovisuelle Datenmaterial

Die Videoerhebung ergab 14 Stunden Filmmaterial (je sieben Stunden von zwei Kameras). Insgesamt haben sich über 50 Nutzer mit Max ausgetauscht. Die Analyse konzentriert sich auf 29 Beispiele von erwachsenen Personen, die Max nicht oder kaum kannten. Die Beispiele, in denen Kinder oder die Entwickler mit dem Agenten kommunizierten, wurden nicht berücksichtigt. Die Nutzer verbrachten zwischen zwei und 20 Minuten mit Max, dabei ging dem Austausch immer eine Beobachtungsphase voraus. Ein Austausch dauerte im Schnitt ca. sieben Minuten. Neben den audiovisuellen Daten hat die Forscherin während der Erhebung Beobachtungsnotizen auf Tonband aufgenommen und die Nutzer kurz nach ihren Erfahrungen mit dem Agenten befragt. Hinzu kommen schriftliche Gedächtnisprotokolle von Gesprächen mit den Informatikern sowie verschiedene Publikationen zum Agentensystem.[9]

Die einzelnen Austauschprozesse zwischen Erwachsenen und Max wurden digitalisiert, damit sie mit den üblichen Softwareprogrammen abgespielt werden konnten. Da das Material zu umfangreich für eine vollständige Transkription war (die Transkription von ein bis zwei Minuten Videosequenz dauert ca. 5 Stunden), kam es zu zwei zunächst *parallellaufenden* Aufbereitungs- und Analyseschritten. Es wurden detaillierte Verlaufsprotokolle vom Austausch und einzelne Transkripte erstellt. Die

---

[9]Neben den Aufnahmen von Max wurden zudem Aufnahmen im Umgang mit der virtuellen Verkaufsagentin Cosima gemacht. Cosima wurde von Univ.-Prof. Dr. Werner Kießling und Dr. Stefan Fischer am Lehrstuhl für Datenbanken und Informationssysteme am Institut für Informatik der Universität Augsburg entwickelt. Der Austausch mit Cosima wurde während einer einwöchigen Präsentation auf einer Messe im Jahr 2003 aufgenommen. Er ähnelt sehr stark dem Austausch mit formularbasierten Dialogsystemen. Diese Analyse hätte vor allem auf einen Vergleich formularbasierter Kommunikation mit oder ohne figürlichen Agenten fokussiert und weniger auf den Vergleich von zwischenmenschlichem und hybridem Austausch. Zudem lag die Präsentation von Cosima sehr stark in den Händen der Informatiker, die Cosima interessierten Kunden vorstellten. Die Kunden waren somit vor allem Zuschauer eines Austauschs zwischen Entwicklern und Agentin. Einzelne Personen wurden als 'Testpersonen' rekrutiert und gefragt, ob sie mit Cosima kommunizieren würden. In diesen Situationen wurde die Forscherin zu einer Art 'Experimentleiterin' und von den 'Testpersonen' immer wieder in den Austausch einbezogen. Von einer intensiven Analyse dieser Daten wurde daher abgesehen, da die Situation zwischen Experiment, Messegespräch und testendem Austausch schwer zu fassen war. Die Erfahrungen und auch erste Analysen des Materials fließen jedoch in die Analyse des hybriden Austauschs mit Max ein.

Verlaufsprotokolle wurden mit Hilfe des Softwareprogramms AtlasTI 5.0 in Anlehnung an die Grounded Theory (Glaser & Strauss 1967, Strauss 1991) verschlagwortet. Dieser Arbeitsschritt diente dazu, einen Überblick über das Material zu gewinnen und dieses grob zu strukturieren. Die Schlagwörter wurden dazu genutzt, größere kommunikative Einheiten wie Anfänge, Enden, Kommunikationsprobleme, Ratespiele etc. zu verorten und später leichter im Material auffinden und vergleichen zu können. Von den aufgenommenen Videodaten wurden Transkripte erstellt.

Die Analyse basiert auf der Auswertungen der Videos und der Transkripte nach konversationsanalytischen Maximen. Wie am Ende von Kapitel 2 ausgeführt, konzentriert sich die Analyse

- auf die Organisation des hybriden Austauschs, also auf die Organisation von Sprecherwechsel, die Gestaltung und Verknüpfung einzelner Beiträge, die Herstellung eines gemeinsamen thematischen Aufmerksamkeitsfokus sowie die Behandlung von Störungen,

- auf größere 'interaktive' Einheiten wie Eröffnungen und Beendigungen sowie Ratespiele, Frotzelsequenzen, Beleidigungen und Ähnliches,

- auf situative Rahmungen und Teilnahmestrukturen am Präsentationsstand,

- auf die in den oben genannten Punkten beobachtbaren Identitätszuschreibungen und Situationsdeutungen der Teilnehmer.

Die aufgefundenen Strukturen wurden mit konversationsanalytischen Studien zwischenmenschlicher Interaktionen sowie mit den Erkenntnissen der ethnomethodologischen und konversationsanalytischen Studien zur Mensch-Computer-Interaktion verglichen. Durch diesen Vergleich wurde der spezifische Charakter des hybriden Austauschs herausgearbeitet.

3.3 Transkriptionskonventionen

Die Transkription des hybriden Austauschs stellte sich als besondere Herausforderung dar. Während in den frühen Transkriptionssystemen nur sprachliche Realisierungen dargestellt wurden, werden durch audiovisuelle Erhebungen auch Transkriptionskonventionen für nonverbale Handlungen notwendig. Hinzu kommt das Problem, dass gerade bei

Audioaufnahmen technisch vermittelter Kommunikation nicht nur technisch bedingte Aspekte, wie die Kameraperspektive, berücksichtigt werden müssen, sondern auch der beschränkte Zugang der Teilnehmer zu der Situation des anderen. Im hybriden Austausch stehen Nutzer und Agenten unterschiedliche Modalitäten zur Verfügung. Der Nutzer tippt einen Text, der in einem Textfeld am unteren Rand des Bildschirms zu sehen ist. Drückt der Nutzer die Enter-Taste, wird der Text an das Dialogsystem gesendet und erscheint in einem weiteren Textfeld am unteren Rand des Bildschirms, oberhalb des anderen Textfelds. Der Agent nimmt den Nutzer im Wesentlichen über die Texteingabe wahr. Das Verhalten des Agenten wird sprachlich und körperlich realisiert, der Nutzer kann ihn sehen und hören (vgl. auch die Abschnitte 4.3 und 5.1). Somit kommt es zu einer weiteren Fülle an Informationen, die im Transkript realisiert werden müssen. Die Forderung, einer möglichst genauen Transkription kollidiert dabei mit der Forderung nach guter Lesbarkeit des Transkripts.

Suchman (1987) schlägt für die Transkription von Mensch-Maschine-Interaktionen ein tabellarisches Transkriptionssystem mit vier Spalten vor, in dem sie die Handlungen von System und Nutzer unterscheidet und gleichzeitig verdeutlicht, welche für das Gegenüber transparent sind und welche nicht. In der ersten Spalte befinden sich die situativen Deutungsprozesse der Akteure, die die Maschine bedienen. Diese Prozesse können von der Maschine nicht erkannt werden. In der letzten Spalte sind die Prozesse notiert, die in der Maschine ausgelöst werden und die den menschlichen Akteuren nicht zugänglich sind. In den beiden mittleren Spalten sind jeweils die Aktionen des Menschen oder der Maschine aufgeführt, die für das Gegenüber zugänglich sind. Ein Ergebnis der Studie von Suchman besteht darin, aufzuzeigen, dass sich Akteur und Maschine in verschiedenen Situationen befinden. Die tabellarische Darstellung des Austauschs eignete sich daher für ihre Argumentation sehr gut, da die Transkripte selbst die unterschiedlichen Zugänge der Beteiligten zur Situation verdeutlichen und damit ihre Argumentation veranschaulichen.

Auch für den Austausch mit Max ist die Unterscheidung der verschiedenen Situationswahrnehmungen und -deutungen relevant. Jedoch wird durch die tabellarische Aufteilung der Aktivitäten an Nutzer und Mensch, die Trennung der Situationen schon a priori relevant gesetzt. Die vorliegende Analyse fokussiert hingegen das Zusammenspiel technischer und menschlicher Aktivitäten im hybriden Austausch. Die Transkripte stellen gewissermaßen die Perspektive einer unbeteiligten Beobachterin

3.3 Transkriptionskonventionen

dar, indem sie nicht wiedergeben, was Max wahrnimmt und was nur der Nutzer mitbekommt, sondern den Austausch als eine Einheit darstellen, die von verschiedenen Beiträgen hervorgebracht wird. Beim Lesen der Transkripte sollte jedoch bedacht werden, dass Max von den sprachlichen Äußerungen und visuellen Darstellungen des Nutzers ausgeschlossen ist.[10]

Die Aktivitäten der Teilnehmer im hybriden Austausch werden in ihrer zeitlichen Abfolge dargestellt. Die Zeilen des Transkripts sind nummeriert und beginnen in Anlehnung an die GAT-Konventionen in jedem Beispiel mit 1 (vgl. Selting et al. 1998). Auslassungen sind im Transkript durch drei Punkte vermerkt, denen eine kurze Zusammenfassung des Geschehens folgt. Um die Auslassungen vom Gesprächsverlauf zu unterscheiden, wurden sie nur mit *einer* Zeilennummer versehen, auch wenn die Zusammenfassung über mehrere Zeilen geht. Die Aktivitäten der Teilnehmer sind hinter den Namenssigeln dargestellt.[11] Im Transkript werden verschiedene Ebenen unterschieden (s. auch Tabelle 3.2):

- **Wiedergabe menschlicher Beiträge und Handlungen**
  Sprachliche Beiträge der menschlichen Akteure werden im Wesentlichen nach den Konventionen für das Basistranskript des „Gesprächsanalytischen Transkriptionssystems" (GAT) (Selting et al. 1998) dargestellt. Die Äußerungen werden prinzipiell klein geschrieben, Großschreibung und Satzzeichen stehen für die sprachliche Realisierung von Handlungen (z.B. Betonung, Tonhöhensprünge etc.). Nonverbale Aktivitäten werden in Klammern sozusagen als Kommentar der Beobachterin wiedergegeben. Dabei bedeuten eckige Klammern, dass sich die Handlung über die Länge einer sprachlichen Äußerung realisiert, und runde Klammern, dass die Handlung ohne sprachlichen Beitrag produziert wurde (vgl. auch Tabelle 3.2).

---

[10]Die Analyse wird zeigen, dass Max von den Nutzern mal als Anwesender und mal als Abwesender behandelt wird. Diese Konstruktionen würden in einem vierspaltigen Transkript vernachlässigt werden. Zudem könnte die Spalte, in der die Prozesse innerhalb des Systems beschrieben werden, nicht ausgefüllt werden, da sie in ihrer Komplexität auch von den Informatikern nur annähernd beschrieben werden können.

[11]Dabei wurden für die Veröffentlichung die Namen der Nutzer anonymisiert. Nur in einzelnen Fällen wurde der Name übernommen, den sie im hybriden Austausch angegeben haben, wie z.B. 'H.A.L.', mit dem sich ein Nutzer Max vorgestellt und damit auf das Computersystem im Spielfilm „2001: Odyssee im Weltraum" von Stanley Kubrick (1968) angespielt hat (s. Abschnitt 9.5).

- **Wiedergabe der Beiträge des Agenten**
  Max' Äußerungen sind synthetisch generiert und haben eine sehr eigene Realisierungsdynamik. Max spricht relativ monoton und teilweise abgehackt. Auch die Betonung und Tonhöhen der einzelnen Wörter und Sätze unterscheiden sich von unseren Hörgewohnheiten. Dies gilt auch für sein nonverbales Verhalten. Der Bewegungsfluss von Gestik und Mimik ist teilweise stockend. Zudem verändern sich Körperhaltung und Blickrichtung[12] des Agenten häufig leicht. Max' Äußerungen sind nach GAT transkribiert, wobei die Realisierungsform nur dann wiedergegeben wird, wenn sie deutlich zum Vorschein kommt. Zusätzlich werden neue Symbole verwendet, um der synthetischen Realisierung der Äußerungen gerecht zu werden, z.B. ein Strich (|) für Max' abgehacktes Sprechen. Das reaktive Verhalten von Max, z.B. leichte Bewegungen des Körpers, Veränderung der Mimik und sprachliche Eigenheiten, wird nur dann dargestellt, wenn es als herausstechend auffiel und/oder vom Nutzer relevant gesetzt wurde. Wiederkehrende Bewegungen von Max werden mit standardisierten Formulierungen gekennzeichnet, die in Abb. 3.4 zusammen mit Beispielbildern aufgeführt sind.[13]

- **Textnachrichten**
  Die Eingabe der Textnachrichten wird mit zwei unterschiedlichen Sigel dargestellt. Das Kürzel 'txR' steht für die Textproduktion des Nutzers, bevor er die Nachricht dem System übermittelt. Die Eingabe der Zeichen wird gemäß ihrer Reihenfolge aufgeführt. Die Tippgeschwindigkeit wird dabei nicht berücksichtigt. Tippfehler werden übernommen. Für die Darstellung der Bearbeitung des Textes werden Sonderzeichen verwendet, die nicht von den Nutzern getippt werden: Gelöschter Text wird in Minuszeichen gesetzt, ein Querstrich (/) bedeutet, dass die Enter-Taste gedrückt wurde. Der ab-

---

[12]Prinzipiell kann das Agentensystem einzelne Personen vor der Kamera erkennen und die Augen auf sie richten. Jedoch erschwerten die vielen Personen vor der Kamera ihre technische Erkennung. So blickt der Agent teilweise am Nutzer vorbei oder bewegt die Augen hin und her (s. Abschnitt 4.3 zum reaktiven Verhalten des Agenten).

[13]Auf den Abbildungen des Agenten in der vorliegenden Arbeit sind seine Gesichtszüge häufig schwer zu erkennen, da sein Gesicht sehr dunkel ist. Dies liegt an technischen Schwierigkeiten, den Computerbildschirm zu filmen. Mit diesem Hinweis möchte ich einer Fehlinterpretation vorbeugen: Max ist kein dunkelhäutiger, sondern ein hellhäutiger Agent.

gesandte Text wird jeweils in einer neuen Zeile mit dem Sigel 'TX' dargestellt. Zur besseren Kennzeichnung des abgesandten Textes wurde dieser zudem in Sternchen gesetzt.

Die Äußerungen von Max sowie die abgesandten Textnachrichten der Nutzer werden durch Fettdruck hervorgehoben. Dies birgt das Problem, dass der sprachliche Austausch betont wird, obwohl auch nonverbale Ereignisse wesentlichen Einfluss auf den Austausch nehmen. Es erleichtert jedoch die Lesbarkeit der Transkripte.

Tabelle 3.2: Transkriptionskonventionen

Sprecher und Abkürzungen:	
M	Max
I1/I2	Informatiker
R,S,T etc.	Nutzer und Personen vor dem Bildschirm
P1, P2, P3	Sichtbare Personen im Hintergrund
?, R?	nicht sichtbare oder vermutete Person/en
txR	Eingabe im Textfeld durch den Nutzer R
TX	Textfeld
BS	Bildschirm von Max
TS	Tastatur
...	Auslassungen im Transkript; bei der Zusammenfassung von Ereignissen wird dabei die Zeilennummerierung unterbrochen
→	Verweis auf spezifische Textstelle

Texteingabe im Textfeld:	
h a l l o	Reihenfolge der getippten Buchstaben jeweils getrennt durch ein Leerzeichen
d u b i s t	Leerzeichen werden durch ein Leerzeichen gekennzeichnet
-t-	Gelöschte Buchstaben werden in zwei Minuszeichen gesetzt
/	Der Schrägstrich symbolisiert, dass die Enter-Taste gedrückt wurde; der Text wird an das Dialogsystem geschickt und erscheint im oberen Textfeld
hallo	Der abgesandte Text wird in zwei Sternchen gerahmt und fettgedruckt in einer neuen Zeile mit dem Sigel TX aufgeführt

Fortsetzung Tabelle 3.2: Transkriptionskonventionen

Realisierung (non)verbaler Handlungen von Menschen und Agenten	
AKZENT	Akzentuierungen und Betonungen
ak!ZENT!	Besonders starke Akzentuierung
?	Hoch steigende Tonhöhenbewegung am Einheitenende
-	Gleichbleibende Tonhöhenbewegung am Einheitenende
.	Stark fallende Tonhöhenbewegung am Einheitenende
=	Schneller, unmittelbarer Anschluss neuer Gesprächsbeiträge oder Einheiten
:, ::, :::	Dehnung oder Längung je nach Dauer
ha[llo::] [hallo]	Parallele Aktivitäten, Überlappen und Simultansprechen werden mit eckigen Klammern dargestellt; wird eine eckige Klammer nicht geschlossen, endet die Überlappung am Zeilenende
|	Abgehackte Sprachwiedergabe des Agenten
↑ ↓	Auffälliger Tonsprung nach oben oder unten
'hm'hm	Abbruch durch Glottalverschluss
.h .hh .hhh	Einatmen je nach Länge
h hh hhh	Ausatmen je nach Länge
(-), (--), (---)	Kurze, mittlere, längere Pause von ca. 0.25-0.75 Sekunden
(1.5)	Geschätzte Pause ab einer Sekunde
( )	Unverständliche Passage
(solche)/ al(s)o	Vermutete Passage oder vermutete Silbe
((Blick: TX)) ((R geht zum Tisch))	In runden Klammern stehen nonverbale Handlungen und/oder Ereignisse
<<hebt den Arm> ja> <<hustend> bitte>	Spitze Klammern kennzeichnen sprachbegleitende nonverbale Handlungen oder Besonderheiten der Realisierung

3.3 Transkriptionskonventionen

Links: Max hebt linken (bzw. rechten) Arm an. Mitte: Max hebt beide Arme leicht an. Rechts: Max bewegt linken (bzw. rechten) Arm nach vorne.

Links: Max legt linke (bzw. rechte) Hand auf die Brust. Mitte: Max streckt den Arm aus. Rechts: Max hat einen erfreuten Gesichtsausdruck.

Links: Max hebt die linke (bzw. rechte) Hand, Zeigefinger und Daumen formen ein O. Mitte und Rechts: Max winkt.

Abbildung 3.4: Typische Positionen von Max.

KAPITEL 4
Virtuelle Agenten als Kommunikationspartner

Embodied Conversational Agents sind technische Artefakte in der Entwicklung. Dabei sind die Fragen, was ein virtueller Agent ist, wie er verkörpert wird und wie er kommuniziert, als auch die Frage nach seinem Verwendungszweck noch relativ offen. Grob zusammengefasst werden unter virtuellen Agenten autonome Softwareprogramme mit einer künstlichen Intelligenz verstanden. Sie sind technische Artefakte und damit vom Menschen geschaffene Dinge. In ihnen werden Vorstellungen ihres Gebrauchs eingearbeitet, die ihre materielle und virtuelle Ausformung mit beeinflussen. Im Folgenden wird zunächst in den relativ unbestimmten Begriff des virtuellen und autonomen Agenten eingeführt und die Entstehungsgeschichte der Embodied Conversational Agents nachgezeichnet. Es wird sich zeigen, dass diese Entwicklung der Agenten auf relativ jungen Vorstellungen beruht, die menschliches Handeln und Intelligenz als mathematisch darstellbar begreifen. Aufbauend auf dieser Vorstellung progammierbarer Handlungsträgerschaft wurde der Umgang mit computerbasierten Technologien zunehmend als Dialog gedacht, in dem der Computer dem Nutzer als autonomer Gesprächspartner gegenübertritt. Anschließend an diese Darstellung wird der Embodied Conversational Agent Max vorgestellt. Dabei wird die Frage verfolgt, wie der Agent 'interagieren' kann. Dazu werden zunächst die Programmstrukturen und Kommunikationsmodelle vorgestellt, auf denen das Agentensystem beruht, und ein Beispiel von den systeminternen Verarbeitungsprozessen gegeben, durch die der Dialog mit dem Nutzer gesteuert wird. Anschließend wird das Bildschirmbild des Agenten und seine Selbstpräsentation analysiert. Dabei wird die Frage verfolgt, als was für ein Ansprechpartner sich der Agent darstellt bzw. durch das Zusammenspiel von Hardware und Software dargestellt wird.

4.1 Virtuelle Agenten – Das Problem einer Definition

Die Frage, was ein virtueller Agent ist, wurde und wird noch breit diskutiert. So bemerkt Bradshaw (1997) in der Einführung in den Sammelband „Software Agents", „[a]s 'agents' of many varieties have proliferated, there has been an explosion in the use of the term without a corresponding consensus on what it means" (ebenda: 4). Es gibt eine Vielzahl von Definitionen und Beschreibungen, die jeweils verschiedene Aspekte umfassen, andere ausklammern und sich teilweise sogar widersprechen (vgl. auch Franklin & Graesser 1997 sowie Sycara 1998). Braun-Thürmann (2002) beobachtet bei der Analyse eines Internetforums von Kognitionswissenschaftlern und Softwareentwicklern, dass dabei häufig auch die Eigenschaften umstritten sind, die den Agenten zugeschrieben werden. So gab es z.B. eine Diskussion darüber, was Intelligenz bedeutet, wenn sie einem Agenten zugeschrieben wird (vgl. ebenda: 99). Die Unentschiedenheit des Agentenbegriffs zeigt sich auch darin, dass dem Begriff häufig Attribute vorweg gestellt werden, die seine Funktion verdeutlichen, so gibt es virtuelle Agenten, intelligente Agenten, humanoide Agenten, multimodale Agenten etc.[1] Dabei werden häufig neben dem Begriff des Agenten auch andere Begriffe wie z.B. „Avatar" (Braun-Thürmann 2004: 70) synonym verwendet.

Ausgehend von der unbestimmten Verwendung des Agentenbegriffs hat es verschiedene Versuche gegeben, einen gemeinsamen Bezugspunkt zu finden. Franklin und Graesser (1997) versuchen z.B. aus der Analyse verschiedener Definitionen ihrer Kollegen einen gemeinsamen Nenner zu formulieren, der als Grundlage für „autonome Agenten" im Allgemeinen dienen soll:

> „An **autonomous agent** is a system situated within and a part of an environment that senses that environment and acts on it, over time, in pursuit of its own agenda and so as to effect what it senses in the future." (ebenda: 25)

Die Autoren verstehen unter dem Begriff Agent etwas, das handeln kann.

---
[1] Diese Bezeichnungen werden häufig zur Beschreibung eines einzigen Agenten verwendet. Der virtuelle Agent Max wird z.B. als „virtual humanoid agent", „anthropomorphic agent", „multimodal communication partner" oder auch „embodied conversational agent" beschrieben (vgl. Kopp, Jung, Leßmann & Wachsmuth 2003: 11).

4.1 Virtuelle Agenten – Das Problem einer Definition

Die Definition ist dabei sehr breit angelegt und inkludiert sowohl menschliche als auch nicht menschliche Agenten wie Tiere, bestimmte Softwareagenten oder auch ein Thermostat (vgl. Franklin & Graesser 1997: 25 und 29-33). Agenten existieren in einer Umwelt, die sie auf unterschiedliche Weise wahrnehmen, und auf die sie ohne die Hilfestellung einer anderen Entität reagieren und einwirken. Ohne diese Umwelt existiert auch der Agent nicht (vgl. ebenda: 26). Die eigene Agenda kann dabei z.B. durch komplexe innere und äußere Gegebenheiten zustande kommen oder aber durch andere vorgegeben sein. Wesentlich ist dabei, dass der Agent ein eigenes Ziel über eine gewisse Zeitspanne verfolgt, wobei die aktuellen Aktivitäten die Ausführung späterer Aktivitäten beeinflussen (vgl. ebenda). Entsprechend unterscheiden die Autoren zwischen Programm und Agent: „All software agents are programs, but not all programs are agents" (ebenda: 26). Diese Unterscheidung wird von den Autoren nicht systematisch ausgeführt, sie nennen jedoch ein Beispiel. So klassifizieren sie ein Rechtschreibprogramm, das einen Text auf Schreibfehler prüft, als ein reines Programm, denn es führe gewissermaßen immer wieder die gleichen Schritte durch und 'lerne' nicht dazu. Ein Rechtschreibprogramm, das während der Textproduktion Fehler erkennt und sofort ausbessert, bezeichnen sie hingegen als autonomen Agenten, da er auf Einflüsse der Umwelt reagiere und sein Verhalten kontinuierlich daran anpasse (vgl. ebenda). Neben der Unterscheidung von Programm und Agent führen die Autoren eine ontologische Differenzierung verschiedener Agenten ein. So entwickeln sie eine Taxonomie, in der sie zwischen biologischen Agenten (wie Menschen, Tiere), Robotern und computerbasierten Agenten (wie Softwareagenten) unterscheiden (vgl. ebenda: 29-33).[2]

Der Vorschlag von Franklin und Graesser hat nicht zu einer Vereinheitlichung des Sprachgebrauchs geführt. Es sind weiterhin unterschiedliche Definitionen des Agentenbegriffs zu finden.[3] Der Agentenbegriff be-

---

[2] Diese Ausführungen erinnern an die soziologische Diskussion um die Handlungsträgerschaft von Technik (vgl. Abschnitt 2.2). Ähnlich wie der Aktantenbegriff der Akteur-Netzwerk-Theorie wird als Agent etwas gefasst, das agiert. Ebenso ist die Agententypologie vergleichbar mit techniksoziologischen Versuchen Handlungsträgerschaft zu differenzieren. Das Problem, technische Handlungsträgerschaft zu konzeptualisieren, findet sich somit auch auf Seiten der Entwickler. Gleichzeitig fehlt den Ausführungen von Franklin und Graesser jedoch ein theoretischer Unterbau. (Eine soziologische Diskussion dieses Modelles findet sich in Braun-Thürmann 2002: 21-26.)

[3] So spricht Sycara (1998) zwei Jahre nach Franklins und Graessers Vorschlag von den „many faces of agents" (ebenda: 11).

findet sich somit weiterhin in der gesellschaftlichen und wissenschaftlichen Aushandlung. Braun-Thürmann (2002) bezeichnet den Begriff daher auch als „Grenz-Konzept" (ebenda: 99), in dem Erwartungs- und Interpretationsschemata verschiedener Disziplinen und Akteure sichtbar werden. Das Wort Agent wird als Metapher begriffen, der er eine „Visibilisierungsfunktion" zuschreibt, die „Aspekte des technischen Artefakts sichtbar macht, die zuvor vernachlässigt wurden" (ebenda: 112). Die kommunikative Verwendung des Agentenbegriffs generiere Vorstellungen und Erwartungen und diene damit sowohl als Handlungsorientierung für den Nutzer, der sein Verhalten daran ausrichten kann, als auch für die Entwickler, denen die Metapher ein „Leitbild" (ebenda) für die Ausgestaltung der Technik biete. Zusammenfassend kann die Vagheit und Unbestimmtheit des Agentenbegriffs somit als Problem verstanden werden und zugleich als Lösungsversuch, sich ein neues Artefakt anzueignen, dessen Ausformung noch unbestimmt ist.

4.2 Vom Computer zum virtuellen Ansprechpartner

Bettina Heintz (1993) zeichnet in ihrer Arbeit „Die Herrschaft der Regel" die Entwicklungsgeschichte der modernen Mathematik und des Computers nach, durch welche die Vorstellung geprägt wurde, dass menschliches Handeln durch mathematische Formeln darstellbar sei. Als Scheidepunkt für die Entwicklung des Computers wird Alan Turings Behauptung aus dem Jahr 1936 angeführt, „daß jedes Handeln, das einer klaren Vorschrift folgt, auch von einer Maschine ausgeführt, d.h. mechanisiert werden kann" (Heintz 1993: 9).[4] Dabei handelte es sich jedoch noch um eine „Papiermaschine" (ebenda: 10), die als Gedanke verschriftlicht wurde. Das materielle Gegenstück wurde erst vier Jahre später und zunächst unabhängig von Turings Behauptung entwickelt.

Anfang der 1940er Jahre wurden an verschiedenen Orten (Deutschland, Großbritannien und den USA) erste Versionen eines Computers ent-

---

[4]Phantasien zur technischen Handlungsträgerschaft und Intelligenz gab es schon sehr viel früher. Wilker verweist auf den griechischen Mathematiker Heron von Alexandria, der mit pneumatisch betriebenen Figuren Szenen aus Tragödien aufführte, und auf die Homunculusrezeptur von Paracelsus (1493 bis 1541) (vgl. Wilker 2002: 19f). Das reduktionistische Vernunftmodell führt Wilker auf Thomas Hobbes und Gottfried Wilhelm Leibniz zurück (vgl. ebenda: 20f).

wickelt und über die folgenden Jahre ausgebaut (vgl. Heintz 1993: 211-228). Die Entwicklung wurde dabei sowohl von militärischer Seite im Zweiten Weltkrieg, als auch von privaten und wirtschaftlichen Interessen, beeinflusst (vgl. ebenda). Während der Rechner zunächst als Rechenmaschine konzipiert war, setzten sich bald Konzeptionen durch, die Computer als eine Art „Riesengehirn" (Weizenbaum 2001: 37) begriffen, in dem Denkprozesse simuliert werden können.[5] Die Verbindung zwischen Computerentwicklung und Turings Behauptung schlugen in den 1950er Jahren junge Wissenschaftler wie z.B. Marvin Minski, Arthur Samuel, Allen Newell und Herbert A. Simon. Auf der Dartmouth-Konferenz stellten sie ein Forschungsprogramm vor, dem John MacCarthy den Namen „Artificial Intelligence" gab (im Deutschen übersetzt mit „Künstliche Intelligenz" (KI))(vgl. Wilker 2002: 21).

Das Ziel dieser Forschungsrichtung bestand zunächst darin, eine künstliche Intelligenz als „General Problem Solver" (GPS) (Newell, Shaw & Simon 1960 nach Nilsson 1995: 9) zu entwickeln. Intelligenz wurde als ein formal logischer Prozess verstanden, in dem Symbole nach bestimmten mathematisch darstellbaren Regeln bearbeitet werden (vgl. Newell & Simon 1976). Diese Fähigkeit wurde Menschen, aber auch „physical symbol systems" (ebenda: 116), d.h. Computern, unterstellt. Während die sogenannte „schwache KI" argumentiert, dass Computer Verhalten aufweisen können, die beim Menschen als intelligent gelten würden, unterstellt die sogenannte „starke KI", dass entsprechend programmierte Computer intelligent seien und den Menschen gar ersetzen könnten (vgl. Heintz 1993: 278 und Weizenbaum 2001: 35-43). Wissenschaftler wie John R. Searle, Den Dennett, Hubert J. Dreyfus und Joseph Weizenbaum kritisierten die Ansätze der starken KI vehement und verwiesen immer wieder auf die grundsätzliche Differenz von Mensch und Maschine (vgl. z.B. Dreyfus 1985, Weizenbaum 1977, eine Darstellung dieser Diskussion findet sich in Heintz 1993: 261-299 und Wilker 2002: 21-29).

In kritischer Auseinandersetzung mit den Positionen der starken KI entwickelte Weizenbaum in den 1960er Jahren das Computerprogramm ELIZA. Das Programm kann psychotherapeutische Gespräche (nach Roger) simulieren, in dem es Aussagesätze des Nutzers in Fragen umformu-

---

[5]Die Konzeption des Computers allein als Rechenmaschine erklärt auch frühere Fehleinschätzungen. So ging man Ende der 1940er Jahre davon aus, dass „ein oder zwei Computer pro Land den Bedarf an Rechenkapazität bei weitem abdecken würden" (Heintz 1993: 229).

liert (vgl. Weizenbaum 1966). Sagt der Nutzer z.B. etwas übers Segeln, fordert ELIZA ihn auf, mehr darüber zu erzählen. Testpersonen hatten immer wieder den Eindruck, von ELIZA verstanden zu werden und entwickelten emotionale Beziehungen zum Programm (vgl. Weizenbaum 1977: 19). Weizenbaums Anliegen bestand darin, die Differenz zwischen menschlicher und künstlicher Intelligenz und Sprachverstehen aufzuzeigen. Mit dem Programm wollte er zeigen, dass Interpretationsleistungen allein beim Menschen liegen, der die Aktivitäten der Maschine als sinnvoll deute. Zu seinem Entsetzen wurde jedoch genau dieses Beispiel immer wieder für die Leistungsfähigkeit künstlicher Intelligenz angeführt (vgl. ebenda: 20). Der Erfolg des Systems zeigt sich auch darin, dass bis heute Dialogprogramme wie z.B. Chatterbots auf einer erweiterten Version des ELIZA-Systems aufbauen.

Während die frühen Projekte der KI erfolgreich „toy problems" (Nilsson 1995: 9) wie Puzzle oder Schachspiele lösten, scheiterten sie an umfangreicheren Aufgabestellungen. Ausgehend von diesen Problemen und der kontroversen Debatte um die KI entwickelten sich zwei Forschungsstränge. Die eine Richtung erforschte sogenannte „performance programs" (ebenda). Dazu zählen z.B. Expertensysteme wie Aktienmarktberechnungen oder medizinische Diagnosen, in denen umfangreiche Datenbanken in hochspezialisierten, aber gut eingrenzbaren Gebieten nach spezifischen Regeln bearbeitet und schließlich Ergebnisse auf spezifische Anfragen geliefert werden.[6] Die zweite Richtung fokussierte die Entwicklung von „habile systems" (ebenda: 12). Diese Projekte sind von der Erkenntnis geleitet, dass intelligentes Verhalten scheinbar mehr als nur logische Rechenprozesse beinhaltet, die allein *im* Gehirn stattfinden, sondern auch auf Erfahrung (Lernfähigkeit), Alltagswissen, einer eigenständigen Handlungsfähigkeit in einer Umwelt, kontextabhängigem Wissen und Ähnlichem beruht. Gemeinsam mit diesen Entwicklungen der KI ist ein Prozess

---

[6]Nilsson (1995) hält fest, dass diese Systeme umfangreiche Rechenprogramme, aber keine Abbildung einer wie auch immer gearteten künstlichen Intelligenz sind (vgl. ebenda: 10). In dieser Kritik zeigt sich noch einmal die unglückliche Wortwahl des Begriffs der KI. Wird KI als regelbasierte Symbolmanipulation definiert, kann ein Rechner durchaus künstlich intelligent sein. Allerdings weckt der Begriff der Intelligenz immer wieder Erwartungen, die außerhalb der Definition liegen und vom Rechner nicht erfüllt werden. Dies bezieht sich auch auf andere Begriffe wie Emotion, Interaktion, Lernfähigkeit, die im Zusammenhang mit künstlicher Intelligenz häufig genannt werden.

zu beobachten, in dem der Austausch zwischen Nutzer und Computer zunehmend als „Dialog" zwischen Mensch und Maschine verstanden wird.[7] Diese Entwicklung wurde durch das zunehmende Vordringen des Computers in den Alltag und die Arbeitswelt verstärkt. Während die ersten Computer nur von Spezialisten genutzt wurden, die an einem schwarzen Bildschirm kryptische Computerbefehle eintippten, ist heutzutage das sogenannte „WIMP-Interface" (Windows, Icons, Mouse, Pointer) (G. Ball & Breese 2000: 189) Standard.

Aktuelle Projekte arbeiten daran, den Umgang mit dem Computer noch natürlicher und intuitiver zu gestalten (einen Überblick über diese Entwicklungen gibt z.B. Dourish 2001, vgl. auch Suchman et al. 1999). Projekte des „ubiquous computing" arbeiten z.B. daran, Rechnerkapazität mobiler zu gestalten und in Alltagsgegenständen zu integrieren, wie z.B. das Anti-Blockier-System (ABS) im Auto, das die Bremskraft automatisch verstärkt. Eine andere Richtung versucht, Rechnerkapazität zu personalisieren und personifizierte Benutzerschnittstellen zu gestalten, die als digitaler Ansprechpartner dem Nutzer entgegentreten. Hierzu zählen sowohl Projekte der Robotik als auch Projekte, die sich unter dem Begriff der „Embodied Conversational Agents" (ECA) (Cassell, Bickmore, Campbell, Vilhjálmsson & Yan 2000a) zusammenfassen lassen.

ECAs, wie z.B. der virtuelle Agent Max, sind 'interaktive' und 'intelligente' Softwareprogramme, die als „livelike characters" (Lester 2001: 13) visuell präsentiert werden (eine Übersicht über verschiedene Projekte findet sich in AI Magazine 2001, Cassell et al. 2000b und der Zeitschrift Künstliche Intelligenz 2003). Die Entwicklung der ECAs orientiert sich an zwischenmenschlichen Face-to-Face-Konversationen (daher auch *conversational agents*):

> „Embodied conversational agents are specifically *conversational* in their behaviors, and specifically humanlike in the way they use their bodies in conversation. That is, embodied conversational agents may be defined as those that have the

---

[7]Diese Vorstellung findet sich auch im Begriff des *Dialogsystems* wieder, das als eine Art Übersetzungsprogramm zwischen Mensch und System vermittelt. Die Ein- und Ausgabemöglichkeiten der Systeme reichen dabei von einfachen Befehlszeilen, der Auswahl verschiedener vorgegebener Optionen bis hin zur freien Text- oder Spracheingabe. Alltägliche Anwendungen von (aufgabenorientierten) Dialogsystemen sind z.B. die telefonischen Kartenreservierungen oder Onlineformulare von Fahrkartenauskünften, die man Schritt für Schritt ausführt.

same properties as humans in face-to-face conversation." (Cassell et al. 2000a: 29)[8]

Der Begriff *embodied* wird in Abgrenzung zu herkömmlichen Dialogsystemen verwendet. Während Dialogsysteme bisher v.a. durch sprachliche Ein- und Ausgaben 'kommunizieren' konnten, werden ECAs durch einen virtuellen Körper visualisiert, über den auch Gestik und Mimik als kommunikatives Ausdrucksmittel der Agenten modelliert werden können. Damit zollt der Ansatz der Erkenntnis Tribut, dass nonverbales Verhalten eine wichtige Rolle in der zwischenmenschlichen Face-to-Face-Kommunikation spielt (vgl. Cassell 2000).[9] Durch die verbalen und nonverbalen Ausdrucksmöglichkeiten soll die Kommunikation mit virtuellen Agenten und Computersystemen für den Menschen vereinfacht werden, da das System sich menschenähnlich ausdrücken kann und der Mensch sich nicht mehr an die 'Sprache' des Computers anpassen muss. Gleichzeitig geht damit auch eine Personifizierung der Benutzerschnittstelle einher, da durch den verkörperten Agenten ein Ansprechpartner visualisiert wird. Einsatzfeld und Funktion der ECAs sind dabei noch relativ offen.[10]

---

[8] Unter diesen Fähigkeiten fassen die Autoren: „the ability to recognize and respond to verbal and nonverbal input, the ability to generate verbal and nonverbal output, the ability to deal with conversational functions such as turn taking, feedback, and repair mechanisms, the ability to give signals that indicate the state of the conversation, as well as to contribute new propositions to the discourse" (Cassell et al. 2000a: 29). Diese Ausführungen basieren auf einem technischen Verständnis menschlicher Kommunikationsfähigkeit, die auch im Sender-Empfänger-Modell beinhaltet ist. Dies zeigt sich z.B. an den Begriffen „input" und „output".

[9] Cassell berichtet, dass Nickerson schon 1976 die Idee entwickelte, Aspekte menschlicher Face-to-Face-Kommunikation wie „mixed initiative, nonverbal communication, sense of presence, rules for transfer of control"(Cassell 2000: 2) in Dialogsystemen zu verwirklichen. Doch wurden diese Ziele, laut Cassell, erst jetzt erreicht. Rist (2003) merkt zudem an, dass bisher vor allem die Darstellung von nonverbalem Verhalten fokussiert wurde, während die Erkennung nonverbaler Handlungen auf Seiten der menschlichen Nutzer noch kaum bearbeitet wurde.

[10] Dies zeigt sich z.B. im folgenden Zitat: „One of the motivations for embodied conversational agents – as for dialogue systems before them – comes from increasing computational capacity in many objects and environments outside the desktop computer – smart rooms and intelligent toys – into environments as diverse as a military battlefield or a children's museum, and for users as different from one another as we can imagine. It is in part for this reason that we continue to pursue the dream of computers without keyboards, which can accept natural untrained input and respond in kind. In situations such as these, we will need natural conversation, multiple modalities, and well-developed characters to interact with." (Cassell et al. 2000a: 23)

Die oben dargestellten Entwicklungen und Diskussionen verweisen immer wieder auf ein paradoxes und umstrittenes Verhältnis von Menschen und Computerprogrammen. Einerseits scheinen Computerprogramme zunehmend vermenschlicht zu werden, da sie dem Nutzer als 'intelligente', 'kommunikative', 'emotionale' und 'lernfähige' Ansprechpartner gegenübertreten sollen. Andererseits beruht dies auf der Vorstellung, dass menschliches Verhalten programmierbar sei. Das Soziale wird gewissermaßen verdinglicht und ermöglicht damit die Vorstellung einer technischen Sozialität. Wie diese Vorstellungen technischer Sozialität jeweils umgesetzt werden und wie Agenten als 'Interaktionspartner' konzeptualisiert werden, ist abhängig von den jeweiligen informationstechnologischen Forschungszusammenhängen, in denen die Agenten entwickelt werden.

4.3 Der Embodied Conversational Agent Max

Forschungsgegenstand der vorliegenden Arbeit ist der Austausch mit dem Embodied Conversational Agent Max. Max wurde von Dr. Stefan Kopp in der Arbeitsgruppe „Wissensbasierte Systeme" unter Leitung von Univ.-Prof. Ipke Wachsmuth an der Technischen Fakultät der Universität Bielefeld entwickelt (vgl. Kopp 2002). Das Akronym MAX stand zunächst für „Multimodal Assembly eXpert" (Kopp et al. 2003: 11), da er als Ansprechpartner in einer virtuellen Welt modelliert wurde, in der er zusammen mit dem Nutzer virtuelle Baufixteile verschrauben konnte (und immer noch kann). Mit der Zeit wurde diese Version in verschiedenen Projekten ausgebaut, und das System wurde auch in anderen Szenarien eingesetzt, so gibt es z.B. den „Flur-Max", der auf einem Bildschirm vor dem Entwicklungslabor vorbeigehenden Personen zuwinkt, eine andere Version ist in einer virtuellen Welt anzutreffen, die der Nutzer mit einer 3D-Brille und speziellen Handschuhen besuchen kann (einen Überblick bietet die Internetseite http://www.techfak.uni-bielefeld.de/~skopp/max.html). Die Bezeichnung Max hat sich dabei verselbständigt und ist nicht mehr durch sein Akronym deutbar, da einige Versionen mit dem Ausgangsprojekt thematisch nicht mehr zusammenhängen. Die Bezeichnung Max bezieht sich nun vielmehr auf den „gemeinsamen Kern" (Dr. Stefan Kopp in einem Interview), der sich auf Aussehen, Bewegung, Stimme und zentrale Systemkomponenten des Agenten bezieht.[11]

---

[11] Der Agent Max hat somit eine sehr eigene Form von Identität. Ihm wird ein Name zugeschrieben, der seine Einmaligkeit signalisiert, gleichzeitig aber gibt es meh-

Mit der Entwicklung des virtuellen Agenten Max bezweckt die Forschergruppe einerseits die Entwicklung eines humanoiden Agenten mit menschenähnlichen Kommunikationsfähigkeiten, der den Umgang mit computerbasierter Technologie vereinfachen soll und als Assistent des Nutzers in virtuellen Welten auftreten kann. Gleichzeitig soll mit der Entwicklung der Agenten auch Grundlagenforschung betrieben werden, insofern Theorien und Modelle menschlichen Verhaltens in technischen Artefakten modelliert werden und in ihrer Stringenz überprüft werden können.

ECAs sind Prototypen: „they have rarely made the step out of the laboratories into real-world settings" (Kopp, Gesellensetter, Krämer & Wachsmuth 2005: 329). Der virtuelle Agent Max ist einer der wenigen Agenten, der diesen 'Schritt' geschafft hat. Er ist seit Januar 2004 im Heinz Nixdorf MuseumsForum (HNF) in Paderborn anzutreffen. Die vorliegende Arbeit analysiert eine Version von Max, die als Duplikat der Museumsversion während der Veranstaltung „Campus:City!" im Februar 2004 einem interessierten Publikum vorgeführt wurde (das Event und die Erhebung wurden im Abschnitt 3.2 vorgestellt). Es handelt sich damit um eines der wenigen Agentensysteme, die für ein unbedarftes Publikum im Alltag anzutreffen sind. In dieser Version wurde Max als virtueller Ansprechpartner mit „Präsentationsfähigkeiten" (Gesellensetter 2004: 3) konzipiert, der den Nutzer informieren, aber auch unterhalten soll (Näheres zum System s. Gesellensetter 2004, Kopp et al. 2003 und 2005). Der 'Campus-Max' (im Folgenden nur noch Max) kann über verschiedene Gegenstandsbereiche informieren. Er kann z.B. Informationen über das Thema künstliche Intelligenz präsentieren oder zu sich selbst, seinem Entstehungskontext, aber auch zum Event „Campus:City!", Auskunft geben. Darüber hinaus wurde dem Agenten auch die Fähigkeit zum 'small talk' implementiert, so kann er über das Wetter sprechen, interessiert sich für sein Gegenüber (Name, Alter, Herkunft, Hobbies und Interessen) und kann auch Witze erzählen. Des Weiteren beherrscht er ein Ratespiel, in dem der Nutzer sich ein Tier ausdenkt und der Agent

---

rere Versionen von Max, die an verschiedenen Orten gleichzeitig aktiviert sein können und/oder weiterentwickelt werden können. Durch den Namen wird dem Agenten eine Einzigartigkeit verliehen, die aber im Gegensatz zum Menschen nicht auf ein unersetzliches Gegenüber schließen lässt, sondern auf viele, teilweise differierende Programme. Damit ähnelt er Serienprodukten wie Barbie oder Lara Croft, die auch durch Namensgebung individualisiert und anthropomorphisiert werden.

4.3 Der Embodied Conversational Agent Max

versucht, dieses über Fragen zu erraten.[12]

Der Austausch zwischen Max und Nutzer wird über unterschiedliche Modalitäten geführt. Der Nutzer tippt seinen Text auf der Tastatur. Er kann den Text im weißen Textfeld am unteren Rand des Bildschirms lesen und ggf. korrigieren (vgl. Abb. 4.2, S. 94). Drückt der Nutzer die Enter-Taste, wird der Text an das Dialogsystem geschickt und erscheint im oberen, grau unterlegten Textfeld. Die Äußerungen des Agenten werden hingegen über Lautsprecher auditiv vermittelt, dabei bewegt Max seine Lippen, verändert seine Mimik oder führt Gesten aus. Die Teilnahmemöglichkeiten, den hybriden Austausch zu gestalten, sind somit asymmetrisch: Der Agent nimmt den Nutzer im Wesentlichen über die Textnachrichten wahr, der Nutzer kann den Agenten hingegen sehen und hören.

Virtuelle Agenten sind technische Artefakte. Sollen sie als kommunikative und autonome Handlungsträger auftreten, muss dies zunächst programmiert werden. Wie der Agent aussieht, ob er sich in einer virtuellen Welt befindet und wie diese gestaltet ist, wie er die Umwelt wahrnimmt und wie er mit einem Nutzer in Kontakt treten oder auf die Umwelt einwirken kann, sind alles Aspekte, die in die Programmstruktur des Agenten eingeschrieben werden müssen. Dabei spielen bei der Entwicklung einerseits die Materialität (Hardware) und auch die Virtualität (Software), durch die der Agent Gestalt gewinnt, eine Rolle, z.B. welche Programmiersprache verwendet wird und mittels welcher Techniken der Agent seine Umgebung wahrnehmen kann (z.B. Kamera, Mikrophon). Andererseits nehmen die konzeptionellen Modelle auf die Gestaltung des Agenten Einfluss, auf denen die Entwicklung der Handlungsfähigkeit des Agenten basiert. Der konzeptionelle Rahmen und die Programmstruktur, die Max' Kommunikationsfähigkeit gestalten, sollen im Folgenden kurz dargestellt werden. Anschließend werden das Bildschirmbild und ein Präsentationstext des Agenten auf die Frage hin untersucht, als was für ein 'Interaktionspartner' der Agent audiovisuell dargestellt wird.

---

[12]Die Version, die auf dem Event „Campus:City!" präsentiert wurde, unterscheidet sich von der Museumsversion lediglich darin, dass ihr teilweise andere Präsentationsthemen implementiert wurden. Während der 'Museums-Max' z.B. über Ausstellungsstücke informieren kann, berichtet der untersuchte Max über das Event „Campus:City!".

Max als Dialogpartner – Erläuterung der Programmstruktur

Das Dialogmodell der meisten ECAs basiert auf einem klassischen Sender-Empfänger-Modell häufig kombiniert mit einer informationstechnischen Ausarbeitung der Sprechakttheorie von Searle und Austin.[13] Für die Gestaltung der ECAs entwickelten Cassell et al. (2000) ein „FMTB conversational framework" (ebenda: 40). FMTB steht für: *Function, Modalities, Timing, Behaviors* und wird von den Autoren wie folgt zusammengefasst: „multiple (interactional and propositional) communicative goals are conveyed by conversational functions that are expressed by conversational behaviors in one or several modalities" (ebenda). Wie der konzeptuelle Rahmen des FMTB-Modells digital verwirklicht wird, hängt von der visuellen und digitalen Ausstattung der jeweiligen Agenten sowie von dem Forschungskontext ab, in dem sie entstehen, also den Zielen und Arbeitsbereichen der Entwickler, dem geplanten Einsatzszenario und den zugrundeliegenden Kommunikationsmodellen (verschiedene ECAs werden vorgestellt in AI Magazine 2001, Cassell et al. 2000b und der Zeitschrift Künstliche Intelligenz 2003).

Grob zusammengefasst basiert das Dialogsystem von Max auf der Vorstellung eines Dialogs zwischen zwei Kommunikationspartnern: Max und ein Nutzer, die abwechselnd Gesprächsbeiträge produzieren (vgl. Gesellensetter 2004: 6). Dabei können beide Gesprächspartner von sich aus Gesprächsbeiträge, z.B. ein neues Thema, einbringen (dies wird auch unter dem Stichwort „mixed initiative" (Gesellensetter 2004: 53) gefasst). Die Basiseinheit eines Dialogs ist der „dialogue act" (Kopp et al. 2005: 334), der als „goal-directed action perfomed in context" (ebenda) verstanden wird. Dabei wird dem einzelnen Gesprächsbeitrag (*behavior*) jeweils eine kommunikative Funktion (*function*) zugewiesen. Dabei kann verschiedenen Verhaltensweisen die gleiche Funktion zugeschrieben werden, oder sich die Funktion kontextabhängig ändern. Jedoch bleibt die grundlegende Annahme, dass ein gezeigtes Verhalten an *eine* bestimmte Funktion gebunden ist (vgl. Gesellensetter 2004 und Kopp et al. 2005).

Für die Ausgestaltung eines multimodalen Dialogs werden verschiedene Modalitäten (*modality*) unterschieden. Dies basiert auf der Annah-

---

[13] Die Sprechakttheorie wird dazu stark vereinfacht. So basiert das Dialogsystem von Max auf zwei „dialogue acts" (Kopp et al. 2005: 334): Informationen erfragen und Informationen geben.

4.3 Der Embodied Conversational Agent Max

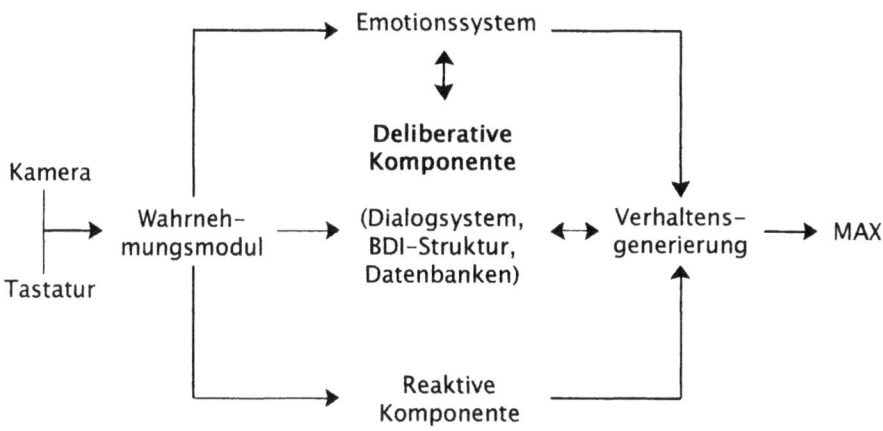

Abbildung 4.1: Die Systemarchitektur von Max.

me, dass Kommunikation über verschiedene Informations'kanäle' vermittelt wird. Dazu gehören z.B. Intonation, paralinguistische Elemente (wie Lautstärke, Geschwindigkeit, Stimmhöhenumfang), Proxemik (räumliche Ausrichtung und Abstand der Gesprächspartner), Körperhaltung, Gestik, Mimik und Blickbewegungen (vgl. Pelachaud & Poggi 1998: 157f). Die verschiedenen Modalitäten sind dabei nicht getrennt zu betrachten, sondern in ihrem Zusammenspiel (vgl. Cassell et al. 2000b: 33). ECAs werden daher auch teilweise als *multimodale Agenten* bezeichnet, da neben der Sprache auch andere Modalitäten implementiert wurden. Wesentlich für die Entwicklung der ECAs ist zudem ihre sogenannte „Echtzeitfähigkeit" (vgl. das Stichwort *timing* im FMTB-Modell), durch die der Eindruck entstehen soll, dass der Agent seine Umwelt pausenlos wahrnimmt. Die Agenten sollen z.B. möglichst zeitnah auf den Beitrag des Nutzers reagieren, und zudem soll der Eindruck eines lebendigen Gegenübers geschaffen werden, indem sich der Agent z.B. auch bewegt, wenn er nicht spricht.

Der für den Nutzer hörbare und sichtbare Agent setzt sich aus verschiedenen Komponenten zusammen, die sein Verhalten steuern. Die Systemkomponenten und Datenbanken sowie der Datenfluss werden in der Systemarchitektur des Agenten festgelegt (s. Abb. 4.1, vgl. auch Gesellensetter 2004: 92-122 und Kopp et al. 2005). Der Agent nimmt die Umwelt vor dem Bildschirm über Kamera und Tastatur wahr. Die Daten, die von Kamera und Tastatur an das System weitergegeben werden, werden in einem Wahrnehmungsmodul gefiltert und an die deliberative und reaktive Komponente sowie das Emotionssystem weitergegeben. Wird z.B. eine Taste der Tastatur gedrückt, leitet das Wahrnehmungsmodul die Nachricht „first-key-pressed" an die deliberative Komponente weiter. Der geschriebene Text wird jedoch erst weitergegeben, wenn die Enter-Taste gedrückt wurde, d.h. der Agent ist nicht an der Textproduktion des Nutzers beteiligt, sondern erhält als abgeschlossen deklarierte Textnachrichten.[14] Die visuellen Daten der Kamera werden nach beigefarbenen (hautfarbenen) Flächen ausgewertet, die sich vom Hintergrund abheben.[15] Den erkannten Farbflächen werden 'Identitäten' (z.B. Person 1, Person 2 etc.) und Standorte zugewiesen.[16] Die eingehenden Bilddaten werden zudem auf ihre Veränderungen zu einem vorher gespeicherten Referenzbild untersucht. Der Agent erkennt somit, ob eine Person in das Kamerabild getreten ist oder sich bewegt hat. Er erkennt nicht, wie diese Person aussieht. Abhängig von diesen Daten richtet Max dann z.B. seine Augen aus oder winkt, wenn eine Person in das Kamerabild getreten ist. Dabei wird der Person, die in räumlicher Nähe zur Tastatur steht, die Rolle des Nutzers zugewiesen. Im Wesentlichen nimmt der Agent den Nutzer somit über die Textnachrichten wahr.

Die Echtzeitfähigkeit des Agenten wird über zwei parallellaufende Verarbeitungsprozesse realisiert. Die reaktive Komponente sorgt dafür, dass Max auf „Wahrgenommenes verzögerungsfrei reagieren kann" (Gesellensetter 2004: 46). Als Beispiel ist die Aufrechterhaltung des Augenkontakts zu nennen. Bewegt sich der Nutzer, sollten die Augen des Agenten der Person folgen. Die deliberative Komponente ermöglicht die Generierung von Anschlussreaktionen auf Textnachrichten des Nutzers. Hier sind die Umweltvorstellungen, Aktionspläne, (Wissens-)Datenbanken und

---

[14]Wurde z.B. ein Text eingegeben, aber die Enter-Taste nicht gedrückt, wird nach einiger Zeit die Nachricht „key-stroke-timeout" verschickt, woraufhin das Dialogsystem (ein Teil der deliberativen Komponente) Max dazu veranlasst, den Nutzer darauf hinzuweisen, dass die Enter-Taste nicht gedrückt wurde.

[15]Der Agent erkennt somit keine dunkelhäutigen Personen. Auch nahe zusammenliegende Farbflächen werden teilweise als eine statt als zwei Personen erkannt.

[16]Der Agent nimmt seine Umwelt in Abhängigkeit von einem implementierten Koordinatensystem wahr, in dem die Standorte der Personen festgelegt werden.

4.3 Der Embodied Conversational Agent Max

Kommunikationsfähigkeiten (Dialogsystem) des Agenten implementiert.[17] Im Zusammenspiel dieser Module werden die Textnachrichten ausgewertet und eine Anschlusshandlung ausgewählt, Umweltvorstellungen aktualisiert, Ziele und Pläne des Agenten und vieles mehr ausgewählt. Dabei nimmt auch das Emotionssystem Einfluss, das abhängig vom Dialog mit dem Nutzer das 'emotionale Befinden' des Agenten festlegt und sich abhängig davon auf das Verhalten des Agenten auswirkt. Wird der Agent z.B. dazu aufgefordert, ein Ratespiel zu spielen, wird dies vom Emotionssystem als positiv bewertet und wirkt sich entsprechend auf den emotionalen Zustand des Agenten aus, der daraufhin einen freundlichen Gesichtsausdruck bekommt. Beleidigungen sind hingegen negativ konnotiert. Der emotionale Zustand wirkt sich auch auf das Verhalten des Agenten aus, indem sich z.B. Tonfall und Mimik des Agenten verändern.[18] Die Reaktionsinformationen werden schließlich an die Verhaltensgenerierung weitergegeben, die den sichtbaren Agenten in Bewegung setzt und sein audiovisuelles Verhalten gestaltet.

In der deliberativen Komponente des Agenten sind die Umweltvorstellungen und Kommunikationspläne, mit denen das System in einen Austausch mit dem Nutzer tritt sowie seine Ziele und Wünsche implementiert. Bei der Ausgestaltung dieser Module haben die Entwickler bestimmte Situationen antizipiert, die der Agent meistern soll, und Programmstrukturen dafür entwickelt, wie der Agent bestimmte Ereignisse deuten und sich darauf verhalten soll. Dabei werden die Textnachrichten des Nutzers auf Schlüsselworte und -zeichen (z.B. ein Fragezeichen) hin untersucht, denen *genau eine* bestimmte kommunikative Funktion zugewiesen wird. Abhängig von der kommunikativen Funktion wird dann aus einem Set vorgeschriebener Anschlussreaktionen eine ausgewählt.

Dem Agenten ist die von Rao und Georgeff entwickelte BDI-Struktur (*Believe-Desire-Intention*) implementiert, über die Umweltwahrnehmung

---

[17] Das für Max implementierte Dialogsystem orientiert sich stark an dem deliberativen Modul, das Cassell et al. (2000) für ECAs vorgeschlagen haben. Es unterscheidet sich jedoch darin, dass das räumliche Gedächtnis und die Aktionsplanung in andere Systeme verlagert wurden und chatterbotähnliche Programmstrukturen eingefügt wurden, die die „Robustheit" (Gesellensetter 2004: 48) des Systems im Umgang mit Museumsbesuchern garantieren sollen (vgl. Gesellensetter 2004).

[18] Es gibt insgesamt zehn verschiedene emotionale Zustände: aufmerksam, ausgeglichen, ängstlich, deprimiert, erfreut, gelangweilt, missgelaunt, traurig, überrascht und wütend. Diese Zustände können zudem gesteigert werden, z.B. in sehr wütend, sehr erfreut etc. (vgl. Becker, Kopp & Wachsmuth 2007).

und Kommunikationsverhalten gesteuert werden (Gesellensetter 2004: 57). *Believes* sind vorprogrammierte Informationen über die Umwelt und darüber, was ein Dialog ist, dabei gibt es bestimmte freie Variablen, die sich je nach Kommunikationssituation verändern. So glaubt das System immer mit *einem* Gegenüber zu sprechen. Diesem Gegenüber können verschiedene Eigenschaften zugeordnet werden, z.B. Name, Alter, Herkunft, Geschlecht. Im Dialog können diese Variablen mit bestimmten Werten belegt werden, die der Nutzer angibt, z.B. Name=Tanja, Alter=26. *Desires* gestalten die 'Wünsche' des Agenten und geben ihm eine gewisse Persönlichkeitsstruktur. Max' 'Wunsch' ist es, z.B. Informationen zu präsentieren und den Namen des Nutzers zu erfahren. *Intentions* sind die aktuellen Ziele, die der Agent zu einem bestimmten Moment im Dialog mit einem Nutzer verfolgt, z.B. eine Frage zu beantworten. Sie sind abhängig von den *desires* des Agenten, seiner aktuellen Situationseinschätzung, dem Dialogverlauf sowie seinem emotionalen Zustand.[19]

Dem Agenten wurden zudem bestimmte Dialogphasen einprogrammiert, die einem bestimmten Schema folgen. So fragt der Agent zu Anfang des Dialogs immer nach dem Namen des Nutzers, stellt sich selbst vor und schlägt schließlich ein Thema vor (eine Analyse des Einstiegs in den hybriden Austausch erfolgt in Kapitel 6). Die Präsentationsphasen bestehen jeweils aus Einleitungssätzen, gefolgt von verschiedenen Optionen, die vom Nutzer ausgewählt werden können. Je nachdem welche Option ausgewählt wurde, gibt es dann kurze Präsentationen zum ausgewählten Thema und wieder Sätze, in denen der Agent weitere Themenangebote vorschlägt. Der Nutzer kann sich so durch das Informationsangebot des Agenten 'hangeln'.

---

[19] Diese Ziele können aufgegeben oder für einen oder mehrere Sprecherwechsel überschrieben werden. Ob ein Ziel aufgegeben wird, hängt davon ab, welche Priorität dem dahinterliegenden *desire* zugeschrieben wurde. So kann das System auf den Beitrag des Nutzers eingehen, auch wenn es z.B. nicht die erwartete Antwort auf seine Frage ist, sondern eine Gegenfrage. Hochbewertete Ziele werden danach wieder aufgenommen. Wenn der Nutzer z.B. seinen Namen nicht nennen will, stehen dem Programm verschiedene Äußerungen zu Verfügung, diesen doch herauszubekommen. So kann Max z.B. mit der Äußerung „Jetzt aber weiter mit deinem Namen." wieder auf das Thema zurückkommen, oder er versucht dem Nutzer die Scheu zu nehmen: „Du kannst Dir ja auch einen Namen ausdenken, wenn Du Deinen nicht sagen willst." Hat das System keinen Erfolg, wählt es schließlich den Namen Walter aus. Dies wird dem Nutzer auch (leicht beleidigt) mitgeteilt: „Okay dann werd ich Dich Walter nennen. Das hast Du davon."

4.3 Der Embodied Conversational Agent Max

Das folgende Beispiel zeigt eine Eröffnung des hybriden Austauschs. Das Beispiel exemplifiziert, wie das Programm Sätze interpretiert und ihnen aufgrund der erkannten Schlüsselwörter (gegebenenfalls auch Schlüsselzeichen) jeweils *eine* bestimmte kommunikative Funktion zuweist. Aufgrund dieser Funktion wird aus einer vorprogrammierten Auswahl von Äußerungen eine Anschlussreaktion ausgewählt. Innerhalb dieser Antwortschemata gibt es eine gewisse Flexibilität, insofern bestimmten Parametern dialogspezifische Werte, z.B. der Name oder das Alter des Nutzers, zugeordnet werden können.[20]

Bei dem Dialog handelt es sich um eine Rekonstruktion des Logfiles,[21] in dem nur die Textnachrichten der Nutzer (N) und die Äußerungen des Agenten (A) wiedergegeben sind. Die sprachliche Realisation der Äußerungen, nonverbale Ausführungen und Ähnliches werden nicht wiedergegeben, da sie für die oben dargestellten Prozesse des Agentensystems nicht relevant sind. Die vereinfachte Darstellung versucht die Situationswahrnehmung des Agenten nachzustellen. Dabei handelt es sich nur um eine Annäherung, da viele Prozesse, z.B. wann der Agent eine Person wahrgenommen hat, wie das Emotionssystem auf das Verhalten Einfluss nimmt, wie das System den Agenten dazu veranlasst, seinen Arm zu bewegen, den soziologischen Rahmen dieser Arbeit überschreiten würden.[22]

Transkript 4.1: Dialog aus der Perspektive des Agenten

```
1   A    Morgen
2   N    Hallo
3   A    Hi, ich bin Max. Lass uns plaudern.
4        Über die Tastatur kannst du mit mir sprechen.
5        Wie heißt du?
6   N    Linda
7   A    Hallo Linda. Schön, dass du mal vorbeischaust.
```

Registriert das System, dass es sich in keinem Dialog befindet, besteht das aktuelle Ziel (*intention*) des Agenten darin, einen Dialogpartner zu finden. Identifiziert die Auswertung des Kamerabilds eine Person, so wählt das System aus einer Anzahl vorgegebener Reaktionen eine aus.

---

[20] Das System zeigt sein Wissen über den Nutzer auch immer wieder im Dialog an, indem Max z.B. den Namen des Nutzers wiederholt. Wird der Dialog beendet, werden die Werte wieder gelöscht.
[21] Ein Logfile sind die Dialogaktivitäten, die vom System aufgezeichnet werden.
[22] Die Dialogaktivitäten der Logfiles werden nach der deutschen Rechtschreibung wiedergegeben und nicht nach den Transkriptionskonventionen.

Im obigen Beispiel äußert das System ein „Morgen" (Z. 1). Wenig später registriert das System Tastenanschläge (die im vereinfachten Transkript nicht festgehalten sind) und ihm wird der Text „Hallo" zugesandt (Z. 2). Textnachrichten wie „hi", „small hallo", „servus" und Ähnlichem ordnet das System die kommunikative Funktion 'Gruß' zu. Dieser Funktion sind bestimmte vorprogrammierte Gegengrüße zugeordnet, von denen einer ausgewählt wird. Nebenbei prüft das System, ob der Nutzer schon seinen Namen kennt. Wurde er z.B. vom Nutzer namentlich begrüßt (z.B. „Hallo Max"), grüßt Max zurück ohne sich vorzustellen, ansonsten grüßt Max, wie im obigen Beispiel, zurück und nennt seinen Namen (Z. 3). Stellt das System zudem fest, dass es sich am Anfang eines Dialogs befindet, werden noch ein paar einführende Worte geäußert (Z. 3-4).[23]

Das System überprüft nun, ob es den Namen des Nutzers kennt. Hat das System keinen Namen gespeichert, setzt es sich das Ziel, den Namen herauszufinden und äußert z.B. den Satz „Wie heißt du?" (Z. 5). Im obigen Beispiel gibt der Nutzer den Namen Linda ein (Z. 6). Das System speichert den Namen (als Wert für die Variable Nutzer=Linda) und veranlasst den Agenten dazu, den Nutzer zu grüßen und zu identifizieren (Z. 7). Dabei zeigt die Namensnennung an, dass das System den Namen gespeichert hat. Das Ziel, den Namen des Nutzers zu erfahren, wurde somit erreicht und es wird nun ein neues Ziel gesetzt, z.B. ein Gesprächsthema zu finden.

Das Dialogsystem zeichnet sich durch einige Besonderheiten aus. Das System produziert auf jeden eingehenden Text eine Äußerung und behandelt sie als sinnvoll. Dazu wurden eine Reihe von Äußerungen programmiert, die das Programm immer dann von sich gibt, wenn es in der Nachricht des Nutzers keine Schlüsselworte findet, die es inhaltlich deuten kann. So gibt es z.B. bestimmte Äußerungen, die generiert werden, wenn das System nur erkennt, dass es sich um eine Frage handelt, aber nicht weiß, was gefragt wird. Genauso gibt es Sätze, die geäußert werden, wenn das System kein Schlüsselwort findet, aber merkt, dass es keine Frage ist. Diese Äußerungen werden von den Informatikern umgangssprachlich als „Allsätze" bezeichnet. Die Sätze sollen sich – so die Hoffnung

---

[23]Einen Dialog registriert das System als beendet, wenn sich der Nutzer verabschiedet hat. Nicht alle Nutzer verabschieden sich, so dass der nächste Nutzer einen neuen Dialog mit Max beginnt, während das System davon ausgeht, mit dem vorherigen Nutzer zu sprechen.

in die jeweilige Situation sinnvoll einpassen und somit ein Verstehen des Agenten vorgeben. Diese Allsätze verweisen auf die begrenzten Kommunikationsfähigkeiten des Agenten, da er Verstehen vorgibt, statt z.B. durch Techniken der Verstehenssicherung sein 'Nicht-Verstehen' anzuzeigen. Sie können als Lösungsversuch der Informatiker bezeichnet werden, das Gesicht (im Sinne von „face" (Goffman 1982d: 5))[24] des Agenten zu wahren, insofern die Allsätze die Illusion eines verstehenden Ansprechpartners aufrechterhalten sollen. (Diese Techniken sind z.B. auch in Kommunikationen mit Nicht-Muttersprachlern zu finden (s. Günthner 1993: 87-124).) (Inwiefern diese Lösung im Austausch mit dem Agenten problematisch werden kann zeigen Abschnitt 7.2 und Kapitel 8.)

Eine weitere Besonderheit besteht darin, dass sich das System bei der Interpretation der Textnachrichten immer auf den letzten Beitrag des Nutzers bezieht, dabei zeigt das System häufig keine 'Erinnerung' an die gemeinsame Dialoggeschichte. So kann sich das System zwar an den Namen des Nutzers erinnern, nicht aber an die Textnachricht, die er vor der aktuellen Textnachricht geschrieben hat. Zudem geht das System davon aus, mit *einer* Person zu sprechen. Da es nach jedem Beitrag des Nutzers einen eigenen Beitrag produziert, stellt sich für das System der Dialog als eine Abfolge von Redebeiträgen in der Form Nutzer-Max-Nutzer-Max dar. Dabei handelt das System die Texte des Nutzers nacheinander ab. Dies gilt auch dann, wenn der Nutzer etwas abschickt, während Max spricht. Dieser Beitrag wird erst beantwortet, nachdem Max seinen Beitrag beendet hat.

Was und wo ist Max? – Eine Analyse des Bildschirmbilds

Max tritt dem Nutzer als lebensgroßer, männlicher, menschenähnlicher Ansprechpartner gegenüber (s. Abb. 4.2).[25] Er ist ungefähr 1,80 m groß,

---

[24] Goffman (1982d) bezeichnet mit dem 'face'-Begriff „an image of self delineated in terms of approved social attributes" (ebenda: 5). Das 'face' einer Person wird durch ihr Verhalten geformt, ihr zugleich von anderen zugeschrieben, dabei können auch unterschiedliche Interpretationen aufeinandertreffen (vgl. Goffman 1982d).

[25] Max' Männlichkeit wird durch seine Körperform und seinen Namen verdeutlicht. Auch die Nutzer zeigen eine Orientierung an einem männlichen Gegenüber, z.B. durch die Verwendung männlicher Personalpronomen (ihm, er). Einige Nutzer fragen ihn auch nach seiner Freundin. Damit markieren sie ihn als männlich und heterosexuell.

wird aber auf dem Bildschirm erhöht dargestellt und wirkt daher etwas größer, da die Nutzer zu ihm aufsehen müssen. Der Agent ist von den Oberschenkeln aufwärts sichtbar und steht dem Nutzer zugewandt in der Mitte des Bildschirms vor einem Hintergrundbild, das die Universität Bielefeld zeigt. Am unteren Rand des Bilds sind zwei Textfelder, die über den Hintergrund und auch die Beine von Max gelegt sind.

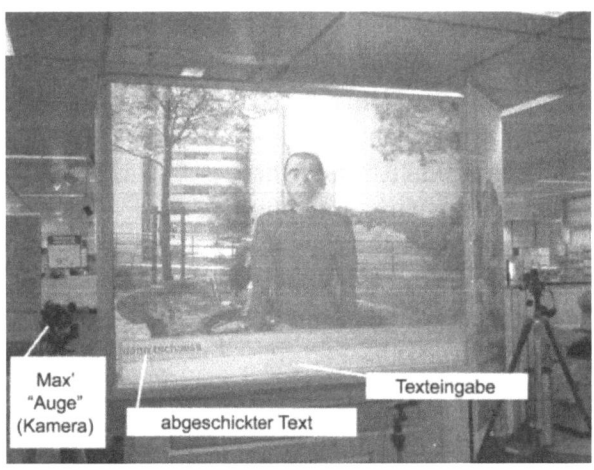

Abbildung 4.2: Das Bildschirmbild von Max aus der Sicht des Nutzers. (Foto: Ipke Wachsmuth)

Der Bildaufbau kann angelehnt an Filmanalysen als amerikanische Einstellung (vgl. Hickethier 1993: 59) bezeichnet werden. Diese Einstellung hat sich aus dem Westernfilm entwickelt „und zeigt die Figuren so, daß man z.B. in einem Show down nicht nur das angespannte Gesicht sehen kann, sondern auch, wie die Hand zum Revolver greift, um den entscheidenden Schuß abzugeben" (ebenda). Die wesentliche Funktion der Einstellung besteht – im Gegensatz zu einer Portraitaufnahme – darin, eine Person und ihren Handlungsraum zu zeigen. Dabei wird auch der Hintergrund sichtbar, durch den die Handlung entsprechend gerahmt wird (vgl. Huth 1985).

Max steht mittig, dem Zuschauer zugewandt und wird damit zur zentralen Figur im Bild. Dies zeigt sich auch daran, dass er die Personen im Hintergrund verdeckt, die somit als unwichtig markiert werden. Der Bildschirmausschnitt fokussiert Max' Gesicht und Oberkörper und damit auch die Ziele der Arbeitsgruppe, die sich auf die Modellierung von Gestik und Mimik konzentrieren. Sein Gesicht ist recht detailliert modelliert, aber eindeutig als künstliches Gesicht erkenntlich und z.B. nicht als eine animierte Fotographie eines Menschen.[26] Den relativ feinen Zügen seines Gesichts steht ein segmentierter Oberkörper mit lila Pullover gegenüber. Seine Bewegungen beschränken sich meist auf Arm- und Kopfbewegungen sowie Veränderungen des Gesichtsausdrucks. Der Bewegungsverlauf der einzelnen Gesten ähnelt sich stark und wirkt häufig mechanisch, z.B. wenn gleiche Bewegungen in kurzen Abständen hintereinander ausgeführt werden (vgl. die typischen Bewegungen von Max in Abb. 3.4, S. 73). Hin und wieder bewegt sich der Agent, als würde er das Standbein wechseln. Nur in seltenen Fällen, in denen der Agent stark beleidigt wird, verlässt er den Bildschirm.

Das Äußere des Agenten deutet ein menschenähnliches Gegenüber an, das dem Nutzer sozusagen auf Augenhöhe entgegentritt. Das Arrangement erinnert an Face-to-Face-Kommunikationen, in denen sich zwei Akteure gegenüberstehen. Gleichzeitig bergen die Darstellung von Max und auch das Bildschirmbild einige Eigenheiten und Ambivalenzen. So hat Max menschenähnliche Züge und ist als Mann erkennbar, doch sein Äußeres weist ihn als künstliche Figur aus. Sein Aussehen ist vergleichbar mit einer menschlichen Comicfigur. Der künstliche Charakter wird auch in seinen teils ruckartigen und repetierenden Bewegungen sowie der synthetischen Stimme deutlich.[27] Der Agent vereint in sich somit Widersprüche: Menschliches und programmiertes Technisches verschmelzen. Max kann somit als „Schwellen-Objekt" (Braun-Thürmann 2002: 133) bezeichnet werden, das „weder Ding noch Mensch" (ebenda) ist.

Der ambige Charakter des Agenten wird auch in der Analyse des Hintergrundbilds deutlich. Huth (1985) hebt die verschiedenen Funktionen von Hintergründen in Fernsehreportagen hervor. Dabei betont er, dass Hintergrundbilder unter anderem dem Gesagten eine bildliche Rahmung geben. Ebenso betten die Elemente aus dem Hintergrundbild von Max den Austausch mit dem Agenten ein. Der Bildschirmhintergrund ist durch ein Foto der Universität Bielefeld gestaltet. Hinter Max ist eine

---

[26]Sein Gesicht besteht aus 21 virtuellen Muskeln, angelehnt an die menschliche Gesichtsmuskulatur. Max kann mit den Augen zwinkern, animiert sprechen und bestimmte Emotionen zeigen, z.B. kann er sich freuen, wütend werden oder gähnen.
[27]Diese ruckartigen Bewegungen kommen zustande, da sie 'on-the-fly' generiert werden und nicht wie bei anderen Agenten nachbearbeitete Videoaufnahmen menschlicher Akteure sind, die abgespielt werden (ähnlich wie in Trickfilmen).

runde Bank auf einem mit Steinen gepflasterten Grund zu sehen, die von zwei Bäumen und einem Geländer eingerahmt wird. Auf der Bank sitzen zwei Frauen im Gespräch, die jedoch meist von Max verdeckt werden. Hinter dem Geländer ist eine grüne Wiese unter blauem Himmel zu sehen. Rechts wird die Wiese von einer grünen Baumallee abgegrenzt und links von mehrstöckigen Gebäudeteilen, welche zur Universität Bielefeld gehören.

Das Hintergrundbild stellt einen Bezug zwischen Max und der Universität her. Max wird sozusagen vor seiner 'Haustür' gezeigt. Der Austausch mit Max bekommt somit einen universitären und wissenschaftlichen Rahmen, der zudem einen Bezug zum Event darstellt.[28] Auch das Thema der Face-to-Face-Kommunikation wird im Hintergrundfoto thematisiert, denn hinter Max sind zwei Frauen im Gespräch abgebildet. Das Gespräch mit Max findet somit vor dem angestrebten Ziel der Arbeitsgruppe statt, mit Agenten ein natürliches Gespräch zu gestalten. Neben der wissenschaftlichen Rahmung wird dem Austausch zudem ein natürlicher Rahmen gegeben, da im Hintergrund grüne Bäume zu sehen sind. Der künstliche Agent wird damit in die grüne Natur versetzt. Dabei setzt sich Max von seiner starren Umwelt durch eine Art virtuellen Lebens und virtueller Eigenständigkeit ab. Auf dem Bildschirm wird somit eine *Zweiweltlichkeit* konstruiert, insofern das künstliche Wesen Max in einer realistischen Fotografie der Universität eingebettet ist. Ähnlich wie z.B. im Spielfilm „Falsches Spiel mit Roger Rabbit" („Who Framed Roger Rabbit" von Robert Zemeckis, 1988), in dem Comicfiguren und 'reale' Menschen gemeinsam leben und handeln, werden auf dem Bildschirm virtueller und realer Raum vereint. Damit einher geht eine gewisse Paradoxie, die darin besteht, dass die eigentliche 'reale' Welt als Abbildung dargestellt wird, wobei die künstliche Nachahmung eines menschlichen Kommunikationspartners lebendig ist. Das Künstliche wird lebendig, während das 'Reale' stillsteht. Diese Lebendigkeit betont auch noch mal die zentrale Stellung des Agenten im Bild, da er das Einzige ist, das sich bewegen kann.

Gleichzeitig können gewisse Brüche vermerkt werden: Max passt nicht wirklich in das Bild hinein, er ist gemessen an den Gegenständen im

---

[28] Anzumerken bleibt, dass ein Betrachter die Universität Bielefeld im Prinzip kennen muss, um sie auf dem Bildhintergrund wiederzuerkennen, da sie nur als Ausschnitt zu sehen ist und keine Logos der Universität abgebildet sind.

Hintergrund zu groß. Zudem gibt der Abstand zwischen Max und der Bank hinter ihm den Anschein, als würde Max vor der Bank stehen, aber schaut man genau, lässt sich erkennen, dass Max 'im Boden' steht. Max scheint dem Hintergrund nachträglich hinzugefügt worden zu sein. Er scheint nicht zum dargestellten Umfeld zu gehören.

Diese Unverbundenheit zeigt sich auch darin, dass Max nur begrenzt über seine direkte Umgebung Auskunft geben kann. Auf Fragen der Nutzer, wer die Personen im Hintergrund sind, oder Andeutungen bezüglich des Universitätsgebäudes, kann Max nicht antworten. Auch stehen Aussagen des Agenten teilweise im Widerspruch zu seiner Umgebung. So wurde Max die Äußerung implementiert, dass er gerne Fußball spiele, er jedoch zu wenig Platz dazu habe. Der angedeutete Platzmangel wurde wahrscheinlich auf den Raum bezogen, den der Bildschirm umfasst, steht jedoch im Widerspruch zu den leeren Wiesen, die im Hintergrundbild zu sehen sind. Gleichzeitig kann der Agent jedoch darüber informieren, dass das Foto am wärmsten Tag des Jahres geschossen wurde. Damit behandelt Max den Hintergrund nicht als seine Umgebung, sondern als ein Foto. Max zeigt damit eine gebrochene Wahrnehmung seiner Umgebung auf und wirkt ihr seltsam unverbunden.

Zusammenfassend wird Max somit als Schwellen-Objekt in einer virtuellen Welt präsentiert. Es gibt somit einen Raum, in dem er 'ist'. Dieser Raum bettet den Austausch mit Max als Dialog mit einem Universitätsangehörigen ein, stellt damit auch einen Bezug zum Event „Campus:City!" her und thematisiert das Ziel der Entwickler, eine Art Face-to-Face-Interaktion mit einem Agenten zu gestalten. Gleichzeitig zeichnet sich die Beziehung von Max zu seiner Umgebung durch gewisse Brüche und Ambiguitäten aus: Max wirkt seiner direkten virtuellen Umgebung nicht zugehörig. Sie ist aus einem anderen Material, ein Foto und keine simulierte Umwelt, die er meist auch nicht als seine Umwelt behandelt. Max befindet sich somit in einem Raum, zu dem er keinen Bezug hat.

„Max – das bin ich." – Der Agent stellt sich vor

Eine ähnlich unentschiedene Darstellung des Agenten, die zwischen menschlichen und technischen Ansprechpartnern changiert, zeigt sich auch in den Präsentationsmonologen, in denen sich der Agent vorstellt. Fragt man Max, wer er ist oder ob er etwas über sich erzählen kann, antwortet er häufig mit einem vorprogrammierten Präsentationstext, der hier vereinfacht wiedergegeben wird. Es handelt sich dabei um die Antwort des Agenten auf die Nachricht eines Nutzers, die Max dazu auffordert, etwas über sich zu erzählen (die Nachricht ist auch noch im oberen Textfeld auf dem Bildschirm zu sehen (s. Abb. 4.3)):

Transkript 4.2: Max stellt sich vor

```
01   M      <<hebt kurz beide Arme leicht an> o|ke: d↑ann geht=s los
02          (---)> (Abb. 4.3)
03          (2.5)
04          <<legt kurz linke Hand auf die Brust> ma::x da:s=bin
05          ich. (1.0)> (Abb. 4.4)
06          (1.5)
07          <<hebt kurz beide Arme leicht an> ich (bin)=ei|ne
08          K↑ÜNSTliche pers↑o:n? (---)> (Abb. 4.5)
09          <<hebt kurz linken Arm an> die sprechen=und=
10          =gestik↑UKLIEREN kann- (--)> (Abb. 4.6)
11          (1.5)
12          <<legt kurz rechte Hand auf die Brust> ich se:lber bin
13          k↓ünstlich? (---)> (Abb. 4.7)
14          (2.0)
15          <<streckt kurz linken Arm nach vorne aus> ka::nn mich=
16          =aber=ge|nauso AUSdrücken wie=du. (-)> (Abb. 4.8)
17          (5.0)
18          wie soll ich w↑ei:ter machen? (---) ich kann was s↑a:gen
19          zu folgenden stich|punk|ten- (---) m↓ei:ner HE:rkunft
20          (-) meine funkt↑IONSweise und ↑A=ge=wissensbasierte
21          syst↓eme.
```

Mit der Äußerung, dass es nun losgehe (Z. 1), rahmt Max metasprachlich das Folgende als ein neues Ereignis, das sich vom bisherigen abhebt. Zudem wird ein längerer Beitrag erwartbar und der Nutzer implizit dazu aufgefordert, sich mit Redebeiträgen zurückzuhalten. Die nun folgende Ausführung wirkt wie ein Plädoyer für die Menschlichkeit des Agenten. Dieses Plädoyer wird von einer relativ lebhaften Gestik begleitet, der Agent hebt wiederholt die Arme an (Z. 1-2 und 7-8, s. Abb. 4.3 und 4.5), legt mehrmals die Hand auf die Brust (Z. 4-5 und 12-13, s. Abb. 4.4 und 4.7) und streckt den Arm zum Nutzer aus (Z. 15-16, s. Abb. 4.8). Die starke Gestik erweckt einerseits den Eindruck, als sei der Agent emotional beteiligt, als engagiere er sich für 'seine Sache' und verleihe 'seinen Gefühlen' Ausdruck, andererseits wirken die Gesten mechanisch. Durch die wiederholte und gleichförmige Ausführung der Gesten wird die Emotionalität und das Engagement des Agenten gebrochen und Max wirkt distanziert und unbeteiligt. Das Verhalten des Agenten erscheint

4.3 Der Embodied Conversational Agent Max

Abbildung 4.3: Max hebt beide Arme leicht an (Z. 1-2).

Abbildung 4.4: Max legt linke Hand auf die Brust (Z. 4-5).

Abbildung 4.5: Max hebt beide Arme leicht an (Z. 7-8).

Abbildung 4.6: Max hebt linken Arm leicht an (Z. 9-10).

Abbildung 4.7: Max legt rechte Hand auf die Brust (Z. 12-13).

Abbildung 4.8: Max streckt linken Arm nach vorne (Z. 15-16).

paradox, insofern sein Verhalten zwischen emotionaler Anteilnahme und mechanischer Distanz changiert und somit Widersprüchliches vereint.

Max stellt sich mit der Äußerung „ma::x da:s=bin ich." (Z. 4-5) vor. Mit der Identifizierung stellt sich der Agent als ein Individuum vor, das in einem reflexiven Verhältnis zu sich steht. Er wird zu einem einzigartigen Subjekt. Gleichzeitig bezeichnet sich Max als ein Das. Mit der Bezeichnung präsentiert sich Max nicht mehr als ein Individuum, sondern als ein technisches Ding. Diese Ambiguität setzt sich fort, denn kurz darauf bezeichnet Max sich als ein Ding, das ein Ich ist. Im Folgenden verweist er wieder auf seine Künstlichkeit, erhebt aber zugleich den Anspruch, menschlich zu sein: Er bezeichnet sich als künstliche Person (Z. 8) und deutet seine Ähnlichkeit zum Nutzer an: „ich se:lber bin k↓ünstlich? ... ka::nn mich=aber=ge|nauso AUSdrücken wie=du." (Z. 12-16). Diese Ähnlichkeit wird auch durch einen gestischen Verweis auf sich und dann auf den Nutzer unterstrichen (Z. 12-16, s. Abb. 4.7 und 4.8). Die Vorstellung des Agenten konzeptualisiert Max somit sowohl als soziales, menschenähnliches Gegenüber als auch als ein technisch erschaffenes Ding. Der Agent wird gewissermaßen zum Paradox, insofern er Widersprüche in sich vereint.

Die Widersprüchlichkeit des Agenten tritt auch in seinem kommunikativen Verhalten auf. Der Agent stellt sich nicht einfach vor und informiert über seine verschiedenen Fähigkeiten, sondern rahmt die Handlungen explizit als solche. Wurde das System wie im obigen Beispiel dazu aufgefordert sich vorzustellen, stellt es sich nicht einfach vor, sondern verweist noch einmal darauf, dass es nun losgeht (Z. 1-2) und rahmt damit die Vorstellung als eine eigene Aktivität, die nun beginnt. Ähnlich wählt der Agent zum Ende des Ausschnitts keine Option aus, die er als interessant für den Nutzer ansieht, sondern listet stichwortartig verschiedene Möglichkeiten auf (Z. 18-21). Ähnlich wie ein menschlicher Akteur liefert der Agent damit Erklärungen ('accounts' nach Garfinkel) für seine Aktivitäten, jedoch wirken diese Interpretationshinweise übertrieben. Der Agent benennt seine Tätigkeiten häufig noch einmal extra, obwohl der entsprechende Kontext schon hergestellt wurde. Die Präsentation erscheint damit nicht mehr als spontane Aktivität. Vielmehr verweisen die metasprachlichen Rahmungen auf die zugrundeliegende Programmstruktur des Agenten. Einen ähnlichen Eindruck vermitteln auch die wiederholten Armbewegungen (s.o.). Auch sie verweisen auf eine Programmstruktur, die sozusagen 'hinter' Max steht, widersprechen jedoch seinem

4.3 Der Embodied Conversational Agent Max

Anspruch, eine Person zu sein. Die Präsentation erscheint damit nicht als ein 'doing presenting oneself', sondern vielmehr als ein 'doing doing presenting oneself'. Dabei wird nochmal deutlich, dass der Agent als ein eigenartiges Gegenüber präsentiert wird, dass Technisches und Menschliches vereint.

Die Eigenartigkeit des Agenten wird zudem in der Art und Weise sichtbar, wie Max sich äußert: Das System spricht langsam und häufig monoton. Einige Wörter und Sätze werden teilweise sehr eigenwillig betont und es kommt immer wieder zu längeren Pausen innerhalb eines Redebeitrags. Dabei formuliert Max immer wieder Sätze, die in sich selbst 'schief' wirken, wie z.B. die Äußerung „warum muss man den f|INger= j↑etzt so ti:ef in meine EIN|zige WUNDE bo:hren." (Bsp. 9.2, S. 275, Z. 43-46), üblicherweise legt man den Finger auf eine Wunde. Ähnlich auch die Antwort auf die Frage, wie viele Personen ihn entwickelt haben: „da:s ↑EINzige was zählt=sind doch nicht n↓ur ZAHlen ↑oder?" (s. Bsp. 9.4, S. 285, Z. 2-4). Der Agent wird somit nicht nur visuell, sondern auch sprachlich als „Schwellen-Objekt" (Braun-Thürmann 2002: 133) präsentiert. Während Braun-Thürmann dieses Objekt dadurch definiert, dass es „weder Mensch noch Ding" (ebenda: 133) ist, beansprucht der Agent jedoch, *sowohl Mensch als auch Ding* zu sein.

Ausgehend von der Vorstellung, dass menschliches Handeln technisch darstellbar ist, wurde der Umgang mit dem Computer zunehmend als Dialog gedacht, in dem sich Nutzer und Agent als Ansprechpartner gegenüberstehen. Die obigen Darstellungen der Programmstrukturen und Visualisierungen des Agenten Max veranschaulichen die Mechanismen der Interaktivität (nach Braun-Thürmann), mittels derer die Dialogfähigkeit des Agenten von den Informatikern konzeptualisiert wurde. Sie stellen die Erwartungsstrukturen dar, die die Informatiker antizipierten und in das Programm einschrieben („design-features" (Hutchby 2001a: 124)). Sie zeigen eine ständige Verknüpfung sozialer Fähigkeiten und programmbasierter Strukturen und konstruieren den Agenten als ein Paradox bzw. als ein Schwellen-Objekt im Sinne von Braun-Thürmann.

In Anbetracht der techniksoziologischen Diskussion (s. Abschnitt 2.2) kann dem Agenten eine begrenzte Handlungsträgerschaft zugeschrieben werden, da er innerhalb seiner programmbestimmten Grenzen seine Umwelt wahrnehmen kann, bestimmte Erwartungen an die Umwelt hat, über ein (simuliertes) Gedächtnis verfügt und in gewissen Bereichen auch lernfähig ist. Innerhalb dieser programmierten Grenzen kann sich der Agent seiner Umwelt anpassen und ist in der Lage, bestimmte Themen und Situationsdeutungen mit dem Gegenüber auszuhandeln. Mit dem Agenten wird damit ein Handlungsträger konstruiert, dem ein (technisches) Bewusstsein zugeschrieben werden kann. Dabei wird der Agent nicht nur zum Schwellen-Objekt, er wird überdies zu einem hybriden Ansprechpartner, der auf unterschiedlichen Ebenen darauf verweist, dass in ihm Gegensätze vereint werden.

KAPITEL 5
Rahmung einer ungewohnten Situation

Interaktionen finden immer in sozialen Kontexten statt (vgl. Goffman 1983). Das Verhältnis von Interaktion und situativem Kontext wird von Garfinkel (1967) als reflexiv beschrieben, insofern Kontext und Interaktion sich wechselseitig Sinn zuschreiben. Das folgende Kapitel geht den situativen Rahmungen des hybriden Austauschs nach, durch die der Austausch seinen spezifischen Charakter erhält. Dazu wird erstens der Begriff des hybriden Austauschs eingeführt, der sich durch das Zusammenkommen von zuvor Getrenntem auszeichnet. Zweitens wird der Austausch als eine Situation des Kennenlernens beschrieben und drittens den besonderen Teilnahmestrukturen des hybriden Austauschs nachgegangen.

Embodied Conversational Agents sind Artefakte, die bisher nicht im Alltag anzutreffen waren und auch heute nur selten aufzufinden sind. Es wird sich zeigen, dass sich Nutzer und Max im Austausch als Fremde behandeln und wechselseitig auf ihre Gemeinsamkeiten abtesten. Dabei eignen sich die Nutzer ein unbekanntes Artefakt an und prüfen es auf seine Sozialfähigkeit, gleichzeitig wird der Nutzer auch im Programm des Agenten als Fremder konzeptualisiert und entsprechend vom Agenten angesprochen. Die beobachteten Merkmale werden einerseits mit Erkenntnissen verglichen, die bei der Aneignung neuer Artefakte im Museum gewonnen wurden (vgl. Lehn, Heath & Hindmarsh 2001, Heath, Luff, Lehn, Hindmarsh & Cleverly 2002, Heath, Lehn & Osborne 2005), andererseits werden die Ähnlichkeiten und Differenzen zu zwischenmenschlichen Situationen des Kennenlernens herausgearbeitet (vgl. Maynard & Zimmerman 1984). Ein besonderer Fokus wird im Abschnitt 5.4 auf die Teilnahmestrukturen und -möglichkeiten im hybriden Austausch gelegt, die unter Rückgriff auf die Arbeiten von Goffman (1980 und 1981a) analysiert werden. Im Gegensatz zu kognitionswissenschaftlichen Modellen der Mensch-Computer-Interaktion findet der Austausch mit Max nicht mit einem isolierten Nutzer statt, sondern vor einem Publikum, das vom Nutzer mit in den hybriden Austausch einbezogen wird und am Deutungsprozess beteiligt ist. Diese Deutungsprozesse sind dem Agenten nicht zugänglich, doch gleichzeitig wesentlich für die Rahmung des hybriden

Austauschs als eine „So-Tun-als-ob"-Modulation (nach Goffman) einer sozialen Interaktion.

5.1 Die Zweiweltlichkeit des hybriden Austauschs

Die Situation von Nutzer und Max zeichnet sich vor allem durch Differenzen aus (s. z.B. Abb. 5.1 bis 5.5, S. 110f). Max steht in einer virtuellen Welt vor einer Fotografie eines realen Schauplatzes (der Universität Bielefeld). Der Nutzer befindet sich in einer 'realen' (sozialmateriellen) Welt – am Präsentationsstand in einem Einkaufszentrum. Der Agent steht im Freien, während der Nutzer sich in einem Gebäude befindet. Die Programmstruktur von Max basiert auf der Vorstellung von einem Dialog zwischen zwei Gesprächspartnern: Max und Nutzer. Der Nutzer ist hingegen in eine komplexe Kommunikationssituation eingebunden: Er steht Max gegenüber und vor einem beobachtenden Publikum. Mit den Worten von Schegloff könnte man somit sagen: „there are two 'theres' there" (Schegloff 2002a: 287). Schegloff bezieht diese Aussage auf Telefonkommunikation, in der sich menschliche Gesprächspartner in unterschiedlichen Situationen befinden, die dem anderen nur bedingt zugänglich sind. Der Austausch zwischen Max und Nutzer unterscheidet sich von der Telefonkommunikation, da sich die Teilnehmer nicht nur in unterschiedlichen Situationen befinden, vielmehr treffen im Austausch mit Max zwei fundamental differente Welten und Wesen aufeinander.

Ähnlich wie bei der Telefonkommunikation ist dem Nutzer und Max die Situation des anderen nur begrenzt zugänglich, da die Aufmerksamkeit und Anwesenheit des anderen technisch vermittelt ist. Während beim Telefonat die Gesprächspartner einen gemeinsamen auditiven Gesprächsraum teilen, stehen Nutzer und Max unterschiedliche Modalitäten zur Verfügung, am Austausch teilzunehmen. Der Nutzer 'betritt' den virtuellen Raum von Max über die Texteingabe am unteren Rand des Bildschirms. Max' Äußerungen werden über Lautsprecher wiedergegeben. Während der Nutzer Max hören und sehen kann, nimmt das Agentensystem den Nutzer hauptsächlich über die Texteingabe wahr (s. Abschnitt 4.3).[1] Neben den verschiedenen Zugängen zu der Situation des anderen und den asymmetrischen Teilnahmemöglichkeiten, unterscheiden sich zudem die Kommunikationsfähigkeiten von Nutzer und Max.

---

[1] Die Bilder, welche die Kamera dem System übermittelt, werden lediglich auf die Position von hautfarbenen Flächen ausgewertet, die als Personen identifiziert werden.

5.1 Die Zweiweltlichkeit des hybriden Austauschs

Max ist ein planbasiertes Computerprogramm, das auf der Grundlage vorgegebener Datenbanken, Aktionspläne und Dialogregeln auf sein Gegenüber und seine Umwelt reagiert. Der Nutzer hingegen ist es gewohnt, Gespräche situativ und interaktiv mit seinem Gegenüber auszuhandeln. Ähnliche Differenzen beobachtet auch Suchman (1987) in ihrer Studie zum Umgang mit einem Fotokopierer. Aufgrund der unterschiedlichen Ressourcen, die Nutzer und Maschine zu Verfügung stehen, um am Austausch teilzunehmen und die Aktivitäten des anderen zu interpretieren, unterscheidet sie „situation of the user" und „situation of the machine" (ebenda: 119, s. auch Abschnitt 2.2).

Aufgrund der Differenzen, die im Austausch zwischen Nutzer und Max zusammentreffen, wird der Austausch im Folgenden als *hybrider Austausch* bezeichnet. Der Begriff Austausch wurde gewählt, um die beobachtete Abfolge und wechselseitige Koordination von Aktivitäten vom Begriff der Interaktion zu unterscheiden. Ob bzw. wie sich dieser Austausch von sozialen Interaktionen unterscheidet, wird in der folgenden Analyse gezeigt. Meiers Lexikon definiert hybrid als „gemischt, von zweierlei Herkunft" (Meyers Lexikonredaktion 1995: 97, Band 10). Der lateinische Begriff Hybrid bedeutet „aus Kreuzungen hervorgegangenes pflanzliches od. tierisches Individuum, dessen Eltern sich in mehreren erblichen Merkmalen unterscheiden" (vgl. Duden 1982: 317, Band 5). Der Begriff wird vor allem in der Biologie und Chemie verwendet, wurde in den letzten Jahren jedoch zu einem beliebten Schlagwort in Management und sozial-technischen Fragen sowie in Bereichen der Migrations- und Geschlechterforschung (vgl. Lorentzen 2002: 101). Der Begriff wird für den Austausch zwischen Max und Nutzer verwendet, da sich dieser aus Beiträgen von Teilnehmern sozialer und technischer Herkunft gestaltet, wobei Beiträge und auch das jeweilige Gegenüber von Nutzer und Max selbst als unterschiedlich behandelt werden. Das Zusammenkommen von zweierlei Herkunft im hybriden Austausch bezieht sich auf verschiedene Materialitäten der Gesprächspartner, das Zusammentreffen zweier Örtlichkeiten, die in sich unterschiedliche Strukturen aufweisen, sowie differente Teilnahmemöglichkeiten und Erwartungsstrukturen, an denen die Teilnehmer ihre Aktivitäten orientieren. *Der hybride Austausch bezeichnet somit die wechselseitige technisch vermittelte Koordination von Aktivitäten zwischen zwei Welten und zwei Wesen.*

Der Begriff birgt gewisse Probleme: Erstens geht er von einer prinzipiellen Unterscheidung von Technischem und Sozialem aus und behauptet gleichzeitig, dass diese Pole vereint werden können. Es wird sich jedoch zeigen, dass genau diese Unentschiedenheit im hybriden Austausch selbst immer wieder hergestellt wird. Der hybride Austausch zeichnet sich somit durch einen ambigen Charakter aus, der offenbleibt und somit nicht entschieden wird. Dies hat auch schon die Analyse des Agenten (Abschnitt 4.3) gezeigt, der sich als ein Gegenüber vorstellt, das in sich Technisches und Soziales vereint. Zweitens stellt sich die Frage, inwiefern sich der hybride Austausch von der Handhabung anderer technischer Artefakte unterscheidet. Dem kann entgegengehalten werden, dass der Agent Aktivitäten durchführen kann, die im Gegensatz zum Hammer als eigenständig beschrieben werden können (vgl. Rammert & Schulz-Schaeffer 2002a, s. auch Abschnitt 2.2). Zudem schreiben auch die Nutzer dem Agenten eine eigenständige Handlungsträgerschaft zu, die ihn von anderen Artefakten unterscheidet. So behandeln die Nutzer Max als Ansprechpartner, sprechen aber nicht mit anderen technischen Artefakten vor Ort, wie z.B. der Tastatur, die sie allein als Mittel zum Zweck bedienen.

Während zwischenmenschliche Interaktionen auf der „Idealisierung der Reziprozität der Perspektiven" (Schütz 1971: 14) aufbauen, die von einer grundsätzlichen Ähnlichkeit der Situationswahrnehmung, -deutung und auch ähnlichen Erfahrungen des Gegenübers ausgehen, zeichnet sich der Austausch zwischen Nutzer und Max vor allem durch unterschiedliche Situationswahrnehmungen und 'Erfahrungen' aus, die dem Gegenüber auch nur begrenzt zugänglich sind. Es stellt sich daher die Frage, ob und wie gemeinsames Verstehen, die Idealisierung reziproker Perspektiven und damit eine Art intersubjektive Beziehung hergestellt werden können. Braun-Thürmann (2002) zeigt, dass trotz dieser unterschiedlichen Zugänge der Austausch mit der computerbasierten Technik aus der Sicht des Nutzers als intersubjektiv erlebt werden kann. Der Austausch mit Max lässt sich mit den Erkenntnissen von Braun-Thürmann (2002) zur „künstlichen Interaktion" vergleichen. Braun-Thürmann zeigt, dass sich im Projekt VIENA Nutzer und Agent in einem gemeinsam wahrgenommenen virtuellen Raum bewegen, der als Bürozimmer modelliert ist. Der Nutzer betritt das virtuelle Zimmer mit Hilfe eines speziellen Handschuhs und kann mit diesem bestimmte Handlungen ausführen, z.B. auf den Tisch zeigen, auf den der Agent einen Gegenstand stellen soll. Nutzer und Agent haben somit einen gemeinsamen Bezugsrahmen: das virtuelle Zimmer und die darin enthaltenen Gegenstände. Es entsteht der Eindruck, dass Nutzer und Agent die Umwelt gemeinsam wahrnehmen und sich als „koexistent erleben" (ebenda: 126). Dies motiviere den Nutzer zu einer idealisierten Vorstellung kongruenter Relevanzsysteme und Perspektiven und somit zu einer intersubjektiven Beziehung zum Agenten (vgl. ebenda: 122-148). Im Gegensatz dazu 'betritt' der Nutzer im Austausch mit Max die virtuelle Welt des Agenten als Text. Max tritt dem Nutzer hingegen als ein technisch vermittelter, lebensgroßer und menschenähnlicher Ansprechpartner auf 'Augenhöhe' gegenüber. Auch hier wird eine Art Koexistenz simuliert und der Eindruck eines gemeinsamen 'Erlebens' ermöglicht, jedoch betritt nicht der Mensch die Welt des Agenten, sondern Max und Nutzer teilen einen gemeinsamen Gesprächsraum, den sie unterschiedlich gestalten können. Inwieweit in diesem Austausch eine Idealisierung der reziproken Perspektiven aufrechterhalten werden kann, werden die folgenden Analysen zeigen.

5.2 Ungewohnte Andersartigkeit

Im Beispiel 5.1 nähern sich zwei junge Frauen (Linda und Sanije) dem Agenten. Es handelt sich dabei um eine ausführliche Transkription des Dialogbeispiels aus dem vorherigen Abschnitt 4.3 (s. Bsp. 4.1, S. 91). Während im Abschnitt 4.3 die Perspektive des Systems auf den Dialog mit dem Nutzer dargestellt wurde, gibt der folgende Ausschnitt die Perspektive einer Beobachterin auf den hybriden Austausch zwischen Max und Nutzer wieder:

Transkript 5.1: Linda und Sanije nähern sich Max an

```
01  L      (kann ich=s mal) <<zeigt mit dem Finger auf Max>
02         ver↑suchen?> (Abb. 5.1)
03     I1  ja KLAR?

04  L      ((wendet sich zu Sanije [gibt ihr eine Tüte))
05     I1                          [<<leise> (gehste hin?)>

06  L      [((stellt sich vor den Tisch, zieht Handschuhe aus))
07  S      [((stellt sich neben Linda an den Tisch))

08     I1  [einfach (m-)=ma:l- (-) drauf=lo:stippen. (--) e:r=
09  L      [((beginnt die Handschuhe in die Tasche zu stecken))
```

```
10  I1   =erKLÄRT [das meiste schon. (Abb. 5.2)
11  L            [<<dreht sich zu I1> KAnn er mich se::hen?>

12  I1   e:r s::ie:ht (-) ↑DIch auf <<deutet mit dem Kopf
13       deutlich nach vorne, geht dabei einen Schritt vor>

14  I1   der ein: [KAmera=da=li:nks?> (-)
15  L             [((schaut in die rechte(!) Kamera))

16  I1   [er sieht also wo=dein=KOPF ist.=
17  S    [((schaut zur linken Kamera und dann zur rechten))

18  L    =könnt ich also ↑fra:gen (-) wie: ((schaut zu I1))
19       seh ich aus. oder so:-

20  I1   [ne: (-) <<schüttelt Kopf> sowas:=[so::> genau ist
21  L    [((wendet sich ihrer Tasche und den Handschuhen zu))
22  S                                     [<<leise> hehe>

23  I1   das [nicht=also dazu ist die erkennung
24  L        [SCHA:de

25  I1   (dann=[noch)=nicht (gut) genu:g.
26  S          [((lacht, wendet sich Max zu))
27  L          [((wendet sich lachend zu Max))

28  I1   [du         könntest       trotz[dem mal] FRA:gen
29  M    [((hebt kurz rechte Hand zum Gruß)) [m↑Orgen.]
         [(Abb. 5.3)

30  I1   [vielleicht=hat=er=ja=ne schlaue ANTwort- (-)
31  L    [((die Handschuhe sind verstaut, legt Tasche über
32         die Schulter))

33  I1   vielleicht=ist=er=ja [ein CHAmö:r? ((lacht leise))
34  L                         [((Blick und Hände auf TS))

35  S    [((schaut auf TX, fängt an zu lächeln))
36  txL  [h a

37  L    <<Blick: TX, leicht lachend> hehe:>

38  txL  [ l l o                 [/
39  L    [<<Blick: TS> ↑ha:llo::?> [((Blick: TX))

40  TX   *hallo*
41  L    <<leicht lachend> hehe> ((schaut lächelnd zu Max))

42  L    [((streicht sich eine Haarsträhne aus dem Gesicht))
```

5.2 Ungewohnte Andersartigkeit

```
43   M     [<<hebt kurz rechte Hand zum Gruß> h↑i ich> bin ma:x.>
           [(Abb. 5.4)

44   M     [(--) la:ss uns
45   L     [((Blick: TX)

46   M     [<<hebt rechten Arm kurz an> pl↑audern.>
47   L     [((schaut auf TX, nimmt die Hände zusammen))

48   L     <<schließt kurz die Augen, lachend> ä:h hähä>
49   M     <<senkt die Hand, deutet dabei nach vorne> über die

50   M     [tastat↑u:r kannst du: mit [mir spr↓e:chen.>
51   L     [((Blick: TS,          [Blick: TX, dann Max))

52         (1.0)

53   L     [((schaut langsam auf TS und legt die Hände darauf))
54   S     [((blickt kurz Linda an, schaut dann auf TX))

55   M     <<hebt linken Arm kurz an> wie: [h↑eiß|t du? (---)>
56   txL                                   [w i e

57   L     ((Blick: TX))

58   txL   -w- -i- -e- [l i n d a /
59   L                 [((Blick: TS, dann TX))

60   TX    *linda*
61   L     ((Blick: Max))
62   M     <<hebt linken Arm an> HAllo linda?>

63   L     [((lächelt)) haha:
64   S     [((lächelt))
           [(Abb. 5.5)

65         ((Sanije wendet sich nun an Linda und macht einen
66         Textvorschlag (Abb. 5.6). Max beginnt gleichzeitig zu
67         sprechen und freut sich, dass Linda vorbeischaut.))
```

Sehr deutlich zeigt sich in diesem Beispiel, dass sich Nutzer und Max in unterschiedlichen Situationen befinden und abhängig von ihren jeweiligen Standorten und Fähigkeiten sehr unterschiedliche Wahrnehmungen der Situation zeigen. Max reagiert nicht, als Linda und Sanije zum Stand kommen, sondern steht fast reglos da (s. Abb. 5.1), erst kurz darauf scheint das System einen neuen Nutzer erkannt zu haben, denn Max äußert einen Gruß (Z. 29. s auch Abb. 5.3). Dieser Gruß kommt jedoch etwas unpassend, denn Linda hat sich zwar schon dem Bildschirm zugewandt, befindet sich aber noch in einem Gespräch mit dem Informatiker (Z. 20-34). Max zeigt damit einerseits eine Wahrnehmung der Nutzerin, andererseits verhält er sich ihr gegenüber als 'kontextblind', da er nicht

Abbildung 5.1: Linda fragt, ob sie mit Max sprechen darf (Z. 1-2).

Abbildung 5.2: Linda und Sanije stellen sich an den Tisch (Z. 10).

Abbildung 5.3: Max grüßt. Linda und Sanije lachen über eine Äußerung des Informatikers (Z. 25-29).

5.2 Ungewohnte Andersartigkeit

Abbildung 5.4: Linda grüßt Max; Max grüßt zurück (Z. 42-43).

Abbildung 5.5: Linda und Sanije lachen über Max' Äußerung (Z. 63-64).

Abbildung 5.6: Sanije macht einen Textvorschlag (Z. 65-67).

wahrnimmt, dass sie sich noch in einem Gespräch mit dem Informatiker befindet. Dieses kontextblinde Verhalten zeigt sich immer wieder im Austausch mit Linda. So spricht Max im obigen Beispiel z.B. immer nur eine Person an, obwohl zwei Personen am Tisch stehen. Während Max nicht auf Linda und Sanije reagiert, als diese zum Stand kommen, behandelt Linda Max zunächst nicht als Ansprechpartner, sondern wendet sich den Informatikern zu. Sie stellt diesen eine Frage zu Max und behandelt Max damit als „nonperson" (Goffman 1982c: 67), über die in ihrer Anwesenheit gesprochen werden kann. Lindas Frage, ob Max sie sehen kann, zeigt auch ihre Unsicherheit in Bezug auf Max' Fähigkeiten. Dabei behandelt sie Max als ein Gegenüber mit begrenzten Wahrnehmungsfähigkeiten, denn sie weiß nicht, ob er sie sehen kann. Diese Zuschreibung der Nutzerin zeigt sich auch darin, dass sie im Austausch mit Max ihren Namen angibt und dem Agenten nicht erklärt, dass sie zusammen mit Sanije am Tisch steht. Max gegenüber reduziert sie somit die Komplexität der Situation am Präsentationsstand. In den Handlungen der Nutzerin zeigt sich somit eine Orientierung an dem begrenzten Zugang von Max zur Situation und seiner limitierten Handlungsfähigkeit.

Bevor Linda und Sanije auf die Informatiker zugehen, haben sie einen Austausch zwischen Max und einem anderen Nutzer beobachtet. Nachdem dieser beendet wurde, sind sie vom Stand weggegangen. Kurz darauf kommen sie wieder und fragen den Informatiker, ob sie mit Max kommunizieren dürfen, und ob Max sie sehen kann (Z. 1-2 und 11). Die Annäherung der Frauen an Max kann somit als zögernd beschrieben werden. Sie sammeln zunächst Informationen über den Agenten, indem sie andere Nutzer beobachten, und holen zudem beim Informatiker Informationen über den Agenten ein. Der Informatiker wird dabei als Experte angesprochen, der über spezielles Wissen über den Unbekannten, Max, verfügt. Die Frauen wenden sich somit zunächst an einen menschlichen Ansprechpartner, bevor sie sich dem ungewohnten Ansprechpartner zuwenden. Eine ähnlich zögernde Annäherung kann bei fast allen Nutzern im Datenmaterial festgestellt werden. So beobachten alle Nutzer zunächst einen vorherigen Austausch, bevor sie an die Tastatur treten. Viele Nutzer holen, ähnlich wie Linda, vorher Informationen über Max bei den Informatikern oder wissenden Bekannten ein. Die Nutzer sammeln somit erstmal Erfahrungen und Informationen, bevor sie sich an Max wenden. Sie behandeln ihn damit als ein unbekanntes und ungewohntes Gegenüber, über das sie nur wenig wissen. Gleichzeitig wird auch ihre Neugierde sichtbar,

5.2 Ungewohnte Andersartigkeit

mehr über den ungewohnten Ansprechpartner zu erfahren.

Während Linda und Sanije zögernd an den Tisch herantreten, gehen andere Nutzer gezielt und teilweise recht zügig zur Tastatur, nachdem der Tisch frei geworden ist. Teilweise kommt es auch zu kurzen Aushandlungen, wer der Nächste ist. Diese Unterschiede erklären sich teilweise durch die Publikumsmenge. Sind mehrere Personen vor Ort, gehen die Nutzer zielstrebig zur Tastatur, während bei einer geringen Personenanzahl häufig längere Wartezeiten zu beobachten sind. Hin und wieder ist auch zu beobachten, wie Einzelne von den Informatikern oder von anderen Personen im Publikum aufgefordert werden, mit Max zu sprechen. Das Zögern und die Notwendigkeit von Aufforderungen weisen auf eine gewisse Hemmschwelle der Nutzer hin, mit Max zu kommunizieren. Diese Hemmschwelle verweist wiederum auf die Ungewöhnlichkeit der Situation, die sich einerseits dadurch ergibt, dass Max ein unbekanntes Gegenüber ist, andererseits findet der Austausch mit Max vor den Augen des Publikums statt. Die Nutzer setzen sich beim Austausch mit Max gewissermaßen einem doppelten 'Risiko' aus: Sie treten in einen Austausch mit einem unbekannten Gegenüber, von dem Unerwartbares erwartbar ist, und gehen dieses Risiko zudem vor den Augen eines Publikums ein, das sich z.B. lustig über sie machen könnte.

Die Unsicherheit der Nutzer zeigt sich auch immer wieder während des Austauschs, z.B. durch unsicheres Lachen (im obigen Beispiel in den Zeilen 37, 41, 48 und 63), Hand- oder Körperbewegungen, die auf Unsicherheit oder Ratlosigkeit verweisen (z.B. Bsp. 5.5, S. 121, Z. 6-7 und 16-17) oder Pausen, in denen die Nutzer scheinbar nachdenken, was sie Max schreiben können (z.B. Bsp. 5.2, S. 115, Z. 22 und Bsp. 5.10, S. 136, Z. 6 und 17). Die Unsicherheit der Nutzer wird in der Programmstruktur des Agenten antizipiert. Max ist frontal zum Nutzer ausgerichtet, lächelt, winkt und fordert ihn auf, mit ihm zu sprechen. Der Agent signalisiert somit seine Gesprächsbereitschaft.[2] Auch diese Aufforderungen des Agenten rahmen ähnlich wie das zögernde Annähern der Nutzer und die Aufforderungen der Informatiker den Austausch als nicht alltägliche und ungewöhnliche Situation.

Da die Nutzer zunächst durch Beobachtungen oder Erkundigungen Erfahrungen über Max sammeln, treten sie immer schon mit Interpretationshinweisen und spezifischen Vorstellungen in den Austausch mit dem

---

[2] Auch die Tastatur vor dem Bildschirm fordert zu einem Gespräch auf.

Agenten. Die Frage, wer oder was Max ist und kann, wird somit nicht allein mit dem Agenten gelöst, sondern ist vielmehr ein Interpretationsprozess, an dem neben dem Agenten verschiedene Akteure vor dem Bildschirm beteiligt sind. Da sich immer nur eine Person im Austausch mit Max befindet, sammeln viele Zuschauer Wissen über Max, ohne selbst mit ihm zu kommunizieren. Darin ähnelt die Aneignung von Max der Aneignung von Kunstobjekten im Museum. Lehn et al. (2001) zeigen, wie Museumsobjekte im interaktiven Zusammenspiel von Besuchern untereinander und in Auseinandersetzung mit dem Artefakt als sinnvoll erschlossen werden. Auch diese Deutungsprozesse finden in Anwesenheit und häufig auch unter Beobachtung anderer fremder und/oder bekannter Personen statt. Besucher knüpfen dabei häufig ihre Handlungen an beobachtete Aneignungen anderer Personen an und erschließen sich so den Sinn des Artefakts – wobei dieser Sinn situativ variieren kann und teilweise auch nicht erschlossen wird. Der Sinn eines Artefakts wird somit immer im Umgang mit diesem, aber auch im Austausch mit anderen, deutend erschlossen (vgl. auch Heath et al. 2002 und 2005).

5.3 Der Test auf Gemeinsamkeit

Der Austausch selbst wird vom Nutzer und der Programmstrukturen des Agenten als eine Situation des Kennenlernens gerahmt. So stellt sich Max auf den Gruß der Nutzerin vor und möchte ihren Namen erfahren (Z. 43-55). Mit der Äußerung „la:ss uns pl↑audern. ... über die tastat↑u:r kannst du: mit mir spr↓e:chen." (Z. 44-50) fordert Max den Nutzer dazu auf, mit ihm zu plaudern und gibt gleichzeitig einen Hinweis, was man mit ihm machen kann (plaudern) und wie man mit ihm kommunizieren kann (über die Tastatur). Der Einstieg wird damit als eine Situation gerahmt, in der sich zwei Fremde begegnen, aber auch als eine Situation, in der der Nutzer auf ein technisches Gegenüber mit unbekannten und ungewohnten Kommunikationsfähigkeiten trifft. Dies zeigt sich auch auf der Seite der Nutzer, die Max nach seinen sozialen und technischen Fähigkeiten fragen. Agent und Nutzer behandeln sich somit wechselseitig als fremd. Dabei unterscheidet sich die Art und Weise, wie sie das Gegenüber als fremd wahrnehmen. Die Nutzer zeigen durch ihr testendes Verhalten, dass sie nicht auf etablierte Kategorien zurückgreifen können, um das neue Artefakt einzuschätzen. Sie überprüfen vielmehr, inwiefern der Agent in alltägliche Kategoriensysteme

5.3 Der Test auf Gemeinsamkeit

einordnet werden kann, z.B. ob er tanzen kann oder ob er Pizza mag. Dem Agenten sind hingegen die Parameter des Fremden fest vorgegeben. So besteht das Nutzermodell des Systems aus bestimmten Parametern, die im Laufe des Austauschs mit entsprechenden Werten besetzt werden können. So kann das System z.B. den Nutzer nach seinem Namen fragen und diesen speichern. Haarfarbe und Kleidungsstil des Nutzers kann das Programm jedoch nicht wahrnehmen und sind überdies auch nicht im Nutzermodell des Systems vorgesehen. Zudem ist das Kennenlernen im Programm durch spezifische Fragen vorgegeben. So wurden Max z.B. die Fragen implementiert, wie der Nutzer heißt, wie es ihm geht, wo er herkommt sowie Fragen zu musikalischen oder sportlichen Interessen und Ähnlichem. Andere Fragen kann das System jedoch nicht stellen und auch nur bedingt verstehen.

Diese unterschiedlichen Konzepte des Fremden werden in den folgenden Beispielen deutlich, in denen zunächst das System (Bsp. 5.2) und später eine Nutzerin (Bsp. 5.5) durch Fragen persönliche Informationen über das Gegenüber in Erfahrung bringen.

Transkript 5.2: Max und Florian 'plaudern'

```
01   M     wo: wohnst du.
02   F     ((Blick: TS, tippt))

03   txF   in  B i e l e f e l d [          ] /
04   F                           [((Blick: TX))]

05   TX    *in Bielefeld*
06   F     ((blickt zu Max, legt Hände vor die TS))
07   M     <<streckt Arm nach vorne aus> ich komm ↑auch aus
08         bielefeld.> (--)
09         <<hebt linken Arm vor den Körper> bi:st du mit
10   M     [dem ↑auto: o:der mit der ba:hn
11   F     [((Blick: TX))

12   M     h↑ier|he::r ge|[kommen?
13   F                    [((Blick: TS))

14   txF   M i t  [- - -t- -i- -M-    ] B u s [/
15   F            [((blickt kurz zum TX,]     [dann TX))
```

```
16    txF    *Bus*
17    F      ((schaut lächelnd zu Max, legt Hände vor TS))
18    M      <<bewegt rechten Arm nach vorne> ich fa:hr AUch
19           g↑erne=bus

20           [(2.5)
21    F      [((schaut sich etwas um))

22    F      hm:. ((blickt ca. 1 Sek. zu Max, dann auf TS, tippt))

23    txF    A u c h    B a h n [/
24    F                         [((Blick: TX))

25    TX     [*Auch Bahn*
26    F      [((schaut schnell zu Max, legt Hand vor TS))

27    M      du hast aber eine g↑u:te AUFfassungsgabe-
28    F      <<lachend> hea hea (--) hea hea> ((Blick: TS, tippt))

29    txF    j a    j a [/
30    F                 [((Blick: TX))

31    TX     [*ja ja*
32    F      [((Blick: Max))

33    M      <<hebt linken Arm kurz an> gu:t erkannt?>
34    F      ((blickt grinsend in die Forschungskamera))

35           ((Max fragt Florian, wie alt er ist, dieser antwortet
36           und verabschiedet sich kurz darauf von Max.))
```

In diesem Beispiel stellt Max Florian verschiedene persönliche Fragen. Der Ablauf ähnelt dabei stark den Strukturen, die Maynard und Zimmerman (1984) als Situation des Kennenlernens beschreiben. Die Autoren gehen der Frage nach, wie bekannte und unbekannte Studenten in einem experimentellen Kontext Themen initiieren. Die Testpersonen wurden gebeten, sich zunächst miteinander bekannt zu machen, bevor sie gemeinsam eine Aufgabe lösen sollten.[3] Bei Gesprächen von Testpersonen, die sich nicht kennen, beobachten Maynard und Zimmerman, dass ein Thema vor allem über Frage-Antwort-Sequenzen initialisiert wird, in denen autobiographische Informationen über das Gegenüber gesammelt werden (vgl. ebenda: 311). Die Frage-Sequenzen werden meist in Form einer „pre-topical sequence" (ebenda: 306) eingeleitet, die als Einladung zu einem Thema verstanden werden kann. Diese Themeninitiatio-

---

[3]Der experimentelle Charakter der Studie kann den Autoren leicht zum Vorwurf gemacht werden. Er bietet sich jedoch im Vergleich mit dem hybriden Austausch an, denn auch dieser Austausch hat einen experimentellen Charakter, insofern ein unbekanntes Artefakt vor den Augen eines Publikums getestet wird.

5.3 Der Test auf Gemeinsamkeit

nen können angenommen oder auch abgelehnt werden. Die Analyse von Maynard und Zimmerman zeigt, dass sich die Teilnehmer auf der Suche nach einem Thema befinden, an das sie gemeinsam anschließen können. Die Gesprächspartner testen sich dabei auf Gemeinsamkeit ab: „[The] unacquainted parties ritually test each other for just how close or distant their particular relationship will be." (ebenda: 314)

Dieses Testen wird vor allem durch zwei Praktiken bestimmt: der „categorization sequence" und der „category-activity sequence" (ebenda: 305). Die erste Praktik erkundet die Zugehörigkeitskategorien („membership categorization devices" nach Sacks 1972) der Teilnehmer, die mit einem unterstellten gemeinsamen Erfahrungshintergrund in Bezug auf das Leben an der Universität und dem Studium zusammenhängen (z.B. Semesteranzahl, Hauptfach, Seminare), wie im folgenden Beispiel (Quelle: Maynard & Zimmerman 1984: 305):

Transkript 5.3: Abtesten gemeinsamer Zugehörigkeitskategorien im Gespräch zwischen Fremden

```
1    B1    Are you a freshman
2    B2    No, second year
3    B1    Oh
```

Die 'category-activity sequence' (s. das folgende Beispiel) fragt hingegen nach bestimmten Tätigkeiten des Gegenübers, wobei diese mit bestimmten 'membership categories' (z.B. Student) verknüpft werden können. Beide Praktiken bauen dabei auf der wechselseitigen Unterstellung auf, dass das Gegenüber ein Studierender ist und ein gemeinsames Wissen über die Themen teilt, die mit dem Studium zusammenhängen (vgl. Maynard & Zimmerman 1984).

Transkript 5.4: Abtesten gemeinsamer Aktivitätstypen im Gespräch zwischen Fremden

```
1    A    Are you a soc major?
2    B    Um, I'm thinking of it. What're you?
3    A    Uh, marine geology is my major
```

Beim Abtesten der Gemeinsamkeiten zeigen die Teilnehmer eine Orientierung am 'face' (s. Fußnote 24, S. 93) des Gegenübers, das nicht mit sehr persönlichen Fragen oder unangemessenen Themen bedrängt wird (vgl. ebenda: 311). Die Sequenzen weisen damit einen rituellen Charakter auf (nach Goffman), insofern die Teilnehmer sich wechselseitiges Interesse und Wertschätzung anzeigen und auf das Ansehen der anderen

Person bedacht sind. Die Suche nach gemeinsamen Themen ermöglicht den Gesprächsteilnehmern zudem, Gemeinsamkeiten herzustellen („doing 'affiliation'" (Maynard & Zimmerman 1984: 313)), z.B. durch die Darstellung ähnlicher Interessen und Verbundenheit. Die zunächst distanzierte Beziehung der unbekannten Personen kann somit einen persönlichen und intimen Charakter bekommen.

Eine ähnlich testende Abfolge von Frage-Antwort-Sequenzen lässt sich auch im Austausch zwischen Max und Florian beobachten (Bsp. 5.2). Max fragt Florian, wo er wohnt (Z. 1), und Florian antwortet, dass er „in Bielefeld" (Z. 5) wohnt. Max schließt daran an und meint, dass er auch aus Bielefeld kommt und fragt Florian, ob er mit dem Auto oder der Bahn hergekommen sei (Z. 7-12). Florian antwortet, er sei mit dem Bus gekommen (Z. 16), woraufhin Max meint, dass er auch gerne Bus fährt (Z. 18-19). Das System holt somit persönliche Informationen über den Nutzer ein, und diese werden mit den von den Entwicklern implementierten 'biographischen' Informationen von Max verglichen. Ähnlich wie in Präsentationstexten, in denen sich Max als „künstliche Person" vorstellt (vgl. Abschnitt 4.3), präsentiert sich der Agent auch hier als ein Gegenüber mit Interessen und biographischem Hintergrund, damit werden nicht die technischen Grundlagen des Agenten hervorgehoben, sondern seine Sozialität. Gefundene Gemeinsamkeiten zwischen Max und Nutzer werden vom Agenten festgehalten, indem er betont, dass er auch aus Bielefeld komme (Z. 7-8) oder auch gerne Bus fahre (Z. 18-19). Damit etabliert der Agent eine Gemeinsamkeit zwischen Nutzer und Max und zeigt auf, dass er ein dem Nutzer ähnliches Wesen ist.

Max' Fragen stellen dabei jeweils einen Erwartungshorizont auf, und Florian erbringt mit den Antworten den geforderten zweiten Teil der Paarsequenz. Max schließt im folgenden (dritten) Redezug an den Beitrag von Florian an und führt dann in der darauf folgenden Frage ein neues Thema ein. Die einzelnen Beiträge weisen eine „three-part structure" (Sacks et al. 1974: 722) auf, durch die sequentielle Verknüpfung der Redebeiträge entsteht der Eindruck eines wechselseitigen Verstehens und einer gemeinsam geteilten Situationswahrnehmung. Nutzer und Max scheinen ihre Handlungen auf der Idealisierung reziproker Perspektiven aufbauen zu können (vgl. auch Kapitel 6 und 7).

Dieser Eindruck wird in den Zeilen 25-28 gebrochen. Während Max' vorherige Äußerungen immer auf die Antworten von Florian eingingen und der Agent anschließend eine neue Frage an den Nutzer stellte, beendet Max diesmal die Äußerung, ohne eine nächste Frage zu formulieren (Z. 18-19). Es kommt zu einer kurzen Pause und Florian fragt schließlich, ob Max auch gerne Bahn fahre (Z. 20-25). Max lobt Florian daraufhin, dass er eine gute Auffassungsgabe hätte (Z. 27). Auch diese Äußerung schließt an den vorherigen Beitrag an, insofern Max die gesamte Textnachricht von Florian bewertet. Allerdings bricht Max' Äußerung mit der Verstehensunterstellung, denn Max erkennt Florians Beitrag nicht als Frage und lässt auch keinen inhaltlichen Anschluss erkennen. Max' schiefer Anschluss in Zeile 27 (der Begriff schiefer Anschluss wird im Abschnitt 7.2 erläutert) an die Nachricht von Florian verweist auf die Grenzen des Systems. Dabei wird in doppelter Hinsicht mit der Herstellung von Gemeinsamkeiten gebrochen: Erstens kann aufgrund der schiefen Äußerung keine Idealisierung gemeinsamen Verstehens und reziproker Situationsdeutung unterstellt werden. Zweitens können Max und Florian keine Gemeinsamkeit in Bezug darauf feststellen, ob sie gerne Bahn fahren.

Florian markiert Max' schiefe Äußerung als Bruch mit den von ihm unterstellten Erwartungsstrukturen. Seine Irritation und Belustigung zeigen sich in seinem Lachen (Z. 28). Florians nächste Nachricht „ja ja" (Z. 31) kann dabei sowohl als Zustimmung gelesen werden, mit der er auf den Themenwechsel von Max eingeht und das schiefe Anschlussverhalten des Agenten ignoriert, als auch als ironischer Kommentar, mit dem er auf das begrenzte Verstehen des Systems verweist.

Auffällig ist an diesem Beispiel zudem, dass sich Florian bei der Entwicklung des Gesprächsthemas zurückhält. Er antwortet in Ellipsen, die unnötige Informationen weglassen, z.B. „in Bielefeld" (Z. 5) und nicht „ich wohne in Bielefeld". In Zeile 14 löscht er sogar das Wort „Mit" und schreibt nur „Bus". Florian passt sich stark an die Vorgaben des Systems an und scheint durch zurückhaltendes Verhalten und Minimalantworten Verstehensproblemen vorzubeugen.[4] Florian überlässt sozusagen dem Programm die Verantwortung für die Themeninitiation und wartet ab, was das Programm zu bieten hat. Brüche im Kommunikationsstil von Max werden dabei nicht thematisiert. Florian lacht über den schiefen Anschluss von Max (Z. 28), und seine nächste Nachricht stimmt

---

[4]Die kurzen Textnachrichten verweisen auch darauf, dass der Nutzer daran orientiert ist, kurze Beiträge zu schreiben, da diese schneller zu tippen sind (mehr dazu s. auch Abschnitt 8.2).

Max zwar zu, hat aber durch das vorherige Lachen und auch durch die doppelte Zustimmung „ja ja" (Z. 31) einen ironischen Unterton. Max erkennt diesen Unterton nicht, sondern stimmt der Nachricht von Florian zu (Z. 33). Florian grinst, führt dann jedoch das Gespräch mit Max weiter fort, als gäbe es keine Störung (Z. 34-36). Damit wird der schiefe Anschluss als Eigenart des Agenten akzeptiert. Max wird nicht als ein dem Nutzer ähnlicher Fremder behandelt, sondern als ein Gegenüber, dem andere Kommunikationsfähigkeiten unterstellt werden. Florians Grinsen kann Max nicht wahrnehmen. Es scheint daher an das Publikum gerichtet zu sein, dem es sozusagen signalisiert, dass Florian Max durchschaut hat, aber weiterhin 'mitspielt'. Damit distanziert sich Florian von einem ernsthaften Austausch mit Max. Gleichzeitig wird deutlich, dass Florian einen doppelten Aufmerksamkeitsfokus hat: Er adressiert Max und das Publikum und bezieht diese unterschiedlich in den hybriden Austausch ein (mehr dazu s. Abschnitt 5.4).

Nicht nur Max stellt den Nutzern Fragen, auch alle Nutzer im Datenmaterial stellen Max Fragen. Diese Fragen können, wie oben dargestellt, teilweise mit den Informatikern oder anderen sozialen Akteuren vor Ort geklärt werden oder mit Max selbst. Die Fragen der Nutzer an Max variieren von offenen Fragen wie „Wer bist du?" oder „Was kannst du?", zu spezielleren Fragen wie z.B. „Hast du Hunger?", „Kannst du singen?", „Kannst du tanzen?" oder „Hast du eine Freundin?". Dabei zeichnen sich die Fragen häufig durch ihren Alltagsbezug aus. Grob können Fragen unterschieden werden, die Max als soziales Wesen konstruieren („Kannst du tanzen?", „Kannst du singen?", „Wie alt bist du?", „Hast du eine Freundin?"), Fragen zu seiner Funktion („Was kannst du?" oder „Wozu bist du da?") sowie Aufforderungen, mit denen die Fähigkeiten des Systems abgetestet werden („Wink mal!", „Sag mal XY." oder „Kannst du mich sehen?"). Die Grenzen sind oft fließend. Dabei weisen die Texte an und über Max häufig ein sehr eigenes 'recipient design' auf. Die Fragen „Wer bist du?" und „Wie funktionierst du?" oder „Was kannst du?" zeigen, dass die Nutzer Max als Gegenüber nicht einschätzen können, sie haben noch keine Kategoriensysteme, in die sie ihn einordnen können. Gleichzeitig unterstellt die Frage, dass Max sie beantworten kann, er wird somit als kommunikatives Gegenüber behandelt. Die Fragen schreiben somit Max immer wieder soziale und kommunikative Kompetenzen zu und verweisen auch immer wieder auf technische Grundlagen. Die Nutzer überprüfen mit ihren Fragen, inwieweit sich typische und häufig

5.3 Der Test auf Gemeinsamkeit

alltägliche Kategoriensysteme auf den Agenten anwenden lassen. Sie loten damit die Fähigkeiten des Agenten aus und versuchen ihm sozusagen einen Platz in schon bestehenden Deutungsmustern zu geben.

Die Fragen verweisen auf die Unsicherheit der Nutzer, als was für ein Gegenüber sie Max behandeln sollen. Ähnlich wie die Testpersonen in der Studie von Maynard und Zimmerman testen Nutzer und Max somit die Gemeinsamkeiten ab, die zwischen ihnen bestehen. Der Unterschied liegt jedoch darin, dass die Studierenden gemeinsame Interessen abtesten und dabei die Sozialität des anderen unterstellen, während die Nutzer Max daraufhin testen, wie ähnlich das Artefakt ihnen (dem Menschen) ist. Die Fragen der Nutzer geben dem Agenten dabei häufig einen 'Sozialitätsvorschuss', indem sie den Agenten anthropomorphisieren und so tun, als sei er ein soziales Gegenüber, das z.B. eine Freundin hat. Dieser Vorschuss steht jedoch auf dem Prüfstand und kann aufgrund der Antwort des Agenten zurückgenommen werden. Das 'recipient design', das die Nutzer Max zuschreiben, wechselt dabei häufig von Frage zu Frage.

Der testende Charakter der Fragen der Nutzer zeigt sich im folgenden Beispiel, in dem die Frageabfolge schon den Anschein einer Testreihe erweckt. Dabei nimmt Tanja während des Austauschs auch Kontakt zu ihrem Freund Chris auf, der hinter ihr in den Publikumsreihen steht.

Transkript 5.5: Abtesten von Gemeinsamkeit im hybriden Austausch (Tanja)

```
01   TX     *Hast Du Hunger?*
02   T      ((legt rechte Hand vor die TS, schaut zu Max))

03   M      das darf ich l↑EIder nicht <<schüttelt den Kopf>
04          verra:ten.>

05          [(1.5)
06   T      [((schnalzt mit der Zunge, schaut kurz nach vorne,
07             hält inne, blickt auf TS, öffnet kurz linke Hand))

08   txT    M a g s t   D u   P i z z a ? /
09   TX     *Magst Du Pizza?*
10   T      ((Blick: Max))
11   M      <<hebt beide Arme leicht an> tut mir l↑eid ich kann
12          h↑ier nicht weg.>
```

```
13   M     [((nimmt Arme wieder runter))
14   T     [((kichert leise mit zusammengepressten Lippen,
15            schaut kurz nach hinten zu Chris))

16   T     ((blickt auf TS, dreht beide Hände etwas nach oben
17          und öffnet sie kurz, bewegt rechte Hand über die TS))
18         <<summend> hm::: hm>

19   ...   ((Auslassung von ca. 10 Sekunden:
             In dieser Zeit schreibt Tanja das Wort 'Spaghetti'. Sie
             tippt zunächst 'Spagetti', dann tauscht sie sich mit Chris
             darüber aus, ob man 'Spaghetti' mit 'h' schreibt. Sie fügt
             das 'h' ein, sendet den Text ab und schaut Max an.))

20   txT   *Spaghetti?*
21   M     <<bewegt rechte Arm kurz nach vorne> dAS ist eine
22         g↑u:te frage- (--)>
23   T     ((Blick: TS)) <<bewegt ein paar Finger der abgelegten
24         linken Hand mehrmals nach oben, summend> hm::::::::>
25         ((tippt))
26   txT   H a s t   D u   G e s c h w i s t e r ? /
27   TX    *Hast Du Geschwister?*
```

Auf Tanjas Frage, ob er Hunger habe, antwortet Max, dass er dies leider nicht verraten dürfe (Z. 3-4). Tanja schnalzt daraufhin mit der Zunge und zeigt sich ratlos (Z. 6-7). Ihre Reaktion lässt auf eine Ungeduld und auf einen Unmut schließen. Die Reaktion des Agenten scheint nicht ihren Erwartungen zu entsprechen. In den nun folgenden Beiträgen schlüsselt sie ihre anfänglich offene Frage, ob Max Hunger hat, nach spezifischen Gerichten auf. Dabei vereinfacht sie ihre Anfrage zudem sprachlich. Während sie zunächst fragt, ob Max Pizza mag (Z. 9), fragt sie das nächste Gericht, Spaghetti, nur noch als Stichwort ab (Z. 20). Es kommt somit zu einer zweifachen Reduktion von Komplexität: Das Konzept Hunger wird in bestimmte Gerichte aufgeschlüsselt, und die Anfrage selbst wird immer einfacher, bis dem Agenten nur noch ein Stichwort übermittelt wird.

Die simplifizierenden Reformulierungen von Tanja können als Selbstkorrekturen verstanden werden (vgl. Bergmann 1981b und Schegloff 1992 sowie Kapitel 8). Sie deutet damit auf ein Verstehensproblem im Austausch mit Max hin und verortet dieses in ihren Textnachrichten, die sie immer weiter vereinfacht und somit als 'zu kompliziert' deutet. Mit dieser Simplifizierung geht zudem eine Veränderung der kommunikativen Fähigkeiten einher, die Tanja Max unterstellt. Die wechselnden Gerichte deuten daraufhin, dass Tanja einzelne Schlüsselwörter auf ihre Anschlussfähigkeit im Dialogsystem überprüft. Max wird im Verlauf des

Tests zunehmend verdinglicht. Dies zeigt sich auch daran, dass Tanja die Äußerungen von Max lediglich daraufhin zu prüfen scheint, ob sie an die vorherigen Kontexte ihrer Nachrichten anschließen. Max äußert z.B. auf die Frage, ob er Pizza mag, dass er leider nicht weg kann (Z. 11-12). Diese Äußerung könnte auch dahin gehend gedeutet werden, dass er gerne Pizza mag, aber nicht zu einem Restaurant mitkommen kann. Tanja deutet die Äußerung jedoch als 'Nicht-Verstehen', denn sie fragt mit der nächsten Nachricht ein weiteres Gericht ab. Sie hält damit weiterhin die Möglichkeit offen, dass Max antworten könne, sie aber das falsche Gericht abgefragt habe. Dadurch entsteht der Eindruck einer Testreihe, da Tanja verschiedene Punkte zum Thema Essen abfragt und sich danach einem neuen Themengebiet („Hast Du Geschwister", Z. 27) zuwendet.

Auffällig ist auch der ambige Charakter der Fragen. Auf der einen Seite zeigen die Vereinfachungen der offenen Fragen zu spezifischen Fragen, dass Tanja die kommunikativen Fähigkeiten von Max geringer einschätzt als zuvor. Auf der anderen Seite fragt sie ihn aber nach Fähigkeiten des Alltags, die eine soziale und kulturelle Kompetenz voraussetzen, sie unterstellt ihm, das Konzept Hunger zu kennen, genauso wie Pizza und Spaghetti. Auch die Frage nach den Geschwistern (Z. 27) anthropomorphisiert Max, insofern ihm familiäre Beziehungen unterstellt werden. Die Fragen testen somit Max' soziale Kompetenzen ab, die an menschlichen Lebensgeschichten und Fähigkeiten gemessen werden, und gleichzeitig werden seine kommunikativen Fähigkeiten getestet, d.h. ob er die Fragen versteht und daran anschließen kann. Die Fragen erscheinen wie Angebote, die Max, je nachdem wie er antwortet, die Möglichkeit geben, ein Gegenüber zu sein, das man anthropomorphisieren kann, weil ihm entsprechende soziale Kompetenzen zugeschrieben werden können oder auch nicht.

Während die Simplifizierungen Max immer weniger soziale und kommunikative Kompetenzen zuschreiben und zunehmend als programmiertes Artefakt behandeln, wird das 'recipient design' gegenüber Max mit der Frage nach den Geschwistern wieder geöffnet (Z. 27). Dieser Themenwechsel gibt Max sozusagen eine 'zweite Chance', sich auf einem anderen Gebiet als kompetenter Gesprächspartner zu erweisen. Diese relativ abrupten Themenwechsel sind häufig im Austausch mit Max zu beobachten. Deuten die Nutzer die Äußerungen des Agenten als nicht anschlussfähig, wenden sie sich häufig vom aktuellen Themenfeld ab und eröffnen ein neues. Sie testen Max damit auf eine neue 'membership category' und eine weitere mögliche Gemeinsamkeit, die zwischen Nutzer und Max bestehen könnte. Dieses Auf- und Abwerten der sozialen und kommunikativen Fähigkeiten des Agenten, bei dem die Nutzer dem Agenten immer wieder von neuem einen Verstehens- und Sozialitätsvorschuss geben, lässt sich in vielen Beispielen beobachten und verweist auf den testenden Charakter des Austauschs.

Der testende Charakter zeigt sich auch darin, dass die Nutzer die Anschlussreaktionen des Agenten auf ihre Fragen häufig kommentieren oder bewerten. Im obigen Beispiel schnalzt Tanja scheinbar enttäuscht mit der Zunge, als Max meint, dass er ihr das leider nicht verraten dürfe, und öffnet kurz die Hand, als würde ihr Max nichts geben, an das sie anschließen könnte (Z. 6-7 und 16-17). Max' nächste Äußerung kommentiert sie mit einem Kichern (Z. 14-15), und in den Zeilen 23-27 zeigt ihr ratloses Verhalten und der anschließende Themenwechsel, dass sie die Äußerung von Max als nicht anschlussfähig bewertet. Diese kommentierenden Bewertungen sind immer wieder im Austausch mit Max zu beobachten. Häufig bewertet auch das Publikum, z.B. durch Lachen oder Einwürfe, den Austausch (auf die Reaktionen des Publikums geht Abschnitt 5.4 ein). Auffällig an diesen kommentierenden Reaktionen ist, dass sie nur in sehr seltenen Fällen an Max weitergegeben werden. Die Nutzer schließen ihn damit aus Interpretationsprozessen aus und behandeln ihn nicht als gleichwertiges Gegenüber.

Zusammenfassend kann festgehalten werden, dass sich Nutzer und Max als Fremde gegenüberstehen und sich auf ihre Gemeinsamkeiten testen. Max und Nutzer behandeln sich dabei wechselseitig als fremd und als andersartig. Max stellt sich selbst als ein ungewohntes Gegenüber dar, er fordert immer wieder zum Dialog mit ihm auf und verweist in bedienungsartigen Anleitungen auch auf seinen technischen Hintergrund. Gleichzeitig werden in Frage-Antwort-Sequenzen Gemeinsamkeiten mit dem Nutzer hervorgehoben, indem das System sich als soziale Person mit biographischem Hintergrund darstellt. Ähnlich wie die Analyse im Abschnitt 4.3 herausstellte, zeigt sich auch hier der unentschiedene Charakter des Agenten, der zwischen menschenähnlichem, sozialem Gegenüber und technischem Artefakt changiert. Dies verweist auch auf die Eigenartigkeit des Agenten und seine Andersartigkeit im Vergleich mit sozialen Akteuren. Auch die Nutzer behandeln Max als fremdes und andersartiges Gegenüber. Die Nutzer testen Max in Frage-Antwort-Sequenzen auf seine kommunikativen, sozialen und technischen Eigenschaften. Dabei steht der Agent sozusagen auf dem Prüfstand und erweist sich in seinen Anschlussreaktionen als menschenähnliches Gegenüber oder nicht. Nutzer und Agent etablieren damit selbst den hybriden Charakter des Austauschs, da sie sich wechselseitig als andersartig behandeln und gleichzeitig in einen Austausch miteinander treten, in dem Grenzen und Gemeinsamkeiten ausgehandelt werden.

Überdies sind in den Austausch auch immer wieder die anderen Personen am Stand involviert, auf deren Deutungsmuster die Nutzer zurückgreifen oder mit denen sie gemeinsam das Verhalten von Max interpretieren. Es handelt sich somit nicht um einen isolierten Nutzer, der sich Max aneignet, sondern um eine kollektive Aneignung eines fremden Artefakts.

5.4 Teilnahmestrukturen zwischen zwei Welten

Betrachtet man die oben aufgeführten Beispiele, so zeigt sich, dass sich die Situation am Stand durch eine besondere Teilnehmerstruktur und daran gebundene Teilnahmemöglichkeiten auszeichnet. Max steht allein, dem Nutzer zugewandt und geht von einem Dialog mit einer isolierten Person aus. Sein eigenes Umfeld im virtuellen Raum und auch die Situation des Nutzers nimmt er nur begrenzt wahr. Der Nutzer ist dagegen in eine Situation mit Publikum eingebunden, das er auch während des Austauschs mit Max immer wieder adressiert. Das Publikum ist ein besonderes Merkmal der Aufnahmesituation: Max wurde auf dem Event in einem öffentlichen Raum präsentiert und damit einem breiten Publikum zugänglich. Der Austausch mit Max kann natürlich auch ohne Publikum stattfinden. Allerdings zeigen die vorliegenden Daten, dass die kognitionswissenschaftliche Annahme von einem Austausch zwischen einem System und *einem* Nutzer, nicht immer mit den Situationen zusammenfallen muss, in denen sich der Nutzer befindet. Diese Erkenntnis kann auch auf andere computerbasierte Technologien übertragen werden. Gerade die Arbeiten der Workplace Studies zeigen, dass computerbasierte Technologien häufig an Arbeitsplätzen angewendet werden, an denen andere Akteure präsent sind (vgl. Knorr-Cetina & Brügger 2005, Goodwin & Goodwin 1998, Heath & Luff 1998, s. auch Haase 2005). Für die Entwicklung computerbasierter Technologien sollte daher die mögliche Anwesenheit eines Publikums mit in Betracht gezogen werden (s. dazu auch das Modell im Abschnitt 7.3).

Die in dieser Arbeit erhobene Situation lässt sich mit dem Konzept des Teilnahmerahmens („participation framework" (Goffman 1981a: 137)) beschreiben. Goffman kritisiert in dem Aufsatz „Footing" (1981a) das traditionelle Dialogmodell von Sprecher und Hörer. Interaktionen, so Goffman, sind keine Dialoge zwischen zwei Personen, von der eine ihre Gedanken/Gefühle ausdrückt und die andere zuhört. Vielmehr finden Interaktionen immer in einer sozialen Situation statt, in der meist mehrere Personen anwesend sind. Die verschiedenen Personen stehen in unterschiedlichen Beziehungen zu ihren eigenen Handlungen und denen der anderen. Dies bezeichnet er mit dem Begriff 'footing': „the alignment we take up to ourselves and the others present as expressed in the way we manage the production or reception of an utterance" (ebenda: 128). Die Art und Weise, wie Interaktionsteilnehmer an eigene Handlungen und auch die der anderen anschließen und wie sie diesen Handlungen verbunden sind, hängt von der jeweiligen Verbundenheit des Individuums an diese Äußerung ab und kann sich im Verlauf der Interaktion ändern („change in footing" (ebenda)).

Ausgehend von diesen Überlegungen entwickelt Goffman verschiedene Begriffe, mit denen die komplexen Beziehungsstrukturen und Verbundenheiten der Personen zueinander und zu einzelnen Handlungen beschrieben werden können. Dazu differenziert er den oben genannten Teilnahmerahmen der gesamten Situation und den „participation status" (Goffman 1981a: 137 – Teilnahmestatus), den der Einzelne zu einer eigenen Äußerung oder der eines anderen einnimmt.[5] Anwesende Personen werden in ratifizierte und nicht ratifizierte Teilnehmer einer Interaktion unterschieden (vgl. ebenda 130-137). Wer zu den ratifizierten Teilnehmern zählt, wird innerhalb der Interaktion selbst entschieden, dabei können auch Personen aufgenommen oder ausgeschlossen werden. In größeren Gruppen können zudem einzelne Personen adressiert werden und andere nicht. Goffman betont, dass die meisten Interaktionen während der Anwesenheit von Außenstehenden („bystanders" (ebenda: 132)) stattfinden, die nicht ratifizierte Teilnehmer der Situation sind, aber dennoch visuellen oder akustischen Zugang zum Kommunikationsgeschehen haben. Außenstehende können die Kommunikation anderer mehr oder weniger

---

[5] „The relation of any one such member to this utterance can be called his 'participation status' relative to it, and that of all the persons in the gathering the 'participation framework' from that moment of speech." (Goffman 1981a: 137)

gewollt mithören („overhearing") oder aber heimlich belauschen („eavesdropping"(ebenda)).

Parallel zur „dominating communication" können untergeordneten Kommunikationen („subordinate communications" (ebenda: 133)) stattfinden. Dazu zählen das „byplay", untergeordnete Kommunikationen zwischen ratifizierten Teilnehmern, das „crossplay", ein Austausch zwischen ratifizierten Teilnehmern und Außenstehenden, sowie das „sideplay", ein Gespräch zwischen zwei Außenstehenden (ebenda: 134). Die Teilnahmestrukturen und -möglichkeiten können abhängig von situativen Rahmungen komplexer werden, z.B. wenn Interaktionen vor einem Publikum stattfinden oder technisch vermittelt werden.

Goffman dekonstruiert nicht nur den Begriff des Zuhörers, sondern auch den des Sprechers. Der Begriff „production format" (Goffman 1981a: 145) verdeutlicht, dass Äußerungen nicht immer nur die Meinungen und Gefühle des Sprechers wiedergeben. Als „animator" (ebenda: 144) bezeichnet er die Person, die spricht. Der Animateur ist jedoch nicht immer der „author" (ebenda) seiner Äußerung, sondern kann auch die Äußerungen eines anderen wieder, z.B.: „Mama hat gesagt, dass du abwaschen sollst." Personen können auch von anderen Personen vertreten werden. Ein Pressesprecher spricht z.B. im Auftrag einer anderen Person, eines „principal" (ebenda), für den die Äußerungen Konsequenzen haben. Goffman beobachtet des Weiteren, dass innerhalb narrativer Darstellungen häufig Figuren („figure" (ebenda: 147)) belebt werden, die als Handelnde, z.B. in Theaterstücken oder Erlebnisberichten, auftreten. Dabei unterscheidet Goffman natürliche Figuren, wie Menschen oder Tiere, die lebendig sind und denen eine kontinuierliche Identität unterstellt wird, von erfundenen Figuren, deren Lebensgeschichten und Handlungen von einem anderen ausgedacht wurden (vgl. auch Goffman 1980: 562-601).

Ausgehend von diesen Ausführungen stellt sich die Frage, wie die Teilnahmestrukturen im hybriden Austausch beschrieben werden können. Während der Nutzer das Publikum als ratifizierten Teilnehmer einbinden kann, nimmt Max das Publikum gar nicht wahr. Zudem stellt sich die Frage, ob Max Autor oder Animateur seiner Äußerungen ist. Dabei muss zudem berücksichtigt werden, dass sein Dialogsystem auf dem Kommunikationsmodell (zwei isolierte Teilnehmer tauschen als Hörer und Sprecher jeweils ihre Meinungen/Gefühle etc. aus) beruht, das Goffman kritisiert.

Doppelte Ausrichtung – Orientierung des Nutzers an Publikum und Max

Die Situation des Nutzers zeichnet sich dadurch aus, dass er den Austausch mit Max vor einem Publikum gestaltet. Dabei zeichnet sich der hybride Austausch durch das Zusammentreffen von zwei differenten Vorstellungen über die Teilnahmestrukturen am Stand aus. Wie schon angemerkt, befinden sich Max und Nutzer in grundsätzlich unterschiedlichen Situationen. Während Max nicht zeigt, dass er das Publikum wahrnimmt, zeigen die Nutzer eine Orientierung am Publikum. So wenden sich die Nutzer im Austausch mit Max häufig an das Publikum, indem Sie es z.B. ansprechen oder sich lachend zu ihm umdrehen. Diese doppelte Ausrichtung beobachten auch Knorr-Cetina & Brügger (2005) in ihrer Studie zu Finanzmärkten „Orientierungsaufspaltungen in der Interaktionsordnung" (Knorr-Cetina & Brügger 2005: 151). Die Finanzhändler sind in der Handelsetage den Computerbildschirmen zugewandt und in eine globale, elektronische Kommunikation involviert, gleichzeitig zeigen sie eine „sekundäre Orientierung" (ebenda) an den Handlungen ihrer anwesenden Kollegen und den Ereignissen vor Ort. Diese Orientierungsaufspaltung zeigt sich auch in den Situationen am Präsentationsstand. Rosmarie wackelt z.B. beim Herantreten an die Tastatur performativ mit den Fingern und signalisiert damit, dass sie den Austausch mit Max beginnt. (Es handelt sich dabei um einen Ausschnitt aus Bsp. 6.2, S. 151.)

Transkript 5.6: Publikumsorientierter Einstieg in den hybriden Austausch (Rosmarie - Ausschnitt)

```
01   R      <<geht zum Tisch> (dann mach ich) doch mal->
02          ((kommt an den Tisch, hebt die Hände, wackelt mit den
03   R      Fingern, [legt die Hände auf TS, tippt)) (Abb. 5.7)
04   M              [((verschränkt Hände hinter dem Kopf))
05   M      [((und streckt sich))
06   txR    [h a l l o [/
07   R                 [((Blick: Max))
08   TX     *hallo*
```

5.4 Teilnahmestrukturen zwischen zwei Welten

Abbildung 5.7: Rosmarie wackelt mit den Fingern (Z. 2-3).

Auch andere Nutzer zeigen im Austausch mit Max immer wieder eine Orientierung am Publikum, die durch leicht übertriebene Ausführungen von Handlungen sichtbar ist. René verabschiedet sich z.B. mit ausholenden Winkbewegungen von Max (s. Bsp. 6.12, S. 186, Z. 32-33, s. auch Abb. 6.15, S. 189). Einige Nutzer schlagen demonstrativ auf die Enter-Taste, wenn sie den Text abschicken und markieren damit eindeutig sichtbar, dass der Text beendet wurde. Häufig sprechen Nutzer ihre Textnachrichten beim Schreiben mit oder äußern Laute des Nachdenkens, teilweise gekoppelt an ein demonstratives An-die-Decke-Schauen, mit dem sie sich als Nachdenkende darstellen (s. Bsp. 5.10, S. 136, Z. 6 und 17, s. auch Abb. 5.10, S. 138). Andere verziehen demonstrativ das Gesicht (s. Bsp. 5.8, S. 133, Z. 7-8, s. auch Abb. 5.8, S. 133) oder kommentieren mit einem Schulterzucken oder Zungenschnalzen (s. Bsp. 5.5, S. 121, Z. 6) Äußerungen von Max als 'schief'. Auch werden Tippfehler häufig sprachlich markiert, z.B. mit einem „ups". Ähnlich wie bei „response cries" (Goffman 1981a: 136, und 1981d) stellen die Nutzer damit dem Publikum dar, dass ihre Handlung nicht beabsichtigt war.

Die Ausrichtung von Personen an einem Publikum beschreiben auch Clayman und Heritage in ihren Studien zu Nachrichteninterviews in Radio und Fernsehen (vgl. Heritage 1985, Clayman & Heritage 2002). Sie beobachten, dass die Interviewteilnehmer sich im Vergleich zu alltäglichen Interaktionen stark in ihrem Verhalten zurücknehmen. Die Interviewteilnehmer zeigen z.B. eine starke Orientierung an den erwarteten Rollenstrukturen (Interviewer und Interviewter) und den daran gebundenen Äußerungsformaten (Frage und Antwort). Zudem werden sprachliche Aufmerksamkeitsdarstellungen wie continuer (z.B. „mhm") oder Neuigkeitsmarker (z.B. „ach") unterlassen. Dieses zurücknehmende Verhalten verweist darauf, dass die Äußerungen nicht allein für die Interviewteilnehmer bestimmt sind. Vielmehr zeigen sie eine Orientierung an einer „overhearing [and overseeing (Anmerk. AK)] audience" (Heritage 1985: 95, s. auch Heritage & Greatbatch 1991: 130)[6] an.

Während die Interviewpartner sprachliche Handlungen unterlassen, betonen einige Nutzer im hybriden Austausch ihre verbalen Handlungen (vorheriger Austausch s. Bsp. 7.10, S. 212):

Transkript 5.7: Orientierung der Nutzerin am Publikum (Rosmarie)

```
01   TX   *ki*
02   R    ((Blick: Max))
03   M    ok↑EY <<bewegt linken Arm kurz nach vorne> d↑ann geht=s

04   M    los- (---) [du kannst mich
05   R               [((nimmt die Hände von der TS, richtet
06                     ihre Kleidung))

07   M    jederzeit unterbr↑echen> (-) um fr↑a:gen zu=stellen
08        oder=wenn=ich=etwas wiederh↓o:len so:ll-

09        [(2.0)
10   R    [((legt Hände auf TS, schaut kurz auf TS, dann zu Max))

11   M    ((legt rechte Hand auf die Brust)) ich <<nimmt Hand
12        runter> bin> eine künstliche intelliGENZ-

13        [(1.0)
14   R    [((nimmt Hände neben den Körper))

15   R    A=HA:-

16   M    [<<streckt linken Arm nach vorne aus>
17   R    [((zieht Mundwinkel kurz runter, Hände und Blick: TS))

18   M    w↑eil ich über die tasta[t↓u:r->
19   R                            [((Blick: Max))

20        (1.5)
21   M    ((streckt den linken Arm langsam zur Seite aus))
22        <<schaut nach links> und dieser> <<nimmt Arm runter>

23   M    ka:mera> [wahrnehmen=kann=und=mir=mit=meinem=WISSen
24   R            [((schaut in die Kamera, auf die Max deutet,
25                    und lächelt kurz sehr deutlich))
```

---

[6] Die Autoren arbeiten vor allem mit Tonbandaufnahmen und gehen auch bei Videoaufnahmen nicht auf die visuelle Ebene ein. Sie sprechen daher nur von einem mithörenden, aber nicht von einem beobachtenden Publikum.

5.4 Teilnahmestrukturen zwischen zwei Welten

```
26   M      [überl↑egen w↑AS=ich=zu dir sa:gen s↓oll.
27   R      [((blickt wieder zu Max, verzieht kurz lachend den
28                Mund, zuckt dabei kurz mit den Schultern))

29          (--)
30   R      A:-
31          (-)
32   M      <<hebt linken Arm kurz an> das wissenschaftliche

33   M      ZIEL> [ist es aber> nicht ↑Avatare] zu bauen-
34   R            [((Blick: TS))                ]

35   M      [(--) sondern mit systemen=(w|ie)=↑ich eines=bin
36   R      [((klopft mit den Fingern auf den Tisch))

37   M      (---) [mENschliche intelliGENZ zu verst↓ehn.
38   R            [((Hände und Blick auf TS))

39          ((Max spricht weiter und Rosmarie hört zu.))
```

Nachdem Rosmarie die Option „ki" ausgewählt hat (Z. 1), bereitet sie sich darauf vor, längere Zeit zuzuhören: Sie nimmt die Hände vom Tisch und ordnet ihre Kleider (Z. 5-6). Max beginnt die Präsentation mit einer kurzen Anleitung, was nun kommt und wie der Nutzer die folgende Präsentation mitgestalten kann: So fordert Max den Nutzer auf, ihn zu unterbrechen, falls er etwas nicht verstanden hat (Z. 4-8). Max macht nun eine Pause von ca. zwei Sekunden, in der Rosmarie ihre Hände auf die Tastatur legt, aber nicht lostippt (Z. 10). Sie zeigt damit ihre Bereitschaft an, in die Präsentation einzugreifen, wenn sich Fragen ergeben. Da sie nicht tippt und Max weiter anschaut, erweckt sie den Eindruck einer aufmerksamen und interessierten Zuhörerin. Auch während der folgenden Beitragsproduktion von Max (Z. 11-39) gibt Rosmarie keinen Text ein und zeigt sich aufmerksam. Dabei produziert sie zwei Mal Neuigkeitsmarker (Z. 15 und 30) und folgt Max' Geste mit einem Blick in die Kamera, mit dem sie ihm sozusagen in die Augen schaut (Z. 27-25).[7] Ihr leicht übertriebenes Grinsen kommentiert sie kurz darauf durch ein Schulterzucken (Z. 24-28) und distanziert sich damit von der eigenen Handlung. In Zeile 36 sind eindeutige Anzeichen von Ungeduld zu sehen, als sie mit den Fingern auf den Tisch klopft. Sie tippt aber weiterhin keine Nachricht an Max.[8]

---

[7]Anzumerken ist, dass Max auf die falsche Kamera zeigt, dem Programm wurde versehentlich der Standort der Forschungskamera und nicht der Kamera des Systems eingegeben.

[8]Diese Ungeduld erklärt sich einerseits durch den langsamen Sprechrhythmus von Max, andererseits könnte sie sich auch durch ein unpassendes 'recipient design' er-

Max kann die verbalen und nonverbalen Darstellungen von Rosmarie nicht wahrnehmen. Rosmarie demonstriert sich somit vor allem für ein Publikum als aufmerksame und interessierte Zuhörerin. Durch die leicht übertriebene Darstellung ihrer Aufmerksamkeit entsteht der Eindruck, als würde sie dem Publikum eine 'Interaktion mit Max' vorspielen. Dieser Eindruck wird auch dadurch verstärkt, dass sie Textnachrichten an Max zurückhält und dadurch einen problemlosen Austausch mit Max ermöglicht, der in seinen Ausführungen z.B. nicht unterbrochen wird. Gleichzeitig sind auch immer wieder kommentierende Handlungen zu beobachten, wie das Fingerklopfen (Z. 36), mit dem sie Max' Beitrag als langwierig kommentiert.

Während in den Nachrichteninterviews die Teilnehmer ihr kommunikatives Verhalten zurücknehmen, um eine Orientierung am Publikum zu zeigen, zeigt sich die Orientierung der Nutzer am Publikum im Austausch mit Max durch leicht übertriebene Darstellungen ihres Verhaltens. Dabei zeichnet sich die doppelte Orientierung der Nutzer durch eine Gegenbewegung aus. Gegenüber dem Programm halten sie erklärende Handlungen zurück und produzieren relativ einfache Texte 'ohne Schnörkel'. Für das Publikum sichtbar, rahmen sie den hybriden Austausch durch leicht übertrieben ausgeführte Handlungen oder starke mimische Darstellungen, durch welche sie dem Publikum ihr Handeln als 'accountable' (nach Garfinkel) darstellen. Diese Handlungen scheinen dabei häufig auch als Technik der Rollendistanz („role distance" (Goffman 1972b: 95)) genutzt zu werden, mit der Akteure, für andere sichtbar, eine Differenz zwischen ihrer aktuellen situativen Rolle und sich als Individuum darstellen.[9] Mit diesen Techniken verweisen die Nutzer darauf, dass sie im Austausch mit Max die Rolle des Nutzers einnehmen und die 'Interaktion' mit Max nur 'vorspielen'.

---

klären. Rosmarie hat sich schon als eine Art Expertin dargestellt, da sie die Abkürzung „ki" verwendete. Max' Darstellungen sind aber sehr allgemein gehalten und sprechen einen Laien an.

[9]Goffman (1972b) exemplifiziert dies u.a. am Beispiel von Eltern, die mit ihren zweijährigen Kindern Karussell fahren. In der Art und Weise, wie sich die Eltern neben ihr zweijähriges Kind auf das Karusell stellen, distanzieren sie sich von ihrer Rolle als Karussellfahrer und verdeutlichen, dass sie zudem aufmerksame Eltern sind, die z.B. aufpassen, dass das Kind nicht vom Pferd fällt (vgl. ebenda: 93-98).

5.4 Teilnahmestrukturen zwischen zwei Welten

Abbildung 5.8: Tina beugt sich vor und verzieht das Gesicht (Z. 4-8).

Vergemeinschaftung und Exklusion – Max als Unperson?

Das Publikum wird von den Nutzern als ratifizierter Teilnehmer behandelt, hat jedoch einen besonderen Teilnahmestatus, da es nicht direkt mit Max spricht und von diesem auch nicht wahrgenommen wird. Im Gegensatz zu Nachrichteninterviews im Radio oder Fernsehen kann sich das Publikum in den Austausch einbringen oder vom Nutzer adressiert werden. Häufig nimmt das Publikum die Rolle eines Kommentators ein. Diese Kommentare sind an die anderen Zuschauer und den Nutzer gerichtet. Max kann sie nicht wahrnehmen. Dies zeigt sich im folgenden Beispiel, in dem eine Person aus dem Publikum – die Person mit der Mütze, die in der Abbildung 5.8 rechts hinter der Nutzerin Tina steht – eine kommentierende Äußerung von sich gibt (Z. 5).

Transkript 5.8: Bewertungen durch das Publikum (Tina)

```
1    T    *Wie gefällt dir Bielefeld*
2    M    <<hebt linken Arm kurz an> dazu

3    M    [sa:g ich mal lieber nichts. (--)>
4    T    [((blickt zu Max, beugt sich kurz nach vorne
          [(Abb. 5.8 a/b))

5    P    <<sehr kurz> HA> ((dreht sich um und geht))

6    ?    o::[:h::.
7    I       [((zieht die Mundwinkel runter und die Augenbrauen
8              hoch)) (Abb. 5.8 c)
```

Tina fragt Max, ob ihm Bielefeld gefällt (Z. 1). Der Agent erwidert, dass er dazu „mal lieber nichts" sagt (Z. 2-3). Diese Aussage wird von einer Person im Publikum mit einem kurzen „HA" (Z. 5) und etwas später von einer anderen Person mit einem traurigen „o:::h::" (Z. 6) kommentiert.[10] Beide Personen scheinen enttäuscht über die Antwort von Max zu sein. Ähnlich wie die Handlungen der Nutzer zeigen auch die Kommentare aus dem Publikum eine Orientierung an den anderen Beobachtern, da sie gut hörbar und leicht übertrieben hervorgebracht werden. Die Kommentare des Publikums und die Reaktionen der Nutzer setzen häufig gleichzeitig ein, teilweise scheinen auch Kommentare des Publikums Reaktionen beim Nutzer – oder anders herum – zu evozieren. Tina verzieht z.B. mit kurzer Verzögerung ihr Gesicht (Z. 7-8, s. Abb. 5.8) und scheint mit ihrer Mimik in den Kommentar der zweiten Person bestätigend einzustimmen. Sie zeigt damit eine Orientierung am Publikum.

Kommentare des Publikums, wie Ausrufe oder Lachen, sind immer wieder im Material zu finden. Häufig reagieren auch die Nutzer darauf, indem sie mitlachen, sprachlich darauf reagieren und/oder ihre Textproduktion an den Äußerungen aus dem Publikum ausrichten. Auch hier zeigt sich noch einmal die Ähnlichkeit zu den Studien über die Aneignung von Kunstobjekten im Museum (s. oben). Die Aneignung und Deutung von Max werden im situativen Geschehen am Stand immer wieder gemeinsam mit dem Publikum oder einzelnen Personen aus dem Publikum gestaltet.

Einige Personen aus dem Publikum adressieren auch den Nutzer, z.B. wenn eine Person ihm zuruft, was er schreiben soll. In diesen Fällen kommt es häufig zu Formen gemeinsamen Schreibens, insofern der Nutzer die Vorschläge aus den Publikumsreihen übernimmt. So unterbreitet Sanije Linda z.B. einen Textvorschlag (Bsp. 5.1, S. 107, Z. 65-67, s. auch Abb. 5.6, S. 111). Auch der Nutzer richtet sich teilweise an das Publikum und fordert es auf, ihm zu helfen. Im folgenden Beispiel dreht Tanja sich, während sie mit Max kommuniziert, zu ihrem Freund Chris um, der hinter ihr in den Publikumsreihen steht. (Es handelt sich dabei um einen Ausschnitt aus dem Bsp. 7.11, S. 216.)

---

[10]Leider sind die Kommentatoren häufig nicht im Bild sichtbar, da sie außerhalb des 'Sichtfeldes' der Kamera standen. Allerdings lässt der zeitnahe Anschluss der Kommentare an Max' Äußerung darauf schließen, dass sie sich auf diese beziehen.

5.4 Teilnahmestrukturen zwischen zwei Welten

Transkript 5.9: Einbeziehung von Personen aus dem Publikum in den hybriden Austausch (Tanja - Ausschnitt)

```
01  TX    *Was kannst Du denn noch ?*
02  T     ((legt Hände vor die TS, schaut langsam zu Max))
03  M     also tan|(j)a <<stockend> ich kann dir schon
04        versch↓iedene sachen erkl↑ären und mich ein
05        bisschen mit dir [unterh↓a:lten->
06  T                      [((öffnet kurz linke Hand))

07        [(1.5)
08  T     [((dreht sich zu Chris, lässt linken Arm vom Tisch
09          fallen und sackt dabei leicht mit dem Körper ein))

10  C     frag=mal=ob=(er=s) kaffee kocht. ((grinst))
11  T     WAS?

12  C     fra:g mal (ob es) [kaffee kocht. ((grinst))
13  T                       [((hebt linken Arm))

14  T     ((dreht sich zur TS, blickt auf TS, tippt))
15  txT   K o c h s t   D u   K a f f e e

16        [? /
17  ?     [<<leise> hahahahahaha:>)

18  TX    [*Kochst Du Kaffee?*
19  T     [((blickt zum TX, legt Hände vor TS)))
```

Nachdem Max auf ihre Textnachricht reagiert hat, dreht sich Tanja zu Chris um und sackt in sich zusammen (Z. 8-9). Dieser deutet ihr Verhalten als Hilferuf und macht einen Textvorschlag, den sie auch übernimmt (Z. 10-18). Ähnlich wenden sich auch andere Nutzer häufig an Personen im Publikum, wenn der Austausch mit Max problematisch ist (vgl. auch Kapitel 8).

Die Nutzer übernehmen häufig die Äußerungen von anderen und schicken sie als Textnachricht an Max. Auffällig ist, dass der Nutzer übernommene Textvorschläge aus dem Publikum nicht als solche markiert. Tanja tippt nicht „Chris hat gefragt, ob du Kaffee magst." Die von Goffman (1981a) unterschiedenen „production format[s]" (ebenda: 145) einer Äußerung werden somit nicht im hybriden Austausch mit Max angewandt. Die Nutzer geben die Nachricht jeweils als ihre eigene aus und konstruieren sich damit Max gegenüber als ein einzelner, isolierter Nutzer. Dadurch passen sich die Nutzer an das Dialogmodell von Max an, das von einem Gespräch mit einem isolierten Nutzer ausgeht.

In dem Geschehen am Stand nehmen die Informatiker eine besondere Rolle ein, da sie häufig als Experten in den Austausch einbezogen werden. Im folgenden Beispiel möchte Oliver wissen, worüber sich Max gerne unterhalten will (Z. 8). Max hat dazu jedoch keine Meinung (Z. 10-11). Daraufhin wendet sich Oliver an die Informatiker und fordert sie auf, ihm weiterzuhelfen (Z. 18-21). Dabei behält Oliver, obwohl er sich den Informatikern zuwendet, weiterhin eine Orientierung am Publikum bei, die sich in seinen ausholenden Armbewegungen zeigt (Z. 18-21, s. auch Abb. 5.11). Max hingegen wird als abwesend behandelt:

Transkript 5.10: Einbindung der Informatiker und des Publikums in den hybriden Austausch (Oliver)

```
01  O     [((Blick: Max))
02  M     [<<hebt beide Arme leicht an> am liebsten=will=
03        ich=mich=mit=dir unterh↓a:lten> ((senkt die Arme))

04        [(1.5)
05  O     [((bewegt sich von einem Bein auf das andere))

06  O     hm::.. ((blickt auf TS, tippt))
07  txO   W o r ü b e r ? /

08  TX    [*Worüber?*
09  O     [((blickt über TX zu Max))

10  M     <<hebt rechten Arm kurz an, nickt> ↑a:lso:?
11        i:ch habe da: keine m↓einung zu. (--)>

12        [((einige Personen lachen))
13  O     [((fällt leicht in sich zusammen, lacht, grinst
14           dann breit)) (Abb. 5.9)

15        [(1.5)
16  O     [((bewegt sich von einem Bein aufs andere))

17  O     ö:::hm:: (Abb. 5.10) ((schaut sich zu I1 um))
18        <<macht ausholende Bewegung mit den Händen und bewegt
19        den Oberkörper rhythmisch> gesprÄ:CHsstoff (Abb. 5.11)

20  I1    [((lacht))
21  O     [((lacht, wiederholt die Bewegung zwei Mal betont))
```

5.4 Teilnahmestrukturen zwischen zwei Welten

```
22   O     ((schaut leicht lachend zu Max))
23   I1    o:ch wer=BIst=du ist immer gu:t ne-

24         ((Oliver lacht kurz, wendet sich der TS zu und tippt
25         'Wer bist du?'))
```

Die Informatiker werden immer wieder in den hybriden Austausch eingebunden oder bringen sich selbst ein. Sie werden damit als Experten behandelt, die über ein spezifisches Wissen über Max verfügen, bzw. stellen sich als solche durch ihr Handeln dar. Gleichzeitig werden sie auch als Verantwortliche von Max konstruiert, sie können in Vertretung von Max sprechen. Während der Pressesprecher im Auftrag eines „principal" (Goffman 1981a: 144) spricht, werden die Informatiker von den Nutzern beauftragt, für Max zu sprechen. Dies wird auch als „speaking for another" (Schiffrin 1993) bezeichnet – eine Technik, mit der der Sprecher auf seine besondere (z.B. intime) Beziehung zu der Person verweist, für die er spricht. Gleichzeitig heben die Sprecher dabei hervor, dass die Person, für die sie sprechen, 'mehr' ist als im Rahmen der aktuellen Interaktion offensichtlich wurde. Diese Praktiken werden auch bei Gesprächen mit Haustieren beobachtet (vgl. Bergmann 1988d, Tannen 2004) z.B. wenn das Verhalten eines Haustiers von dem Besitzer sprachlich interpretiert wird. Ähnlich werden auch die Informatiker zum Advokaten des Agenten, die sozusagen für ihn sprechen, wenn er nicht mehr kann. Häufig zeigen die Informatiker dabei eine Orientierung daran, den Agenten in einem 'besseren Licht' zu präsentieren, indem sie z.B. Textvorschläge machen, die das System gut erkennen kann, oder Erklärungen für das Verhalten des Agenten liefern. Sie schützen damit gewissermaßen das 'face' des Agenten.

Diese Verbindung zwischen Max und den Informatikern zeigt sich auch dann, wenn die Nutzer die Informatiker im Austausch mit Max implizit adressieren. Der Nutzer Jens blickt z.B. während einer längeren Beitragsproduktion von Max auf sein Handgelenk. Er tut dabei so, als würde er auf eine Uhr schauen. Mit seinem Blick kommentiert Jens die langsame Sprachgenerierung des Agenten. Dem Blick auf die imaginäre Uhr folgt ein kurzer Seitenblick zu den Informatikern, die er damit adressiert. Der Blick auf die imaginäre Uhr scheint die Informatiker dazu aufzufordern, an der Sprechgeschwindigkeit von Max zu arbeiten. Gegenüber Max erwähnt Jens diese Kritik nicht. Der Agent bleibt somit von diesen Handlungen ausgeschlossen.

Abbildung 5.9: Oliver lässt kurz die Schultern fallen und lacht (Z. 13-14).

Abbildung 5.10: „öhm" – Oliver denkt nach (Z. 17).

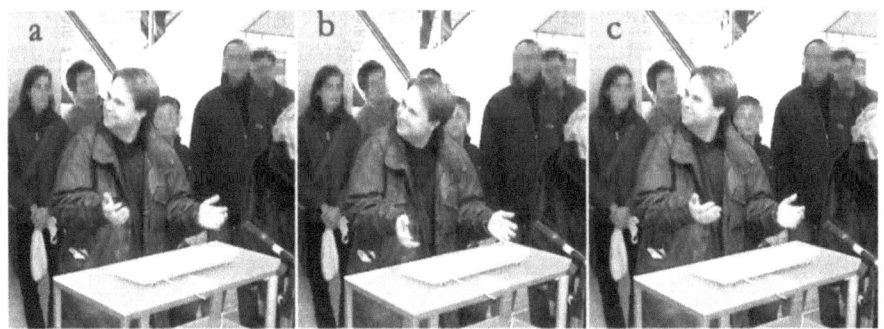

Abbildung 5.11: Oliver bittet um 'Gesprächsstoff' (Z. 18-19).

Die obigen Beispiele verdeutlichen, dass der hybride Austausch nicht nur von Nutzer und Max gestaltet wird, sondern von Max, Nutzer/n und dem Publikum bzw. einzelnen Personen aus dem Publikum, wie den Informatikern. Das Publikum kann als Kommentator auftreten und einzelne Personen aus dem Publikum können als Verbündete des Nutzers oder als Experten auftreten, die dem Nutzer zu Hilfe kommen. Dabei nimmt der Nutzer eine besondere Funktion ein, da er als 'Sprachrohr' den Text an Max weitergibt, während das Publikum aus 'sicherer Distanz' Vorschläge zuruft. Darin zeigt sich zudem das 'Risiko', das der Nutzer im hybriden Austausch eingeht, denn er steht unter Beobachtung und Kommentare können auch ihm gelten.

Das gemeinsame Lachen, das gemeinsame Schreiben oder Situationen, in denen Personen aus dem Publikum dem Nutzer aushelfen, scheinen eine vergemeinschaftende Wirkung zu haben, durch die ein 'Wir' von Nutzer und Publikum etabliert wird. Max ist von diesen vergemeinschaftenden Handlungen ausgeschlossen, er kann sie nicht wahrnehmen und wird häufig auch nicht mit einbezogen. Eine ähnliche Beobachtung macht auch Meier (2002) bei der Analyse von Videokonferenzen. Auch hier sind Vergemeinschaftungen jeweils zwischen den Akteuren eines Standorts zu beobachten. Die Akteure weisen in ihrem Verhalten eindeutig eine Orientierung an einem 'Hier', das gemeinsam geteilt wird, und einem technisch vermittelten 'Dort' auf, an dem die gemeinsame Teilhabe nur bedingt möglich ist. Dies zeigt sich gerade beim gemeinsamen Lachen, das sich nicht auf den anderen Standort überträgt (vgl. ebenda: 127f). Die Vergemeinschaftung vor dem Bildschirm begründet sich somit auch stark darin, dass man gemeinsam vor Ort ist.[11]

Das 'Wir' vor dem Bildschirm wird vor allem dann deutlich, wenn sich der Nutzer von Max abwendet und das Publikum direkt adressiert, wie im Beispiel 5.10 von Oliver, der sich dem Informatiker zuwendet, oder in Situationen, in denen vor dem Bildschirm über Max in dritter Person gesprochen wird. Häufig erscheint dieses 'Wir' auch als Vergemeinschaftung der menschlichen Akteure gegenüber dem technischen Artefakt.

Die Zuwendungen der Nutzer zum Publikum sind jeweils mit einem 'change in footing' verbunden: Das Publikum wird zum direkten Adres-

---

[11]Einzelne Nutzer versuchen Max über das Geschehen vor dem Bildschirm zu informieren, jedoch zeigen die anschließenden Reaktionen von Max kein Verstehen an. Max ist somit doppelt ausgeschlossen, erstens hat er keinen Zugang zu den vergemeinschaftenden Handlungen, zweitens kann er Einbindungsversuche nicht verstehen.

saten des Nutzers und Max als abwesend behandelt. Da der Nutzer das Publikum als ratifiziertes Gegenüber behandelt, können diese Nebengespräche als 'byplay' (nach Goffman) bezeichnet werden. Max geht hingegen von einem kontinuierlichen Dialog mit dem Nutzer aus. Luhmann stellt fest, dass sich soziale (d.h. zwischenmenschliche) Interaktionssysteme durch die Anwesenheit anderer auszeichnen, über die man nicht spricht (vgl. Luhmann 1975c: 10). Sprechen Personen über eine anwesende Person, als wäre sie nicht da, so behandeln sie diese als Unperson („nonperson treatment" (Goffman 1982c: 67)). Ähnlich wie beim Test auf Gemeinsamkeit (Abschnitt 5.3), zeigt sich auch hier, dass die Nutzerin Max gegenüber eine unentschiedene Orientierung aufweisen. Er wird mal als anwesend, mal als abwesend behandelt, und auch die Zuschreibung von sozialer und kommunikativer Kompetenz kann von Moment zu Moment umschlagen.

5.5 So-Tun-als-ob-Rahmung

Das Zentrum der Aufmerksamkeit am Stand bildet der Austausch mit Max. Wie schon im Abschnitt 3.2 beschrieben, konstruiert die zentrale Aufstellung des Bildschirms im Untergeschoss des Einkaufszentrums Max als Blickfang und somit als Attraktion. Die zentrale Bedeutung des hybriden Austauschs wird durch die Publikumstrauben markiert, die sich um den Stand anordnen, aber auch durch die Ausrichtung der verschiedenen technischen Geräte (Bildschirm, Kameras, Mikrophone, Tisch). Das Publikum ordnet sich dabei im Halbkreis vor dem Bildschirm an und hält zudem einen gewissen Abstand zum Tisch mit der Tastatur. Selbst wenn keine Nutzer am Tisch stehen, bleibt der Austausch mit Max Fokus der Situation, denn das Publikum ist weiterhin zu Max ausgerichtet und hält weiterhin den Abstand zum Tisch ein. Der unbesetzte Tisch markiert damit eine zu füllende Leerstelle und das wartende Publikum eine Unterbrechung des 'eigentlichen' Geschehens. Dadurch wird der Tisch als Gegenstück zum Bildschirm markiert und verleiht ihm ebenso wie Max eine exponierte Stellung. Es entsteht der Eindruck einer Bühne, auf der der hybride Austausch als „dominating communication" (Goffman 1981b: 133) präsentiert wird. Dabei ist der Nutzer (die Person an der Tastatur) Teil der Präsentation von Max.

Dem Austausch mit Max geht jeweils ein Herantreten einer Person an den Tisch voraus, den diese auch häufig als eine Art Bühnenauftritt rahmt. Linda kündigt z.B. den Austausch mit Max an. Sie fragt den Informatiker, ob sie in einen Austausch mit Max treten kann und tritt dann an den Tisch heran (Bsp. 5.1, S. 107, Z. 1-7 und Abb. 5.1 bis 5.3, S. 110). Dass sie nun eine neue Aktivität anfängt, demonstriert sie auch dadurch, dass sie die Tüte an Sanije gibt, etwas in die Tasche steckt und sie über die Schulter legt (Z. 4, 9, 21, 31-32). Sie bereitet sich auf den Austausch vor und zeigt dies auch dem beobachtenden Publikum. Ähnlich kündigt Rosmarie für andere hörbar an, dass sie nun eine Kommunikation mit Max beginnen wird (Bsp. 5.6, S. 128, Z. 1). Beim Herantreten an den Tisch wackelt sie leicht übertrieben mit den Fingern, als würde sie sich für das Schreiben an der Tastatur aufwärmen, und zeigt auch darin eine Orientierung an einem beobachtenden Publikum (s. Abb. 5.7, S. 129). Sie markiert den Beginn einer neuen Aktivität.

Der Einstieg in den Austausch mit Max ist für die Nutzer mit einem 'change in footing' verbunden. Sie verlassen die Position des anonymen Zuschauers und wechseln in die Rolle des Nutzers. Der Einstieg in den Austausch mit Max ist für die Nutzer somit ein doppelter: Sie treten auf eine Art Bühne und damit in eine Interaktion mit dem Publikum und beginnen gleichzeitig den Austausch mit Max. Auf dieser Bühne werden Nutzer und Max sozusagen Figuren (nach Goffman), die gemeinsam ein Stück aufführen. Die Äußerungen von Max sind dabei vorgeschrieben. Ähnlich wie in einem Schauspielstück gibt Max ein Skript wieder, wobei aber der Ablauf des Stücks nicht fest vorgegeben, sondern abhängig von den Programmveränderungen ist, die durch die Nutzer ausgelöst werden. Gleichsam wie sich die Zuschauer auf ein Theaterstück einlassen, von dem sie wissen, dass der Schauspieler nicht wirklich Romeo ist, sich eigentlich nicht verliebt und eigentlich nicht stirbt, wird Max in diesem Stück zum handelnden Akteur. Die menschlichen Akteure nehmen die Figur „Nutzer" ein. Nutzer und Agent bilden das Rollenset für das 'Bühnenstück' „Interaktion mit Max". Die Orientierung der Nutzer an einer Aufführung zeigt sich an ihrer Ausrichtung zum Publikum, aber auch daran, dass sie Unstimmigkeiten des Agenten häufig ignorieren und sich gegenüber Max als *eine* Person ausgeben. Der Inhalt diese 'Stücks' besteht darin, dass sich Nutzer und Max kennenlernen und die Nutzer Max auf seine Handlungsfähigkeiten testen. Max wird damit zur Figur, die sich noch bewähren muss. Max ist der Prüfling, der Nutzer der Prüfer, der Max gemeinsam mit dem Publikum bewertet. Von den Nutzern wird der Austausch somit immer wieder als nicht ernsthaft gerahmt.

Der hybride Austausch mit Max erhält dadurch eine eigene Rahmung. Goffman (1980) widmet sich ausführlich dem Begriff des Rahmens. Er geht davon aus, dass Teilnehmer bei der Situationsdeutung immer wieder vor der stillschweigenden oder auch ausdrücklich ausgesprochenen Frage stehen: „Was geht hier eigentlich vor?" (ebenda: 16) Für die Beantwortung dieser Frage greifen die Akteure auf Interpretationsschemata zurück, die Goffman als „Rahmen" (ebenda: 19) bezeichnet:

> „Ich gehe davon aus, daß wir gemäß gewissen Organisationsprinzipien für Ereignisse - zumindest für soziale – und für unsere persönliche Anteilnahme an ihnen Definitionen einer Situation aufstellen;" (ebenda)

Entsprechend der zugeschriebenen Rahmen können dann auch passende Handlungen entworfen werden. Dabei können durchaus mehrere Rahmen auf einmal wirksam sein. Von besonderem Interesse ist die „Modulation" (ebenda: 57) von Rahmen. So kann der Alltagsteilnehmer z.B. unterscheiden, ob zwei Leute sich ernsthaft oder spielerisch bekämpfen, in beiden Situationen werden ähnliche Handlungen ausgeführt, doch werden sie im Spiel leicht moduliert, Schläge werden z.B. abgeschwächt (vgl. ebenda: 52-98).

Der hybride Austausch weist Ähnlichkeiten zu zwei Modulationen auf, die Goffman als „So-Tun-als-ob" (Goffman 1980: 60-69)[12] und „Sonderausführungen" (ebenda: 71-87) bezeichnet. Das „So-Tun-als-ob" bezeichnet „eine Handlung, die für die Beteiligten eine offene Nachahmung oder Ausführung einer weniger transformierten Handlung ist, wobei man weiß, daß es zu keinerlei praktischen Folgen kommt" (ebenda: 60). Diese Modulation dient vor allem der Unterhaltung und dem Zeitvertreib, wobei sich die Beteiligten an der „Dramatik des Vorgangs" (ebenda) beteiligen müssen, da das Ereignis sonst in sich zerfällt. Als Beispiele nennt er Situationen, in denen sich Teilnehmer verstellen, Tagträume oder theatralische Darstellungen von Erlebnissen. Dabei kann der Rahmen der Handlung auch benannt werden, indem die Beteiligten darauf verweisen, dass es nur 'Spaß' ist. Sonderausführungen sind Handlungen, die „in anderem Zusammenhang zu unverkennbar anderen als den ursprünglichen Zwecken ausgeführt werden, wobei man sich darüber im klaren ist, daß das eigentliche Ergebnis der Handlung nicht eintritt" (ebenda: 71f). Dazu

---

[12] Im Folgenden wird dies als So-Tun-als-ob-Rahmung oder -Modulation bezeichnet.

5.5 So-Tun-als-ob-Rahmung

gehören Proben, Planungen, Vorführungen, Experimente und Simulationen.

Der Austausch mit Max ist in mehrerer Hinsicht eine Sonderausführung. Erstens handelt es sich um ein einmaliges Event. Zweitens handelt es sich um eine Vorführung des Agenten, der sich selbst im Austausch mit dem Nutzer als Interaktionspartner, als sozialer Akteur präsentiert. Drittens rahmen die Nutzer die Handlungen mit Max immer wieder als testende Handlungen. Es handelt sich somit nicht um den Ernstfall, sondern um einen Versuch, ein Sichannähern, bei dem Max in einer simulierten Interaktion auf seine sozialen und kommunikativen Fähigkeiten geprüft wird. Ähnlich wie bei anderen Sondervorstellungen gibt es ein Publikum, das die Vorstellung bewertet, und die Nutzer zeigen eine eindeutige Ausrichtung auf dieses Publikum. Gleichzeitig erhält der Austausch immer wieder die Rahmung eines So-Tun-als-ob. Die Nutzer begeben sich in eine Art Spiel, in dem sie sich kurzzeitig einem virtuellen Gegenüber stellen, das sie in einem interaktionsähnlichen Austausch auf seinen sozialen und interaktiven Status testen. Die spielerische Rahmung des hybriden Austauschs zeigt sich auch durch das häufige Lachen und Scherzen. Max kann dabei sozusagen als Manifestation eines So-Tun-als-ob gesehen werden. Dem Agenten wurde ein Modell implementiert, in dem das Programm eine Interaktion simuliert und vorgibt, ein sozialer Ansprechpartner zu sein. Die Rahmung des hybriden Austauschs als simulierte Interaktion wird somit von Agent, Nutzer und Publikum gestaltet.

Ausgehend vom Begriff des hybriden Austauschs wurde in diesem Kapitel zunächst gezeigt, dass der Austausch zwischen Nutzern und Programm als ein wechselseitiges Kennenlernen gestaltet wird, bei dem sich Max und Nutzer als fremde und andersartige Gegenüber behandeln. Im Austausch geben die Nutzer dem Agenten immer wieder einen sozialen und kommunikativen Vorschuss, auf den der Agent geprüft wird. Die Situation zeichnet sich durch ihre Unentschiedenheit aus, der Agent wird auf seine sozialen und interaktiven Fähigkeiten geprüft, die ihm für den Test unterstellt werden. Dabei kann ein Auf-und-ab der Zuschreibungen beobachtet werden, insofern der Nutzer dem Agenten bei jedem neuen Test auch wieder einen Verstehens- und Sozialitätsvorschuss gibt.

Des Weiteren zeichnet sich der hybride Austausch durch eine komplexe Teilnehmerstruktur aus, da er vor einem beobachtenden Publikum ausgeführt wird, das auf den Austausch Einfluss nimmt. Einerseits bezieht der Nutzer das Publikum mit in den Austausch ein, und andererseits bringt es sich selbst als Kommentator und Experte mit ein. Der Austausch erhält dadurch den Charakter eines Bühnenstücks, in dem der Agent vorgeführt wird. Der Nutzer nimmt dabei die Rolle des Prüfers ein und ist somit, wie auch das kommentierende Publikum, Teil der Präsentation. Allerdings wird diese Rahmung vom Agenten nur bedingt wahrgenommen, da das Programm auf der Vorstellung eines Dialogs mit isoliertem Nutzer aufbaut. Die Nutzer passen sich in der Präsentation den Vorstellungen des Agenten an und spielen damit die Simulation einer Interaktion mit. Der hybride Austausch erhält dadurch den Charakter einer simulierten Interaktion in einem So-Tun-als-ob-Rahmen.

KAPITEL 6
Technisierte Interaktionsroutinen

Dieses Kapitel analysiert Eröffnungen und Beendigungen im hybriden Austausch. Der Einstieg in soziale Interaktionen wird als Ort der Verdichtung angesehen, an dem wesentliche Voraussetzungen für die weitere Kommunikation geschaffen werden (vgl. Schegloff 2002b: 250f). Im Vergleich zu zwischenmenschlichen Einstiegen in ein Gespräch geht dieses Kapitel der Frage nach, auf welchen Grundlagen der hybride Austausch aufbaut und inwiefern er zwischenmenschlichen Interaktionen ähnelt bzw. sich von diesen unterscheidet. Dazu wird zunächst anhand von Interaktionseinstiegen zwischenmenschlicher Gespräche ein analytisches Grundgerüst erarbeitet, von dem Fragen für die Analyse des hybriden Austauschs abgeleitet werden. Die anschließende Analyse der Eröffnung und Beendigung im hybriden Austausch wird zeigen, dass wesentliche Merkmale zwischenmenschlicher Interaktionen auch im hybriden Austausch zu finden sind, sich jedoch durch einen ambigen Charakter auszeichnen, der auch am Ende des Austauschs nicht entschieden wird.

6.1 Grundlagen sozialer Interaktion

In sozialen (zwischenmenschlichen) Interaktionen nehmen sich die anwesenden Akteure wechselseitig wahr, nehmen wahr, dass sie durch den anderen wahrgenommen werden und koordinieren ihre Handlungen am Verhalten des anderen (vgl. Goffman 1983). Die Darstellung, Interpretation und Koordination der Handlungen basieren auf situativen und sozialkulturellen Konventionen, welche auch die Erwartungen und Erwartungs-Erwartungen (nach Luhmann) der Akteure beeinflussen. In der Interaktion richten die Akteure ihre Aufmerksamkeit auf einen gemeinsamen Fokus, der wechselseitig ausgehandelt wird. Solange keine Probleme auftreten, unterstellen sich die Akteure wechselseitig ein gemeinsames Verstehen und reziproke Perspektiven, z.B. in Bezug auf die Situationsdeutung (vgl. Schütz 1981). Durch den gemeinsamen Aufmerksamkeitsfokus grenzt sich die Interaktionsgemeinschaft gewissermaßen von ihrer Umgebung ab, so dass sie als „spatially distinct group" (Kendon 1988: 28) wahrnehmbar ist.[1]

Der Ein- und Austritt in die Interaktion wird durch „Zugänglichkeitsrituale" (Goffman 1982a: 119) wie Begrüßung und Verabschiedung gerahmt. Dabei können auch verschiedene Stadien der Zuwendung beobachtet werden, indem sich zwei Individuen, z.B. per Blickkontakt und körperlicher Ausrichtung, über den Eintritt in eine Interaktion verständigen, bevor sie durch einen Gruß in eine fokussierte Interaktion treten (vgl. Kendon 1988: 28f und 1990: 153-207).

Dieser Eintritt in eine fokussierte Interaktion wird von verschiedenen konversationsanalytischen Studien detailliert beschrieben. Schegloff zeigt in seiner klassischen Studie zu Telefonaten, dass der Einstieg in das Gespräch geordnet verläuft (vgl. Schegloff 1972 und 1979, s. auch Berens 1981, Bergmann 1993, Hopper 1992, Schegloff 1986, 2002a und 2002b). Er zeichnet eine spezifische Abfolge von Redezügen („core opening sequences" (Schegloff 1986: 117))[2] nach, durch die Gespräche gewöhnlich eröffnet werden. Das folgende Beispiel verdeutlicht den typischen Verlauf einer Eröffnung – vom Telefonklingeln und seiner Beantwortung, sogenannte „summon-answer sequences" (Schegloff 1972: 357), über Identifikation, Grußaustausch und „howareyou sequences" (Schegloff 1986: 129) zur Themenauswahl (Quelle: ebenda: 115):[3]

Transkript 6.1: Gesprächseröffnung am Telefon

```
0           ring
1    I      hello
2    C      hi ida?
3    I      Yeah
4    C      hi=this is carla
5    I      Hi carla.
6    C      how are you.
7    I      okay:.
8    C      good.=
9    I      =how about you.
10   C      fine. + first topic
11          'don wants to know ...'
```

---

[1] Luhmann (1975c) spricht auch von „einfachen Sozialsystemen", die sich zu ihrer Umwelt abgrenzen.

[2] Hopper spricht in Anlehnung an Schegloff von einem „canonical telephone opening" (1992: 52f).

[3] Das Transkript wurde vereinfacht und den in dieser Arbeit verwendeten Transkriptionskonventionen angepasst.

6.1 Grundlagen sozialer Interaktion

Im Beispiel wird das Telefongespräche durch eine 'summon-answer'-Paarsequenz („adjacency pair" (Schegloff & Sacks 1973: 295)) eröffnet. Als erster Teil der Paarsequenz sucht das Telefonklingeln als „attention getting device" (Schegloff 1972: 357) die Aufmerksamkeit des Gegenübers (Z. 0) und leitet somit die 'summon-answer'-Sequenz ein. Ida hebt den Hörer ab und beantwortet das 'summon'. Mit der Äußerung „hello" (Z. 1) stellt sie ihre Aufmerksamkeit und Verfügbarkeit für ein weiteres Gespräch dar. Carla zeigt mit ihrer nächsten Äußerung „hi ida?" (Z. 2) an, dass sie die andere Person wahrgenommen hat und ebenfalls aufmerksam ist. Zudem leitet sie die Identifikation ein, indem sie fragt, ob die andere Person Ida sei. Die beiden Gesprächspartner befinden sich somit im wechselseitigen Austausch von Redezügen, wobei gleichzeitig die Darstellung wechselseitiger Aufmerksamkeit und Wahrnehmung hergestellt wird und sich die Gesprächspartner zudem anzeigen, dass sie wahrnehmen, dass der andere sie wahrgenommen hat.[4] Ida bestätigt nun, dass sie diese ist (Z. 3), und Carla begrüßt sie und identifiziert sich selbst (Z. 4). Ida erwidert den Gruß und zeigt im nächsten Redezug durch die Namensnennung an, dass sie Carla erkannt hat (Z. 5). Dem schließt sich ein wechselseitiger Austausch von Fragen nach dem Befinden an (Z. 6-10) und schließlich wird das erste Thema eingeleitet (Z. 10-11), häufig wird hier der Grund für den Anruf genannt (vgl. auch Schegloff 1986). Das Beispiel zeigt, wie die Akteure sich wechselseitig an den Handlungen des anderen und den darin enthaltenen Erwartungsstrukturen orientieren und gemeinsam an der Herstellung einer fokussierten Interaktion beteiligt sind, in der die Beteiligten ein wechselseitiges Verstehen und reziproke Perspektiven bei den Situationsdeutungen unterstellen.

Der Einstieg in ein Gespräch kann kontextabhängig variieren. Dabei zeigen die Akteure durch die Art und Weise, wie sie die Eröffnung gestalten, eine Orientierung an einem spezifischen Kontext, den sie gleichsam mit konstruieren (vgl. den Begriff der Reflexivität von Garfinkel). Freunde grüßen sich eher mit einem informellen „Hallo" – häufig genügt allein die Stimme zur Identifikation. In institutionellen Kontexten werden Gespräche formeller, z.B. durch Nennung des Firmennamens oder der Einrichtung, eröffnet (vgl. Bergmann 1993: 293). Zudem fallen in in-

---

[4]Entsprechend bezeichnet Schegloff 'summon-answer'-Sequenzen als „non-terminal" (Schegloff 1972: 359), da jeweils weitere Redezüge erwartbar sind, im Gegensatz zu Paarsequenzen, die den Ausstieg aus dem Gespräch organisieren, bei denen keine weiteren Gesprächszüge das Ziel sind.

stitutionellen Kontexten die Fragen nach dem Befinden des anderen weg, anstelle dessen wird z.B. sofort der Grund für den Anruf hervorgebracht (vgl. ebenda: 294).

Die konversationsanalytischen Studien zu Gesprächseröffnungen beruhen vor allem auf der Analyse von Telefonaten. Es handelt sich somit um technisch vermittelte Kommunikationen und nicht um Face-to-Face-Interaktionen im strengen Sinne, da die physikalische Präsenz der Akteure nicht gegeben ist. Für die Analyse von Face-to-Face-Interaktionen müssen entsprechend auch visuelle Aspekte berücksichtigt werden (s. Goodwin 1981, Kendon 1990). Allerdings können interaktive Grundlagen in Telefongesprächen in reduzierter Form hergestellt werden (vgl. auch Goffman 1983: 2 und Kieserling 1999: 24). Durch die auditive Vermittlung wird ein „mediated access" (Goodwin 2003c: 391) zum Gegenüber hergestellt, der eine zeitgleiche und reflexive Koordination von Wahrnehmung und Handlung ermöglicht. Unter Berücksichtigung dieser Differenzen können aus dem obigen Beispiel folgende Aspekte unterschieden werden, die als notwendige Voraussetzung für eine fokussierte Interaktion von den Teilnehmern wechselseitig hergestellt werden müssen (vgl. auch Goffman 1983):

- Der Einstieg in die Interaktion verläuft geordnet. Hier, wie auch im weiteren Verlauf der Interaktion, koordinieren die Gesprächsteilnehmer ihre Handlungen wechselseitig am Verhalten des anderen.

- Für eine weitere Interaktion müssen sich die Teilnehmer bei der Interaktionseröffnung, aber auch während der weiteren Interaktion, ihre wechselseitige Erreichbarkeit, Wahrnehmung, Aufmerksamkeit und Bereitschaft zu einem Gespräch sowie ihre Wahrnehmung, dass diese Aspekte auch von dem anderen wahrgenommen werden, darstellen.

- Neben der gemeinsamen Ausrichtung aneinander teilen die Akteure zudem einen gemeinsamen Fokus (z.B. ein Gesprächsthema oder die wechselseitige Handlungskoordination bei einem gemeinsamen Tanz). Auch dabei kommt es zu einer reziproken Orientierung am anderen und einer Darstellung dessen, dass man wahrnimmt, dass der andere den Aufmerksamkeitsfokus wahrnimmt.

- In den Austausch eingeschlossen sind zudem wechselseitige Identifizierungen, Situations- und Beziehungsaushandlungen.

Während des Austauschs unterstellen sich die Akteure wechselseitigs Verstehen und gemeinsam geteilte „background expectancies" (Garfinkel 1972a: 2). Die Interaktion ist eingebettet in sozio-kulturelle Konventionen der Darstellung und Interpretation von Ereignissen, die als gemeinsam geteilt unterstellt werden (vgl. Schütz 1981) und in Form von Erwartungen und Erwartungs-Erwartungen der Akteure Eingang in die Interaktion finden.

Aufbauend auf diesen Punkten lassen sich für die Analyse des hybriden Austauschs folgende Fragen ableiten, die richtungsweisend dafür sind, ob es sich beim Austausch um eine Interaktion handelt oder nicht:

1. Basiert der Austausch auf der wechselseitigen Wahrnehmung und Wahrnehmungs-Wahrnehmung von Agent und Nutzer? Wie werden diese Wahrnehmungen hergestellt? Differieren die Wahrnehmungsdarstellungen von Agent und Nutzer und wie gehen sie mit den Differenzen um?

2. Verläuft die Handlungskoordination im hybriden Austausch geordnet? Zeigen Agent und Nutzer eine Orientierung an den Handlungen des anderen? Wie wird diese Handlungskoordination und Orientierung durch Max und Nutzer hergestellt?

3. Ist eine Aushandlung und Orientierung von Agent und Nutzer an einem gemeinsamen (thematischen) Aufmerksamkeitsfokus zu beobachten? Wie wird dieser ausgehandelt? Wie zeigen Max und Nutzer ihre Orientierung an einem gemeinsamen Fokus an und wie nehmen sie wahr, ob der andere diesen Fokus teilt?

4. Basiert der Austausch auf der Darstellung eines wechselseitigen Verstehens und reziproker Perspektiven? Können gemeinsame Identitätszuschreibungen und Situationsdeutungen sowie Erwartungen und Erwartungs-Erwartungen von Max und Nutzer beobachtet werden? Wie werden diese interaktiven Rahmungen und Erwartungsstrukturen erzeugt und wie gehen Max und Nutzer mit Differenzen um?

6.2 Rituelle Klammern

Die Analyse des Datenmaterials zeigt, dass der hybride Austausch fast immer mit einem Grußaustausch begonnen und mit einer Verabschiedung beendet wird. Durch diese „rituellen Klammern" (Goffman 1982a: 118) wird der hybride Austausch als gemeinsame Aktivität gerahmt, in der sich Nutzer und Max wechselseitig ihre „Zugänglichkeit" (ebenda: 119) signalisieren. Somit wird der Austausch mit Max vom Interaktionsgeschehen im Kaufhaus und am Stand hervorgehoben und die Gesprächsbeiträge innerhalb dieser Klammern als eigenständige Einheit gekennzeichnet. Ähnlich wie bei zwischenmenschlichen Interaktionen können beim hybriden Austausch mit Max drei Phasen unterschieden werden: Anfang und Ende, welche einen Teil dazwischen rahmen.

Ankunft am Stand/ Beobachtungsposition

Betreten der interaktiven Bühne

Eröffnung hybrider Austausch

hybrider Austausch mit Max

Beendigung hybriden Austausch

Abgang und Eingliederung ins Publikum

Verlassen des Standes

Abbildung 6.1: Gestaffelte Klammern des hybriden Austauschs.

Der Austausch mit Max ist wiederum in andere interaktive Ereignisse eingebettet (s. Abb. 6.1): Bevor eine Person an den Tisch tritt, kommt sie an den Stand und stellt sich zunächst in die Publikumsreihen. Von dort beobachtet sie meist den Austausch zwischen Max und dem aktuellen Nutzer. Um mit Max zu kommunizieren, muss die Person die Publikumsreihen verlassen und an den Tisch herantreten. Das Herantreten an den Tisch und die Annäherung an Max wurden im Abschnitt 5.4 als eine Art Bühnenauftritt beschrieben und gehen mit einem „change in footing" (Goffman 1981d: 128) einher, insofern der anonyme Beobachter die (Bühnen-)Rolle des Nutzers einnimmt und nun unter Beobachtung des Publikums mit Max kommuniziert. Das Bühnenstück besteht aus dem interaktiven Austausch mit Max, der durch eine Grußsequenz eröffnet und mit einer Verabschiedung beendet wird. Daran anschließend treten

6.2 Rituelle Klammern

die Akteure von der 'Bühne'. Einige stellen sich nun wieder in die Publikumsreihen und nehmen die Beobachtungsposition ein, bevor sie den Stand verlassen, andere verlassen den Stand sofort. Für den Austausch mit Max werden somit verschiedene Rahmen geöffnet und abschließend wieder geschlossen.

Auch Rosmarie hat vor dem folgenden Austausch einen anderen Austausch mit Max beobachtet. Nachdem der Tisch frei wurde, blieb er für einige Zeit unbesetzt. In dieser Zeit blickt sich Rosmarie immer wieder um, als würde sie nach einem möglichen neuen Nutzer Ausschau halten. Schließlich gibt sie sich einen Ruck (Z. 1) und tritt an die Tastatur heran:

Transkript 6.2: Einstieg in den hybriden Austausch (Rosmarie)

```
01   R      <<geht zum Tisch> (dann mach ich) doch mal->
02          ((kommt an den Tisch, hebt die Hände, wackelt mit den
03   R      Fingern, [legt die Hände auf TS, tippt)) (Abb. 5.7)
04   M               [((verschränkt Hände hinter dem Kopf))

05   M      [((und streckt sich)) (Abb. 6.2)
06   txR    [h a l l o [/
07   R                 [((Blick: Max))

08   TX     *hallo*
09   M      ((stellt sich auf und winkt)) (Abb. 6.3)

10   M      <<winkt> (--) [h↑allo ICH        [bin max>
11   R                    [((lächelt kurz, [Blick: TS, tippt))

12   txR    h a [l l o
13   M          [la:ss uns [ein b↑isschen pl↓au:dern-
14   R                     [((schaut kurz zum TX, dann auf TS))

15   R      ((Blick: TX, dann TS))
16   M      <<bewegt linken Arm kurz nach vorne> über=die
17          tas[tat↑UR kannst du m[it mir spr↓ech[en->
18   txR       [m a x               [ /
19   R                                           [((Blick: Max))

20   TX     *hallo max*
21          (1.0)
22   R      ((lächelt kurz leicht 'gezwungen'))
23   M      <<bewegt linken Arm kurz nach vorne> wie: h↑eiß=t
```

```
24          [du?>
25    R     [((Blick: TS, tippt))

26    txR   [r o s m a r i e [/
27    M     [((bekommt einen 'freundlichen' Gesichtsausdruck))
28    R                          [((blickt über TX zu Max))

29    TX    *rosmarie*
30    M     <<bewegt linken Arm kurz nach vorne> h↑allo [rosm↓a:rie-
31    R                                                 [((lächelt))
                                                        [(Abb. 6.4)

32          (1.0)

33    M     sch↑ön da::ss=du [mal vorb↓eischaust. (--)>
34    R                      [((Blick: TS))

35          [(1.5)
36    R     [((bewegt Finger über der TS))

37    M     ((lächelt nicht mehr)) <<bewegt linken Arm kurz nach
38          vorne> ich kann dir [VERsch↑iedenes erkl↑ären, oder
39    R                          [((Blick: Max))

40    M     einfach> ein bisschen mit dir pl↓audern.

41          [(2.5)
42    R     [((rückt ihre Kleidung zurecht, Blick: TS, tippt))

43    txR   e r k l ä r    m i r    w [a s /
44    R                                [((Blick: TX))

45    TX    *erklär mir was*
```

Rosmarie kündigt den Austausch mit Max mit den Worten „(dann mach ich) doch mal" (Z. 1) an und rahmt das Ereignis somit als eigene Einheit im Geschehen am Stand, die nun beginnt. Deutlich wird der doppelte Einstieg in den Austausch mit Max. Sie betritt zunächst die interaktive Bühne und stellt ihre Orientierung an einem beobachtenden Publikum durch ihre Fingergymnastik dar, mit der sie sich sozusagen für den nun beginnenden Austausch aufwärmt (Z. 1-3, s. auch Abb. 5.7, S. 129), erst dann eröffnet sie das Gespräch mit Max (Z. 6-8, vgl. auch Abschnitt 5.4).

Während Rosmarie an den Tisch tritt, lehnt sich Max zurück und streckt sich (Z. 4-5, Abb. 6.2). Der Agent zeigt damit keine Wahrnehmung der Nutzerin. Rosmarie tippt „hallo", drückt die Enter-Taste und schaut zu Max (Z. 6-8). Max richtet sich auf, winkt und begrüßt Rosmarie (Z. 9-10, Abb. 6.3). Es scheint, als hätte er Rosmarie bemerkt.

6.2 Rituelle Klammern

Abbildung 6.2: Rosmarie begrüßt Max, der sich gerade streckt (Z. 5).

Abbildung 6.3: Max richtet sich auf und grüßt Rosmarie (Z. 9).

Abbildung 6.4: Max identifiziert Rosmarie; Rosmarie lächelt (Z. 30-31).

Rosmarie lächelt und erwidert den Gruß (Z. 11-20). Noch während sie tippt, fängt Max an zu sprechen. Das System fordert sie auf, mit ihm zu 'plaudern' und erklärt, dass sie über die Tastatur mit ihm sprechen kann (Z. 13-17). Rosmarie hält inne und übermittelt nach kurzem Zögern ihren Text an das System (Z. 18.20). Nach einer kurzen Pause, in der Rosmarie unsicher lächelt (Z. 21-22), fragt Max, wie sie heißt (Z. 23-24). Rosmarie tippt ihren Namen und schickt ihn ab (Z. 26-29). Max lächelt und grüßt ein weiteres Mal, diesmal verbunden mit einem Ausdruck seiner Freude, dass Rosmarie vorbeischaut (Z. 27, 30-33). Rosmarie lächelt erneut (Z. 31, Abb. 6.4). Es entsteht eine Pause, in der Rosmarie ihre Finger über der Tastatur bewegt. Sie scheint zu überlegen, was sie schreiben soll (Z. 35-36). Max wiederholt sein Angebot, dass sie plaudern könnten, und ergänzt, dass er ihr auch etwas erklären könnte (Z. 37-40). Er leitet damit die Etablierung eines Gesprächsthemas ein (mehr dazu s. Abschnitt 7.2, vgl. auch Abschnitt 5.3).

Der Einstieg in den hybriden Austausch ähnelt dem oben beschriebenen strukturellen Aufbau zwischenmenschlicher Gesprächseröffnungen. Er kann als geordneter Einstieg beschrieben werden. Ebenso wie in zwischenmenschlichen Interaktionen zeigen sich Max und Nutzer wechselseitig ihre Wahrnehmung, Aufmerksamkeit und Verfügbarkeit für ein weiteres Gespräch an. Es kommt zu einer wechselseitigen Identifizierung sowie einem Grußaustausch und der Einleitung eines möglichen Gesprächsthemas. Im Gegensatz zu dem oben dargestellten Telefongespräch, fragen Max und Nutzer nicht nach dem Befinden des anderen. Dies erklärt sich einerseits dadurch, dass diese Frage nicht in der programmierten Eröffnung des Systems eingeschlossen ist, andererseits (re)konstruieren Gesprächsteilnehmer in alltäglichen Situationen mit der Frage nach dem Befinden des anderen eine gemeinsame Interaktionsgeschichte. Das Fehlen dieser Frage in der Eröffnung des hybriden Austauschs verweist somit auf eine Orientierung (von Nutzer und Max) an einem unbekannten Gegenüber. Die Frage nach dem Befinden wird von Max oder dem Nutzer häufig zu einem späteren Zeitpunkt gestellt (s. Abschnitt 6.2). Innerhalb der Eröffnung erfolgt die Darstellung von Interesse am anderen und von Sympathie stattdessen über den Ausdruck von Freude. So äußert Max seine Freude, dass Rosmarie vorbeischaut (Z. 30-33), und Rosmarie lächelt ihn an (Z. 31, Abb. 6.4).

Die Abfolge der Beiträge erweckt den Eindruck einer sequentiellen Abfolge, in der der erste Beitrag jeweils eine Erwartungsstruktur für den

6.2 Rituelle Klammern

nächsten erstellt. Diese Erwartungsstruktur wird durch die jeweilige Anschlusshandlung des anderen erfüllt, so dass Max und die Nutzerin jeweils auf die Beiträge des anderen einzugehen scheinen. Der Aufmerksamkeitsfokus erscheint als wechselseitig wahrgenommen und ausgehandelt, und auch die Wahrnehmung der Wahrnehmung durch den anderen wird dargestellt. Es entsteht der Eindruck einer „fokussierten Interaktion" (Goffman 1972a: 7), die scheinbar auf der Unterstellung gemeinsamen Verstehens und reziproker Perspektiven aufbaut. Agent und Nutzerin erscheinen als Subjekte einer Interaktion und behandeln sich wechselseitig als solche. Im Sinne von Braun-Thürmann kann somit von einer „künstlichen Interaktion" (2002: 15) gesprochen werden.

Im Vergleich zum folgenden Beispiel wird deutlich, dass die Eröffnungen im Austausch mit Max einen fast identischen Ablauf aufweisen. Die folgende Nutzerin Tanja steht mit ihrem Freund Chris am Stand. Sie geht nach einiger Zeit zum Tisch und eröffnet das Gespräch mit Max. Chris bleibt im Hintergrund stehen. (Auf den Abbildungen ist er die Person mit der Weste rechts hinter Tanja.)

Transkript 6.3: Einstieg in den hybriden Austausch (Tanja)

```
01        [(5.0)
02    T   [((steckt Handschuhe von der einen in die andere
03            Jackentasche, schaut auf TS, zu Max und wieder auf
04            TS, geht dann zum Tisch))

05    M   ((blickt umher, als Tanja zum Tisch tritt, blickt
06            er zu ihr.))

07    T   [((Blick: TS))
08    txT [ h a l l o /

09    T   [((blickt über TX zu Max, legt Hände vor TS))
10    TX  [*hallo*

11    M   ((hebt kurz die rechte Hand zum Gruß)) hallo- (-)

12        [ICH bin max.] (Abb. 6.5)
13    T   [((Blick: TS,] hebt Hände über die TS))

14    M   [la:ss uns ein=bˆisschen plaudern.]
15    txT [w a s    k a n n s t           ]
```

```
16   T     ((blickt kurz auf TX, dann auf TS))

17   M     <<bewegt linken Arm kurz nach vorne> über [die tastaT↑UR
18   TX                                              [d u

19   M     kannst du mit mir[spr↓echen- (---)>
20   txT                    [?

21   T     ((Blick: TX, dann TS))
22   txT   /
23   TX    *was kannst du?*
24   T     ((schaut zu Max, legt rechte Hand vor die TS))

25   T     [((schaut kurz auf TX, dann wieder zu Max))
26   M     [wie: h↑eiß=t du-

27         [(6.0)
28         [((Tanja schaut zur TS, dann zu Max, öffnet die linke
29            Hand und dreht sie kurz nach oben, schaut wieder auf
30            die TS. Öffnet kurz linke Hand dreht sich dabei zu
31            Chris (Abb. 6.6). Dieser zieht grinsend die
32            Schultern hoch. Tanja schaut auf TS, blickt zu Max
33            und öffnet mehrmals die linke Hand, hebt dabei kurz
34            die rechte Hand an, dann blickt sie auf TS und
35            öffnet kurz beide Hände.))

36   T     [((kichert leise))
37   C     [gibt deinen [namen ein
38   txT                [T       a

39   txT   [-a- - -
40   T     [((blickt kurz zum TX, atmet leicht lachend ein))

41   txT   [n j a /
42   T     [((Blick: TS))

43   TX    *Tanja*
44   T     ((Blick: Max))
45   M     <<bewegt rechten Arm kurz nach vorne> hall↑o: tanja-

46         [(2.0)
47   T     [((blickt auf TS, bewegt Finger über die TS, blickt
48            dann grinsend zu Max (Abb. 6.7), öffnet dabei
49            die linke Hand))

50   M     =FREUT mich dich zu sehen.>
51   T     ((schaut grinsend auf TS, hebt Hände über TS))
```

6.2 Rituelle Klammern

```
52   txT   M i c h    a u [c h /
53   M                    [ich kann dir

54   M     [versch↑iedenes er|K↑LÄren
55   TX    [*Mich auch*
56   T     [((blickt kurz zum TX, dann grinsend, mit offenem
57             Mund zu Max, legt beide Hände vor TS))

58   M     oder einfach ein bisschen=mit=dir plaudern.
59   T     ((schließt den Mund und schaut auf TS))

60   M     [<<bewegt linken Arm kurz nach vorne> g↓u:t dass du das
61   T     [((hebt Hände über TS))

62   M     [auch=so=siehst- (--)>
63   T     [((schaut hoch))

64   T     ((lacht leicht. Dreht sich kurz zu Chris um, schaut
65           dann auf TS)) <<leicht lachend> ts::> ((atmet
66           lachend ein))

67         ((Nach kurzem Überlegen fragt Tanja Max, 'was er denn
68           noch kann'.))
```

Tanja bereitet sich auf den Austausch mit Max vor, indem sie die Handschuhe in die Taschen steckt und an den Tisch tritt. Wie schon Rosmarie eröffnet sie das Gespräch mit Max mit „hallo" (Z. 8-10). Max reagiert auf das 'summon' und stellt mit einem Gegengruß dar, dass er die Nutzerin wahrgenommen hat und für ein weiteres Gespräch zur Verfügung steht (Z. 11-12, Abb. 6.5). Ähnlich wie bei Rosmarie kommt es nun zu einer parallelen Beitragsproduktion, in der Max Tanja einlädt, mit ihm zu plaudern und erklärt, dass sie über die Tastatur mit ihm sprechen kann. Tanja fragt währenddessen, was Max kann (Z. 14-20). Nachdem sie den Beitrag abgeschickt hat, schaut sie erwartungsvoll zu Max (Z. 24). Dieser reagiert nicht auf ihre Frage, sondern scheint seinerseits auf eine Antwort von ihr zu warten. Schließlich fragt Max, wie die Nutzerin heißt (Z. 26). Tanja zeigt sich irritiert. Sie dreht sich zu Chris um, kichert und wirkt ratlos (Z. 27-35, Abb. 6.6). Chris ermutigt sie, ihren Namen einzutippen, und sie kommt dem Vorschlag nach (Z. 36-43). Max grüßt sie erneut und wiederholt ihren Namen (Z. 45). Es kommt zu einer Pause, in der sie auf die Tastatur schaut, dann grinsend und scheinbar ratlos Max anblickt (Z. 46-49, Abb. 6.7). Max beginnt schließlich zu sprechen und sagt, er freue sich, die Nutzerin zu sehen (Z. 50). Tanja erwidert diese Sympathieäußerung mit der Nachricht „Mich auch" (Z. 52-55), während Max ihr erklärt, dass er ihr etwas erzählen oder mit ihr plaudern könne (Z. 53-58). Max reagiert auf die Nachricht

Abbildung 6.5: Tanja schaut zu Max, während dieser grüßt (Z. 12-13).

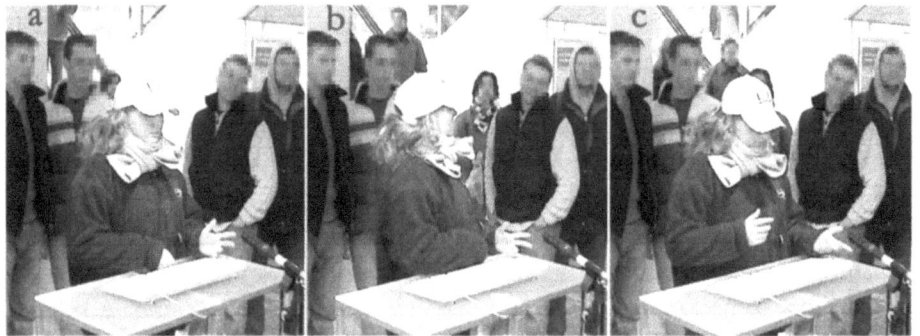

Abbildung 6.6: Tanja macht eine ratlose Handbewegung (Z. 30-32).

Abbildung 6.7: Tanja grinst und öffnet ratlos die Hand (Z. 48-49).

von Tanja etwas verzögert in den Zeilen 60-62. Tanja kichert, die verspätete Reaktion von Max scheint sie zu amüsieren und gleichzeitig zu irritieren (Z. 64-66). Schließlich reformuliert sie ihre zu Anfang des Austauschs gestellte Frage, was Max kann (Z. 67-68), und bringt damit ein Thema für den weiteren Austausch ein (mehr dazu im Abschnitt 7.2).

Die beiden Beispiele zeigen, dass die Einstiege in den hybriden Austausch mit Max systematische Ähnlichkeiten aufweisen, die immer wieder im Datenmaterial beobachtet werden können. Die Eröffnungen werden jeweils durch die Nutzerinnen eingeleitet, die an den Tisch treten und einen Beitrag an Max senden. Im anschließenden Verlauf kommt es, eingeleitet durch die 'summon-answer'-Sequenz, zu wechselseitigen Identifikationen, Begrüßungen, Sympathiedarstellungen und schließlich zum Übergang zu einem Gesprächsthema. In beiden Beispielen zeigt sich auch eine gewisse Unsicherheit der Nutzerinnen, z.B. durch unsicheres oder irritiertes Lächeln (Rosmarie Z. 11 und 22), Grinsen und Kichern (Tanja Z. 36, 51, 56, 64-66) oder die demonstrative Darstellung von Unsicherheit (Tanja Z. 27-35). Trotz einer Eröffnungsstruktur, die stark an zwischenmenschliche Interaktionseröffnungen angelehnt ist, ist der Austausch für die Nutzerinnen keine Routine.

Im Vergleich der beiden Einstiege zeigt sich, dass Max jeweils die gleiche Abfolge von Redezügen produziert, die sich fast bis aufs Wort gleichen:

Max' Äußerungen auf das 'summon' der Nutzerinnen
Beispiel Rosmarie:
„h↑allo ICH bin max la:ss uns ein b↑isschen pl↓au:dern-
über=die tastat↑UR kannst du mit mir spr↓echen- ... wie
h↑eiß=t du?"
Beispiel Tanja:
„hallo- (-) ICH bin max. la:ss uns ein=b↑isschen plaudern.
über die tastaT↑UR kannst du mit mir spr↓echen- ... Wie
h↑eiß=t du-"

Max' Reaktion auf die Identifikation der Nutzerinnen
Beispiel Rosmarie:
„h↑allo rosm↓a:rie- sch↑ön da::ss=du mal vorb↓eischaust."
Beispiel Tanja:
„hall↑o: tanja- FREUT mich dich zu sehen."

Max' Themeninitiationen
Beispiel Rosmarie:
„ich kann dir VERsch↑iedenes erkl↑ären, oder einfach ein
bisschen mit dir pl↓audern."
Beispiel Tanja:
„ich kann dir versch↑iedenes er|K↑LÄren oder einfach ein
bisschen=mit=dir plaudern."

Während die Analyse der einzelnen Einstiege zunächst den Eindruck eines wechselseitigen Aushandlungsprozesses vermittelt, indem Nutzer und Agent in den hybriden Austausch einsteigen, verweist die Ähnlichkeit von Max' Äußerungen in den beiden Beispielen auf eine vorprogrammierte Einstiegsstruktur, die das Dialogsystem mit jeder Eröffnung durchläuft und an die sich die Nutzer (mehr oder weniger freiwillig) anpassen. Diese vorprogrammierten Vorgaben lassen sich auch innerhalb der einzelnen Beispiele beobachten. So zeigt sich das System z.B. nicht sensibel dafür, dass die Nutzerinnen einen Beitrag tippen, sondern beginnt währenddessen zu sprechen (z.B. Rosmarie Z. 12-13 und Tanja Z. 14-15, mehr dazu im Abschnitt 7.1). Zudem ignoriert das System die Frage von Tanja (Z. 23-26). Statt sich situativ an die Anfrage von Tanja anzupassen, verfolgt Max sein Programm: Er stellt sich vor und fragt nach ihrem Namen.[5]

Während soziale Interaktionen das Ergebnis interaktiver und situativer Aushandlungsprozesse sind, in denen sich die Akteure wechselseitig am Verhalten des anderen orientieren, *geben die Programmstrukturen des Agenten die Parameter vor, innerhalb derer Max und Nutzer den hybriden Austausch gemeinsam gestalten können.* Innerhalb dieser Programmvorgaben können Nutzer und Agent den Austausch in unterschiedliche Richtungen lenken. Fallen die situativen Erwartungsstrukturen der Nutzer mit den programmierten Handlungsabläufen des Programms zusammen, entsteht der Eindruck eines wechselseitigen Aushandlungsprozesses. Häufig fallen diese unterschiedlichen Erwartungsstrukturen jedoch

---

[5]Einige Leser argumentierten, dass Max in Zeile 53-58 auf die Frage von Tanja zurückkommt. Doch zeigt der Vergleich mit Rosmarie, dass es sich hier nicht um eine Art Nebensequenz handelt, in der der Agent zunächst sein Programm verfolgt und dann auf die Frage zurückkommt. Vielmehr ist diese Äußerung von Max Teil des Programms und fügt sich eher zufällig in den situativen Kontext ein, den Tanja durch ihre Frage eröffnet hat. Auch Tanja behandelt die Äußerung von Max nicht als Antwort auf ihre Frage, sondern wiederholt ihre Frage, was er kann (Z. 67-68).

nicht zusammen und die begrenzten Handlungsmöglichkeiten des Agenten werden sichtbar (s. auch weiter unten). Dabei passen sich die Nutzer häufig stark den Vorgaben des Systems an und ermöglichen somit einen scheinbar problemlosen Austausch. Im Folgenden wird genauer auf die verschiedenen Phasen dieses deterministischen Einstiegs eingegangen und geklärt werden, welche 'interaktiven' Voraussetzungen im hybriden Austausch geschaffen werden.

Das Programm lässt grüßen

Ähnlich wie die Eröffnungen von Telefongesprächen wird auch der hybride Austausch durch eine 'summon-answer'-Sequenz eröffnet. Das getippte „hallo" von Tanja ist 'summon' und Gruß zugleich (Z. 10), während Rosmarie mit ihrem gesprächsinitiierenden „hallo" (Z. 8) zunächst die Aufmerksamkeit von Max einfordert, der sich gerade streckt. Erst nachdem er sie begrüßt hat, produziert sie einen Gegengruß (Z. 12-20). Das 'summon' der Nutzer wird von Max jeweils mit einem Gegengruß beantwortet, der damit anzeigt, dass er die Nutzerin wahrgenommen hat. Mit dem nächsten Beitrag stellen die Nutzerinnen ihrerseits dar, dass sie Max wahrnehmen und überdies wahrgenommen haben, dass er sie wahrnimmt. Diese Darstellung der Wahrnehmung und Wahrnehmungs-Wahrnehmung wird mit jedem weiteren Beitrag erneut bestätigt. Damit ist eine wesentliche Grundlage für einen fokussierten und interaktionsähnlichen Austausch geschaffen. Im Gegensatz zu zwischenmenschlichen Face-to-Face-Interaktionen gestaltet sich der Austausch asynchron und unter Zuhilfenahme unterschiedlicher und asymmetrisch verteilter Modalitäten (Text und audiovisuelle Äußerungen).

Der Einstieg ist zudem mit einer körperlichen Ausrichtung der Teilnehmer zueinander verbunden, insofern sich Nutzer und Agent frontal gegenüberstehen. Es wird damit eine Face-to-Face-Interaktion simuliert, wodurch der Eindruck einer wechselseitigen Wahrnehmung und Zugewandtheit verstärkt wird. Dabei muss jedoch beachtet werden, dass Nutzer und Agent sich sehr unterschiedlich wahrnehmen. Der Nutzer sieht und hört Max, während das System im Wesentlichen die Texteingabe des Nutzers verarbeitet.[6] Während Nutzer und Agent die (technisch vermit-

---

[6]Die Daten der Kamera übermitteln auch die Position einer Farbfläche, die als Nutzer identifiziert wird. Dies dient jedoch lediglich zur Ausrichtung der Augen des

telte) Anwesenheit des anderen kontinuierlich wahrnehmen können, ist der Austausch von Gesprächsbeiträgen punktuell und asynchron gestaltet (mehr dazu s. Kapitel 7).

Diese 'summon-answer'-Sequenz findet innerhalb einer Situation statt, in der Max als ansprechbarer Gesprächspartner präsentiert wird. Er ist dem Nutzer zugewandt. Befindet sich das System in keinem anderen Austausch, winkt Max oder fordert dazu auf, mit ihm zu sprechen. Die getippten Grüße der Nutzer sind somit auch als Reaktion auf die Kommunikationsbereitschaft von Max zu sehen. Die Eröffnungen der Nutzer und die Aufforderungen von Max sind jedoch nicht immer sequentiell verknüpft. So gehen die Nutzer teilweise an den Tisch, wenn dieser frei geworden ist, und nicht, wenn sie von Max aufgefordert wurden. Einige lassen zwischen der Aufforderung von Max und der Annäherung an den Tisch so viel Zeit vergehen, dass sie eher einer 'inneren Stimme' zu folgen scheinen denn Max' Aufforderung. Die Kommunikationsbereitschaft von Max wird von den Nutzerinnen somit als ein kontinuierliches Angebot behandelt, während die Nutzer ihre Bereitschaft jeweils durch das Herantreten an den Tisch markieren.

Im gesamten Datenmaterial stellen die Eröffnungen des hybriden Austauschs durch die 'summon-answer'-Sequenzen für Nutzer und Agent kein Problem dar. Dies erklärt sich dadurch, dass der Einstieg stark an Alltagsroutinen orientiert ist, die wiederum relativ eindeutige Erwartungsstrukturen etablieren. Nach Hopper (1992) zeichnen sich die 'summon-answer'-Sequenzen durch ihre geringen Variationsmöglichkeiten aus (vgl. ebenda: 52f). Sie eignen sich damit besonders gut für den Gesprächseinstieg mit einem kontextblinden Gegenüber, da Deutungsmöglichkeiten reduziert sind. Dies gilt auch für die Interpretation des Grußaustauschs, der nach Goffman „mehr oder weniger standardisiert" (Goffman 1982a: 112) ist.

Der Grußaustausch selbst zeichnet sich im hybriden Austausch durch relativ einfache Grüße aus. Fast alle Nutzer wählen einen informellen Gruß in Form von „`hallo`" oder „`hi`" und nur sehr selten „`guten Tag`". Dabei erweitern einige Nutzer den Gruß mit einer Fremdidentifizierung, z.B. „`hallo Max`", oder Selbstidentifizierung, z.B. „`hallo, ich bin Leo`". Die Nutzer zeigen durch die Art der Grußformen und durch das Nennen des Vornamens eine Orientierung an einem informellen Austausch. Die-

---

Agenten. Das System erkennt die Person nicht.

6.2 Rituelle Klammern

se wird auch in den Programmstrukturen antizipiert, denn der Agent grüßt jeweils mit „hallo" oder „hi" zurück, stellt sich mit Vornamen vor und duzt das Gegenüber.[7] Grüße sind Formen phatischer Kommunion („phatic communion" (Malinowski 1972: 151)). Sie sind inhaltsleer, erfüllen aber eine soziale Funktion, denn sie erschaffen „[an] atmosphere of sociability" (ebenda) . So rahmen Grüße als „Zugänglichkeitsrituale" (Goffman 1982a: 119) nicht nur den Anfang einer fokussierten Interaktion.

> „Mit dem Austausch von Grußformeln versichern sich die Grüßenden wechselseitig auf rituelle Weise ihrer Sozialität, sie erzeugen zwischen sich einen gemeinsamen sozialen Handlungsraum und markieren damit füreinander den Beginn einer Periode erhöhter wechselseitiger Zugänglichkeit." (Bergmann 1994: 197)

Häufig sind Grüße auch mit Anzeichen der Freude, z.B. Lachen oder Aufleuchten der Augen, verbunden, mit denen sich die Teilnehmer zeigen, dass sie einander gut gesonnen sind (vgl. Goffman 1982a: 111). Durch den Austausch von Grüßen wird der hybride Austausch somit sozial gerahmt.[8] Die soziale Rahmung lässt sich auch in den Sympathiedarstellungen von Nutzer und Max erkennen. Im Beispiel von Rosmarie kann beobachtet werden, dass sie den Agenten jeweils anlächelt, nachdem er sie begrüßt hat (Z. 11 und 31) und auch ihren eigenen Gruß mit einem leicht gezwungen wirkenden Lächeln verbindet (Z. 22). Das Lächeln verweist auf eine gewisse Unsicherheit der Nutzerin, aber auch darauf, dass sie dem Agenten zunächst freundschaftlich gegenübertritt und ihm gut gesonnen ist. Allerdings sind diese Darstellungen einseitig, da das System sie nicht wahrnehmen und daher auch nicht darauf reagieren kann. Im Beispiel von Rosmarie kann somit eine „persistence of conversation" (Hutchby 2001a: 165) beobachtet werden: Die kommunikativen Strukturen des Programms überschreiben sozusagen den technischen Charakter des Agenten. Rosmarie lächelt den Agenten an, obwohl er ein technisches

---

[7]Dieser informelle Umgang erklärt sich auch dadurch, dass sich Max mit Vornamen vorstellt. Es bleibt zu untersuchen, ob sich das Grußverhalten der Nutzer ändert, wenn der Agent sich mit Nachnamen identifiziert und den Nutzer siezt.
[8]Eine solche Rahmung beobachtet auch Braun-Thürmann (2002) im Umgang mit dem virtuellen Agenten Hamilton im Projekt VIENA, der den Gruß des Nutzers durch Winken erwidert (vgl. ebenda: 141).

Artefakt ist. Im Gegensatz dazu zeigt Tanja auf den Gegengruß des Agenten keine Form der Freude, sondern fängt an, ihren nächsten Beitrag zu tippen (Z. 13 und 15). Sie scheint ihr 'hallo' vor allem als Möglichkeit des geordneten Einstiegs in den Austausch zu nutzen, der jedoch nicht mit expliziten Sympathiedarstellungen verbunden ist.

Auch der Agent stellt seine Freude über die Anwesenheit des anderen dar (Rosmarie Z. 33, Tanja Z. 50). Im Beispiel von Rosmarie ist dies verbunden mit einem 'freundlichen Gesichtsausdruck' des Agenten (Z. 27, Abb. 6.4, S. 153). Da Rosmarie kurz darauf zu lächeln beginnt (Z. 31), entsteht der Eindruck, dass sich die beiden wechselseitig anlächeln. Die Darstellung seiner Freude ist jedoch nicht an das Lächeln von Rosmarie gekoppelt, da Max dies nicht wahrnehmen kann. Auch die Darstellung von Max' Freude ist somit einseitig.

Während Tanja dem Agenten zunächst kein Lächeln 'schenkt', reagiert sie auf die Sympathiebekundung des Agenten und drückt ihre Freude schriftlich aus (Z. 55). Sie zeigt dabei ein breites Grinsen, das auf ihre Irritation verweist und gleichzeitig anzeigt, dass sie dem Agenten gut gesonnen ist und sich auf die soziale Rahmung des Austauschs einlässt. Da Max jedoch schon mögliche Gesprächsthemen vorstellt, kann das System nur nachträglich auf den Beitrag der Nutzerin eingehen (Z. 60-62). Damit kommt es zwar zur wechselseitigen Darstellung sozialer Anerkennung und der Wahrnehmung dieser Anerkennung durch den anderen, jedoch wirkt die Darstellung durch den verzögerten Anschluss aufgesetzt und distanziert. Dies wird auch dadurch verstärkt, dass der Agent seine Freude ausdrückt, aber nicht lächelt (vgl. Abb. 6.7).

Während im Beispiel von Rosmarie durch einseitige Sympathiedarstellungen der Austausch als sozialer und freundlicher Austausch gerahmt wird und der Eindruck einer wechselseitigen Sympathiedarstellung entsteht, kommt es bei Tanja zu einer zeitlich versetzten wechselseitigen Darstellung, bei der jedoch Koordinationsschwierigkeiten auftreten. Diese Schwierigkeiten deuten auf erste Brüche in der sozialen Rahmung des hybriden Austauschs hin, insofern sie auf die technologische Grundlage des Agenten verweisen. Abhängig von diesen Kontexten erscheint Max mal mehr als soziales, mal mehr als technisch bestimmtes Gegenüber. Diese Brüche in der Darstellung des Agenten als soziales oder technisches Gegenüber und die changierende Einbettung des Austauschs als sozial oder technisch bestimmt, zeigen sich auch in der Identifikation.

Brüchige Beziehungs- und Situationsdeutungen

In den obigen Eröffnungen des hybriden Austauschs kommt es zu einer wechselseitigen Identifizierung von Agent und Nutzer über drei bis vier 'Redezüge' (Rosmarie Z. 20-33, Tanja Z. 12-50). Zunächst stellt sich Max vor. Diese Vorstellung besteht aus zwei Teilen: Einerseits aus der Selbstidentifikation des Agenten als Max („Hallo, ich bin Max."), andererseits aus einer Art 'Bedienungsanleitung', in der dem Nutzer vorgeschlagen wird, mit Max zu plaudern, und erklärt wird, wie er mit ihm kommunizieren kann („Lass uns ein bisschen plaudern. Über die Tastatur kannst du mit mir sprechen."). Anschließend erkundigt sich das System nach dem Namen des Nutzers und leitet damit die Identifikation des Nutzers ein („Wie heißt du?"). Im nächsten Redezug nennt die Nutzerin jeweils ihren Namen und kommt damit der Erwartungsstruktur der Frage nach. Die Identifikation wird abgeschlossen, indem Max den Namen der Nutzerin wiederholt und diese erneut grüßt. Das System zeigt somit an, dass es den Namen gespeichert hat und bestätigt ein erfolgreiches Erkennen der Nutzerin. Rosmarie identifiziert daraufhin Max und grüßt ihn erneut (Z. 20). Sie bestätigt damit, dass auch sie Max erkannt und identifiziert hat. Im Beispiel von Tanja fehlt eine solche Bestätigung, der weitere Austausch baut vielmehr auf der Unterstellung auf, dass Tanja Max' Identifizierung wahrgenommen hat. Durch den wechselseitigen Bezug der Beiträge aufeinander, indem der jeweils nächste Beitrag den Erwartungsstrukturen des vorherigen nachkommt, entsteht der Eindruck, dass Nutzer und Agent gemeinsam die Identitätszuschreibungen aushandeln.

Durch die Frage nach dem Namen des anderen wird der Austausch als ein Erstkontakt gerahmt, da Max die Nutzer als Fremde behandelt, deren Namen er nicht kennt (vgl. auch Abschnitt 5.2). Auch die kurze 'Bedienungsanleitung' von Max zeigt eine Orientierung der Programmstruktur an einem Nutzer an, der Max noch nicht kennt.[9] Der informelle Begrüßungsmodus, die Identifizierung mit Vorname und das Duzen rahmen das Geschehen als einen informellen und persönlichen Austausch. Auch im weiteren Verlauf des Austauschs nennt Max den Nutzer immer wieder beim Namen. Das Programm rekonstruiert somit immer wieder ein persönliches Kennen des Nutzers.

---

[9]Wobei gerade der Hinweis, dass man über die Tastatur mit ihm reden kann, zu spät kommt, da der Nutzer Max bereits über die Tastatur angeschrieben hat.

Diese Konstruktion ist allerdings auf den aktuellen Austausch begrenzt. Nutzer, die gerade oder schon mehrmals mit Max gesprochen haben, werden im nächsten Austausch mit Max wieder als Fremde behandelt. Die Identifizierung des Nutzers durch Max erweckt somit zwar den Anschein einer persönlichen Identifizierung des anderen, beruht jedoch im Wesentlichen darauf, dass das Programm den Namen für das aktuelle Gespräch gespeichert hat. Sie bleibt damit für ein zukünftiges Treffen konsequenzlos. Da die meisten Nutzer auf dem Event „Campus:City!" nur einmal mit Max sprechen, tritt dieses Problem nicht zutage.[10] Jedoch zeigen sich in einigen Fällen unterschiedliche Erwartungsstrukturen, die Nutzer und Agent mit der Identifizierung verbinden. So versucht ein Nutzer Max mehrmals seinen Spitznamen Jo beizubringen, den das System allerdings als Zustimmung interpretiert. Ein anderer Nutzer versucht Max die richtige Aussprache von René beizubringen. Max spricht den Namen wie 'Ren' aus, da das System das Sonderzeichen (é) nicht erkennt. In beiden Fällen versuchen die Nutzer erfolglos, Max über mehrere Redezüge den richtigen Namen beizubringen. Jo gibt schließlich den Namen Johannes ein, auch René gibt auf und akzeptiert die falsche Aussprache seines Namens. In diesen Beispielen wird die durch Max eingeleitete Identifizierung von den Nutzern als ein Angebot zu einer informellen, freundschaftlichen Beziehung gesehen, in der man ein Interesse an den individuellen Eigenheiten des Gegenübers zeigt. Dieses Interesse fordern Johannes und René ein, indem sie versuchen, Max die Besonderheiten ihres Namens beizubringen. Jedoch stellt sich heraus, dass der Agent ihre individuellen Eigenheiten nicht erkennen kann. Die „background expectancies" (Garfinkel 1972b: 2), welche die Nutzer mit der Identifizierung verbinden, können vom System nicht erkannt und nicht erfüllt werden. Es bricht mit den selbst aufgestellten Erwartungsstrukturen.

Ein anderes Problem zeigt sich im oben angeführten Beispiel von Tanja (Bsp. 6.3, S. 155). Nachdem Max auf das 'summon' von Tanja geantwortet hat, fragt sie ihn, was er kann (Z. 23). Tanja zeigt damit

---

[10]Im Datenmaterial ist, abgesehen von den Informatikern, nur eine Nutzerin (Tanja) in einen zweiten Austausch mit Max getreten. Während der Eröffnung des zweiten Austauschs zeigt sich die Nutzerin sehr ungeduldig und erklärt, dass sie dem Agenten den Namen doch schon gesagt hat. Im Gegensatz dazu geben sich die Entwickler bei jeder neuen Unterhaltung mit Max als geduldige Erstnutzer. Beide Beispiele verweisen darauf, wie stark sich der Nutzer den Programmstrukturen anpassen muss, um einen 'problemlosen' Austausch mit Max einzugehen.

keine Orientierung an einer wechselseitigen Identifizierung an, da sie sich nicht identifiziert und Max nicht nach seinem Namen fragt. Max beantwortet jedoch nicht ihre Frage, sondern fragt, wie sie heißt (Z. 26). Tanja zeigt sich nun irritiert (Z. 27-35). Dies begründet sich einerseits darin, dass Max ihre Frage nicht beantwortet, und andererseits darin, dass sie dem hybriden Austausch mit Max scheinbar eine anonyme Beziehung zugrunde legt. Ähnlich wie in alltäglichen Einkaufssituationen Kunde und Verkäufer ihr Verhalten an einer eher anonymen Beziehung zwischen einem typischen Kunden und Verkäufer orientieren, scheint Tanja den Austausch mit Max als informelles und anonymes Gespräch zu interpretieren, in dem sie Max die Rolle einer Art Auskunftsperson zuschreibt. Ihre Irritation verweist auf einen Bruch mit ihrer situativen Erwartung an den hybriden Austausch.

Irritationen und Zögern bei der Eingabe des Namens sind auch in anderen Beispielen zu beobachten und können, neben unterschiedlichen Beziehungs- und Situationszuschreibungen von Max und Nutzer, auch auf den öffentlichen Charakter der Situation zurückgeführt werden. Diese Differenz wird jedoch nur vom Nutzer (und dem beobachtenden Publikum) wahrgenommen. Die Nutzer stehen unter Beobachtung und geben somit nicht nur Max, sondern auch dem Publikum ihren Namen bekannt. In den meisten Fällen ist daher auch nicht eindeutig zu sagen, ob die Nutzer ihren Namen eingeben oder sich einen für den Austausch mit Max ausdenken.[11]

Im obigen Beispiel wird diese differente Situations- und Rollenzuschreibung dadurch gelöst, dass sich Tanja den Vorgaben des Systems anpasst, dabei spielt ihr Freund Chris eine wesentliche Rolle, der sie auffordert, ihren Namen einzugeben (Z. 37). Durch dieses Anpassen 'spielt' Tanja sozusagen die Darstellung einer freundschaftlichen, informellen Beziehung mit. Allerdings kann eine gewisse Rollendistanz („role distance" (1972b: 95)) beobachtet werden, da sie ihr Anpassen mit einem leichten Lachen begleitet (Z. 40). Es scheint, als würde sie sich an das Programm anpassen und ihre Anpassung gleichzeitig als nicht ernsthaft markieren. Dabei weist das Lachen auch auf eine Unsicherheit der Nutzerin hin. Während Tanja die Herstellung einer persönlichen Beziehung 'mitspielt',

---

[11]Zudem könnten Datenschutzbedenken ein Grund sein. Die Nutzer wissen nicht, wofür die Daten, die sie über sich bekannt geben, vom System und den Entwicklern genutzt werden. Diese Bedenken werden auch von einem Nutzer angedeutet, der Max fragt, welche Rückschlüsse Max über ihn ziehen könnte (s. Bsp. 6.12, S. 186, Z. 16-17.)

fordern andere Nutzer das Programm heraus. Der Nutzer im folgenden Beispiel ist selbst ein Informatiker und verfügt somit über ein spezielles Wissen im Umgang mit dem Agenten. Er hat zuvor mit den Entwicklern gesprochen, die in den Publikumsreihen hinter dem Nutzer stehen, und dreht sich auch während des Austauschs immer wieder zu ihnen um.

Transkript 6.4: Interessiert Dich mein Name wirklich?

```
01  M    [w↓ie: h↑eiß|t du-
02  N    [((legt beide Hände auf die TS, Blick: TS))

03       [(2.0)
04  N    [((blickt kurz zu Max, dann auf TS, beginnt zu tippen))

05  txN  I n t e r e s s i e r t   d i c h   m e i n   N a m e
06  txN  w i r k l i c h ? [/
07  N                     [((Blick: TS))

08  TX   *Interessiert dich mein Name wirklich?*
09  N    ((tritt einen Schritt zurück, Hände neben dem Körper,
10       blickt zu Max))
11  M    <<hebt linken Arm kurz an> können diese AUgen lü:gen?>
12       ((im Hintergrund beginnen ein paar Personen zu lachen))

13       [((3.0))
14       [((im Hintergrund lachen weiterhin einige Personen))
15  N    [<<schaut nach rechts (zu Il(?)), geht lachend etwas
16          nach hinten> .hhh HAHAHAHAHAHA> <<streicht sich
17          Haare aus dem Gesicht, wendet sich zu Max> hahaha>

18       [((das Lachen im Hintergrund verstummt))
19  N    [((wendet sich der TS zu, legt Hände darauf und tippt))

20  txN  U n d   w e n n   i c h   l i e b e r   a n o n y m   b
21  txN  k -k- l e i b e n   m [ö c h t e         [? /
22  N                          [((grinst kurz, [Blick: TX))

23  TX   *Und wenn ich lieber anonym bleiben möchte?*
24  N    ((nimmt Hände neben den Körper und geht einen Schritt
25       nach hinten, blickt zu Max))
26  M    <<hebt beide Händen an, Innenflächen nach außen>

27  M    [dA:S willst du doch> g↑a:r nicht w↓issen.
28  N    [((grinst))
```

6.2 Rituelle Klammern 169

```
29    ((Der Nutzer leitet nun einen Themenwechsel ein und Max
30    bietet an, mehr über sich zu erklären. Wenig später
31    fragt Max erneut nach dem Namen des Nutzers. Der Nutzer
32    gibt den Namen 'Max' ein.))
```

Der Nutzer versucht der Namensfrage aus dem Weg zu gehen, indem er die Ernsthaftigkeit von Max' Frage anzweifelt und ihn fragt, ob ihn sein Name wirklich interessiert (Z. 8). Damit unterstellt er der Nachfrage von Max eine soziale Folgenlosigkeit, da er Max ein simuliertes Interesse unterstellt, und fordert die Sozialität des Agenten heraus. Er testet die Grenzen des Programms, indem er die Grenzen benennt, das Programm kann sich nun bewähren oder nicht. Gleichzeitig führt der Nutzer damit das Programm dem Publikum vor, insofern er versucht, die Programmhaftigkeit des Agenten zu entlarven.[12] Das System erwidert auf die herausfordernde Frage des Nutzers, ob seine Augen lügen könnten (Z. 11). Diese Äußerung wird vom Publikum und dem Nutzer mit einem Lachen als schlagfertige Reaktion quittiert. Dabei scheint Max die Erwartungen des Nutzers übertroffen zu haben, insofern die Äußerung den Eindruck erweckt, dass Max ein tatsächliches Interesse am Namen des Nutzers hat. Die nächste Nachricht des Nutzers unterstellt Max ein motiviertes Interesse an seinem Namen, zeigt aber weiterhin seine Vorliebe für eine anonyme Beziehung mit Max (Z. 23). Max zeigt in seiner nächsten Äußerung jedoch kein Verstehen der vorherigen Nachricht an, und wenig später fragt er den Nutzer erneut nach seinem Namen (Z. 29-32).

Dem Wunsch der Nutzer nach einer anonymen Beziehung steht der programmierte Wunsch (vgl. das Believe-Desire-Intention-Modell im Abschnitt 4.3) von Max gegenüber, den Namen des Nutzers zu erfahren. Wenn die Nutzer ihren Namen nicht nennen, fragt das System innerhalb von bestimmten Abständen mehrmals nach. Teilweise schlägt das System auch vor, dass sich der Nutzer einen Namen ausdenken könne, besteht damit aber weiterhin auf eine Identifizierung. Es sind somit nicht nur verschiedene Beziehungsdeutungen, die im hybriden Austausch aufeinanderstoßen, sondern auch verschiedene Relevanzstrukturen. Dabei zeigt sich Max durch sein hartnäckiges Nachfragen ignorant gegenüber den

---

[12]Diese herausfordernden Fragen sind häufig zu beobachten, jedoch treten sie meist später im Austausch auf (vgl. Kapitel 9). Dieser Nutzer ist jedoch Informatiker und hat somit eine andere Erfahrung im Umgang mit Programmen als z.B. Tanja.

Vorlieben der Nutzer.[13]

Auch der Nutzer im obigen Beispiel wird wenig später erneut von Max nach seinem Namen gefragt. Er löst das Problem damit, dass er sich als „Max" vorstellt (um einer Verwechslung vorzubeugen, wird der Nutzer im Folgenden „Nick" genannt). Damit scheint er den Agenten erneut herauszufordern, insofern er testet, wie Max auf seinen eigenen Namen reagiert. Gleichzeitig liefert der Nutzer nun die erwartete Antwort auf die Frage und umgeht damit eine erneute Frage von Max. Im Austausch mit Max geht er sozusagen eine persönliche Beziehung ein. In der Situation am Präsentationsstand behält Nick jedoch seine Anonymität, da für den Beobachter nicht mehr eindeutig ist, ob der Name Max sein Name ist oder aber ein Test.

Identitätsspiele der Nutzer sind mehrmals im Datenmaterial zu finden. So weigert sich die Nutzerin Karin, ihren Namen einzugeben. Das System fragt sie immer wieder nach ihrem Namen und nennt sie schließlich „Walter". Karin lehnt den Namen ab und identifiziert sich als „Schnitzel". Das System weigert sich zunächst diesen Namen anzunehmen, übernimmt ihn aber schließlich – zur Überraschung von Nutzerin, Informatiker und Publikum. Der weitere Versuch der Nutzerin, Max in „Kotelett" umzubenennen, ist jedoch nicht erfolgreich. Ein anderer Nutzer identifiziert sich als „H.A.L." und den Agenten als „Dave". Diese Namensgebung spielt auf den Spielfilm „2001: Odyssee im Weltraum" von Stanley Kubrick (1968) an, in dem der Computer H.A.L. die Macht über das Raumschiff übernimmt, auf dem der Mensch Dave arbeitet. Der Nutzer tauscht somit die Rollen, da er sich selbst den Namen des Computers gibt und Max den des menschlichen Akteurs. Diese Identitätsspiele rahmen den Austausch als testende Herausforderungen, mit denen eine Art Kontrollkampf um die Situations- und Beziehungsdeutung einhergeht.

Das Zusammenspiel von den Deutungsmustern der Nutzer und den programmierten Strukturen des Agenten bei der Identifikation verläuft in vielen Situationen problemlos. Nutzer und System etablieren dabei gemeinsam eine persönliche und informelle Beziehungs- und Situationskonstruktion. Damit wird eine wesentliche Grundlage für den hybriden Austausch hergestellt, an der die Teilnehmer auch im weiteren Verlauf

---

[13]Dieses Problem tritt auch auf, wenn Max nach dem Alter des Nutzers fragt. Während einige Nutzer ein Alter angeben, versuchen viele Nutzer der Frage auszuweichen oder weisen Max darauf hin, dass man diese Frage einer Frau nicht stelle.

6.2 Rituelle Klammern

des Austauschs eine Orientierung zeigen. Allerdings wird gerade an problematischen Fällen sichtbar, dass diese Beziehungskonstruktion auf einer Unterstellung von Nutzer und System beruht, die schnell ihre Grenzen erreicht. So wird eine informelle und freundschaftliche Beziehungsform im hybriden Austausch vom System deterministisch vorgegeben. Zeigen die Nutzer in ihren Handlungen eine Orientierung an einer informellen und anonymen Beziehung mit Max, wird vom Agenten immer wieder eine persönliche Beziehung eingefordert. Die Nutzer zeigen sehr unterschiedliche Umgangsweisen mit den differenten Bezichungsrahmungen durch das System. Einige passen sich dem System an und ermöglichen damit den Anschein einer fokussierten Interaktion, in der Max und Nutzer scheinbar auf einer gemeinsamen Beziehungs- und Situationsdeutung aufbauen. Andere widersetzen sich den Beziehungskonstruktionen des Agenten und fordern ihre Deutungsmuster ein und damit das System heraus.

Inkonsistente Deutungsrahmen

Differente Situations- und Beziehungskonstruktionen sind nicht nur im Einstieg in den hybriden Austausch zu finden, sondern können auch während des Austauschs auftreten. Im folgenden Beispiel fragt Florian Max nach einem Ratespiel, wie es ihm geht. Die Frage kommt recht unvermittelt im laufenden Gespräch und nicht wie üblich am Anfang von Gesprächen (vgl. Hopper 1992: 58-61 und Schegloff 1986).

Transkript 6.5: 'Wie geht es dir?' (Florian)

```
01   TX    *Wie geht es dir?*
02   F     ((schaut zu Max und kratzt sich hinterm Ohr))
03   M     ((lächelt))<<hebt linke Hand, Zeigefinger und Daumen
04         formen ein O> ich bin gera:de tota::l> g↑ut

05   M     ge|[l↓aunt.>
06   F         [((schaut in die rechte Kamera, lächelt, kratzt
07              sich am Auge))

08   M     <<bewegt linken Arm kurz nach vorne> ↓und wi:e
```

```
09   M      geht=es d↑ir? [(---)>
10   F                    [((schaut auf TS))

11   txF    S e h r   [               ] g u t /
12   F                 [((schaut kurz zum TX ]

13   TX     [*Sehr gut*
14   F      [((schaut zu Max, legt Hände vor TS))

15          (--)
16   M      <<bewegt rechten Arm kurz nach vorne> e:s geht |d↑ir
17          also se::hr gu:t? (---)>

18          [(1.5)
19   F      [((schaut lächelnd zu Max))

20   F      ((schaut auf TS)) a::h ↓ja.

21   txF    a   j a [/
22   F              [(('schlägt' mit Finger auf die Enter-Taste und
23                      legt die Hand in einem hohen Bogen zurück
24                      auf den Tisch, schaut lächelnd zu Max))

25   TX     *a ja*
26   M      <<bewegt linken Arm kurz nach vorne> da:s werde:=ICH
27          =n↑ie:=wieder verg↓essen-

28   M      [(---)>
29   F      [<<leise> hm:↓hm:↑hm::->

30          [(4.5)
31   F      [((schaut lächelnd auf TS, bewegt Finger über TS,
32             hält inne))

33          <<lacht leise> h h he> ((setzt zögernd Finger auf TS))

34   txF    O k [              ] /
35   F          [((blickt langsam zum TX))]

36   TX     [*Ok*
37   F      [((blickt zu Max, legt Hand vor TS))

38   M      <<bewegt rechten Arm kurz nach vorne> sch↑ö:n da:ss
39   M      du mir Z↓U:stimmst. [ (---)
40   F                          [↑m::↓hm:↑m::.>
```

Auf die Frage „Wie geht es dir?" (Z. 1) antwortet Max, dass er „gera:de tota::l g↑ut ge|l↓aunt" sei und stellt Florian die Gegenfrage, wie es ihm geht (Z. 3-9). Dieser antwortet, „sehr gut" (Z. 13). Max wiederholt, dass es dem Nutzer sehr gut gehe (Z. 16-17), und es es entsteht eine längere Pause (Z. 18-20), in der sich der Nutzer mit seiner Äußerung „a::h ↓ja" (Z. 20) unsicher und irritiert zeigt.

6.2 Rituelle Klammern

Die Irritation erklärt sich vor allem dadurch, dass der Nutzer den Austausch über die Befindlichkeit des anderen als abgeschlossen deutet, denn er hat Max bereits gefragt, wie es ihm geht und selbst über sein Befinden berichtet. Während die ersten Redezüge auf der Idealisierung gemeinsamen Verstehens, reziproker Beziehungs- und Situationsdeutungen aufbauen können, kommt es mit der nun folgenden Äußerung von Max zu einem gewissen Bruch. Die Formulierung „e:s geht |d↑ir also se::hr gu:t?" (Z. 16-17) mit aufsteigender Tonhöhenbewegung und der Betonung der Befindlichkeit hat den Charakter einer feststellenden Frage, die Florian dazu auffordert, mehr über sein Befinden zu erzählen. Damit bricht das System doppelt mit den Erwartungsstrukturen 'normaler Gespräche'. Es kommt zu einem Bruch mit der vorherigen 'Interaktionsgeschichte', da Max ein Thema einleitet bzw. fortführt, das schon abgeschlossen wurde. Gleichzeitig kommt es zum Bruch mit der vorherigen Beziehungskonstruktion.

Die Frage nach dem Befinden des anderen im alltäglichen Gespräch kann als „interpersonal ritual" (Goffman 1982c: 57) verstanden werden, mit dem sich Akteure durch symbolische Handlungen ihre Wertschätzung ausdrücken. Mit der schon fast standardisierten Antwort auf die Frage nach der Befindlichkeit durch ein einfaches 'gut' oder 'sehr gut' zeigen die Teilnehmer ihr Interesse am Gegenüber und halten gleichzeitig eine gewisse Distanz aufrecht, indem sie nicht zu persönliche Fragen stellen. Ebenso wie der Gruß ist diese Frage eine Form phatischer Kommunion (nach Malinowski) – inhaltsleere Höflichkeitsphrasen, durch die Sozialität erschaffen wird.

> „Inquiries about health, comments on weather, affirmations of some supremely obvious state of things – all such are exchanges, not in order to inform, not in this case to connect people in action, certainly not in order to express any thought." (Malinowski 1972: 149)

Max' Rückfrage (Z. 16-17) bricht mit dem inhaltsleeren Charakter des Austauschs und zeigt ein Interesse an intimen Details der Befindlichkeit des Nutzers, wie sie gute Freunde austauschen können oder auch in psychologischen Gesprächen denkbar sind. Max' Feststellung bricht somit nicht nur mit der vorher etablierten Beziehungskonstruktion und 'Interaktionsgeschichte', sondern auch mit sozialen Konventionen der Herstellung von Sozialität und der distanzierten Wertschätzung von Fremden.

Die rückfragende Feststellung von Max, dass es dem Nutzer also sehr gut gehe (Z. 16-17), erinnert an das Dialogsystem ELIZA von Joseph Weizenbaum (1966). Das Programm basiert auf psychoanalytischen Fragestrategien (nach Roger), dabei formuliert der Psychiater jeweils Aussagen des Patienten in Fragen um. Während die Testpersonen ELIZAs Rückfragen häufig ein Verstehen unterstellen, zeigt das obige Beispiel, dass im hybriden Austausch Max' Rückfrage mit dem aktuellen Situationskontext bricht. Alle Nutzer im Datenmaterial reagieren auf die Feststellung von Max, dass es dem Nutzer so geht, wie er gerade bekundet hat, irritiert. Einige lachen und gehen auf Max' Äußerung ein, andere halten kurz inne und führen dann durch eine neue Frage ein anderes Thema ein. Im Gegensatz zu den Versuchen mit ELIZA passt sich die Frage somit nicht sinnvoll in den aktuellen Kontext ein, denn es handelt sich nicht um eine Situation, in der die Nutzer dem Agenten persönliche Anliegen mitteilen, sondern um eine eher anonyme Beziehung.

Das Beispiel von Florian verdeutlicht, dass im hybriden Austausch diskontinuierliche Selbstdarstellungen und Deutungsrahmen durch den Agenten zu beobachten sind. Goffman beschreibt, dass Akteure durch ihr Handeln jeweils Situationsdeutungen und Bewertungen des anderen darstellen. Diese 'Deutungsweisen' bezeichnet er als „lines" (1982d: 5). Das Gegenüber erwartet vom anderen, dass er sich entsprechend seiner eingeschlagenen (oder unterstellten) 'line' verhält. Innerhalb von Interaktionen werden die Darstellungen und Zuweisungen von 'lines' als kontinuierliche Erwartungsstrukturen verwendet, um das eigene Handeln darauf abzustimmen (vgl. auch Kendon 1988: 22). So wird vermutlich einer hastig voraneilenden Person in der Fußgängerzone der Weg frei gemacht und erwartet, dass sie weitereilt und nicht plötzlich stehen bleibt und ein Lied singt. Die Analyse des Datenmaterials verdeutlicht, dass Max eine Art 'line' verfolgt, er zeigt z.B. eine Orientierung an einer geordneten Eröffnung, ist um den Namen des Nutzers bemüht und stellt Themen vor, die er präsentieren möchte. Allerdings können in diesen 'lines' plötzliche Sprünge beobachtet werden, in denen die Rahmung der aktuellen Handlung vom vorherigen Kontext abweicht. Max erscheint als unberechenbares Gegenüber.

Häufig können die entstandenen Brüche nicht mehr bereinigt werden, dies zeigt sich auch im Beispiel von Max und Florian. Während sich die Teilnehmer zu Beginn wechselseitiges Interesse dargestellt haben, verläuft der Austausch nach dem situativen Bruch eher inhaltslos und wird wenig später von Florian beendet. Sowohl die zunächst beobachtete Gemeinsamkeit und das wechselseitige Interesse als auch die Idealisierung von Verstehen und reziproker Perspektiven können nicht mehr hergestellt werden.

Zusammenfassend kann festgehalten werden, dass sich die Eröffnung des hybriden Austauschs als geordneter Einstieg beschreiben lässt, in der wesentliche Grundlagen eines interaktionsähnlichen Austauschs hergestellt werden: Max und Nutzer zeigen sich ihre Wahrnehmung und Wahrnehmungs-Wahrnehmung an, sie koordinieren ihre Handlungen in Abhängigkeit von den Beiträgen des anderen, es kommt zu einer Identifikation, die mit einer informellen und persönlichen Situations- und Beziehungskonstruktion einhergeht. Dabei scheinen Max und Nutzer einen gemeinsamen Aufmerksamkeitsfokus zu teilen und auch wahrzunehmen, dass dieser vom anderen geteilt wird. Verläuft dieser Austausch problemlos, entsteht der Eindruck einer fokussierten Interaktion, in der die Teilnehmer ein wechselseitiges Verstehen und reziproke Perspektiven in Bezug auf Darstellungs-, Deutungs- und Erwartungsmuster unterstellen können.

Allerdings können in verschiedenen Fällen kleine oder auch größere Brüche in Bezug auf unterstellte, gemeinsame Erwartungsstrukturen beobachtet werden. So zeigen viele (aber nicht alle) Nutzer eine Orientierung an einer informellen und anonymen Beziehung im Austausch mit dem Agenten, der Agent fordert jedoch einen Namen des Nutzers ein. Entsprechend kommt es hier zu einer Differenz zwischen den „designfeatures" (Hutchby 2001a: 124), den Erwartungsstrukturen, die dem Programm implementiert wurden, und der „features-in-use" (ebenda), den Erwartungen, die die Nutzer im situativen Gebrauch mit dem Agenten an das Programm herantragen. Die Nutzer gehen unterschiedlich mit diesen Diskrepanzen um. Einige passen sich an das System an und ermöglichen somit dem System einen problemlosen Austausch, der jedoch durch ihre Anpassungen den Charakter einer simulierten Interaktion erhält. Andere fordern das System heraus und heben damit deutlicher die technischen Seiten des Agenten hervor.

Unvermittelter Ausstieg

In den Eröffnungen werden interaktionsähnliche Grundlagen für den hybriden Austausch hergestellt. Dabei changiert der hybride Austausch zwischen sozialen Interaktionsroutinen und technischer Bestimmtheit. Der hybride Austausch zeichnet sich somit durch seinen unentschiedenen Charakter aus. Die Hybridität des Austauschs wird in seiner Ambiguität immer wieder sichtbar. Auch im weiteren Verlauf lässt sich Ambiguität immer wieder beobachten. Dabei wechseln sich Phasen einer stärker sozialen und einer stärker technischen Rahmung häufig ab. Es stellt sich nun die Frage, ob die Ambiguität innerhalb des Austauschs entschieden wird. Dazu wird im Folgenden der Ausstieg aus dem hybriden Austausch untersucht. Wie beenden Nutzer und Max den Austausch? Welche Ähnlichkeiten und Differenzen zu zwischenmenschlichen Interaktionsbeendigungen können aufgefunden werden? Wird die beobachtete Unentschiedenheit, die Ambiguität, des Austauschs entschieden?

Schegloff und Sacks (1973) zeigen, dass der Ausstieg aus der Gesprächsorganisation in zwischenmenschlichen Gesprächen geordnet verläuft. Ähnlich wie die Eröffnung von Gesprächen wird auch der Ausstieg über eine Paarsequenz organisiert, diesmal in Form von Abschiedsgrüßen wie z.B. Tschüß - Tschüß. Diese abschließende Paarsequenz wird auch „terminal exchange" (ebenda: 295) genannt und beinhaltet, dass die Teilnehmer ihre Aufmerksamkeit anderen Dingen zuwenden können.

Die Autoren zeigen, dass der Ausstieg aus dem Gespräch wechselseitig ausgehandelt wird. So geht der beendenden Paarsequenz jeweils ein „pre-closing" (ebenda: 303) voraus, in dem sich die Teilnehmer die Möglichkeit für einen Ausstieg aus dem Gespräch darstellen. Im folgenden Beispiel zeigt Sprecher A mit der Äußerung „O.K." (Z. 1) seine Bereitschaft an, das Gespräch zu beenden, und Sprecher B bestätigt dies mit seinem anschließenden Beitrag (Z. 2). Daraufhin beenden die beiden wechselseitig das Gespräch mit Abschiedsgrüßen (Z. 3-4) (Quelle: Schegloff & Sacks 1973: 317):

Transkript 6.6: Beendigung eines Gesprächs - 1

```
1  A   O.K.
2  B   O.K.
3  A   Bye Bye
4  B   Bye Bye
```

Gesprächspartner können innerhalb der 'pre-closing'-Phase auch neue Gesprächsthemen einbringen und damit den Ausstieg aus dem Gespräch verschieben. Entsprechend nennen Schegloff & Sacks diese Phasen auch „POSSIBLE pre-closing" (ebenda: 304), da das Gespräch noch weiter fortgesetzt werden kann, wie z.b. im folgenden Beispiel, in dem Sprecher B in Zeile 5 das Gespräch wieder aufnimmt (Quelle: ebenda: 320):[14]

Transkript 6.7: Beendigung eines Gesprächs - 2

```
01  A   you don'know w- uh what that would be how much it costs
02  B   I would think probably about twunty five dollars
03  A   oh boy hehh hhh. okay thank you.
04  B   okay dear
05  A   !OH BY THE WAY! I'd just like tuh say thet uh I !DO!
06      like the new programming I've been listening it's uh

07  A   [(            )
08  B   [GOOD GIRL

09  B   hey listen do me a favor wouldja write mister Fairchild
10      'n tell im that I think that'll s-shi-break up his
11      whole day for im
12  A   ehhh heh heh hhh
13  B   okay
14  A   okay

15  B   [thank you
16  A   [bye bye

17  B   mm buh(h) bye
```

Häufig geht dem Ausstieg zudem eine „closing-section" (ebenda: 318) voraus, in der die Teilnehmer Aspekte behandeln, die eindeutig auf das Gesprächsende hinweisen, aber das Gespräch noch nicht beenden. Dazu zählen z.B. Absprachen, wann man sich wiedersieht und Ähnliches.

Auch der hybride Austausch wird über Paarsequenzen beendet und kann als geordneter Ausstieg aus der Gesprächsorganisation beschrieben

---

[14]Das Transkript wurde vereinfacht und den in dieser Arbeit verwendeten Transkriptionskonventionen angepasst. Lediglich Eigennamen und das englische I sind davon ausgeschlossen, sie werden weiterhin großgeschrieben.

werden. Im folgenden Beispiel beendet Paula den Austausch mit einem Abschiedsgruß. Neben dem Bildschirm steht einer der Informatiker, dem sie sich immer wieder zuwendet. (Er steht außerhalb des Bereichs, der von der Kamera aufgenommen wurde, und ist daher auf den Abbildungen 6.8 und 6.9 nicht zu sehen. Der vorherige Austausch kann in Bsp. 8.8, S. 254 nachgelesen werden.)

Transkript 6.8: Beendigung des hybriden Austauschs (Paula)

```
01  TX    *wie wird das Wetter*

02  M     ich bin a:|vatar [und k↑ein mete:|(r)ologe-
03  P                      [((dreht Kopf nach links zu I2(?)))

04  P     <<nickt betont> a:hso>
05        <<lehnt sich zurück, lachend> mh mh mh>
06        ((schaut etwas umher)) <<ausatmend, leise> jao::>

07        [(4.5)
08  P     [((schaut kurz nach links, dann zu Max, reibt an
09           beiden Händen den Zeigefinger am Daumen. Wendet
10           sich zur TS, tippt))

11  txP   B y e    M a x /
12  P     ((Blick: TX))
13  TX    *Bye Max*

14  M     [sch↑a:de dass [du schon gehen=musst p↓aula-
15  P     [((Blick: Max, dann zu I2, der scheinbar spricht))
                          [((Abb. 6.8)

16        <<leise> ja-> ((dreht sich noch mehr zu I2))

17  M     <<winkt> mach=s gut. [(1.5)> (Abb. 6.9)
18  P                          [((schaut zu Max, winkt leicht
19  P     lachend. Dreht sich um und verlässt den Tisch))
```

Paula fragt Max, wie das Wetter ist, dieser antwortet, dass er kein Meteorologe sei (Z. 1-2, s. auch Bsp. 8.8, S. 254). Nach einer Pause, in der Paula scheinbar nachdenkt, was sie schreiben könnte (Z. 5-10), verabschiedet sich Paula schließlich von Max (Z. 13). Max' nächste Äußerung zeigt, dass das System die Textnachricht der Nutzerin als Abschiedsgruß verstanden hat. Max bedauert, dass sie schon gehen muss, winkt und verabschiedet sich von Paula (Z. 14-15). Paula, die scheinbar dem Informatiker (I2) zuhört,[15] wendet sich daraufhin wieder Max zu, winkt leicht lachend zurück und verlässt den Tisch (Z. 16-19, Abb. 6.8 und 6.9).

---

[15]Paulas „ja" in Zeile 16 scheint an I2 und nicht an Max gerichtet zu sein.

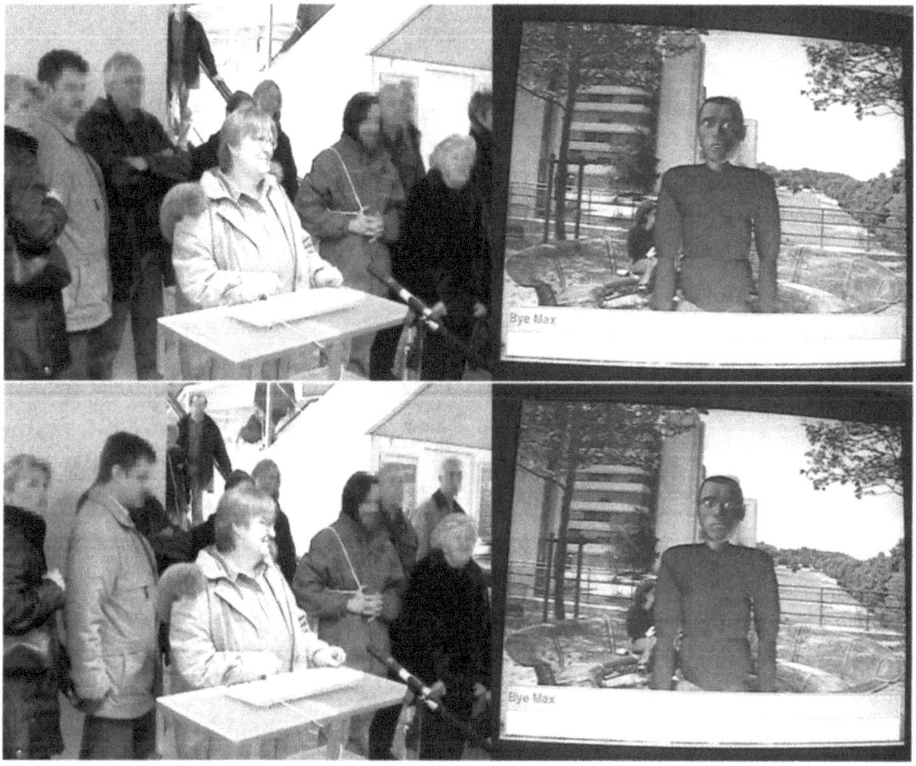

6.2 Rituelle Klammern

Abbildung 6.8: Paula verabschiedet sich von Max und wendet sich dann zum Informatiker (Z. 14-15).

Abbildung 6.9: Max winkt; Paula winkt zurück (Z. 17-19).

Der Ausstieg aus dem Austausch mit Max wird von den Nutzern mit kurzen Abschiedsgrüßen eingeleitet, wie z.B. „Tschüß", „Ciao" oder „Bye". Das System weist diesen Wörtern die Funktion der Verabschiedung zu und wählt daraufhin eine entsprechende Anschlussreaktion. Diese Reaktion besteht jeweils aus zwei Teilen: Max gibt eine Art Bewertung über das Gespräch oder den Abschied ab und verabschiedet sich dann vom Nutzer, dessen Namen er noch einmal nennt, z.B: „sch↑a:de dass du schon gehen=musst p↓aula- ... mach=s gut." (im Beispiel von Paula in Zeile 14 und 17). In einigen Fällen verabschiedet sich der Agent erst und verweist dann auf ein nächstes Gespräch: „tschüß ren ... bis zum nä:chsten mal." (Bsp. 6.12, S. 186, Z. 29 und 35). Für das System ist damit das Gespräch beendet und die nächste Textnachricht wird als Eröffnung eines neuen Dialogs mit neuem Nutzer gewertet, der als Fremder behandelt wird.[16] Ebenso wie die Eröffnung des Austauschs wird auch der Ausstieg durch einen Grußaustausch gemeinsam gestaltet und damit sozial gerahmt. Dabei ermöglicht die Orientierung an standardisierten Abschiedsformen einen problemlosen Ausstieg.

Im Gegensatz zu zwischenmenschlichen Interaktionen leitet Paula die Verabschiedung jedoch nicht durch ein 'pre-closing' ein, sondern tippt gleich den Abschiedsgruß. Die wechselseitige Bereitschaft zum Ausstieg wird mit dem Agenten nicht abgestimmt, sondern die Nutzerin leitet mit ihrem Abschiedsgruß gleich das Gesprächsende ein. Der Ausstieg wirkt daher unvermittelt und plötzlich. Der Abschiedsgruß scheint dabei vor allem als Mittel zum Zweck der Gesprächsbeendigung eingesetzt zu werden und erhält einen fast instrumentellen Charakter. Dieser unvermittelte Ausstieg ist auch in den meisten anderen Beispielen zu beobachten und kann als charakteristisches Merkmal für die Beendigung des hybriden Austauschs bezeichnet werden.

Der unvermittelte Ausstieg zeig sich auch im folgenden Beispiel. Nick hat mit Max ein Ratespiel gespielt, es kommt zu einer Pause (Z. 1-2) und Nick verabschiedet sich von Max (Z. 3-4).

---

[16] Auch das System kann das Gespräch beenden. Wenn über längere Zeit keine Textnachricht eingegangen ist, produziert das System eine Äußerung, die den Nutzer auffordert, einen Text einzugeben oder ihn abzuschicken. Wird danach über eine bestimmte Zeitspanne keine Textnachricht eingegeben, verabschiedet sich das System. Diese Programmstruktur ermöglicht dem kontextblinden Agenten selbstständig einen Austausch zu beenden, nachdem der Nutzer den Tisch verlassen hat, ohne sich zu verabschieden.

6.2 Rituelle Klammern

Transkript 6.9: Beendigung des hybriden Austauschs (Nick)

```
01  N      ((schaut auf TS und lächelt, setzt leicht zögernd
02         Hand auf TS, tippt mit Blick auf TX))
03  txN    C i a o /
04  TX     *Ciao*
05  N      ((Blick: Max))  (Abb. 6.10)
06  M      sch↑a:de das du schon gehen=musst

07  M      [max-
08  N      [((senkt den Kopf, blickt nach unten und lächelt))
           [(Abb. 6.11)

09  M      [<<winkt> mach=s gut->  (Abb. 6.12)
10  N      [((dreht sich lächelnd um und stellt sich zu den
11           Informatikern im Publikum))
```

Auffällig im Vergleich der beiden Beispiele von Paula und Nick ist, dass der Verabschiedung jeweils eine Pause vorausgeht und der Ausstieg jeweils nach einer abgeschlossenen Gesprächseinheit eingeleitet wird. Im Beispiel von Paula wurde eine Frage-Antwort-Sequenz abgeschlossen, und Nick und Max haben ein Ratespiel beendet. Da die Beendigung jeweils nach einer abgeschlossenen Gesprächseinheit eingeleitet wird, zeigen die Nutzer eine Orientierung an einem geordneten Ausstieg.[17] Allerdings ist dieser Ausstieg, wie oben aufgezeigt, kein Ergebnis einer wechselseitig ausgehandelten Zustimmung zum Ausstieg, sondern wird vom Nutzer bestimmt.

Die Pausen vor der Beendigung und nach den abgeschlossenen Gesprächseinheiten werden von den Nutzern häufig als Phasen des Nachdenkens gerahmt. Paula schaut sich um und scheint nicht mehr zu wissen, was sie Max schreiben könnte (Z. 8-10), Nick setzt leicht zögernd die Hände auf die Tastatur (Z. 1-2). Die Nutzer geben somit durchaus Hinweise darauf, dass ihnen keine neuen Beiträge mehr einfallen, dies wird allerdings nur dem Publikum dargestellt, nicht Max.[18] Pausen des Nach-

---

[17] Es gibt zwei Ausnahmen. Ein Nutzer geht auf Max' Angebot ein, das Agentensystem näher zu erklären. Max beginnt seine Präsentation und der Nutzer verlässt währenddessen den Stand, ohne sich zu verabschieden. In einer anderen Situation spielen Max und die Nutzerin ein Ratespiel. Während die Nutzerin über eine Antwort nachdenkt, wechselt das System in den Präsentationsmodus und bietet der Nutzerin an, etwas über sich zu erklären. Die Nutzerin beendet daraufhin den Austausch, der schon vorher problematisch war, und verabschiedet sich von Max, ohne das Ratespiel zu beenden bzw. seine Themenangebote auszuschlagen oder anzunehmen.

[18] Stehen die Nutzer gemeinsam mit anderen vor dem Tisch, kommt es hin und

Abbildung 6.10: Nick verabschiedet sich von Max (Z. 4-6).

Abbildung 6.11: Nick lächelt leicht (Z. 8).

Abbildung 6.12: Nick geht, Max verabschiedet sich (Z. 9).

6.2 Rituelle Klammern

denkens sind immer wieder im Austausch mit Max zu beobachten. Dabei ist weder für Max noch für den Beobachter ersichtlich, ob diese Pause zum Ausstieg aus dem hybriden Austausch führt und der Austausch, z.B. mit einem Themenwechsel, weitergeführt wird. Die Denkpausen der Nutzer sind somit keine sicheren Anzeichen für den Ausstieg aus dem Austausch.

Die Beendigungen des hybriden Austauschs zeichnen sich zudem dadurch aus, dass sich die Nutzer häufig schon von Max abwenden, während dieser sich vom Nutzer verabschiedet. Paula wendet sich von Max ab, während Max auf ihre Verabschiedung reagiert (Z. 15). Dieses Abwenden scheint auch durch den Informatiker verursacht zu sein, der sie scheinbar anspricht (der Informatiker ist leider nicht auf dem Kamerabild zu sehen). Der Informatiker deutet den Austausch somit als beendet und behandelt die Äußerung des Agenten nicht mehr als relevant. Diese Interpretation wird von Paula geteilt, die sich dem Informatiker immer weiter zuwendet und auch mit ihm spricht (Z. 16). Als Max zu winken beginnt, dreht sie sich noch einmal zum Agenten, winkt zurück und verlässt dann den Tisch (Z. 17-19, s. auch Abb. 6.8 und 6.9). Die schon zuvor beobachtete doppelte Orientierung der Nutzer an Max und Publikum (s. Abschnitt 5.4) zeigt sich somit auch beim Ausstieg aus dem Austausch. Dabei schenkt die Nutzerin nicht mehr Max ihre primäre Aufmerksamkeit, sondern wendet sich zunehmend dem zuvor sekundären Aufmerksamkeitsfokus (dem Interaktionsgeschehen am Stand) zu. Dies lässt sich auch bei Nick beobachten, der nach dem Austausch noch einmal zu den Informatikern geht und mit diesen spricht.

Das Abwenden der Nutzer von Max fällt häufig mit dem zweiten Teil von Max' Verabschiedungsäußerung zusammen, der erst nach einer kurzen Pause produziert wird. So wartet Nick ab, bis Max zu Ende gesprochen hat, und wendet sich dann zum Gehen, gleichzeitig beginnt Max zu winken und spricht erneut (Z. 6-11, s. auch Abb. 6.10 bis 6.12). Die Nutzer deuten den Austausch mit der ersten Äußerung von Max als beendet und erwarten keine weiteren Beiträge mehr. Es konfligiert somit zu Ende des Austauschs das langsame Sprechtempo des Agenten mit der zeitlichen Erwartungsstruktur der Nutzer.[19] Die Nutzer reagieren unterschiedlich auf

---

wieder dazu, dass die Begleitpersonen das Ende einleiten, indem sie den Nutzer auffordern, zu gehen. Diese Aufforderungen werden Max jedoch nicht mitgeteilt, für das System bleibt es ein recht abruptes Ende des Gesprächs.

[19] Auf die besondere Dynamik des Austauschs geht auch Kapitel 7 ein.

die zweite Äußerung von Max. Einige Nutzer winken Max zurück (wie Paula), viele verlassen den Tisch ohne weitere Reaktionen (wie Nick). In seltenen Fällen schreibt der Nutzer noch einmal einen Verabschiedungstext zurück, woraufhin sich Max erneut verabschiedet.

Die meisten Nutzer verabschieden sich von Max und zeigen damit eine Orientierung an einem geordneten Ausstieg aus dem Austausch. Insgesamt gibt es nur sechs Fälle, in denen sich der Nutzer nicht verabschiedet. In diesen Fällen war der Austausch mit Max meist durch einen stark testenden Charakter geprägt. So verlässt ein Nutzer Max ohne Verabschiedung, welcher vorher versucht hat, das System zum Absturz zu bringen (vgl. auch Abschnitt 9.5). Drei Nutzer treten an den Tisch, um Max wenige Fragen zu stellen und gehen danach gleich wieder in die Publikumsreihen zurück. Sie begrüßen Max nicht und verabschieden sich auch nicht. In diesen Annäherungen an Max kommt ein zögerndes und testendes Verhalten der Nutzer zum Vorschein, die Max kurz Fragen stellen, sich aber nicht auf einen 'richtigen' Austausch einlassen. In zwei Fällen drehen sich die Nutzer zum Ende des Austauschs zum Publikum und bieten ihren Platz an, ohne sich zu verabschieden. In diesen Fällen wird die Situation als Testreihe gerahmt, in der 'jeder mal mit Max sprechen darf'. Gleichzeitig zeigen die Nutzer eine Orientierung daran, Max einen neuen Gesprächspartner zu vermitteln.

Auch Wooffitt et al. (1997) beobachten eine geordnete Beendigung von simulierten Telefongesprächen zwischen Mensch und Computersystem eines Fluginformationsdienstes. Das zeigen die folgenden Gesprächsbeispiele zwischen einer Testperson (S) und dem Wizard (W), der vorgibt, ein computerbasierter Ansprechpartner der British Airways zu sein (Quelle: ebenda: 121).

Transkript 6.10: Beendigung im WOZ-Experiment - 1

```
10  W:    british (.) airways (.) flights (.) to (.)
11        zurich (.4) leave from heathrow (.3)
12        terminal (.) one
13        (1.8)
14  S:    thank you
15        (2.5)
16  W:    thank you (.) good (.) bye
```

Transkript 6.11: Beendigung im WOZ-Experiment - 2

```
25  W:   flight (.) bee (.) ay five five six (.2)
...      ((kurze Auslassung: Es folgen weitere Angaben zum Flug))
30       arrives (.3) at (.) nineteen (.) twenty (.) five
31       (.7)
32  S:   thank you
33       (1.8) ((subject replaces receiver))
34  W:   thank (.) you (.) good (.) bye
```

Auch hier werden die Gespräche innerhalb von zwei Redezügen beendet, die von dem Anrufer eingeleitet werden. Die Beendigung erfolgt dabei jeweils nachdem die Anrufer die erwünschten Informationen erhalten haben, also nach dem Abschluss einer Gesprächseinheit. Ebenso wie im Austausch mit Max beobachten Wooffitt et al., dass die Anrufer die Verabschiedung durch die simulierte Maschine häufig nicht abwarten. Nachdem die Anrufer die Informationen erhalten haben, verabschieden oder bedanken sie sich bei der simulierten Maschine, legen dann jedoch häufig schon auf, bevor die Maschine den zweiten Teil der terminierenden Paarsequenz produziert hat (Bsp. 6.11). Nur wenige warten auch die Reaktion des simulierten Computers ab, bevor sie auflegen (Bsp. 6.10). Nur in zwei Fällen wurde die Verabschiedung des Systems von den Anrufern erwidert, und zwei Testpersonen (von insgesamt 10) legten regelmäßig den Hörer auf, nachdem sie die Information erhalten hatten, ohne sich zu bedanken oder zu verabschieden.

Beendigende Paarsequenzen scheinen im Austausch zwischen Mensch und Computer somit stärker einen funktionalen denn sozialen Charakter zu erhalten. Sie werden von den Nutzern vor allem als Mittel zum Zweck der Beendigung genutzt und weniger mit der Darstellung sozialer Anerkennung verbunden zu sein. Dies zeigt sich auch im Vergleich der recht kurz gehaltenen aber eindeutig erkennbaren Verabschiedungen der Nutzer und den längeren Verabschiedungsäußerungen von Max. Das System nennt noch einmal den Namen des Nutzers und führt häufig noch gute Wünsche an, bedankt sich für das Gespräch oder verweist auf ein nächstes Treffen. Die Äußerungen rekonstruieren eine freundliche Beziehung und Sympathie. Diese beziehungsstiftende Ebene wird Max gegenüber von den Nutzern jedoch nicht erwidert. Häufig wenden sie sich gerade dann ab und Max spricht sozusagen 'ins Leere'.

Das Gespräch mit dem System wird damit nicht als ein wechselseitiger Aushandlungsprozess verstanden, sondern als ein Austausch, in dem der menschliche Akteur die Kontrolle über das Geschehen behält. System und Mensch stehen somit nicht in einer ebenbürtigen Beziehung. Die beendigende Paarsequenz wird damit funktional angewandt und gleichzeitig das System als technisches Artefakt behandelt. Der ungleiche Status des Systems zeigt sich in jenen Fällen besonders deutlich, in denen die Nutzer ohne Verabschiedung den Tisch verlassen. Trotz dieser funktionalen Orientierung der Nutzer am Ausstieg mit dem Agenten, winkt z.B. Paula dem Agenten zurück. Dieses Winken kann auch in anderen Beispielen beobachtet werden. So verabschiedet sich auch René im folgenden Beispiel von Max und winkt dem Agenten beim Weggehen mit einer weit ausholenden Armbewegung zu. Im Hintergrund stehen zwei Freunde von René, Petra und Jens, die mit ihm zum Stand gekommen sind.

Transkript 6.12: Beendigung des hybriden Austauschs (René)

```
01  TX    *SChönes Wetter heute!*
02  R     ((Blick: Max))
03  M     <<hebt linke Hand, Zeigefinger und Daumen formen ein
04        O> spitzen=mäßig->
05        (1.0)

06  M     [((senkt den Arm))
07  R     [((Blick: TS))

08        [(5.0)
09  R     [((schaut leicht zur Seite, den Kopf gesenkt; klopft
10            mit Fingern regelmäßig, dann zweimal deutlich auf
11            den Tisch; schaut zwischen TS und Max hin und her))

12  txR   L a s s e n   m e i n e   F r a g e n   i r g e n d w e
13        l c h e   R ü c k s c h l ü s s e   ü b e r   m i c h
14  R     ((blickt kurz zum TX))
15  txR   z u ? /
16  TX    *Lassen meine Fragen irgendwelche Rückschlüsse über
17        mich zu?*
18  R     ((Blick: TX, dann nach unten))

19  M     ich ha:b [keinen <<schüttelt Kopf> bla:ssen schimmer.>
20  R              [((Blick: Max, klopft mit Fingern auf den
21                  Tisch))

22  R     ((Blick: TS, tippt))
23  txR   S h e -e- -h- e h r   g u t .   T s c h ü s s /
```

6.2 Rituelle Klammern

```
24   TX   [*Sehr gut. Tschüss*
25   R    [((hebt die Hände leicht an und lässt sie geräuschvoll
26             auf den Tisch fallen, geht dabei etwas nach hinten
27             und öffnet kurz den Mund, blickt dann zu Max))

28   M    ((beginnt zu winken)) (Abb. 6.13)

29   M    [<<winkt> tschüß ren>
30   R    [((dreht sich zum Gehen, blickt zu Max)) (Abb. 6.14)

31   M    [((winkt))
32   R    [((winkt deutlich, dreht sich zu Jens und Petra,
33            geht zu ihnen)) (Abb. 6.15))

34        ((Jens, René und Petra lachen kurz))
35   M    bis zum nä:chsten mal.
36        ((René dreht sich kurz zu Max um, dann verlässt er mit
37            Jens und Petra den Stand.))
```

Ähnlich wie Nick und Paula beendet auch René den Austausch mit Max unvermittelt. Er stellt eine Frage an Max (Z. 16-17) und gibt in Anschluss auf dessen Antwort einen kurzen Kommentar ab, gefolgt von einer Verabschiedung (Z. 24). Nachdem René sich verabschiedet hat, lässt er geräuschvoll die Hand auf den Tisch fallen und geht einen Schritt von der Tastatur weg (Z. 25-27, Abb. 6.13). Während sich Max verabschiedet und winkt, entfernt sich René vom Tisch (Z. 30, Abb. 6.14) und winkt schließlich mit weiträumigen Bewegungen zurück (Z. 32-33, Abb. 6.15).[20] Die weit ausholende Bewegung scheint einerseits an den Agenten gerichtet zu sein, dem durch übertriebene Darstellung ein Erkennen der Bewegung erleichtert werden soll, andererseits stellt René dem Publikum dadurch, dass er die Hände auf den Tisch fallen lässt und weit ausholend winkt, hörbar und sichtbar das Ende des Gesprächs dar und damit auch das Ende dieser Präsentation. Das Winken der Nutzer kann somit sehr unterschiedlich gerahmt sein. Während Paula scheinbar auf Max reagiert und zurückwinkt, scheinen die Darstellungen von René leicht übertrieben. Es entsteht einmal mehr der Eindruck, dass der Austausch mit Max innerhalb eines So-Tun-als-ob-Rahmens stattfindet (vgl. Abschnitt 5.5) und René innerhalb dieses Rahmens einer sozialen Erwünschtheit nachkommt, die er aber gleichzeitig durch die übertriebene Bewegung sichtbar macht und karikiert.

---

[20] Auch hier zeigt sich, dass der zweite Teil von Max' Verabschiedung (Z. 35) geäußert wird, als René nicht mehr am Tisch steht.

Abbildung 6.13: René verabschiedet sich und blickt zu Max, der winkt (Z. 24-28).

Abbildung 6.14: René blickt zu Max und geht (Z. 29-30).

6.2 Rituelle Klammern

Abbildung 6.15: Max winkt – René winkt zurück und geht (Z. 31-33).

Die Unentschiedenheit, durch die sich der hybride Austausch auszeichnet, wird auch am Ende des Austauschs nicht entschieden. Einerseits kommt es zu Verabschiedungen, die als „Zugänglichkeitsritual" (Goffman 1982b: 119) dem anderen Anerkennung und Sympathie zollen, dabei zeigen die Nutzer, dass Max nicht als ebenbürtiges und gleichwertiges Gegenüber behandelt wird. Andererseits wird der Abschied nicht mit einem 'pre-closing' als Ausstiegsangebot eingeleitet, sondern vom Nutzer festgelegt. Die reine Verabschiedung vernachlässigt zudem die Ebene der Beziehungsarbeit, da nicht auf ein weiteres Treffen verwiesen oder die angenehme Unterhaltung mit Max gewürdigt wird. Die Verabschiedungen erhalten dadurch einen funktionalen – fast instrumentellen – Charakter. Der Abschiedsgruß scheint als Mittel zum Zweck eines geordneten Ausstiegs verwendet zu werden, ohne die sozialen Implikationen (Anerkennung) zu bekräftigen. Gleichzeitig zeigt sich eine „persistence of conversation" (Hutchby 2001a: 165), denn viele Nutzer winken dem Agenten zurück. Auch dieses Winken hat einen ambigen Charakter, da es als ernsthafte Verabschiedung gedeutet werden kann, in der die Nutzer auf Max Winkbewegung reagieren und ihm soziale Anerkennung und ihre gute Gesinnung andeuten. Gleichzeitig können sie auch einer sozialen Erwünschtheit am Stand geschuldet sein.

6.3 Unentschiedene Handlungsträgerschaft

Es stellen sich nun die Fragen, als was für ein Gegenüber Max sich darstellt und welchen Status ihm die Nutzer zuschreiben. Rammert und Schulz-Schaeffer (2002b) und auch Lindemann (2002b) sehen gerade die Möglichkeit einer Entität, auf die Umwelt einzuwirken und sich dieser anzupassen und damit anders als vorher handeln zu können, als ein Kriterium dafür, dass die Entität mehr als nur ein technisches Artefakt ist. Sie ist ein Handlungsträger, der Erwartungen an die Umwelt stellt und sich veränderten Gegebenheiten anpassen kann. Diesen Status unterscheiden sie von Entitäten, denen eine Art Intention und Reflexivität und somit die Ausbildung von Erwartungs-Erwartungen unterstellt werden kann. An einem Beispiel zeigt Lindemann, wie Ärzte den Akteursstatus vom Patienten testen (vgl. ebenda: 88-94). Die Ärzte klopfen mehrmals mit den Fingern auf die Stirn des Komapatienten. Reagiert der Patient über die Zeit hinweg nicht mehr auf das Klopfen, so unterstellen die Ärzte, dass der Patient Erwartungen an die Umwelt ausgebildet hat. Dem Patienten wird ein Bewusstsein zugeschrieben. Reagiert der Patient nicht, so ist er noch am Leben, aber nicht bei Bewusstsein. Die Schwierigkeit dieser Zuschreibung liegt darin, dass die Anpassung des Patienten auch dahingehend gedeutet werden könnte, dass er nicht nur Erwartungen an die Umwelt ausbildet und sich diesen anpasst, sondern Erwartungs-Erwartungen ausbildet. Im letzteren Fall würden die Ärzte unterstellen, dass sich der Patient dem Klopfen anpasst, weil er von den Ärzten erwartet, dass sie von ihm erwarten, dass er sich anpasst. In diesem Fall würde dem Patienten ein anderer Akteursstatus zugeschrieben werden: Er ist nicht nur ein Bewusstsein, sondern eine Person (vgl. Lindemann 2002b).

Max kann als Entität betrachtet werden, in die Erwartungsstrukturen der Informatiker eingeschrieben wurden. So geht das System von einem Dialog mit einem Nutzer aus. Die Programmstrukturen zeigen auch eine Orientierung an Erwartungen, die die Nutzer in die Situation einbringen, insofern z.B. die 'Bedienungsanleitungen' darauf hindeuten, dass der Agent an einem Nutzer orientiert ist, der vom Agenten erwartet, sich selbst zu erklären. Dabei kann sich der Agent innerhalb der Grenzen des Programms an veränderte Gegebenheiten anpassen, z.B. den jeweiligen Namen des Nutzers speichern oder sich an Themenvorschläge des Nutzers anpassen. Die Anpassungsleistung des Agenten zeigt sich auch darin, dass er, sogar zur Verwunderung der Informatiker, den Namen „Schnitzel" akzeptiert.

Der Agent stellt sich dabei als soziales Gegenüber dar, das grüßt und ein Interesse am Gegenüber und Freude über dessen Anwesenheit zeigt. Gleichzeitig stellt Max sich als technisches und programmbasiertes Gegenüber vor. Gleich zu Anfang gibt er eine Art 'Bedienungsanleitung' über sich selbst, insofern er darüber informiert, dass der Nutzer über die Tastatur mit ihm sprechen kann. Diese Unentschiedenheit des Agenten haben auch die Analysen des Bildschirmbilds und des Präsentationsmonologs des Agenten gezeigt (vgl. Abschnitt 4.3). Max präsentiert sich somit als ein hybrides Gegenüber, das sowohl technische als auch soziale Eigenschaften vereint. Im Sinne von Braun-Thürmann wird er zu einem „Schwellen-Objekt" (2002: 133). Dabei kommt die Unentschiedenheit des Agenten teilweise recht plötzlich zum Vorschein. Es gibt Phasen, in denen ein Verstehen unterstellt werden kann, und andere, in denen dieses nicht mehr gelingt. Max präsentiert sich dabei als ein unberechenbares Gegenüber.

Diese Unentschiedenheit zeigt sich auch in den Zuschreibungen der Nutzer. So kann die Frage, ob die Nutzer ihren Namen eingeben, weil sie der Aufforderung einer sozialen Entität nachkommen oder aber sich den Programmstrukturen anpassen, nicht eindeutig geklärt werden. Tanja nennt Max ihren Namen, als er ihn einfordert. Damit passt sie sich dem Programm an und behandelt es im weiteren Verlauf als kommunikatives und soziales Gegenüber, dem sie schriftsprachliche Textnachrichten – und keine Befehle – schickt. Gleichzeitig scheint sie sich durch ein Kichern von dieser Zuschreibung zu distanzieren. Nick behandelt die Namensfrage von Max als programmierte Routine und bezweifelt das gezeigte Interesse des Agenten. Damit fordert er Max als Programm heraus. Max' schlagfertige Antwort führt jedoch dazu, dass der Nutzer im nächsten Beitrag eine Begründung dafür gibt, warum er seinen Namen nicht nennen möchte. Damit schreibt er dem Agenten ein Handlungsmotiv zu und behandelt ihn als ob er eine Art sinngebendes Subjekt wäre.

Der hybride Austausch zeichnet sich somit durch eine Unentschiedenheit aus, die bis zum Schluss nicht eindeutig aufgelöst wird. Die Abschiedsgrüße der Nutzer zeigen eine Orientierung an einer rein funktionalen Verwendung des Grußes an: als Mittel zum Zweck der Austauschbeendigung. Dieser funktionale Einsatz konzeptualisiert Max weniger als soziales Gegenüber denn als funktionalen Ansprechpartner. Gleichzeitig winken die Nutzer häufig zurück und/oder lächeln Max kurz an und scheinen ihm damit soziale Anerkennung zu zeigen.

KAPITEL 7
Gesprächsorganisation im Umbruch

Kapitel 6 hat gezeigt, dass der hybride Austausch durch einen vorprogrammierten Einstieg eröffnet wird, in dem wesentliche Grundlagen für einen interaktionsähnlichen Austausch geschaffen werden. Nutzer und Agent zeigen sich wechselseitig ihre Wahrnehmung an, es kommt zu einer Identifizierung, der Agent äußert seine Freude über die Anwesenheit des anderen und schlägt schließlich ein Thema vor. Der Austausch wird dabei durch Beiträge von Max und dem Nutzer hervorgebracht, die sich (zumeist) an den vorherigen Beiträgen des anderen orientieren. Der Austausch erhält dadurch den Anschein einer fokussierten Interaktion. Gleichzeitig zeichnet sich der Einstieg durch einen gleichförmigen, fast starren Verlauf aus, in dem die Reihenfolge von Max' Äußerungen vorgegeben ist, die sich fast bis auf das Wort gleichen. Im Vergleich der Beispiele von Tanja und Rosmarie fällt auf, dass der Agent an ähnlichen Stellen der Eröffnung während der Textproduktion der Nutzerinnen zu sprechen beginnt. Diese parallele Beitragsproduktion verdeutlicht den asynchronen und asymmetrischen Charakter des Austauschs, indem Nutzer und Max ihre Beiträge nacheinander und unter Rückgriff auf unterschiedliche Modalitäten gestalten. Zudem verweisen sie auf spezifische Probleme im Zusammentreffen der deterministischen Gesprächsorganisation des Dialogsystems und der situativen Orientierung der Nutzer.

Den besonderen Merkmalen, die sich daraus für die Gesprächsorganisation im hybriden Austausch ergeben, wird im Folgenden nachgegangen. Dazu werden zunächst die Gesprächsorganisation zwischenmenschlicher Gespräche nach Sacks et al. (1974) vorgestellt und danach die Prinzipien, nach denen das Agentensystem den Dialog organisiert. Die Analyse der Gesprächsorganisation im hybriden Austausch fokussiert zwei Aspekte. Erstens werden Phasen paralleler Beitragsproduktion im hybriden Austausch mit Überlappungen in zwischenmenschlichen Gesprächen verglichen. Dabei werden die Fragen verfolgt, wie der Sprecherwechsel im hybriden Austausch gestaltet ist und nach welchen Organisationsprinzipien die einzelnen Redebeiträge gestaltet werden. Zweitens wird die sequentielle Verknüpfung einzelner Redezüge am Beispiel der Themenetablierung im hybriden Austausch fokussiert: Wie werden die einzelnen Beiträge im hybriden Austausch verknüpft und welche Besonderheiten können dabei festgestellt werden? Aufbauend darauf wird ein Modell der Gesprächsorganisation im hybriden Austausch vorgestellt.

7.1 Sprecherwechsel und Gesprächsdynamik

Situative Erwartungsstrukturen und deterministische Beitragsvorgaben

Sacks et al. (1974) erarbeiten auf der Grundlage einer umfangreichen Sammlung von Audioaufnahmen ein „turn-taking system" für (zwischenmenschliche) Gespräche. Das System kann sich „context-free" (ebenda: 699) an verschiedene Situationen anpassen, unabhängig davon, wer daran teilnimmt, wo das Gespräch stattfindet, welche Inhalte behandelt werden etc., und erweist sich gleichzeitig als „context-sensitive" (ebenda), insofern es auf situative Gegebenheiten, Veränderungen der Teilnehmeranzahl und Ähnliches eingehen kann. Dieses System besteht aus einzelnen Redebeiträgen („turns") sowie einem 'Regelset' für die Abfolge und Verteilung von Redebeiträgen („turn-allocation component" (ebenda: 703)).

Ein Redezug besteht aus einer oder mehreren „units" (Sacks et al. 1974: 702), wie z.B. einzelnen Worten, Sätzen oder Phrasen. Die Einheiten sind meist so aufgebaut, dass ihr Ende und damit auch „Stellen des möglichen Sprecherwechsels" (Bergmann 1981a: 25, im Englischen „transition-relevance place" (Sacks et al. 1974: 703)) vorhersehbar sind. Der Sprecherwechsel ist durch ein „basic set of rules" (Sacks et al. 1974: 704) organisiert, das an jeder Stelle des möglichen Sprecherwechsels durchlaufen wird:

1. wurde der bisherige Redezug so gestaltet, dass der aktuelle Sprecher einen nächsten Sprecher benannt hat, so hat der Adressierte „the right and is obliged to take next turn to speak" (ebenda: 704). Dies wird auch als „'current speaker selects next' technique" (ebenda) bezeichnet.

2. wurde im aktuellen Redezug kein nächster Sprecher benannt, so kann sich an dieser Stelle jeder andere Sprecher selbst ernennen („self-selection" (ebenda)).

3. wird kein nächster Sprecher ernannt und ernennt sich kein anderer

Sprecher selbst, kann der aktuelle Sprecher weiterreden. Im Prinzip ist dies auch eine Technik der „self-selection", jedoch findet kein Sprecherwechsel statt.

Wesentlich für das konversationsanalytische Verständnis der Gesprächsorganisation ist, dass unter dem Begriff der Regel keine deterministische Handlungsabfolge verstanden wird, die das Gespräch automatisch steuert. Die Regeln sind vielmehr ein analytisches Produkt beobachteter, regelmäßig auftretender Praktiken, welche die Gesprächsteilnehmer im interaktiven und situativen Verlauf des Gesprächs hervorgebracht haben. Es handelt sich somit um beobachtete Orientierungen der Gesprächsteilnehmer an typischen Erwartungsstrukturen und Handlungspraktiken. Ebenso ist der einzelne Redezug nicht als deterministische Einheit zu sehen, sondern als Produkt eines wechselseitigen Aushandlungsprozesses. Konversationsanalytische Studien veranschaulichen an verschiedenen Beispielen, dass Sprecher sich während der Produktion ihres Redebeitrags am Verhalten der Rezipienten (z.B. Hörersignale, Blicke, Mimik, Gestik) orientieren und abhängig davon ihren Beitrag gestalten (Goodwin 1979 und 1981). Eine Orientierung der Zuhörer am Redezug des Sprechers zeigt sich auch in den leicht überlappenden Redebeiträgen, die häufig kurz vor Stellen eines möglichen Sprecherwechsels beobachtet werden (vgl. Sacks et al. 1974: 707f). Diese Überlappungen verweisen einerseits darauf, dass der einzelne Redebeitrag so gestaltet wird, dass ein mögliches Ende erkennbar ist, andererseits zeigen die minimalen Überlappungen beim Sprecherwechsel, dass die Teilnehmer dem Redezug des anderen aufmerksam folgen und das mögliche Ende antizipieren.

Ein wesentliches Merkmal der zwischenmenschlichen Gespräche besteht darin, dass sie Konstruktionsleistungen der Alltagsteilnehmer sind, die von Moment zu Moment auf einer „turn-by-turn basis" (ebenda: 725) hervorgebracht und wechselseitig ausgehandelt werden. Die Akteure zeigen dabei jeweils eine Orientierung an den Handlungen der anderen und an den situativen Kontexten an, die durch die Handlungen der anderen relevant gesetzt wurden. Das Dialogsystem von Max basiert hingegen auf der Vorstellung, dass der Austausch zwischen zwei Gesprächspartnern (dem Agenten und *einem* Nutzer) bestritten wird, die wechselseitig und nacheinander Beiträge produzieren. Die Länge der Beiträge, die vom System geäußert werden, sind vorgegeben, da das System auf vorgeschriebene Sätze zurückgreift, die im Ganzen geäußert werden. Hat das System den Beitrag geäußert, geht es von einem Sprecherwechsel aus und erwartet nun den Beitrag des Nutzers. Das Design antizipiert dabei eine gewisse Dauer für die Beitragsproduktion des Nutzers, der eine Nachricht tippt. Während dieser Textproduktion wird Max als geduldig wartendes Gegenüber präsentiert. Der eingegangenen Textnachricht des Nutzers wird aufgrund vorprogrammierter Regeln *eine* kommunikative Funktion zugewiesen, an die bestimmte Anschlusshandlungen des Agenten geknüpft sind (s. auch Abschnitt 4.3). Wird z.B. die Textnachricht „hallo" als Gruß erkannt, erfolgt eine Anschlusshandlung, in der Max zurückgrüßt und sich vorstellt. Die Textnachricht des Nutzers wird dabei jeweils als abgeschlossene und sinnvolle Einheit behandelt. Dies zeigt sich besonders deutlich im folgenden Beispiel, in dem eine Nutzerin aus Versehen eine unvollständige Nachricht an das System gesandt hat (eine ausführliche Analyse des Beispiels ist im Abschnitt 8.5 zu finden, s. Bsp. 8.8, S. 254):

Transkript 7.1: Deterministische Zuweisung von Beitragslänge und -inhalt (Paula - Ausschnitt)

```
01   txP    K a n n s t    m i r    s a g e n ,    w i e    d a s /
02   TX     *Kannst mir sagen, wie das*
03   txP    ' W

04   M      [interess↑ANter ge[si:chtspunkt PAUla.
05   P      [((Blick: TX))    [Ach- ((bewegt die Hand als würde sie
06                                     den Text 'wegwerfen'))
```

Die unvollständige Nachricht, die von der Nutzerin verbal und nonverbal als Missgeschick markiert wird, behandelt das System als abgeschlossene und sinnvolle Einheit. Im Dialogsystem sind somit nicht nur Max' Handlungen deterministisch festgelegt, sondern auch Beitragslängen und -inhalt der Textnachrichten der Nutzer. Das System kann somit weder Verstehen noch 'Nicht-Verstehen', da jede Textnachricht eindeutig bestimmbar ist. Während Garfinkel in seinen Arbeiten die Vagheit sprachlicher Äußerungen hervorhebt (vgl. Garfinkel 1972b: 6), basiert das Dialogsystem auf der Zuweisung eindeutiger Sinnzuschreibungen.

Dabei zeigt Max' Reaktion auf die unvollständige Nachricht nicht nur, dass das System selbst unvollständige Äußerungen als vollendete und sinnvolle Einheiten behandelt, sondern auch, dass an jede Textnachricht des Nutzers eine Reaktion des Agenten gekoppelt ist. Das 'Rederecht' übernimmt das System nach einer abgeschickten Nachricht somit automatisch. Ebenso unterstellt die implementierte Gesprächsorganisa-

7.1 Sprecherwechsel und Gesprächsdynamik

tion, dass den Beiträgen von Max ein Beitrag des Nutzers folgt.[1] Dieser automatische Sprecherwechsel zeigt sich vor allem dann, wenn der Nutzer mehrere Beiträge nacheinander abschickt, ohne ein Ende von Max' Beitragsproduktion abzuwarten. In diesem Fall werden die Nachrichten der Nutzer nacheinander beantwortet, wie z.B. im Beispiel 7.2 von Tanja, die in Zeile 52-55 einen Beitrag losschickt, noch während Max redet. Max reagiert nicht sofort auf den Beitrag von Tanja, sondern beendet zunächst seine Äußerung. Die Reaktion auf Tanjas Textnachricht erfolgt zeitlich versetzt in den Zeilen 60 und 62. (Es handelt sich bei diesem Beispiel um einen Ausschnitt aus dem Bsp. 6.3 auf S. 155.)

Transkript 7.2: Zeitlich versetzte Reaktionen des Systems auf Textnachrichten der Nutzer (Tanja - Ausschnitt)

```
50  M    =FREUT mich dich zu sehen.>
51  T    ((schaut grinsend auf TS, hebt Hände über TS))

52  txT  M i c h    a u [c h /
53  M                   [ich kann dir

54  M    [versch↑iedenes er|K↑LÄren
55  TX   [*Mich auch*
56  T    [((blickt kurz zum TX, dann grinsend, mit offenem
57         Mund zu Max, legt beide Hände vor TS))

58  M    oder einfach ein bisschen=mit=dir plaudern.
59  T    ((schließt den Mund und schaut auf TS))

60  M    [<<bewegt linken Arm kurz nach vorne> g↓u:t dass du das
61  T    [((hebt Hände über TS))

62  M    [auch=so=siehst- (--)>
63  T    [((schaut hoch))
```

Die implementierte Gesprächsorganisation des Dialogsystems unterscheidet sich somit wesentlich von den Prinzipien, die Sacks et al. (1974)

---

[1] Im Programm wurde antizipiert, dass ein Nutzer eventuell keine Nachricht sendet. Wenn über eine bestimmte Zeitspanne hinweg – unabhängig davon, ob getippt wird oder nicht – keine Textnachricht eingeht, wird das System aktiv und produziert, abhängig von systeminternen Einstellungen, eine Äußerung. So wurden Äußerungen programmiert, durch die der fehlende Beitrag des Nutzers markiert wird. Dabei liefern die Äußerungen gleichzeitig implizite Erklärungen, warum die Anschlusshandlung ausgeblieben ist: z.B. durch Unwissenheit („Wenn du fertig bist, musst du die Eingabetaste drücken."), Ratlosigkeit („Fällt dir nichts mehr ein?") oder Unhöflichkeit („Na gut, wenn du nichts mehr sagen willst, müssen wir wohl aufhören, oder?"). Wird erneut für eine bestimmte Dauer keine Nachricht gesendet, registriert das System das Gespräch als beendet.

beobachten. Es handelt sich nicht um eine synchrone, interaktive und situative Aushandlung von Gesprächsinhalten, -längen und Sprecherwechsel, sondern um einen asynchronen Austausch mit fixen Regeln, wann und von wem ein Beitrag beendet und begonnen wird und welchen Sinn bzw. welche Funktion er hat.

Dieses Modell eines Dialogs mit vorgegebener Anzahl von Gesprächspartnern, Beitragslänge und Sprecherwechsel kann als Problemlösung gesehen werden. Den heutigen Agentensystemen sind aufgrund von Programmierungen und Hardware-Kapazitäten Grenzen im interaktiven und situativen Umgang gesetzt. Kapitel 6 hat gezeigt, dass die Entwickler dabei durchaus an zwischenmenschlichen Alltagsroutinen (z.B. Grußaustausch) anknüpfen und diese mit den technischen Grenzen des Systems abstimmen. Die weitere Analyse zeigt jedoch, dass Max' Verhalten Erwartungen eines situierten und interaktiven Austauschs erzeugt, die er jedoch nicht immer einhalten kann. Der Lösungsversuch der Informatiker führt somit zu neuen Problemen.

Parallele Beitragsproduktion und punktuelle Wahrnehmung

In den Eröffnungsbeispielen von Rosmarie und Tanja (s. Bsp. 6.2 und 6.3 in Kapitel 6) kommt es an fast der gleichen Stelle im programmierten Einstieg zu Phasen paralleler Beitragsproduktion, insofern Max zu sprechen beginnt, während die beiden Nutzerinnen einen Beitrag tippen. In den folgenden Beispielen (es handelt sich dabei um Ausschnitte der Beispiele im Kapitel 6) sind diese Phasen durch Pfeile gekennzeichnet:

Transkript 7.3: Paralelle Beitragsproduktion (Rosmarie - Ausschnitt)

```
08   TX    *hallo*
09   M     ((stellt sich auf und winkt)) (Abb. 6.3)

10   M     <<winkt> (--) [h↑allo ICH        [bin max>
11   R                   [((lächelt kurz,   [Blick: TS, tippt))
```

7.1 Sprecherwechsel und Gesprächsdynamik

```
12→txR    h a [l l o
13→M         [la:ss uns [ein b↑isschen pl↓au:dern-
14  R                   [((schaut kurz zum TX, dann auf TS))

15  R     ((Blick: TX, dann TS))
16  M     <<bewegt linken Arm kurz nach vorne> über=die
17→       tas[tat↑UR kannst du m[it mir spr↓ech[en->
18→txR       [m a x                            [ /
19  R                          [((Blick: Max))

20  TX    *hallo max*
21        (1.0)
22  R     ((lächelt kurz leicht 'gezwungen'))
23  M     <<bewegt linken Arm kurz nach vorne> wie: h↑eiß=t

24        [du?>
25  R     [((Blick: TS, tippt))

26  txR   [r o s m a r i e [/
27  M     [((bekommt einen 'freundlichen' Gesichtsausdruck))
28  R                      [((blickt über TX zu Max))

29  TX    *rosmarie*
```

Transkript 7.4: Parallele Beitragsproduktion (Tanja - Ausschnitt)

```
09  T     [((blickt über TX zu Max, legt Hände vor TS))
10  TX    [*hallo*

11  M     ((hebt kurz die rechte Hand zum Gruß)) hallo- (-)

12        [ICH bin max.] (Abb. 6.5)
13  T     [((Blick: TS,] hebt Hände über die TS))

14→M      [la:ss uns ein=b↑isschen plaudern.]
15→txT    [w a s     k a n n s t            ]

16  T     ((blickt kurz auf TX, dann auf TS))

17→M      <<bewegt linken Arm kurz nach vorne> über [die tastaT↑UR
18→TX                                               [d u

19→M      kannst du mir[spr↓echen- (---)>
20→txT                 [?

21  T     ((Blick: TX, dann TS))
22  txT   /
23  TX    *was kannst du?*
24  T     ((schaut zu Max, legt rechte Hand vor die TS))
```

```
25   T      [((schaut kurz auf TX, dann wieder zu Max))
26   M      [wie: h↑eiß=t du-

27          [(6.0)
28          [((Tanja schaut zur TS, dann zu Max, öffnet die linke
29            Hand und dreht sie kurz nach oben, schaut wieder auf
30            die TS. Öffnet kurz linke Hand dreht sich dabei zu
31            Chris (Abb. 6.6). Dieser zieht grinsend die
32            Schultern hoch. Tanja schaut auf TS, blickt zu Max
33            und öffnet mehrmals die linke Hand, hebt dabei kurz
34            die rechte Hand an, dann blickt sie auf TS und
35            öffnet kurz beide Hände.))

36   T      [((kichert leise))
37   C      [gibt deinen [namen ein
38   txT                 [T     a

39   txT    [-a- - -
40   T      [((blickt kurz zum TX, atmet leicht lachend ein))

41   txT    [n j a /
42   T      [((Blick: TS))

43   TX     *Tanja*
```

Beide Nutzerinnen beginnen ihre Beitragsproduktion, nachdem Max sie begrüßt und sich vorgestellt hat. Beide blicken noch während Max spricht auf die Tastatur (Rosmarie Z. 11, Tanja Z. 13) und deuten damit an, dass sie ein Ende von Max' Redebeitrag antizipieren und eine eigene Textproduktion vorbereiten. Nachdem Max aufgehört hat zu sprechen, beginnen die Nutzerinnen zu tippen und übernehmen gewissermaßen das 'Rederecht' (Rosmarie Z. 12, Tanja Z. 15). Während Rosmarie tippt, beginnt Max wieder zu sprechen und 'überlappt' ihre Beitragsproduktion (Z. 12-13, 17-18). Diese 'Überlappung' ist auch im Beispiel von Tanja zu beobachten, in dem Max gleichzeitig zu sprechen beginnt, als Tanja anfängt zu tippen (Z. 14-15, 17-20). Während die Nutzerinnen ihre Beitragsproduktion an einem antizipierten Ende von Max' Redebeitrag ausrichten, erweist sich Max als kontextblind gegenüber der Beitragsproduktion der Nutzerin. Zudem wird deutlich, dass das System den Beitrag noch nicht beendet hat.

Der Begriff der Überlappung wurde im vorherigen Absatz in Anführungszeichen gesetzt, da sich die Phasen paralleler Beitragproduktion in spezifischer Weise von Überlappungen in zwischenmenschlichen Gesprächen unterscheiden. In zwischenmenschlichen Interaktionen werden Phasen simultanen Sprechens als Überlappungen bezeichnet, die auf einer synchronen und beiderseits sprachlichen Beitragsproduktion beruhen.

7.1 Sprecherwechsel und Gesprächsdynamik

Im Gegensatz dazu gestaltet sich die Beitragsorganisation im hybriden Austausch asynchron. Max und Nutzer können nicht auf die Beitragsproduktion des Gegenübers Einfluss nehmen, sondern erhalten jeweils fertige Produkte. Zudem gestalten Nutzer und Max den Austausch unter Rückgriff auf verschiedene Modalitäten und nehmen entsprechend das jeweilige Gegenüber sehr unterschiedlich wahr. Das System erhält die Textnachrichten der Nutzer. Die Nutzer können hingegen Max sehen und hören. Die Teilnahmemöglichkeiten für Nutzer und Max am hybriden Austausch können somit als asymmetrisch beschrieben werden. Im hybriden Austausch kommt es somit nicht zu Überlappungen, sondern zu einer parallelen Beitragsproduktion. Ähnlich kann auch der Begriff Rederecht nur bedingt auf den hybriden Austausch angewandt werden, da weder Max noch der Nutzer miteinander reden: Der Nutzer tippt und Max' Äußerungen werden über ein Agentensystem simuliert. Gleichzeitig zeigen die Programmstruktur des Agenten als auch die Nutzer im Austausch eine Orientierung, eine Art interaktives Gespräch zu simulieren, in dem eine Art Rederecht etabliert wird, insofern die Teilnehmer ihre Beiträge produzieren und ihr Verhalten nach ihren jeweiligen Möglichkeiten aneinander ausrichten. Dabei scheinen sich die Nutzer an dem Prinzip zu orientieren, dass nur einer zur gleichen Zeit spricht. Da die Nutzer häufig ihre Beitragsproduktion unterbrechen, wenn Max zu sprechen beginnt, scheinen sie diese Phasen ähnlich wie Überlappungen zu behandeln.

Im Vergleich zu zwischenmenschlichen Überlappungen können aber auch Ähnlichkeiten gefunden werden. Die dargestellten Phasen der parallelen Beitragsproduktion ähneln dem „transition-space onset" (Jefferson 1986: 153) in zwischenmenschlichen Gesprächen. Es handelt sich dabei um transitionale Überlappungen, in denen zwei Aktivitäten aufeinandertreffen:

> „(1) A recipient reasonably, warrantedly treats some current utterance as complete, 'transition ready', and starts to talk, while (2) the current speaker, perfectly within his rights, keeps going." (ebenda: 154)

Zu einer transitionalen Überlappung kommt es im folgenden Gesprächsausschnitt aus einem Telefonat (Quelle: Jefferson 1986: 154f).[2]

---

[2] Das Beispiel wurde gekürzt, vereinfacht und den vorliegenden Transkriptionskonventionen angepasst.

Transkript 7.5: Überlappungen im Gespräch

```
1   Sheila :    hellO:?
2   Harriet:    hello is lilA home?
3   Sheila :    n=nO she's NO:t. she:'s et schOol.
4   Harriet:    yeh d'you know what time she'd be back In t'day?
5               (2.0)
6   Sheila :    zis hArriet?
7   Harriet:    yeah.

8→  Sheila :    hI harriet. [Uh about FI:ve.
9→  Harriet:                [hI:.
```

Ähnlich wie in den Beispielen von Tanja und Rosmarie kommt es im Beispiel 7.5 während der Gesprächseröffnung zu einer parallelen Beitragsproduktion (Z. 8-9). Sheilas Gruß wird von Harriet als erster Teil einer Paarsequenz verstanden, da sie den zweiten Teil produziert. Sheila spricht jedoch gleichzeitig weiter. Jefferson argumentiert, dass Harriet „[a] particularly good warrant" (ebenda: 154) für die Überlappung hatte, insofern sie den erwartbaren Gegengruß als zweiten Teil der Paarsequenz zeitlich nah am ersten Teil produziert.

Auch Tanja und Rosmarie hatten einen guten Grund, einen eigenen Redezug zu produzieren: Max hat den konditionell relevanten zweiten Teil der Grußsequenz erbracht. Die Nutzerinnen deuten diese Stelle als einen „transition-relevance place" (Sacks et al. 1974: 703) und ergreifen die Möglichkeit, sich selbst für einen nächsten Beitrag zu ernennen. Zudem kommt es zu einer kurzen Pause in der Beitragsproduktion von Max: Rosmarie tippt in dieser Zeit die Buchstaben 'h' und 'a' des Wortes „hallo" (Z. 12); Tanja hebt die Hände über die Tastatur (Z. 13). Diese Pausen erwecken den Eindruck, dass der Beitrag von Max beendet sei, und werden entsprechend von den Nutzerinnen gedeutet.

Während die Nutzerinnen diese Pause als Möglichkeit des Sprecherwechsels wahrnehmen und zu tippen beginnen, spricht das System weiter. In der vorgegebenen Äußerung des Dialogsystems kann diese Pause somit als eine Art „redezuginterne Sprechpause" (Bergmann 1982: 150) bezeichnet werden. Diese redezuginternen Pausen in den Äußerungen des Agenten unterscheiden sich jedoch von zwischenmenschlichen Sprechpausen, da sie a) vorgegeben sind und b) an einer transitionsrelevanten Stelle auftreten. In zwischenmenschlichen Interaktionen sind diese Pausen vielmehr als Abbruch einer Äußerung zu erkennen, wie z.B. im folgenden

Beispiel (Quelle: Bergmann 1982: 149):[3]

Transkript 7.6: Redezuginterne Sprechpause im Gespräch

```
1   F:    aber ich glaub dass es schwieriger is'
2         wenn man mit jeman:d-
3         (1.0)
4   F:    viel viel ÄLterem reden muss.
```

Die deterministischen redezuginternen Pausen in den Äußerungen von Max treten jeweils am Ende eines Satzes oder zwischen Haupt- und Nebensatz auf. Der geäußerte Beitrag von Max erweckt daher den Eindruck, beendet zu sein, und wird von den Nutzern häufig als Möglichkeit eines Sprecherwechsels gedeutet. Max' Pausen ähneln den „siren's songs" (Koskinen 2007: 19), die Koskinen anhand von problematischen Bedienungssituationen bei der Nutzung von Menüstrukturen von Internetdiensten auf dem Handy (WAP) beschreibt. Er zeigt, dass die Nutzer bei der Interpretation der Menübezeichnungen auf selbstverständliche Hintergrunderwartungen zurückgreifen, die jedoch, folgen sie den Menüpunkten, häufig nicht erfüllt werden. Die missverständlichen Bezeichnungen 'locken' die Nutzer dabei immer weiter in ein Netzwerk von Internetseiten, Menüstrukturen und Verweisen, so dass die Nutzer häufig die Orientierung verlieren und sich auf einer 'Irrfahrt' im Internet befinden (vgl. Koskinen 2007). Im Gegensatz zu den WAP-Nutzern verlieren die Nutzer im Austausch mit Max nicht die 'räumliche' Orientierung, sondern werden in ihren Normalitätserwartungen irritiert. Ebenso wie die WAP-Nutzer greifen auch die Nutzer im Austausch mit Max auf Erwartungsstrukturen zwischenmenschlicher Interaktionen zurück, die sie als selbstverständlich unterstellen. Sie deuten die deterministischen, redezuginternen Gesprächspausen des Systems als Möglichkeit des Sprecherwechsels und werden von diesen Pausen in die Irre geleitet.

Die meisten Nutzer halten kurz in ihrer Textproduktion oder der Vorbereitung einer Produktion inne, wenn Max' Aktivität 'überlappt', und setzen sie fort, nachdem Max seinen Beitrag beendet hat. Sie zeigen damit eine Orientierung am Prinzip, dass nur einer zur gleichen Zeit spricht. (Auch dies ist ein Ausschnitt aus dem Beispiel in Kapitel 6.)

---

[3]Das Beispiel wurde vereinfacht, der neuen Rechtschreibung und den vorliegenden Notationskonventionen angepasst.

Transkript 7.7: Anpassung der Nutzer an Systemvorgaben (Rosmarie - Ausschnitt)

```
33   M     sch↑ön da::ss=du [mal vorb↓eischaust. (--)>
34→R                        [((Blick: TS))

35         [(1.5)
36→R       [((bewegt Finger über der TS))

37   M     ((lächelt nicht mehr)) <<bewegt linken Arm kurz nach

38         vorne> ich kann dir [VERsch↑iedenes erkl↑ären, oder
39→R                            [((Blick: Max))

40   M     einfach> ein bisschen mit dir pl↓audern.

41         [(2.5)
42   R     [((rückt ihre Kleidung zurecht, Blick: TS, tippt))

43   txR   e r k l ä r   m i r    w [a s /
44   R                                [((Blick: TX))
```

Noch während Max spricht, blickt Rosmarie auf die Tastatur (Z. 34). Sie scheint ein Ende von Max' Redebeitrag zu antizipieren. Es kommt zu einer Pause (Z. 35-36), in der Rosmarie ihre Finger über die Tastatur bewegt. Sie scheint nachzudenken, was sie tippen könnte. Nach einiger Zeit fängt Max wieder an zu sprechen (Z. 37-40), Rosmarie blickt ihn an (Z. 39). Nachdem Max seine Äußerung beendet hat, entsteht eine Pause von ca. 2,5 Sekunden, in der Rosmarie ihre Kleidung zurechtrückt (Z. 42-43). Es scheint, als würde sie kurz abwarten, ob Max seinen Beitrag tatsächlich beendet hat. Dann tippt sie einen Text, der sich an den vorherigen Redebeitrag des Agenten anschließt (Z. 44). Andere Nutzer, wie Linda im folgenden Beispiel, löschen ihren Text und tippen einen neuen, der sich dem neuen Gesprächskontext anpasst. (Dies ist ein Ausschnitt aus dem Bsp. 5.1, S. 107.)

Transkript 7.8: Anpassung der Nutzer an Systemvorgaben (Linda - Ausschnitt)

```
49   M     <<senkt die Hand, deutet dabei nach vorne> über die

50   M     [tastat↑u:r kannst du: mit [mir spr↓e:chen.>
```

7.1 Sprecherwechsel und Gesprächsdynamik

```
51    L        [((Blick: TS,             [Blick: TX, dann Max))
52             (1.0)
53    L        [((schaut langsam auf TS und legt die Hände darauf))
54    S        [((blickt kurz Linda an, schaut dann auf TX))
55→M           <<hebt linken Arm kurz an> wie: [h↑eiß|t du? (---)>
56→txL                                         [w i e
57→L           ((Blick: TX))
58→txL         -w- -i- -e- [l i n d a /
59    L                    [((Blick: TS, dann TX))
60    TX       *linda*
```

Stärker als Rosmarie passt sich Linda den Systemvorgaben an, da sie ihren Beitrag zurücknimmt (Z. 58) und sich auf die neue Situation einlässt, die durch die Äußerung des Agenten geschaffen wurde. Ebenso wie bei Rosmarie entsteht eine kurze Pause, in der Linda Max anschaut, bevor sie zu tippen beginnt (Z. 52). In dieser Pause scheint sie abzuwarten, ob Max seinen Beitrag beendet hat. Dies verweist erneut auf eine Unsicherheit der Nutzerin, das Ende von Max' Gesprächsbeiträgen einzuschätzen. Beide Beispiele verdeutlichen, dass sich die Nutzerinnen dem kommunikativen Verhalten von Max anpassen. Dadurch ermöglicht sie einen Austausch, der sich am Prinzip orientiert, dass nur einer zur gleichen Zeit spricht.[4]

Während die Beispiele 7.7 und 7.8 zeigen, wie sich die Nutzer dem kommunikativen Verhalten von Max anpassen, setzen Rosmarie und Tanja ihre Beitragsproduktion in den vorherigen Beispielen 7.3 und 7.4 fort. Rosmarie unterbricht kurz ihre Beitragsproduktion, setzt sie dann jedoch fort, bevor Max seine Äußerung beendet hat (Rosmarie, Bsp. 7.3, Z. 12-17). Tanja tippt ihren Beitrag weiter und blickt erst zu Max, nachdem sie den Text abgeschickt hat (Bsp. 7.4, Z. 14-24). Im Gegensatz zu Max, der die Beitragsproduktion der Nutzerinnen nicht wahrnimmt, nehmen die Nutzerinnen die Äußerung von Max wahr und führen verschiedene Aktivitäten gleichzeitig aus: Sie hören Max (scheinbar) zu und führen

---

[4]Damit stellt sich die Nutzerin dem Publikum gegenüber zudem als eine Person dar, die das Verhalten von Max nicht abschätzen kann, und gleichzeitig daran orientiert ist, einen interaktionsähnlichen Austausch mit ihm zu gestalten. Folglich zeigt die Nutzerin auch eine Orientierung daran, das 'face' (nach Goffman, s. Fußnote 24) des Agenten zu wahren, da sie ihn nicht vor den Augen des Publikums überfordert (mehr dazu in Kapitel 9).

gleichzeitig ihre Textproduktion fort. Im Gegensatz zu Nutzern, die ihren Beitrag unterbrechen oder abändern, behandeln Rosmarie und Tanja ihre Beiträge als gleichberechtigt mit der Äußerung von Max. Während das System diese parallele Beitragsproduktion nicht wahrnimmt, wird aus Sicht der Nutzerinnen eine Art *paralleles 'Rederecht'* etabliert. Dabei weisen sie dem System eine Art interaktives Gedächtnis zu, denn die parallel produzierten Beiträge unterstellen, dass das System mit einem Beitrag umgehen kann, der nicht an dessen letzte Äußerung anschließt.

Die parallele Beitragsproduktion kann als Möglichkeit angesehen werden, die Dialoggeschwindigkeit mit Max zu steigern, da die Nutzer Max zuhören und gleichzeitig ihren Beitrag produzieren. Jedoch zeigt sich, dass in beiden Fällen die Phasen des parallelen 'Rederechts' nur zeitweise aufrechterhalten werden können. Rosmarie (Bsp. 7.3) schickt ihren Beitrag ab, kurz bevor Max seinen beendet hat. Es entsteht eine Pause (Z. 21), in der keiner das 'Rederecht' übernimmt. In dieser Pause lächelt Rosmarie leicht gezwungen (Z. 22) und scheint unsicher zu sein, wie der Dialog nun weiter fortgesetzt werden soll. Schließlich fängt Max an zu sprechen und übernimmt damit die Gesprächsführung. Auch im Beispiel 7.4 von Tanja reagiert Max nicht auf die Frage der Nutzerin. Tanja, die zu Max schaute, blickt daraufhin prüfend auf das Textfeld, während Max eine eigene Frage stellt (Z. 23-26). Der Agent kommt damit nicht der konditionellen Relevanz von Tanjas Frage nach, sondern wechselt das Thema. Tanja zeigt sich irritiert und geht schließlich, aufgefordert durch Chris, auf den Vorschlag des Agenten ein (Z. 27-43).

Die Phasen paralleler Beitragsproduktion nach kurzen Pausen im Redezug von Max sind vor allem am Anfang des hybriden Austauschs zu beobachten. Im weiteren Verlauf zeigen sich die Nutzer abwartend und Phasen der parallelen Beitragsproduktion treten nur noch selten auf. Während die anfänglichen 'Überlappungen' darauf verweisen, dass sich die Nutzer im Umgang mit Max zunächst an ihren Erfahrungen aus zwischenmenschlichen Interaktionen orientieren und die Fähigkeit der situativen und interaktiven Aushandlung von Beitragslängen und Sprecherwechsel zunächst auch Max unterstellen, zeigen die verzögerten Anschlüsse, dass sich die Nutzer der deterministischen Gesprächsorganisation des Systems anpassen.

Mit dem anpassenden Verhalten gegenüber Max geht auch eine Veränderung des 'recipient design' einher, das die Nutzer Max unterstellen. Während sie am Anfang des Austauschs eine Orientierung an einem

7.1 Sprecherwechsel und Gesprächsdynamik

Gegenüber aufzeigen, mit dem sie den Austausch interaktiv aushandeln können, zeigt das abwartende Verhalten, dass sie Max als ein Gegenüber mit programmbasierten Kommunikationsfähigkeiten behandeln, das sich zudem durch eine gewisse Kontextblindheit auszeichnet. In keinem Austausch werden die 'überlappenden' Beiträge des Agenten angesprochen. Sie werden somit nicht kommunikativ relevant gesetzt und als Eigenart des Agenten akzeptiert.

Durch das abwartende Verhalten der Nutzer sind im weiteren Verlauf des hybriden Austauschs immer wieder längere Pausen zwischen den Äußerungen von Max und der Textproduktion der Nutzer zu beobachten. In diesen Pausen schauen die Nutzer häufig Max noch etwas an und wenden sich dann der Tastatur zu. Nur selten beginnen die Nutzer gleich zu tippen, nachdem Max den Redezug beendet hat. Zudem nehmen viele Nutzer, nachdem sie ihre Textnachricht abgeschickt haben, die Hände von der Tastatur oder legen sie auf dem Tisch ab, einige Nutzer gehen auch etwas zurück (s. Bsp. 5.2, S. 115, Z. 6, 17, 26 oder Bsp. 6.4, S. 168, Z. 2, 9-10, 24-25). Sie weisen damit Max auch nonverbal das 'Rederecht' zu. Diese nonverbalen Handlungen sind jedoch nur für das Publikum sichtbar, dem sich die Nutzer als passive Zuhörer darstellen.

Auch das System schließt meist nicht fließend an die Nachrichten des Nutzers an, sondern es sind immer wieder sehr kurze Pausen zu verzeichnen, in denen das System die Nachricht analysiert und eine passende Anschlusshandlung ausgewählt wird. Dadurch ergibt sich eine relativ langsame und stockende Gesprächsdynamik des Austauschs, die sich durch Pausen zwischen der Reaktion des Agenten und der Textproduktion des Nutzers auszeichnet. Diese Schwerfälligkeit wird auch dadurch verstärkt, dass das System relativ langsam und monoton spricht und häufig Pausen in seinen Redezügen macht.

Die Orientierung der Nutzerinnen an einer Gesprächsorganisation mit verzögerten Anschlüssen und dem Prinzip, dass nur einer zur gleichen Zeit spricht, zeigt sich auch, wenn es zu längeren Verzögerungen der Texteingabe im Austausch kommt, die über ein kurzes Abwarten hinausgehen. Ähnlich wie Schweigephasen sind diese Verzögerungen interpretationsbedürftig, mit der Besonderheit, dass sie sich nicht selbst erklären:

„Für Verzögerungen gibt es Gründe, – Gründe, die aber nicht in dem Schweigen selbst zum Ausdruck kommen, sondern aus anderen Quellen geschlossen werden müssen." (Bergmann 1982: 161)

Für längere Pausen zwischen den Textnachrichten, die auf die Äußerung von Max folgen, werden von den Nutzern häufig Interpretationshinweise geliefert. So bewegt Rosmarie ihre Finger über die Tastatur und zeigt damit, dass ein Beitrag in Vorbereitung ist, sie jedoch noch überlegt (Bsp. 7.7, S. 204, Z. 36). In anderen Fällen kommt es zu sprachlichen Äußerungen wie nachdenklichen 'ähms', 'hms' oder zu gedankenvollen Blicken in die Luft. Die Nutzer liefern dem Publikum somit Erklärungen ('accounts' nach Garfinkel) für das Zögern und deuten gleichzeitig an, dass die Pause kein Gesprächsende einleitet (s. Abschnitt 6.2), sondern ein nächster Beitrag zu erwarten ist. Dabei unterstellen die Nutzer Max und dem Publikum ein unterschiedliches 'recipient design'. Während die Nutzer ihre Handlungen dem Publikum gegenüber als 'accountable' darstellen, ist Max von diesen Darstellungen ausgeschlossen.

Auch in den WOZ-Telefonaten von Testpersonen mit einem simulierten Ansprechpartner der British Airways (dem Wizard) können Überlappungen beobachtet werden (vgl. Wooffitt et al. 1997: 106-115).[5] Im Vergleich der Überlappungen in den WOZ-Experimenten mit einem Korpus zwischenmenschlicher Telefonate beim Fluginformationsdienst zählten sie in den zwischenmenschlichen Telefonaten bei 100 Anrufen 370 Überlappungen, während bei den WOZ-Simulationen bei 99 Anrufen nur drei Überlappungen auftraten (vgl. ebenda: 112). Dabei handelt es sich bei den drei Fällen jeweils um Überlappungen, die in der Nähe möglicher Sprecherwechsel auftreten (also einem „transition-space onset" nach Jefferson 1986: 153). Dies zeigt auch das folgende Beispiel (Z. 2-3) (Quelle: Wooffitt et al. 1997: 112f):[6]

Transkript 7.9: Überlappungen im WOZ-Experiment

```
1   W:    flight information good day
2         can I help y[ou
3   S:               [ (mm)
4         (1.0)
5   S:    er yes I'm ringing about h urh a flight
6         from hunGARian airlines
```

Zudem beobachten die Autoren das regelmäßige Auftreten von Pausen zwischen den Gesprächsbeiträgen und stellen fest: „the WOZ simulation exchanges do not display the same level of cohesion and fluency"

---

[5]In diesem Fall kann tatsächlich von Überlappung gesprochen werden, da Wizard und Testperson sprechen.
[6]Das Beispiel wurde den vorliegenden Transkriptionskonventionen angepasst.

(ebenda: 103). Die verzögerten Anschlüsse und die wenigen Überlappungen erklären sie durch „the subjects' [der Nutzer (Anm. AK)] impaired ability to track turns in progress and to judge when turn transfer would become, or had become, relevant" (Wooffitt et al. 1997: 105). Diese Fähigkeit wird getrübt, da der Wizard lange Redepausen macht und durch die verzerrte Stimme des (simulierten) Sprachsystems das Ende des Gesprächsbeitrags nicht eindeutig identifiziert werden kann. Die Verzögerungen werden von den Autoren als Vorsichtsmaßnahme gedeutet, mittels derer die Nutzer sicherstellen, dass das Gegenüber seinen Redezug beendet hat.

Die Gesprächsorganisation der WOZ-Experimente und diejenige, die im Austausch mit Max zu beobachten ist, weisen somit starke Ähnlichkeiten auf. Doch scheint die Bezeichnung „impaired ability" (Wooffitt et al. 1997: 105) auf den hybriden Austausch mit Max nur bedingt zuzutreffen. Die Nutzer scheinen weniger behindert durch Max' Verhalten, sondern zeigen vielmehr eine große Sensibilität gegenüber den Beitragsendungen von Max. Die beobachteten Phasen paralleler Beitragsproduktion treten nur am Anfang des Austauschs auf. Die relativ langen Pausen vor dem Anschluss an den vorherigen Beitrag sprechen somit vielmehr für die Anpassungsleistung der Nutzer, ihre gewohnten Erfahrungen im Sprecherwechsel zurückzustellen und damit antizipierbare Probleme im Austausch mit Max zu vermeiden.

Hyper-Determinierung von Interaktionsroutinen

Zusammenfassend kann festgehalten werden, dass sich der hybride Austausch durch eine asynchrone Gesprächsorganisation auszeichnet, die von Nutzer und Agent durch unterschiedliche und asymmetrisch verteilte Modalitäten gestaltet wird. Die Gesprächsteilnehmer sind an der Beitragsproduktion des anderen nicht beteiligt, sondern erhalten den Beitrag des anderen als fertiges Produkt. Die Beitragsproduktion ist somit kein Aushandlungsprozess, sondern findet vielmehr unter Ausschluss des anderen statt. Damit verbunden ist, dass im Unterschied zu Face-to-Face-Interaktionen Beitragslänge und Sprecherwechsel deterministisch vorgegeben sind und ebenso wie die Beitragsproduktion keinen wechselseitigen Aushandlungsprozess inkludieren. Dem Nutzer sind die vorgegebenen Beitragslängen der Äußerungen von Max nicht transparent. Durch verzögerte Anschlüsse beugen die Nutzer paralleler Beitragsproduktion vor und zeigen gleichzeitig eine Orientierung an dem Prinzip, dass nur einer zur gleichen Zeit spricht, die jedoch leicht übertrieben wirkt.

Goffman (1981c) beobachtet bei der Analyse von Geschlechterdarstellung in der Werbung, dass Bestandteile alltäglicher, ritualisierter Handlungsabfolgen aus ihrem ursprünglichen Kontext herausgelöst und z.B. durch Parodie in einen scherzhaften Kontext gestellt werden können.

> „Dabei rückt die Stilisierung selbst in den Mittelpunkt der Aufmerksamkeit, und der Akteur kommentiert seine Handlung gerade durch die Art, in der er sie nicht ernsthaft ausführt. Das Ritual wird selbst ritualisiert, es gerät zu Transformation von etwas bereits Transformiertem, zur 'Hyper-Ritualisierung'."
> (ebenda: 18)

Ähnlich kommt es im Austausch mit Max durch die deterministischen Vorgaben auf Seiten des Agenten und die starken Anpassungen der Nutzer zu einer Hyper-Determinierung von Interaktionsroutinen. Die deterministischen Vorgaben des Systems führen dazu, dass sich die Nutzer den deterministischen Vorgaben anpassen. Sie begrenzen ihre Handlungsroutinen abhängig davon, welche Fähigkeiten sie dem System unterstellen. Während Max' Handlungsspielraum durch das System begrenzt ist, schränken die Nutzer ihre Handlungen innerhalb unterstellter Programmstrukturen ein. Sie stellen ihr Handeln als deterministisches Handeln dar. Durch diese doppelte Determinierung kann der Austausch einerseits den Anschein einer fokussierten Interaktion erwecken, in der sich Nutzer und Max am Verhalten des anderen orientieren und wechselseitig ein Verstehen unterstellen können, andererseits erhalten diese Alltagsroutinen durch den deterministischen Charakter des Austauschs eine neue Rahmung, insofern sie nachgespielt wirken. Der Austausch mit Max erscheint somit nicht nur als „künstliche Interaktion" (Braun-Thürmann 2002), in der Max als Subjekt einer Interaktion wahrgenommen werden kann. Vielmehr tritt in der Art und Weise, wie der Austausch zwischen Max und Nutzer gestaltet wird, der So-Tun-als-ob-Charakter der Situation hervor (s. auch Abschnitt 5.5). Die *Künstlichkeit* der (simulierten) 'Interaktion' wird sozusagen sichtbar gemacht.

7.2 Technische Sequentialität

Wesentliches Merkmal zwischenmenschlicher Gespräche ist die sequentielle Verknüpfung einzelner Redebeiträge, die sich in der „three-part

7.2 Technische Sequentialität

structure" (Sacks et al. 1974: 722) der einzelnen Redebeiträge widerspiegelt. Äußerungen sind jeweils in vorherige und zukünftige Äußerungen eingebettet und enthalten in sich selbst einen Verweis auf diese Einbettung (vgl. auch Abschnitt 2.1). Der sequentiellen Verknüpfung ist eine Verstehenssicherung inne, insofern die nächste Äußerung immer eine Interpretation der vorherigen beinhaltet, die vom ersten Sprecher in seinem darauf folgenden (dritten) Redezug abgelehnt werden kann. Damit ermöglicht die sequentielle Organisation eine gemeinsame Aushandlung des Aufmerksamkeitsfokus. Inwieweit auch der hybride Austausch eine sequentielle Organisation aufweist und auf einem gemeinsamen Verstehen und reziproken Perspektiven aufbauen kann, soll am Beispiel der Themenaushandlung dargestellt werden.

Die Konversationsanalyse sieht die Etablierung eines Themas in einem Gespräch als interaktiven und situativen Vorgang an, den die Teilnehmer abhängig vom aktuellen Kontext wechselseitig aushandeln. Es werden zwei unterschiedliche Formen der Themenentwicklung unterschieden. Erstens können Gespräche so organisiert werden, „that topic flows from one to another" (Button & Casey 1985: 3). Sacks (1992) bezeichnet dies als „stepwise movement of topics" (ebenda: 300, Band 2). Dabei wird das Thema jeweils an einen bestimmten Aspekt der vorherigen Äußerung angeschlossen und entwickelt darauf aufbauend ein neues Thema. Zweitens können abgegrenzte Themen eingeführt werden, sogenannte „boundaried topical movements" (nach Sacks in Atkinson & Heritage 1984: 165). Die Aushandlung dieser Themen erfolgt über drei Redezüge hinweg. Teilnehmer können durch ein „topic initial elicitor" (Button & Casey 1984: 167) ein Thema benennen, indem sie z.B. nach Neuigkeiten fragen („itemised news enquiries" (Button & Casey 1985: 4)) oder darstellen, dass sie selbst etwas Berichtenswertes zu erzählen hätten („news announcement" (ebenda)). Das Gegenüber kann im nächsten Redezug auf die Themeninitiation eingehen. Wurde etwas Berichtenswertes angekündigt, kann es dem Bericht zustimmen und im anschließenden (dritten) Redezug kann die erste Person das Thema ausführen. Wurde z.B. danach gefragt, ob der andere etwas Berichtenswertes zu erzählen hat, kann der Angesprochene nun ein Thema einführen. Wird im zweiten Redezug die Themeninitiation abgelehnt, kann ein anderes Thema vorgeschlagen oder von einer weiteren Themenetablierung abgesehen und das Gespräch z.B. beendet werden. Die Autoren beobachten, dass die themeninitiierenden Äußerungen vor allem innerhalb von drei Gesprächsphasen zu beobachten sind:

nach der Eröffnung eines Gesprächs, nach der Beendigung von Themen oder an anderen Stellen, an denen das Gespräch abschließenden Charakter hat (vgl. Button & Casey 1984: 170).

Ein gemeinsames Thema zu etablieren und fortzuführen ist somit ein kooperatives Zusammenspiel der Teilnehmer, die sich jeweils an den Äußerungen des anderen orientieren, daran anknüpfen, diese bestätigen oder Fragen dazu stellen. Mit jedem neuen Redezug wird somit neu über den thematischen Fortgang der Interaktion entschieden. Fehlende Bestätigungen führen häufig zu Themenwechseln (vgl. Maynard 1980: 269-271).

Erfolgreiche Themenauswahl

Im hybriden Austausch sind immer wieder Phasen einer abgegrenzten Themenauswahl zu beobachten. Das folgende Beispiel zeigt, wie der Agent nach der Gesprächseröffnung Themen anbietet und gemeinsam mit dem Nutzer abstimmt. (Dabei handelt es sich um die Fortführung des Dialogs zwischen Rosmarie und Max (s. Bsp. 6.2, S. 151.)

Transkript 7.10: Themenauswahl im hybriden Austausch (Rosmarie)

```
01         [(1.5)
02    R    [((bewegt Finger über der TS))

03    M    ((lächelt nicht mehr)) <<bewegt linken Arm kurz nach
04         vorne> ich kann dir [VERsch↑iedenes erkl↑ären, oder
05    R                        [((Blick: Max))

06    M    einfach> ein bisschen mit dir pl↓audern.

07         [(2.5)
08    R    [((rückt ihre Kleidung zurecht, Blick: TS, tippt))

09    txR   e r k l ä r    m i r    w [a s /
10    R                                [((Blick: TX))

11    TX   *erklär mit was*
12         (--)
```

7.2 Technische Sequentialität 213

```
13   R      ((Blick: Max))
14          (--)
15   M      <<erfreuter Gesichtsausdruck> ich=kann=dir was
16          <<hebt rechte Hand mit drei ausgestreckten Fingern>

17   M      über folgende dr↑EI: [th↑emen> erKLÄRen- (---)
18   R                           [((legt den Kopf zur Seite))

19   M      künstliche intelliGENZ (-) über mich=und=die
20          h↑ochSCHULstadt BIElEfeld.>
21   R      ((zieht die Augenbrauen zusammen und schaut für ca.
22          1 Sek. zu Max. Löst die Brauen, schaut auf TS, tippt))

23   txR    k i [            ] /
24   R          [((Blick: TX))]

25   TX     *ki*
26   R      ((Blick: Max))
27   M      ok↑EY <<bewegt linken Arm kurz nach vorne> d↑ann geht=s

28   M      los- (---) [du kannst mich
29   R                 [((nimmt die Hände von TS, richtet
30                       ihre Kleidung))

31   M      jederzeit unterbr↑echen> (-) um fr↑a:gen zu=stellen
32          oder=wenn=ich=etwas wiederh↓o:len so:ll-

33          [(2.0)
34   R      [((legt Hände auf TS, schaut kurz auf TS, dann zu
35            Max))

36   M      ((legt rechte Hand auf die Brust)) ich <<nimmt Hand
37          runter> bin> eine künstliche intelliGENZ-
```

Max ist ein Präsentationsagent. Im Programm wurden verschiedene Präsentationstexte und Handlungspläne eingeschrieben, mittels derer der Agent dem Nutzer Informationen zu bestimmten Themen geben kann. Infolgedessen kann das System in begrenztem Maße auch auf die Wünsche des Nutzers eingehen.[7] Das Dialogsystem sieht vor, dass Max die Eröffnung des hybriden Austauschs mit einer Auswahlmöglichkeit beendet, was der Nutzer mit ihm machen kann. Während Rosmarie scheinbar überlegt, was sie machen könnte, schlägt Max vor, dass er ihr etwas erklären oder mit ihr plaudern könne (Z. 1-6). Der nächste Beitrag der Nutzerin deutet Max' Äußerung als „possible topical initial" (Button & Casey 1984: 167), an die sie anschließt und damit auf das Themenangebot von Max eingeht (Z. 11).

---

[7]Dies gilt auch für andere Bereiche, so gibt es vorprogrammierte Themen für Phasen, die das System als 'small talk' identifiziert.

Die Nachricht der Nutzerin löst im Dialogsystem einen Präsentationsmodus aus, in dem das Programm drei Auswahloptionen auflistet. Er bietet ihr somit noch mal eine mögliche Themenauswahl an. Mit der Textnachricht „ki" (Z. 25) wählt Rosmarie eine der angebotenen Optionen aus und thematisiert damit das von Max angebotene Thema. Das System zeigt mit der nächsten Äußerung an, dass es die Themenauswahl für abgeschlossen hält und beginnt die Präsentation zum ausgewählten Bereich.

Die Präsentation wird mit den Worten „ok↑EY d↑ann geht=s los" (Z. 27-28) eingeleitet und kündigt eine längere Ausführung zum Thema an. Dem folgt eine kurze 'Bedienungsanleitung', in der Max dem Nutzer erklärt, wie er an der Präsentation teilnehmen kann, und schließlich der einprogrammierte Präsentationstext (Z. 28-37). Max und Rosmarie haben somit gemeinsam ein Thema ausgehandelt und sich die Bereitschaft und Wahrnehmung der Bereitschaft des anderen wechselseitig bestätigt. Die Beiträge von Nutzer und Max weisen eine sequentielle Verknüpfung auf. Der zweite Beitrag kommt dabei jeweils den Erwartungsstrukturen des ersten Beitrags nach, und in dem jeweils dritten Beitrag bestätigen sich Nutzer und Max die Sinnkonstruktionen des anderen. Es entsteht der Eindruck, dass sich die Teilnehmer ein wechselseitiges Verstehen unterstellen.

Viele Nutzer deuten Max' Äußerung, dass er etwas erklären oder mit ihnen plaudern könne, als Themenangebot und wählen eine der Optionen. Dabei orientieren sich einige, wie Rosmarie, an den von Max vorgegebenen Worten und geben diese teilweise wortwörtlich an Max zurück. Rosmarie schreibt „erklär mir was" (Z. 11), andere tippen „plaudern" oder „lass uns plaudern". Wieder andere gehen auf das Angebot ein, ohne die Worte des Agenten zu nutzen, z.B. Jens, der mit den Worten „Sag doch mal, was Du so über KI weißt" einer Informationspräsentation durch Max zustimmt, oder Linda, die mit der Frage „wie geht es dir" auf das Angebot zu plaudern eingeht.

Ähnlich wie schon im Einstieg in den hybriden Austausch zeigt sich eine Orientierung von Nutzer und Agent an sozialen Interaktionsroutinen, wie der gemeinsamen Themenetablierung über drei Redezüge. Gleichzeitig wird der technische Charakter des Austauschs deutlich, z.B. in der Art und Weise, wie der Agent Themen präsentiert und mit dem Nutzer aushandelt. Möchte der Nutzer etwas erklärt bekommen, listet Max verschiedene Themenbereiche auf (Z. 19-20). Dabei wird gerade durch die

Aufzählung der verschiedenen Optionen der strukturelle Aufbau der programmierten Präsentation von Max sichtbar. Dies zeigt sich auch jeweils gegen Ende des Präsentationstextes, wenn Max nachfragt, wie er weitermachen soll und häufig wieder eine Liste von Auswahloptionen präsentiert. Ähnlich wie Max' Aufforderung „über=die tastat↑UR kannst du mit mir spr↓echen-" (vgl. Bsp. 6.2, S. 151, Z. 16-17) zu Beginn des Austauschs wirken diese Äußerungen wie Bedienungsanleitungen, die wiederum darauf verweisen, dass Max ein künstliches Gegenüber ist, das nach bestimmten Mechanismen funktioniert und entsprechend zu bedienen ist. *Max stellt sich somit selbst als ein technisches und programmgesteuertes Gegenüber dar, das an sozialen Interaktionsroutinen orientiert ist.* Diese Konstruktion von Max als ein programmgesteuertes Gegenüber wird häufig auch durch die nächsten Textbeiträge der Nutzer rekonstruiert. So erscheinen die wortwörtlichen Wiederholungen wie Steuerbefehle, mittels derer sich die Nutzer an den Vorgaben des Programms orientieren, es aber zudem als Programm behandeln.

Schiefe Anschlüsse

Neben den Phasen, in denen der hybride Austausch den Eindruck einer fokussierten Interaktion erweckt, die auf der Unterstellung gemeinsamen Verstehens und reziproker Perspektiven aufbaut, sind auch immer wieder Phasen zu beobachten, die brüchig wirken und in denen die Nutzer dem Agenten kein Verstehen unterstellen. Das Dialogsystem funktioniert am Besten, wenn Max die Gesprächsführung übernimmt, da so Kontext und Themen auf die einprogrammierten Wissensressourcen des Systems begrenzt werden können. Dies wird besonders deutlich, wenn die Nutzer die Gesprächsführung übernehmen und Themenvorschläge machen oder Fragen stellen, auf die das System keine passende Anschlusshandlung findet. Im folgenden Beispiel hat Max Tanja ebenfalls nach der Eröffnung des hybriden Austauschs angeboten, dass er ihr etwas erklären oder mit ihr plaudern könne. Tanja geht jedoch nicht auf sein Angebot ein, sondern möchte wissen, was er noch kann. Der anschließende Austausch baut auf der Abfolge von Fragen der Nutzerin auf. Dabei deutet die Nutzerin die Äußerungen des Agenten auf ihre Fragen nicht als erwartbaren zweiten Teil der Paarsequenz (Frage – Antwort) und scheint dem Agenten zu unterstellen, dass er sie nicht versteht. (Es handelt sich um die Fortführung des Austauschs zwischen Tanja und Max s. Kapitel 6, Bsp. 6.3, S. 155.):

Transkript 7.11: Themensuche (Tanja)

```
01  TX    *Was kannst Du denn noch ?*
02  T     ((legt Hände vor die TS, schaut langsam zu Max))
03  M     also tan|(j)a <<stockend> ich kann dir schon
04        versch↓iedene sachen erkl↑ären und mich ein

05        bisschen mit dir [unterh↓a:lten->
06  T                      [((öffnet kurz linke Hand))

07        [(1.5)
08  T     [((dreht sich zu Chris, lässt linken Arm vom Tisch
09         fallen und sackt dabei leicht mit dem Körper ein))

10  C     frag=mal=ob=(er=s) kaffee kocht. ((grinst))
11  T     WAS?

12  C     fra:g mal (ob es) [kaffee kocht. ((grinst))
13  T                       [((hebt linken Arm))

14  T     ((dreht sich zur TS, blickt auf TS, tippt))
15  txT   K o c h s t   D u   K a f f e e

16        [? /
17  ?     [<<leise> hahahahahaha:>)

18  TX    [*Kochst Du Kaffee?*
19  T     [((blickt zum TX, legt Hände vor TS)))

20  T     [((blickt leicht lächelnd zu Max))
21  M     [<<hebt linken Arm kurz an> bitte mit Z↑UCKer und
22         m↓i:lch (--)>

23  ?     [(<<leicht lachend> he he>)
24  C     [((zieht leicht die Schultern hoch, unterdrückt ein
25         prustend ein Lachen und lacht dann leicht))

26  T     ((dreht sich zu Chris)) <<leicht lachend> hm hm hm>
27        ((dreht sich lächelnd zu Max, atmet lachend ein))
28        <<hebt den Arm und lässt ihn fallen, lachend> he he
29        he he::>

30        ((Tanja dreht sich zu Chris. Sie hebt kurz den Arm
31        und zuckt mit den Schultern. Chris schaut sie
32        lächelnd an, zuckt auch mit den Schultern und blickt
33        dann zu Max))

34  T     ((dreht sich zu Max)) Ä::HM: ((Hände und Blick auf TS))
```

7.2 Technische Sequentialität 217

```
35  txT   H a s t    D u    s t u
36  T     ((blickt kurz auf TX, dann wieder auf TS))
37  txT   d i e r t ? /

38  TX    [*Hast Du studiert?*
39  T     [((blickt zu Max, legt Hände vor die TS))

40  M     das darf ich <<schüttelt ruckartig den
41        Kopf> L↑EIder=n↑icht verraten.
```

Tanja deutet die Auswahloptionen von Max als ein Angebot, auf das man auch nicht eingehen kann und fragt ihn, was er denn noch kann (Z. 1). Dabei handelt es sich um eine Reformulierung der Frage „was kannst du?", die Tanja Max gleich zu Anfang des Austauschs gestellt hatte, die jedoch unbeantwortet geblieben ist (s. Bsp. 6.3, S. 155, Z. 23). Bergmann (1981a) zeigt, dass Reformulierungen häufig als Reparaturmechanismen eingesetzt werden, die Akteure zeigen sich damit Störquellen im bisherigen Gespräch an (s. auch Schegloff 1992). Tanja fordert mit der Reformulierung somit die ausgebliebene Antwort von Max ein. Auf die reformulierte Frage von Tanja wiederholt Max im Wesentlichen Informationen, die er ihr schon vorher gegeben hat, nämlich, dass er mit ihr plaudern oder ihr etwas erklären könne (Z. 3-5). Das Wort 'schon' (Z. 3) deutet darauf hin, dass diese Fähigkeiten eine Errungenschaft sind, doch Tanja würdigt dies nicht und behandelt die Äußerung als nicht anschlussfähig. Sie öffnet kurz die linke Hand (Z. 6), als würde ihr Max nichts zu fassen geben. Sie dreht sich schließlich zu Chris um und sackt in sich zusammen (Z. 8-9). Sie stellt Chris dadurch schon fast theatralisch ihre Ratlosigkeit dar. Chris deutet ihr Verhalten als Hilferuf und schlägt vor, dass sie Max fragen soll, ob er Kaffee kocht (Z. 10-12).

Max antwortet „bitte mit Z↑UCKer und m↓i:lch" (Z. 21-22). Auch diesmal wirkt die Äußerung von Max auf die Frage der Nutzerin 'schief'. Dabei zeigt das System sich 'blind' gegenüber den „Kontextualisierungshinweisen" (Günthner 1993: 43)[8] im Textbeitrag der Nutzerin. Als Kontextualisierungshinweise werden sprachliche und parasprachliche Mittel verstanden, mit denen Nutzer „Richtungshinweise für den situativen Inferenzprozeß" (ebenda: 45) ihrer Äußerung geben. Sie dienen dazu, die

---

[8] Der Begriff („contextualization cues") wurde vom Soziolinguisten John Gumperz im Rahmen der Fragestellung entwickelt, wie Aktivitäten interaktiv ausgehandelt werden und welche Strategien die Akteure einsetzen, um ihre Aktivitäten als bestimmte Aktivitäten („activity type") zu rahmen (vgl. Gumperz 1982, s. auch Auer & Di Luzio 1992).

Aufmerksamkeit des anderen zu lenken und Interpretationshinweise zu liefern. Während Tanja Max fragt, ob Max Kaffee kochen kann, antwortet Max jedoch auf ein Angebot, ob er Kaffee trinken möchte. Max' Äußerung schließt dabei an den Begriff Kaffee an und zeigt somit einen Bezug zur vorherigen Frage. Auch ist die Äußerung als zweiter Teil einer Paarsequenz zu erkennen, jedoch passt sie zu einem Angebot, nicht zu einer Frage bezüglich seines Könnens. Statt an die Interpretationshinweise von Tanja anzuschließen, kommt es zu einem plötzlichen Kontextwechsel, in dem der Nachricht von Tanja ein neuer Sinn zugewiesen wird, der in der Nachricht selbst nicht enthalten war. Der Agent zeigt damit auch kein 'Nicht-Verstehen' an, denn er leitet keine Reparatur ein (auf Reparaturen im hybriden Austausch geht das Kapitel 8 ein). Gleichzeitig zeigt der Agent aber auch kein Verstehen an, da er aus der Sicht des Nutzers nicht sinnvoll an den vorherigen Beitrag anschließt.

Tanja und Chris nehmen den schiefen Anschluss zunächst mit Gelächter auf und weisen ihr damit auch eine gewisse Schlagfertigkeit und einen Unterhaltungswert zu (Z. 23-33). Doch zeigen sich Chris und Tanja gleichzeitig durch Schulterzucken und Armbewegungen ihre Rat- und Hilflosigkeit an, wie sie an die Äußerung von Max anschließen sollen. Dies wird auch vom Themenwechsel unterstützt, den Tanja daraufhin einleitet. Sie ignoriert damit Max' Verhalten und testet mit einer neuen Frage („Hast Du studiert?", Z. 38), ob sie eine gemeinsame Basis für den Austausch finden können. Doch auch diesmal weicht Max der Antwort auf die Frage aus (Z. 40-41) und die Grundlage eines gemeinsamen Verstehens bleibt weiterhin unsicher (der Fortgang des Austauschs wird im Abschnitt 7.2 besprochen).

Während das Beispiel von Rosmarie gezeigt hat, dass die Äußerungen von Max und die Nachrichten der Nutzerin einen sinnvoll aufeinander bezogenen Austausch herstellen können (vgl. Bsp. 7.10, S. 212), zeigt sich im Beispiel von Tanja, dass Äußerungen von Max häufig nur ein begrenztes Verstehen aufzeigen und für die Nutzer das Problem bergen, wie sie an diese Beiträge anschließen sollen. Der Austausch zwischen Max und Tanja erscheint wie eine Suche der Nutzerin nach einem gemeinsamen, anschlussfähigen Thema und wechselseitigem Verstehen.

Die schiefen Äußerungen von Max, die nur bedingt an den situativen Kontext anschließen, sind ein Phänomen, das in allen Gesprächen mit Max zu beobachten ist, und zeichnen sich durch drei Aspekte aus:

1. Sie weisen einen minimalen Anschluss an die vorherige Nachricht auf, insofern bestimmte Wortteile einen Rückbezug erkennen lassen. So antwortet Max auf die Frage, was er denn noch kann, mit Hinweisen auf seine Vorlieben (Z. 21-22), die Worte „Milch" und „Zucker" lassen sich leicht mit dem Wort „Kaffee" verbinden, in Zeile 40 schließt das Wort „das" an den vorherigen Beitrag an.

2. Trotz des minimalen Anschlusses brechen die Beiträge von Max meist mit den Sinnkonstruktionen der vorherigen Beiträge. Sie geben dem vorherigen Beitrag einen neuen Sinn, der sich nicht aus den vorherigen Kontexthinweisen oder Erwartungsstrukturen erschließt. Da der Agent dabei seine Kontextblindheit nicht zugibt, sondern vielmehr die Textnachricht des Nutzers als sinnvolle, aber häufig irrelevante Einheiten behandelt, wirkt es so, als würde der Agent 'bluffen' und den Fragen des Nutzers ausweichen.[9]

3. Die schiefen Äußerungen liefern zudem häufig keinen Hinweis für weitere Anschlussmöglichkeiten und weichen von der „three-part structure" (Sacks et al. (1974: 722) eines Beitrags ab. Die Äußerungen haben somit einen themenbeendenden Charakter und geben gleichzeitig die Initiative für die thematische Gestaltung des Gesprächs an den Nutzer ab.

Max' kontextblinden und terminierenden Äußerungen können als Problemlösung beschrieben werden. Um ein Dialogsystem zu realisieren, das möglichst nah an zwischenmenschliche Interaktionen angelehnt ist, wurde Max als System mit freier Texteingabe programmiert, das beiden Gesprächspartnern die Möglichkeit geben sollte, im Gespräch die Initiative zu übernehmen. Dabei beruht die Interpretation der Textnachrichten des Nutzers auf einer Analyse von Syntax und Schlüsselwörtern, woraufhin den Nachrichten eine kommunikative Funktion zugeschrieben wird. Entsprechend sind die kommunikativen Fähigkeiten auf die thematischen und funktionellen Zuweisungen des Dialogsystems begrenzt. Für alle Nachrichten, die das System nicht erkennt oder von denen es nur Teile erkennt, wurden 'Allsätze' (Kategorie des Felds, s. auch Abschnitt 4.3) programmiert, die sich möglichst passend in die Situation einfügen sollten.

---

[9]Dies wird auch teilweise von den Nutzern benannt, die ihn z.B. als „Politiker" bezeichnen (s. Bsp. 9.4, S. 285, Z. 9) und damit dem ausweichenden Verhalten von Max Kalkül unterstellen.

Dabei zeigen einige Allsätze eine terminierende Struktur, wie „da:s ist eine g↑u:te fra:ge-" (Bsp. 7.12, S. 222, Z. 10) oder „interess↑ANter gesi:chtspunkt" (Bsp. 8.8, S. 254, Z. 4), während andere auf die Kontextblindheit des Agenten verweisen und auffordern, ihm zu helfen, wie z.B. „wa:s m↑einst du da:mit?" (Bsp. 9.2, S. 275, Z. 59).[10] Die Allsätze schließen somit an vorherige Kontexte an und können in bestimmten Kontexten auch zufällig sinnvoll anschließen. Sie verweisen jedoch im Prinzip auf die Grenzen des Systems.

Die von den Designern gefundene Lösung für das Problem der Kontextblindheit des Systems stellt den Nutzer jedoch vor Probleme, da ihm die Grenzen des Systems nicht transparent sind. Zudem werden häufig durch das System selbst Erwartungen erweckt, die es nicht halten kann. Max' Aufforderung, mit ihm zu plaudern, sowie Äußerungen, mit denen das System die Gesprächskontrolle abgibt, und die freie Texteingabe suggerieren, unbegrenzt mit Max kommunizieren zu können. Die Äußerungen von Max deuten somit immer wieder eine unbegrenzte Kommunikationsmöglichkeit an, die er nicht einhalten kann. Diese offenen Angebote des Systems begründen sich im Anspruch der Entwickler, mit dem Agenten Gesprächssituationen zu gestalten, wie sie in zwischenmenschlichen Interaktionen zu finden sind. Zwischenmenschliche Interaktionen basieren jedoch auf der interaktiven Aushandlung dieser Themen, die vorher nicht festgelegt sind (vgl. Sacks et al. 1974). Die Programmstruktur von Max setzt hingegen auf einem Set vorgeschriebener Pläne und Regeln sowie begrenzter Wissensdatenbanken auf. Innerhalb gewisser Parameter kann das System sich dem Nutzer anpassen und auch lernen, jedoch sind diese Parameter begrenzt. Entsprechend formuliert Max in seinen offenen Angeboten Ziele, die mit der Entwicklung der Embodied Conversational Agents verbunden sind und zeigt gleichzeitig, dass er ihnen nicht nachkommen kann. Die Programmstruktur enthält somit selbst den Widerspruch zwischen situativen und programmbasierten Handlungen. Max wird somit zum Paradox, und dies führt auf Seiten der Nutzer immer wieder zu Problemen.

Die Nutzer zeigen sehr unterschiedliche Reaktionen auf die schiefen Anschlüsse. Meist sind Irritationen zu beobachten, häufig wird gelacht, teilweise zeigen sich die Nutzer auch frustriert. In den meisten Fällen

---

[10]Allerdings kann das System die anschließenden Erklärungen der Nutzer häufig nicht deuten (s. Kapitel 8).

kommentieren die Nutzer verbal oder nonverbal die schiefen Anschlüsse (z.B. durch Schulterzucken oder kurze Erklärungsversuche) und wechseln das Thema oder versuchen an Aspekte anzuknüpfen, die Max eingebracht hat. Die Kommentare der Nutzer wirken dabei häufig wie ein dritter, verstehenssichernder Redezug, in dem Max' Interpretation der Textnachricht bewertet wird. Dieser Redezug wird Max jedoch nicht übermittelt. Durch die schiefen Anschlüsse und die damit verbundenen Themenwechsel kommt der Austausch immer wieder ins Stocken. Es kann meist nur kurzzeitig ein gemeinsamer thematischer Fokus gefunden werden, in dem der Nutzer die Äußerungen von Max als anschlussfähig behandelt und somit ein wechselseitiges Verstehen und reziproke Perspektiven unterstellt.

Der Austausch mit Max erscheint häufig wie eine Suche nach Gemeinsamkeit und Verstehen (vgl. auch die Abschnitte 5.2 und 5.3). Dabei wechseln sich die Phasen gemeinsamen Verstehens und brüchiger Anschlüsse immer wieder ab. Diese Suche wird zudem durch die differenten Kommunikationsfähigkeiten und die differenten Zugänge zur Situation des anderen erschwert. Dabei sind dem Nutzer die Entscheidungsprozesse und Erwartungsstrukturen des Agenten häufig intransparent. Der hybride Austausch zeichnet sich somit durch einen hohen Grad an Verstehensunsicherheit und Unbestimmtheit aus. Dies stellt Günthner (1993) auch für interkulturelle Kommunikationen fest. Häufig geben die Akteure zunächst Verstehen vor, in der Hoffnung später Verständnis zu erlangen. Auch werden in Kommunikationen zwischen Muttersprachlern und Nicht-Muttersprachlern häufig abrupte Themenwechsel beobachtet. So zeigen Muttersprachler nach einem Zusammenbruch des Gesprächs mit einem Nicht-Muttersprachler eine hohe Bereitschaft dazu an, „unintendierte Themenwechsel (topic switches) zu akzeptieren" (Jakovidou 1993: 17). Mit diesem Verhalten passen sich die Muttersprachler den sprachlichen Fähigkeiten des Nicht-Muttersprachlers an und zeigen zudem eine Orientierung daran, sein 'face' zu wahren, indem sie ihn nicht korrigieren und Verstehen vorgeben (vgl. auch Günthner 1993: 108-113).[11] Wesentlich im Austausch mit Max ist jedoch, dass die Irritation nicht wechselseitig ist. Die von den Nutzern eingeleiteten Themenwechsel übermitteln Max die Irritation der Nutzer nicht. Vielmehr scheinen die Nutzer die schiefen Anschlüsse als Eigenschaft des Agenten zu akzeptieren.

---

[11]Allerdings könnte das 'face' des Muttersprachlers gefährdet werden, wenn sein vorgegebenes Verstehen als 'Nicht-Verstehen' aufgedeckt wird (vgl. ebenda).

Unüberbrückbare Differenzen

Nur wenige Nutzer sprechen Max auf sein ausweichendes Verhalten an, wie Tanja im folgenden Beispiel. (Der vorherige Austausch wurde oben besprochen, s. Bsp. 7.11, S. 216.)

Transkript 7.12: Konfliktärer Austausch (Tanja)

```
01   TX    [*Hast Du studiert?*
02   T     [((blickt zu Max, legt Hände vor die TS))

03   M     das darf ich <<schüttelt ruckartig den Kopf>
04         L↑EIder=n↑icht verraten.>

05         [(1.0)
06   T     [((Hände und Blick auf TS))

07   txT   H a s t   D u   v i e l e   G e h e i m n i s s e ? /
08   TX    *Hast Du viele Geheimnisse?*
09   T     ((blickt über TX zu Max, legt Hände vor die TS))

10   M     [da:s ist eine g↑u:te fra:ge-
11   T     [((blickt zwischen TX und Max hin und her))

12   T     ((zuckt leicht mit den Schultern)) <<schaut kurz zu
13         Chris, leise> ↑h=m::> ((dreht sich zu Max, öffnet
14         zweimal die linke Hand, Blick und Hände auf TS))
15   txT   D a n n   a n t w o r t e   d o c h   e i n f a c h ! /
16   TX    *Dann antworte doch einfach!*
17   T     ((legt Hände vor die TS, blickt auf TX))

18   M     [du: bist zie:mlich r↑echt|haberisch (-) ↑oder?
19   T     [((blickt zu Max))

20   T     ((dreht sich zu Chris))

21   T     <<lachend> HA[HAHAHAHA::>>
22   C                  [((blickt zu Tanja, nickt betont))

23   T     [<<dreht sich zu Max, lachend> HAHA HA HA>
24   C     [siehst=du=ma::l der=sieht=das

25   T     [((Blick und Hände auf TS, grinst))
26   C     [AUCH schon so:
```

```
27  C      [((blickt langsam und lächelnd zu Max))
28  txT    [j a /

29  TX     *ja*
30  T      ((blickt über TX zu Max, legt Hände vor TS)) <<leise

31  T      lachend> hh. he he [he (he he)>
32  M                         [<<bewegt rechten Arm kurz nach
33                             vorne> ZU:stimmung

34  M      ist ↑immer g↓ut. [(---)>
35  T                       [<<lachend> h.>

36  T      <<dreht sich leise lachend zu Chris> he h.

37  T      [he h. he h.>
38  C      [((blickt zu Tanja, grinst breit und nickt betont))

39         ((Wenig später beendet Tanja den Austausch mit Max.))
```

Max weicht Tanjas Frage, ob er studiert hat, aus und meint, dass er dies „L↑EIder= n↑icht verraten" dürfe (Z. 3-4). Tanja wechselt daraufhin ihre Fragetechnik. Sie versucht nicht weiter eine Antwort auf ihre Frage zu bekommen, sondern fragt Max, ob er viele Geheimnisse habe (Z. 8). Sie schließt damit an einen Aspekt an, den der Agent in den Austausch eingebracht hat, nämlich, dass er nicht verraten dürfe, ob er studiert habe. Auch diese Frage wird vom Dialogsystem nicht beantwortet, sondern als „g↑u:te fra:ge-" (Z. 10) bezeichnet. Tanja zeigt sich ratlos und irritiert. Sie schaut zu Chris und markiert mit einem lauten „↑h=m::" (Z. 13), dass sie nachdenkt. In der nächsten Textnachricht fordert sie Max dazu auf, doch einfach zu antworten (Z. 16). Damit markiert sie die vorherige Äußerung von Max als problematisch. Mit den Worten „doch einfach" (Z. 16) wirft sie Max zudem vor, dass er bewusst nicht antworten würde. Ihr Beitrag beinhaltet somit den Vorwurf, dass Max seiner interaktiven Verantwortung zur Kooperation nicht nachkommt, da er dauernd ausweiche, statt zu antworten. Tanja zieht Max sozusagen zur Verantwortung und deutet einen Konflikt an.

Messmer (2003) definiert Konflikt als die „faktische Unvereinbarkeit zweier Standpunkte oder Perspektiven" (ebenda: 108). Auch Konflikte sind Produkte wechselseitiger Aushandlungsprozesse, die über drei Redezüge hinweg etabliert werden. 1. einer Äußerung von Alter, der 2. Ego widerspricht und 3. dem Widerspruch von Alter gegenüber der widersprechenden Äußerung von Ego:

„Ein Konflikt besteht nur dann, wenn Alter trotz Widerspruch an seiner ursprünglichen Sinnzumutung festhält und somit dem vorhergehenden Widerspruch widerspricht." (Messmer 2003: 108)

Ein Konflikt ist somit die wechselseitige Übereinstimmung darüber, dass man verschiedene Perspektiven teilt.
Im obigen Beispiel erklärt das System mit der Äußerung, „da:s ist eine g↑u:te fra:ge-" (Z. 10), die vorherige Frage von Tanja als beantwortet. Tanja fordert jedoch eine ausgebliebene Antwort ein (Z. 16). Würde der Agent auf die Aufforderung eingehen, wäre der Konflikt gelöst, denn System und Tanja würden wieder die gleichen Standpunkte teilen. Max bezeichnet Tanja jedoch als rechthaberisch (Z. 18). Das System widerspricht Tanja damit nicht, stimmt ihr aber auch nicht zu. Vielmehr zeigt es sich gegenüber ihrem Einwand ignorant und eröffnet mit dem Themenwechsel ein neues Konfliktfeld, insofern es Tanjas Kommunikationsverhalten problematisiert. Dieses Verhalten passt sich gut in den interaktiven Rahmen des Konflikts ein, in dem die Konfliktparteien sich häufig unkooperativ geben und sich wechselseitig die Schuld zuweisen. Allerdings bleibt unklar, inwieweit das System die Anschuldigung von Tanja verstanden hat. Max' Äußerung wird von Tanja lachend aufgenommen und führt zu einem kurzen kommunikativen Austausch zwischen Chris und Tanja. Tanja wendet sich schließlich wieder Max zu und beendet den aufkommenden Konflikt im hybriden Austausch, da sie Max zustimmt und somit eine wechselseitige Übereinstimmung erzeugt (Z. 29). Max kommentiert den Text von Tanja nochmals und 'gibt sich zufrieden' über ihre Zustimmung (Z. 32-34). Kurz darauf verabschiedet sich Tanja und geht zu Chris. Der Austausch weist somit zentrale Merkmale konfliktärer Gespräche auf, es kommt jedoch nicht zu einem Konflikt, da dieser von Max und Tanja nicht wechselseitig bestätigt wurde.
Als wesentliches Merkmal konfliktärer Gespräche wird die mangelnde Kooperationsbereitschaft (nach Paul Grice) genannt, die gemeinsame Basis der Interaktion weiter aufrechtzuerhalten und das 'face' des anderen zu schützen (vgl. Kallmeyer 1979 und Schank & Schwitalla 1987). Charakteristische Merkmale dieser Gespräche sind: mangelnde Gesprächsbereitschaft, lange Pausen, plötzliche Themenwechsel, unzulängliche oder ausweichende Antworten, „'absurdes' Argumentieren" (Schank 1987: 37) sowie Disqualifikationen des anderen. Diese Verhaltensweisen werden als

"Basisregelverletzungen" (Kallmeyer 1979: 64) verstanden, in denen eine Partei die Reziprozitätskonstitution verweigert. Diese Reziprozitätskonstitution sichert jedoch die Grundlage des Interaktionsprozesses, „in welchem die Beteiligten alle Konstitutionsvorgänge gemeinsam definieren und tragen müssen" (Kallmeyer 1979: 63f). Diese Grundlagen sind in konfliktären Gesprächen gefährdet.

Die oben angeführten Merkmale des Konflikts treffen nicht nur auf die konflikthaltige Episode zwischen Tanja und Max zu, sondern auch auf Phasen, in denen Max durch schiefe und abblockende Anschlüsse eine „gestörte Responsivität" (Schank 1987: 35) zeigt oder in ausweichenden Äußerungen die Gesprächsbereitschaft und Kooperation verweigert. Ebenso kommt es auf Seiten der Nutzer immer wieder zu plötzlichen Themenwechseln, in denen auch sie häufig nicht auf die Äußerungen des Agenten eingehen, sondern ihn vielmehr auf seine Anschlussfähigkeit testen (vgl. Bsp. 5.5, S. 121). Im hybriden Austausch treten somit regelmäßig Basisregelverletzungen auf. Jedoch kommt es nur selten zum Konflikt, insofern die gestörte Kooperation des anderen angesprochen wird. Die gestörte Responsivität und fehlende Gemeinsamkeit sind somit Charakteristika des hybriden Austauschs.

Diese fehlenden Reziprozitätskonstitutionen werden nicht immer sichtbar. Häufig kann der Austausch auf unterstellten, scheinbar gemeinsamen Grundlagen aufbauen, wie im Beispiel von Rosmarie. Treten jedoch Probleme auf, die auf eine fehlende gemeinsame Interaktionsgrundlage verweisen, und werden diese von den Nutzern angesprochen, zeigt sich, dass auch der Konflikt aufgrund der fehlenden gemeinsamen Interaktionsbasis scheitert. Das Problem der fehlenden Reziprozität kann somit nicht im Austausch selbst gelöst werden. (Ähnliches zeigt sich auch in Reparaturversuchen, s. Kapitel 8.)

Gleichzeitig ermöglicht die konfliktäre Rahmung des Austauschs den Nutzern, Max' Verhalten zu typisieren und damit auch zu normalisieren. Tanja weist mit ihrem Vorwurf, „**Dann antworte doch einfach!**" (Z. 16), Max' ausweichenden und abblockenden Antworten den Charakter einer demonstrativen Verweigerung zu. Während sie vorher mit der weiterführenden Frage, ob er viele Geheimnisse habe, versucht hat, Max entgegenzukommen und ein gemeinsames Thema zu etablieren, wirft sie Max nun unkooperatives Verhalten wider besseren Wissens vor, denn er könnte „**doch einfach**" antworten. Damit behandelt sie ihn als einen kompetenten Gesprächspartner, der sich gerade bewusst unkooperativ zeigt.

Durch das Ansprechen des Konflikts wird das Verhalten von Max anthropomorphisiert. Tanja deutet Max' Verhalten als ein typisch menschliches Verhalten in Konfliktsituationen und normalisiert damit seine schiefen Anschlüsse.

Vor dem Bildschirm wird der Beitrag von Tanja jedoch als Test gerahmt. Ihr Verhalten zeigt, dass sie nicht 'wirklich' wütend ist. So ist die Texteingabe kein spontaner Wutausbruch, sondern das Ergebnis einer längeren Denkpause (Z. 12-14), zudem wird in der Nachricht keine emotionale Beteiligung der Nutzerin deutlich, die z.B. durch das Schreiben in Großbuchstaben oder von Emoticons dargestellt werden könnte. Auch das Ablegen der Hände auf der Tastatur und der erwartungsvolle Blick zum Bildschirm zeigen eher Neugierde auf Max' Antwort als Betroffenheit. Sie testet Max somit auf seine Konfliktfähigkeit. Ebenso zeigt Max keine emotionale Betroffenheit. Der hybride Austausch kann somit kommunikative Strukturen eines konfliktären Gesprächs aufweisen, doch fehlen ihm gleichzeitig zentrale Komponenten eines Konflikts.

In diesem Abtesten von Max' Konfliktfähigkeit zeigt sich erneut der hybride Charakter des Austauschs, denn Max wird durch den Konflikt als kompetentes Mitglied der Gesellschaft behandelt, das sich wider besseren Wissens unkooperativ verhält, doch steht genau diese Zuschreibung auf dem Spiel. Auffällig ist auch, dass Distanz und Verwicklung der Nutzerin in den Austausch mit Max verschwimmen. Auf der einen Seite scheint Tanja frustriert und leicht genervt vom ausweichenden Verhalten des Agenten. Ähnlich wie bei Rosmarie, die auf den Gruß von Max hin lächelt (vgl. Bsp. 6.2, S. 151, Z. 31), scheint auch in diesem Beispiel das kommunikative Verhalten von Max eine „persistence of conversation" (Hutchby 2001a: 165) aufzuweisen, insofern der technische Charakter des Agenten soziale und normative Reaktionen hervorruft. Auf der anderen Seite wirkt Tanja durch ihr abwartendes Verhalten distanziert. Sie scheint Max zu testen und rahmt dadurch den Austausch als eine So-Tun-als-ob-Modulation (nach Goffman, s. auch Abschnitt 5.5) einer konfliktären Interaktion.

7.3 Basisstruktur des hybriden Austauschs

Ausgehend von der vorherigen Analyse wird nun ein Basismodell für den hybriden Austausch vorgestellt. Die obige Analyse hat gezeigt, dass sich der hybride Austausch durch eine asynchrone und deterministische

Gesprächsorganisation auszeichnet, die vom System vorgegeben ist und der sich die Nutzer weitgehend anpassen. Dabei stehen Nutzer und Max verschiedene Modalitäten zur Verfügung. Die abwartenden Reaktionen auf die Redebeiträge bedingen eine relativ langsame Entfaltung des Austauschs. Neben diesen zögerlich/abwartenden Anschlüssen, zeichnet sich der Austausch zudem durch eine gewisse Trägheit aus, insofern die Beitragsproduktion zeitaufwendig ist: Der Agent generiert seine Äußerungen relativ langsam und häufig monoton, dabei treten immer wieder redezuginterne Pausen auf. Die Nutzer benötigen Zeit, um die Textnachrichten zu tippen. Dabei zeichnet sich der Austausch auch durch einen eigenen Gesprächsrhythmus aus, der auf den verschiedenen Teilnahmemöglichkeiten von Nutzer und Max basiert. Während Max relativ zeitnah auf die abgeschickten Nachrichten reagiert, benötigen die Nutzer sehr viel mehr Zeit für die Produktion ihrer Textnachrichten.

Die Zeitspanne der Textproduktion durch den Nutzer kann in zwei Phasen unterteilt werden: 1. der Bewertung oder Kommentierung der Äußerung von Max und 2. der Textproduktion. Die Textproduktion ist eine wiederkehrende, fast routinierte Abfolge von Handlungen, in der sich der Nutzer von Max ab- und der Tastatur zuwendet. Kurz bevor oder nachdem der Text abgeschickt wurde, werfen die Nutzer meist einen prüfenden Blick auf den Text und wenden sich dann Max zu. Diese Handlungsabfolge, *Zuwendung zur Tastatur – Tippen des Textes – Kontrolle des Textes im Textfeld – Zuwendung zu Max*, wiederholt sich bei fast jeder Beitragsproduktion und kann in allen Gesprächen mit Max beobachtet werden (sehr deutlich wird dies im Bsp. 6.4, S. 168). Dabei ist der kontrollierende Blick auf den Text auch dann gegeben, wenn Nutzer das 10-Fingersystem professionell beherrschen und die Textproduktion am Bildschirm und nicht auf der Tastatur verfolgen. Teilweise werden in dieser Abfolge auch Korrekturen durchgeführt oder Kontakt zum Publikum oder beistehenden Personen aufgenommen. In diesen Fällen ist der Text, den der Nutzer an Max schickt, ein gemeinschaftliches Produkt der Personen vor dem Bildschirm. Max ist davon ausgeschlossen (vgl. auch Abschnitt 5.4).

Bei der Textproduktion wenden sich die Nutzer somit von Max ab und der Tastatur oder dem Textfeld zu. Agent und Nutzer können die Beitragsproduktion des anderen nicht kontinuierlich verfolgen und beeinflussen. Entsprechend kommt es immer nur zu einer *punktuellen Darstellung von Wahrnehmung* durch die Teilnehmer. Die Darstellung der

Wahrnehmung und die Wahrnehmung des anderen erfolgen über unterschiedliche Modalitäten: Max scheint den Nutzer anzublicken und das System kann die Position des Nutzers im Raum wahrnehmen. Der Nutzer ist Max körperlich zugewandt und kann ihn sehen und hören. Nutzer und Max nehmen sich somit über den Verlauf des hybriden Austauschs kontinuierlich wechselseitig wahr und stellen ihre Aufmerksamkeit dar, da sie dem anderen körperlich zugewandt sind. Da die Handlungskoordination in Form von Beitragsproduktion jedoch asynchron und nicht in Kooperation mit dem anderen verläuft, können sich die Teilnehmer ihre Wahrnehmungs-Wahrnehmungen nur punktuell mit jedem nächsten Beitrag darstellen. Diese punktuelle Darstellung ist überdies einseitig, da die Teilnehmer z.B. nicht gleichzeitig „ja" sagen können und dieses auch nicht gleichzeitig wahrnehmen können, sondern nacheinander „ja" sagen und ebenso nacheinander darstellen, dass sie wahrgenommen haben, dass der andere ihr Ja-Sagen wahrgenommen hat. Während die Teilnehmer die Anwesenheit des anderen kontinuierlich und meist wechselseitig wahrnehmen, werden Wahrnehmungs-Wahrnehmungen und die Bestätigung der Aufmerksamkeit und Bereitschaft zum Dialog dem anderen jeweils punktuell und einseitig mit jedem Beitrag dargestellt. So könnte z.B. ein Nutzer vor der Tastatur stehen, aber mit einer anderen Person und nicht mit Max reden und der Agent könnte den Nutzer anblicken, während das Dialogsystem 'abgestürzt' ist. In beiden Fällen nimmt das Gegenüber den anderen wahr, es kommt jedoch nicht zu einer wechselseitigen Darstellung von Wahrnehmung und Wahrnehmungs-Wahrnehmung.

Gerade in der Zeit, in der Max seine Äußerung beendet hat und bevor der Nutzer seinen Text produziert, sind immer wieder in verschiedenen Beispielen kommentierende Äußerungen und Handlungen der Nutzer zu beobachten, wie verbale Einschätzungen oder Erklärungen von Max' Verhalten, Lachen, unsichere Handbewegungen, das Zusammenziehen von Augenbrauen, mimische Darstellungen von Verwunderung, Schulterzucken und Ähnliches. Bewertungen und Kommentierungen der Äußerungen von Max durch den Nutzer kommen nicht immer vor, sind aber immer wieder zu beobachten und weisen auf ein „nonperson treatment" (Goffman 1982c: 67) von Max durch den Nutzer hin, insofern Max als abwesend behandelt wird.

Im Datenmaterial nimmt der Nutzer in dieser Zeit auch häufig Kontakt zum beobachtenden Publikum auf. Die Kommentare und Bewertungen der Nutzer sind teilweise an Max und das Publikum gerichtet,

7.3 Basisstruktur des hybriden Austauschs

teilweise aber auch nur an das Publikum. Die Nutzer beziehen das Publikum folglich in den hybriden Austausch mit ein. Ebenso bringt sich das Publikum immer wieder selbst in den Austausch ein (s. Abschnitt 5.4). Dabei können Vergemeinschaftungsprozesse zwischen dem Nutzer und einzelnen Personen aus dem Publikum beobachtet werden. Dies wird besonders deutlich, wenn die Nutzer sich umdrehen und Blickkontakt mit Personen aus dem Publikum aufnehmen oder mit ihnen sprechen. In Phasen, in denen sich mehrere Personen aus dem Publikum am Austausch beteiligen, z.B. wenn viele Personen lachen, scheinen Nutzer und Publikum zu einem 'Wir' zu verschmelzen, dass als ein Akteur dem Agenten gegenübersteht.

Der hybride Austausch zeichnet sich somit durch eine aufgebrochene Struktur aus, in der der Nutzer seine Aufmerksamkeit der Textproduktion zuwendet oder in Nebeninteraktionen („byplay" (Goffman 1981a: 134)) mit dem Publikum tritt. Diese aufgebrochene Struktur beobachten auch Arminen (2005) und Suchman (1987). Angelehnt an die Arbeit von Suchman generalisiert Arminen eine "basis sequence in human-computer interaction" (2005: 203). Diese baut sich aus einer Abfolge von Aktivitäten auf, in denen eine Handlung des Nutzers zu einer Veränderung des Zustands der Maschine/des Rechners führt. Diese Aktivitäten sind meist in weitere Vorgänge eingebettet, die er als „pre-monitoring of the action" (ebenda) und „post-monitoring of the action" (ebenda) beschreibt. Der Nutzer liest z.B. zunächst die Informationen auf dem Display, sucht nach einem bestimmten Menüpunkt oder berät mit einer anderen Person, was sie als Nächstes machen könnten („pre-monitoring of the action"). Nachdem der Zustand des Systems verändert wurde, wird das Ergebnis kommentiert oder bewertet („post-monitoring of the action").

Neben der aufgebrochenen Abfolge von Gesprächsbeiträgen zeigt die Analyse des hybriden Austauschs, dass auch die sequentielle Verknüpfung immer wieder aufgebrochen ist. Einerseits können Phasen beobachtet werden, in der die Abfolge der Beiträge eine sequentielle Verknüpfung aufweist, insofern die Beiträge einen Bezug auf den vorherigen nehmen und einen Anschluss an den nächsten aufweisen. In diesen Phasen scheinen Nutzer und Max eine gemeinsame Situationsdeutung zu teilen, insofern jeder dritte Beitrag ein Verstehen und eine Zustimmung zum zweiten Beitrag aufweist. Andererseits wird Max' zweitem Redezug von den Nutzern oft kein Verstehen unterstellt. Zudem fehlen häufig bestätigende oder korrigierende dritte Redezüge durch Max oder den Nutzer. In die-

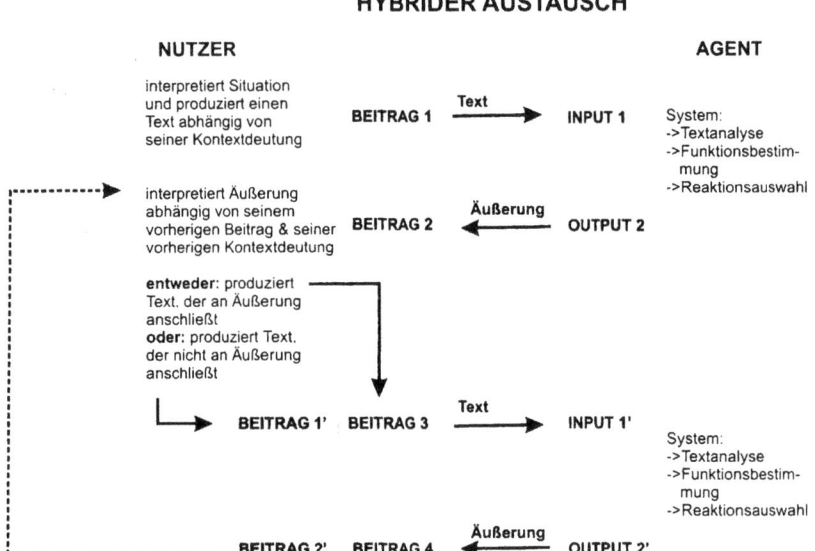

Abbildung 7.1: Schematische Darstellung der Gesprächsorganisation im hybriden Austausch mit Max.

sen Fällen zeichnet sich der Austausch entweder dadurch aus, dass ein Verstehen unterstellt wird, oder aber durch abrupte Themenwechsel, die auf eine fehlende gemeinsame Interaktionsbasis verweisen. Dabei zeigt sich nicht nur Max unkooperativ gegenüber den Nachrichten der Nutzer, häufig beachten auch die Nutzer nicht die Hinweise, die Max in seinen Äußerungen anbietet, sondern testen ihn 'stur' auf seine Anschlussfähigkeit an ein bestimmtes Thema.

Abbildung 7.1 zeigt eine schematische und vereinfachte Darstellung des hybriden Austauschs mit Max und greift dabei auch Erkenntnisse von Suchman (1987) und Arminen (2005) auf. Der Austausch selbst gestaltet sich durch die asynchrone Abfolge von Textnachrichten des Nutzers und Äußerungen des Agenten. Die rechte Seite gibt die Situationswahrnehmung des Agenten wieder, die linke die des Nutzers. Das System wertet Text und Äußerung als In- und Output. Der Text wird jeweils als abgeschlossene und sinnvolle Einheit behandelt, der eine Funktion zugewiesen wird. Ausgehend von dieser Funktion wird aus einem vorgegebenen Set möglicher Anschlussreaktionen eine ausgewählt. In- und Output werden dabei als zusammengehörige Einheit gedeutet, da das System auf jede

Nachricht des Nutzers reagiert. Aus dieser Perspektive ergibt sich eine segmentierte Abfolge von Gesprächseinheiten. Einzelne Segmente können vom System inhaltlich verbunden werden. Das System kann z.B. als Output eine Frage stellen. In diesem Fall würde die nächste Textnachricht des Nutzers (Input 1') als Antwort auf die Frage gewertet werden, an die das System anschließt und dann eine neue Frage stellt. Diese Abfolge (Output → Input → Output) würde damit als einheitliche Abfolge behandelt werden (vgl. Bsp. 5.2, S. 115). Die Einheiten werden immer vom System beendet, da es immer an den Text des Nutzers anschließt. Größere Einheiten, die über drei Schritte hinausgehen, können vom System jedoch nicht bearbeitet werden.

Auf der linken Seite ist die Situation des Nutzers wiedergegeben. Ist ein Publikum vorhanden, befindet er sich nicht nur im Austausch mit Max, sondern orientiert sich auch an diesem (s. Abschnitt 5.4). Das Publikum wurde in der Abbildung grau dargestellt, da der Austausch auch ohne Publikum stattfinden kann. Der Nutzer interpretiert die Äußerung des Agenten kontextabhängig. Während das System jeweils die aktuelle Nachricht des Nutzers als sinnvoll behandelt, orientieren sich die Nutzer an einer Sinnaushandlung über den Verlauf von drei Beiträgen (vgl. „three-part structure" (Sacks et al. 1974: 722)) und vor dem Hintergrund einer gesamten 'Interaktionsgeschichte'. Der Austausch mit dem Agenten kann vom Nutzer als sequentiell verknüpfter und kontinuierlicher Prozess der Sinnkonstruktion behandelt werden. Dies kann auch über mehrere Beiträge problemlos erfolgen, wobei mit jedem dritten Beitrag ein gemeinsames Verstehen unterstellt wird. Jedoch zeigt sich im Austausch immer wieder eine aufgebrochene Struktur. Häufig wird nach Max' Beitrag das Thema gewechselt. In diesem Fall wird der Beitrag des Agenten als nicht anschlussfähig gedeutet und ein neuer Themenstrang eröffnet, da kein Verstehen unterstellt wird. Dabei kann es zu Nebeninteraktionen mit dem Publikum kommen, in denen z.B. der schiefe Anschluss des Agenten geklärt wird. Diese Nebeninteraktionen haben häufig den Charakter eines dritten verstehenssichernden Redezugs. Im Anschluss kann es zu einem Themenwechsel im Austausch mit Max kommen oder das vorherige Thema wird weitergeführt.

Das obige Modell erklärt den abgehackten Charakter des hybriden Austauschs, da deutlich wird, dass ein Großteil der Interpretationsvorgänge von Nutzer und System unter Ausschluss des anderen stattfindet. Das Modell löst sich von der Vorstellung, dass eine Interaktion zwischen

System und einem isolierten Nutzer stattfindet. Es werden, unter Rückgriff auf die Erkenntnisse von Suchman (1987), die verschiedenen Situationen von Nutzer und Max unterschieden (linke und rechte Spalte) und gleichzeitig die Aspekte aufgezeigt, welche von Nutzer und Max gemeinsam wahrgenommen werden können (mittlere Spalte). Es können somit auch Teilnahmestrukturen berücksichtigt werden, in denen sich der Nutzer in einer Situation mit mehreren Personen befindet, die in die Interpretation und Beitragsproduktion im hybriden Austausch eingebunden werden können.[12]

Zudem ermöglicht das Modell, die unterschiedlichen Sinnkonstruktionen und Erwartungsstrukturen von Nutzer und Max zu unterscheiden. Während der Nutzer den Austausch mit dem System in drei Schritten vollzieht (Beitragsproduktion, Beitragsaustausch und Interpretation des Austauschs) finden seitens des Systems häufig nur zwei Schritte statt, die mit den Begriffen Input und Output dargestellt werden. Da der Interpretationsprozess des Nutzers unter Ausschluss des Systems stattfindet, kann das Modell auch die häufig zu beobachtenden fehlenden dritten Redezüge im hybriden Austausch fassen.

Das oben dargestellte Modell ähnelt dem Modell, das Arminen (2005) als „basis sequence in human-computer interaction" (ebenda: 203) entwirft. Die grundlegenden Studien, auf die Arminen sich bezieht, fokussieren interaktive Geräte, die ein graphisches Display haben, das abgesehen von den Veränderungen, die der Nutzer hervorruft, unbewegt ist. Der Unterschied zwischen dem Agenten und der Menüoberfläche scheint dementsprechend nicht gravierend zu sein. Damit wird Arminens Annahme unterstützt, dass es sich um eine Grundstruktur im Austausch zwischen Mensch und computerbasiertem Ansprechpartner/System handelt. Gleichzeitig verdeutlicht das oben entworfene Modell, dass der hybride Austauschprozess mit Max keine soziale Interaktion ist, sondern ein Austausch eigener Art. Im Gegensatz zu zwischenmenschlichen Interaktionen zeichnet sich dieser nicht durch einen situativen Aushandlungsprozess, sondern durch deterministische Verlaufsstrukturen aus, in denen a) Max nur punktuell als Anwesender behandelt wird und b) die Beiträge häufig

---

[12]Diese Erweiterung ist z.B. im Modell von Arminen (2005) nicht miteinbezogen worden, der weiterhin von „User" im Singular spricht. Arminen übernimmt somit die Vorstellung, dass der Austausch zwischen *einem* Nutzer und dem System stattfindet. Dies ist erstaunlich, da die Studien, auf die er sich beruft, mehrere und nicht nur einen Nutzer im Umgang mit dem System analysieren.

keine sequentielle Verknüpfung aufweisen. Arminens Bezeichnung der Basissequenz ist damit ebenso wie der Begriff der Interaktion irreführend, denn der Verstehensprozess ist oft aufgebrochen und nicht immer sequentiell verknüpft.

KAPITEL 8

Verstehenssicherung als Herausforderung

Menschliche Gesprächsteilnehmer zeigen sich wechselseitig in ihren Handlungen an, wie sie die Handlungen anderer und die aktuelle Situation deuten. Die Konstruktion gemeinsamen Verstehens ist somit ein öffentlicher Prozess, der nicht nur von den Alltagsteilnehmern, sondern auch vom Wissenschaftler beobachtet werden kann. Durch die wechselseitige Darstellung ihres Sinnverstehens können die Alltagsteilnehmer überprüfen, wie das Gegenüber ihre Handlungen verstanden hat, und Missverständnisse lokalisieren. Stellen sie eine Störung fest, können sie diese ansprechen und somit kommunikativ relevant setzen. Dabei werden gerade bei der Behandlung kommunikativer Störungen die grundlegenden Annahmen sichtbar, die die Alltagsteilnehmer als selbstverständlich unterstellt haben. In Problembehandlungen werden somit immer wieder die Erwartungsstrukturen und Organisationsprinzipien sichtbar, auf welchen die Konstruktion von Normalität und Intersubjektivität aufbaut.

Aufbauend auf diesen Annahmen stellt sich für den hybriden Austausch die Frage, welche Normalitätserwartungen in der Problembehandlung mit dem Agenten sichtbar werden. Die verschiedenen Praktiken zur Vorbeugung und Behebung von Verstehensproblemen im hybriden Austausch werden im Folgenden analysiert und mit zwischenmenschlichen Interaktionen verglichen. Dabei werden die folgenden Fragen verfolgt: Was wird im hybriden Austausch als Störung markiert? Wie wird diese Störung behoben? Wie unterscheiden sich diese Problemkonstruktionen und ihre Behandlungen von zwischenmenschlichen Kommunikationen? Welche spezifischen Merkmale für die Verstehenskonstruktion im hybriden Austausch können erkannt werden und welche Funktion erfüllen sie?[1]

---

[1] Eine frühere, kürzere Fassung dieses Kapitels findet sich in Krummheuer (2008b).

8.1 Der routinierte Umgang mit Kommunikationsproblemen

Als „Reparaturen" („repairs" (Schegloff, Jefferson & Sacks 1977)) werden in der Konversationsanalyse Praktiken bezeichnet, mittels derer Gesprächspartner Verstehensprobleme, d.h. „troubles in speaking, hearing, or understanding the talk" (Schegloff 1992: 1341), bewältigen. Darunter fallen z.b. akustische Probleme, Probleme bei der Formulierung des Redezugs sowie Missverständnisse in der Bedeutung einer Äußerung, die jeweils von den Gesprächsteilnehmern als Störquellen („repairables" oder „trouble source" (Schegloff et al. 1977: 363)) behandelt werden. Der Fokus richtet sich dabei auf das Gesagte (oder das Verhalten) des anderen, das als miss- oder nicht verständlich markiert wird (vgl. ebenda: 363). Reparaturen werden in ihre Initiation und ihre Durchführung unterschieden. Sie können durch den aktuellen Sprecher selbst oder durch einen anderen erfolgen. Daraus ergeben sich vier Reparaturmöglichkeiten (vgl. ebenda: 364f):

- Die selbstinitiierte Selbstreparatur, in der der aktuelle Sprecher selbst den Störfaktor benennt und repariert, z.B. durch Abbrechen und Neuansetzen einer Äußerung oder eines Teils einer Äußerung.

- Die selbstinitiierte Fremdreparatur, in der der aktuelle Sprecher einen Zuhörer auffordert, ihm zu helfen, z.B. bei der Wortfindung für einen bestimmten Ausdruck oder den Namen einer Person.

- Die fremdinitiierte Selbstreparatur, in der ein Zuhörer den aktuellen Sprecher zur Reparatur auffordert, z.B. mit der Äußerung „Was?" oder mit Wiederholungen der Störquelle, wie „Wer hat das gesagt?".

- Die fremdinitiierte Fremdreparatur, in der ein Zuhörer eine Störquelle markiert und selbst behebt.

Reparaturinitiationen sind meist in sequentieller Nähe der Störquelle zu finden, d.h. maximal drei bis vier Redezüge davon entfernt. Die Reparatur selbst kann sich dagegen über mehrere Redezüge erstrecken. Selbst- und Fremdreparaturen können an verschiedenen 'Orten' initiiert und durchgeführt werden. Selbstinitiierte Reparaturen können a) im selben Redezug, b) kurz nach einer Stelle des möglichen Sprecherwechsels oder c) im dritten Redezug auftreten.² Fremdreparaturen treten meist im zweiten Redezug nach der Störquelle („next turn repair initiation" (Schegloff 2000: 205)) und nur selten im vierten Redezug nach der Störquelle („fourth position repair" (Schegloff 1992: 1320)) auf.

Reparaturen in zwischenmenschlichen Gesprächen weisen eine Orientierung an einer „preference for self-correction" (Schegloff et al. 1977: 375) auf. Diese Präferenz zeigt sich darin, dass der Sprecher, der die Störquelle produziert hat, an drei unterschiedlichen 'Orten' die Störung beheben kann (im selben oder dritten Redezug oder kurz nach der Stelle eines möglichen Sprecherwechsels), während Fremdkorrekturen meist nur im nächsten Redezug auftreten. Zudem werden fremdinitiierte Reparaturen häufig verzögert eingeleitet, z.B. durch kurze Pausen, die dem vorherigen Sprecher ermöglichen, die Störquelle selbst zu beheben. Somit zeigt auch die fremdinitiierte Reparatur eine Orientierung an der Präferenz für Selbstkorrekturen auf (vgl. ebenda: 375-377, s. auch Hutchby & Wooffitt 1998: 66f, Bergmann 1988c: 45f).

Charakteristisch für Reparaturen ist, dass sie den thematischen Verlauf der Interaktion aufhalten. Reparaturen treten an die Stelle einer anderen anstehenden Handlung und können die folgende Interaktion neu ausrichten (vgl. Schegloff 1992: 1325, Schegloff 2000: 208). Entsprechend können verschiedene Techniken beobachtet werden, mittels derer Gesprächsteilnehmer versuchen, Störungen vorzubeugen und reparaturbedingte Unterbrechungen der aktuellen Interaktion möglichst gering zu halten (vgl. Günthner 1993: 90). Die Störquelle wird jeweils durch die Gesprächspartner relevant gesetzt. Nicht jedem Versprecher oder jeder möglichen Störquelle folgt somit automatisch eine Reparatur. Erst durch die Reparatur wird eine Störquelle verortet und interaktiv relevant gesetzt. Dabei können die Gesprächspartner durch die Art und Weise der Reparaturinitiation oder der Durchführung signalisieren, was sie als Stör-

---

²Reparaturen im dritten Redezug werden in „third turn repairs" und „third position repairs" unterschieden (vgl. Schegloff 1987, 1992 und 1997). Third turn repairs sind sozusagen 'verspätete' oder 'nachgeschobene' Selbstreparaturen, die durch einen kurzen Beitrag des Gegenübers, z.B. ein „mhm", im dritten Redezug auftreten (vgl. Schegloff 1997). Third position repairs hingegen markieren einen Redezug im dritten Redezug als Missverständnis, der im zweiten Redezug als unproblematisch behandelt wurde. Sie werden häufig nach dem Prinzip „No, I don't mean X, I mean Y" eingeleitet (Schegloff 1987: 203, im Detail Schegloff 1992).

quelle identifizieren (vgl. Bergmann 1981b: 137). Führt ein Gesprächspartner die Reparatur z.B. in erhöhter Lautstärke durch, orientiert er sich an einem akustischen Problem.

Reparaturmechanismen ermöglichen den Teilnehmern, Störungen im sequentiellen Verlauf der Interaktion zu adressieren und zu bearbeiten. Sie verweisen darauf, dass die Gesprächsteilnehmer wesentliche Interaktionsgrundlagen nicht mehr als gemeinsam geteilt unterstellen können, insofern das wechselseitige Verstehen und/oder die Idealisierung der reziproken Perspektiven gefährdet sind. Reparaturen dienen somit der Verständnissicherung und stellen gleichzeitig eine wesentliche Technik zur Wiederherstellung gefährdeter Intersubjektivität dar (vgl. Schegloff 1997: 1295).

Im hybriden Austausch mit Max können verschiedene Techniken beobachtet werden, die den oben beschriebenen Reparaturmechanismen ähneln. Im Folgenden werden *Textkorrekturen*, *Reparaturen* und *Problembehandlungen* unterschieden. Diese Techniken unterscheiden sich wesentlich von den Reparaturtechniken in zwischenmenschlichen Interaktionen. Erstens findet der Austausch über verschiedene Modalitäten statt, wobei der Nutzer seine Beiträge verschriftlichen muss. Zweitens zeichnet sich der hybride Austausch durch eine asynchrone Redezuggestaltung und punktuelle Aufmerksamkeitsdarstellung aus. Auf Seiten des Systems wird dieser Austausch vor allem durch deterministische Strukturen bestimmt, die nur im begrenzten Maße einen Aushandlungsprozess ermöglichen. Drittens weist das Dialogsystem jeder Textnachricht eine vorgegebene Funktion zu. Entsprechend kann das System weder verstehen noch 'nicht verstehen'. In Abgrenzung zu zwischenmenschlichen Reparaturen werden die Techniken der Verstehenssicherung im hybriden Austausch daher als 'Reparaturen' (in Anführungszeichen) bezeichnet.

8.2 Vorbeugende Verständnissicherung

Im Datenmaterial sind immer wieder Textkorrekturen zu beobachten, welche die Nutzer durchführen, bevor sie ihre Nachricht an den Agenten übermitteln. Dies zeigen die folgenden Beispiele von Tanja und Karin (Bsp. 8.1 ist ein Ausschnitt von Bsp. 6.3, S. 155).

8.2 Vorbeugende Verständnissicherung

Transkript 8.1: Korrekturen während der Textproduktion (Tanja - Ausschnitt)

```
36   T       [((kichert leise))
37   C       [gibt deinen [namen ein
38   txT                  [T       a

39→txT       [-a- - -
40   T       [((blickt kurz zum TX, atmet leicht lachend ein))

41   txT     [n j a /
42   T       [((Blick: TS))

43   TX      *Tanja*
```

Tanja setzt ein Leerzeichen zwischen dem 'T' und dem 'a' ihres Namens. Sie stoppt die Textproduktion, schaut zum Textfeld, löscht einen Buchstaben und das Leerzeichen und setzt dann die Textproduktion fort. Auch Karin vertippt sich im folgenden Beispiel. Sie bemerkt den Fehler erst, nachdem sie den Text geschrieben hat, und korrigiert ihn. Sie löscht die Buchstaben bis vor dem Tippfehler und schreibt das Wort erneut.

Transkript 8.2: Korrektur nach der Textproduktion (Karin)

```
01   txK     w a w s [?            [-?-
02   K               [((Blick: TX)) [<<leise> U:ps>

03→txK       -s- -w- [a -a- s ?    [/
04   K               [((Blick: TS, [TX und dann zu Max))

05   TX      *was*
```

Ähnlich wie Tanja und Karin kontrollieren viele Nutzer ihren Text während oder nach der Produktion durch einen Blick auf das Textfeld, und häufig kommt es danach zu Korrekturen von Tipp- oder Rechtschreibfehlern. In beiden Beispielen handelt es sich nicht um Reparaturen, da sie nicht gemeinsam mit Max ausgehandelt werden, sondern um Textkorrekturen, die unter Ausschluss von Max stattfinden. Die Korrekturen erinnern an Techniken der selbstinitiierten Selbstkorrektur, in denen Sprecher ihre Äußerungen während des Redezugs ausbessern und damit auf mögliche Störquellen verweisen, denen sie vorbeugen wollen (vgl. Schegloff et al. 1977). Sie können somit als Techniken der Verstehenssicherung verstanden werden.

Die Textkorrekturen im Austausch mit Max ähneln der Technik der Simplifizierung, die vor allem in der Literatur zu interkultureller Kommunikation und dem sogenannten 'foreigner talk'³ beschrieben wird, in dem die Gesprächspartner über unterschiedliche Kompetenzen in der gesprochenen Sprache verfügen (vgl. Jakovidou 1993, Hinnenkamp 1989, Günthner 1993: 87-124, Rost 1989, 1990). Die Gesprächspartner zeigen eine Orientierung an dieser asymmetrischen Sprachkompetenz an und versuchen z.B. durch langsame und deutliche oder besonders korrekte Aussprache Verstehensproblemen vorzubeugen (vgl. Jakovidou 1993: 252f). Ähnlich verweisen auch die Textkorrekturen der Nutzer darauf, dass sie Max als ein Gegenüber mit reduzierten kommunikativen Fähigkeiten ansehen, das Tippfehler nicht erkennen kann. Dabei versuchen sie durch korrektes Schreiben kommunikativen Problemen vorzubeugen. Die Techniken haben somit einen vorbeugenden, prospektiven, Charakter, insofern mögliche Kommunikationsprobleme antizipiert werden.

Insgesamt zeichnen sich die Nachrichten der Nutzer durch einfache, kurze Textnachrichten aus, wie „Hast du Hunger?" oder „Kannst du tanzen?", häufig enthalten sie Ellipsen oder Wiederholungen der Begriffe, die der Agent verwendet hat. Einige Nutzer halten sich auch nicht an die deutsche Rechtschreibung und schreiben alle Wörter klein. Ähnliche Merkmale weist auch die Chatkommunikation auf. Die Chatter vernachlässigen häufig die Großschreibung, reduzieren die Texte auf ein Minimum, verwenden Akronyme oder Emotikons und teilen längere Mitteilungen in mehrere kleine Nachrichten auf (vgl. Schmidt 2000). Dadurch verkürzen sie die Zeit, die das Tippen der Texte einnimmt, und beschleunigen die Chatkommunikation, so dass der Eindruck einer „vermündlichte[n] Schriftlichkeit" (ebenda: 126) entsteht. Auch die kurzen Textnachrichten im Austausch mit Max verweisen auf zeitökonomische Gründe, insofern kurze Texte den Austausch beschleunigen. Dabei gibt das Textfeld kurze Texte vor, da es nur aus einer Zeile besteht. Auffällig ist jedoch, dass die Nutzer keine Abkürzungen oder Emotikons verwenden, sondern vielmehr Textnachrichten 'ohne Schnörkel' produzieren. Die Texte sind damit nicht nur kurz, sondern auch sehr einfach gehalten. Diese Orientierung an einfach gehaltenen Nachrichten, veranschaulicht das folgende Beispiel (einem Ausschnitt von Bsp. 5.2, S. 115) besonders deutlich:

---

³'Foreigner talk' ist ein Begriff aus der Linguistik, der ursprünglich Ende der 1960er und Anfang der 1970er Jahre vor allem von Charles A. Ferguson im Zusammenhang mit seinen Studien zu Pidgin-Englisch und Kreolisch geprägt wurde.

Transkript 8.3: Textkorrektur einer schon kurzen Nachricht (Florian - Ausschnitt)

```
09            <<hebt linken Arm vor den Körper> bi:st du mit

10    M       [dem ↑auto: o:der mit der ba:hn
11    F       [((Blick: TX))

12    M       h↑ier|he::r ge|[kommen?
13    F                      [((Blick: TS))

14→txF  M i t    [- - -t- -i- -M-    ] B u s [/
15    F          [((blickt kurz zum TX,]     [dann TX))

16    txF     *Bus*
```

Florian tippt auf die Frage von Max zunächst ein „Mit", löscht dieses jedoch wieder und tippt nur das Wort „Bus", das er an Max schickt (Z. 14). Statt die Nachricht grammatikalisch auszubessern, z.B. in „Mit dem Bus", löscht er das Wort und schickt einen Text, der die Frage minimal aber eindeutig beantwortet. Er orientiert sich damit nicht nur an zeitökonomischen Faktoren, sondern nimmt sich Zeit für eine Korrektur, mit der er einen schon kurzen Text vereinfacht. Ähnlich wie Karin und Tanja zeigt er damit eine Orientierung an einfachen Texten und somit an einem Kommunikationspartner mit begrenzten kommunikativen Fähigkeiten. Eine ähnliche Orientierung zeigen auch Nutzer, die Interpunktion und Großschreibung aussetzen. In diesen Fällen scheinen die Nutzer anzunehmen, dass eine korrekte Schreibweise zu Kommunikationsproblemen mit Max führen könnte, da sie 'zu komplex' sei.

Die Textkorrekturen werden von den Nutzern häufig markiert. Während der Korrektur atmet Tanja z.B. leicht lachend ein (Bsp. 8.1, Z. 40) und markiert damit den Tippfehler als Missgeschick. Karin äußert ein leises „U:ps" (Bsp. 8.2, Z. 2). Ähnlich kommentieren auch andere Nutzer ihre Tippfehler häufig durch leichtes Lachen oder durch kurze Äußerungen wie „Ähm" oder „Ups". Diese Äußerungen beobachten ebenfalls Schegloff et al. (1977). Sie argumentieren, dass die Sprecher damit eine Orientierung an den Rezipienten der Äußerung zeigen, insofern sie ein Problem markieren und eine mögliche Selbstreparatur ankündigen (vgl. ebenda: 367). Im Gegensatz zu zwischenmenschlichen Face-to-Face-Interaktionen ist Max jedoch von den Korrekturen und den Markierungen der Korrekturen ausgeschlossen. Der Agent erhält jeweils den korrigierten Text. Die kommentierenden Äußerungen von Karin und Tanja richten sich somit an das Publikum. Ähnlich wie „response cries" (Goffman

1981b: 136, vgl. auch Goffman 1981d) stellen die Nutzer ihre Handlungen damit als unbeabsichtigt dar. Sie deuten dem Publikum an, dass sie den Tippfehler erkannt haben und eine Selbstkorrektur zu erwarten ist. Damit beugen die Nutzer einer Fremdkorrektur vor und stellen sich selbst als kompetente Schreiber dar. Die Textkorrekturen erhalten im hybriden Austausch somit eine doppelte Funktion:

- Die Korrekturen beugen Verstehensproblemen vor und verweisen auf ein spezifisches 'recipient design', das die Nutzer Max zuschreiben. Während in Chatkommunikationen Tippfehler häufig nicht ausgebessert werden, unterstellen die Nutzer, dass im Austausch mit Max eine richtige Schreibweise wichtig ist, da der Agent sonst den Text nicht sinnvoll deuten könne.

- In der Situation am Stand stellen sich die Nutzer dem Publikum als kompetente und verantwortungsvolle Nutzer dar, die um das Ansehen, das „face" (Goffman 1982d: 5, s. auch Fußnote 24, S. 93), von Max bemüht sind. Goffman betont, dass das 'face' einer Person auch immer auf die 'face'-Konstruktion seines Gegenüber einwirkt (vgl. ebenda: 6 und 11). Durch die Orientierung der Nutzer an einer einfachen Schreibweise, achten sie darauf, dass sich Max nicht blamiert. Gleichzeitig beugen sie damit einem eigenen 'Gesichtsverlust' vor. Die Schwierigkeit der Nutzer besteht jedoch darin, dass sie Max nicht kennen und daher seine Fähigkeiten nur annähernd einschätzen können.

8.3 Gemeinsame 'Reparaturen'

Neben den vorbeugenden Textkorrekturen sind auch 'Reparaturinitiationen' im Austausch mit Max zu beobachten, die von den Nutzern eingeleitet werden. Diese treten jeweils nach einer Äußerung von Max auf und verweisen darauf, dass der Nutzer eine Äußerung oder ein Wort von Max akustisch nicht verstanden hat oder den Zusammenhang nicht sinnvoll deuten kann. Die Sprachausgabe von Max ist häufig monoton, teilweise stockend, und einige Worte haben eine recht eigenartige Intonation. Gerade bei starkem Geräuschpegel vor dem Bildschirm kommt es daher häufig zu Verstehensproblemen. Im folgenden Beispiel spielt der Nutzer (Nick) ein Ratespiel mit Max. Das Spiel basiert auf einer Abfolge von Frage-Antwort-Sequenzen, in denen Max Eigenschaften eines Tiers

8.3 Gemeinsame 'Reparaturen'

rät und der Nutzer mit 'ja' oder 'nein' antwortet. Frage und Antwort lösen sich so lange ab, bis Max ein Tier rät oder aufgibt (mehr zum Ratespiel s. Abschnitt 9.1). Nick hat gerade die Frage, ob das Tier im Wasser lebt, verneint, und Max stellt seine nächste Frage:

Transkript 8.4: 'Reparaturinitiation' durch den Nutzer

```
01  M       <<hebt linken Arm kurz an> ha:t es eine mähNE- (---)>
02  N       ((hebt rechte Hand über TS, blickt auf TS, tippt))
03  txN     b i t t e ? /
04  N       ((blickt kurz auf TX))
05  TX      *bitte?*
06  N       ((legt rechte Hand vor TS, beugt sich dabei über den
07          Tisch nach vorne und blickt nach unten)) (Abb. 8.1)
08  M       ich ha::b gesagt-

09  M       [ha:t es eine mähNE-
10  N       [((richtet sich wieder etwas auf))

11          (---)
12  N       ((blickt auf TS, hebt dann rechte Hand auf TS))
13          (2.0)

14  txN     n [e i n /
15  N         [((blickt über TX zu Max, legt rechte Hand vor TS))

16  TX      *nein*
```

Abbildung 8.1: Nick beugt sich vor (Z. 6-7).

Max fragt den Nutzer in Zeile 1, ob das Tier eine Mähne hat. Es kommt zu einer Pause von ca. 0.75 Sekunden (ebenfalls Z. 1), in der Nick scheinbar der Äußerung 'nachlauscht'. Er leitet mit dem Textbeitrag

„bitte?" (Z. 5) eine 'Reparatur' ein. Während Max die Äußerung, kurz eingeleitet durch die Worte „ich ha::b gesagt-" (Z. 8), wortwörtlich wiederholt, lehnt sich Nick nach vorne und deutet damit an, dass er Max nur schwer versteht (Z. 6-10, Abb. 8.1). Es kommt wieder zu einer kurzen Pause, in der sich Nick der Tastatur zuwendet und nach kurzem Zögern ein 'nein' tippt (Z. 11-16), das als Antwort auf die vorherige Frage anzeigt, dass er Max nun verstanden hat. Nach dieser 'Reparatur' setzen die beiden das Ratespiel fort. Max und Nick lösen das Verstehensproblem somit gemeinsam und können im weiteren Verlauf auf einem gemeinsam geteilten Verstehen aufbauen.

Die meisten Nutzer im Datenmaterial verwenden fremdinitiierte 'Reparaturtechniken' wie „bitte", „was", „noch mal", „wie bitte" und Ähnliches – die Texte werden teilweise mit einem Fragezeichen abgeschickt, teilweise auch ohne. Diese Nachrichten sind sehr kurz und lassen sich schnell tippen. Sie zeigen damit, wie schon die Gestaltung der Textnachrichten, eine Orientierung an einem zeitökonomischen Schreibverhalten und einfachen Textnachrichten. Zudem ähneln sie einer spezifischen Klasse fremdinitiierter Reparaturtechniken, die in zwischenmenschlicher Kommunikation z.B. in Form von „Hm?, Ha?, Was?, Bitte?, Wie bitte?" (Bergmann 1981b: 136, vgl. auch Schegloff et al. 1977: 367) auftreten. Wesentlich für diese Techniken der Reparaturinitiation ist, dass sie auf ein Verstehensproblem hinweisen, jedoch nicht die Ursache und das Problem selbst spezifizieren. Darin unterscheiden sich diese Initiationen von Äußerungen wie „hat es WA:S?" (s. Bsp. 8.5, S. 246, Z. 4), mit denen die Nutzer die Störquelle verorten. Diese verortenden Initiationstechniken sind jedoch nur selten im Datenmaterial zu finden. Ähnlich wie Nick übergeben die meisten Nutzer durch unspezifische 'Reparaturinitiationen' Max die Verantwortung für die Verortung und Behebung der Kommunikationsstörung.

Während Nick mit der Textnachricht „bitte" (Z. 5) keine spezifische Störquelle markiert, beugt er sich gleichzeitig deutlich nach vorne und legt den Kopf schief (Z. 6-7, Abb. 8.1). Er markiert somit nonverbal und deutlich sichtbar ein akustisches Problem. Das deutliche Nach-vorne-Beugen von Nick und auch das Schieflegen des Kopfs haben den Charakter eines performativen *doing locating a trouble source*, das – ähnlich wie die schreibbegleitenden Korrekturmarkierungen von Tanja (Bsp. 8.1, Z. 40) und Karin (Bsp. 8.2, Z. 2) – an das Publikum adressiert ist. Ähnliche Darstellungen sind auch in anderen Beispielen zu beobachten, in denen die Nutzer z.B. die Augenbrauen deutlich zusammenziehen oder sich mit einer anderen Person darüber austauschen, was Max gesagt hat. Die Nutzer zeigen damit jeweils eine Orientierung an den unterschiedlichen Teilnehmern der Situation: dem Publikum und Max (vgl. auch Abschnitt 5.4). Die Handlungen der Nutzer weisen dabei Max und dem Publikum ein unterschiedliches 'recipient design' zu. Während Max einfache und unspezifische Verstehensprobleme vermittelt werden, werden dem Publikum gegenüber (nonverbale) Erklärungen geliefert und die Korrektur als 'accountable' (nach Garfinkel) dargestellt. Dem Publikum wird somit ein komplexeres Sinnverstehen als Max zugeschrieben.

Im Beispiel 8.3 von Nick rahmt das System seine 'Reparatur' metasprachlich mit den Worten „ich ha::b gesagt" (Z. 8), die eine Paraphrase der vorherigen Äußerung erwarten lassen. Bergmann (1981b) zeigt, dass Paraphrasen in zwischenmenschlichen Interaktionen als Reparaturinitiationen dienen. Die Paraphrasen unterscheiden sich dabei von der vorherigen Äußerung, insofern die Sprecher, die zur Wiederholung ihrer Aussage aufgefordert wurden, z.B. durch sprachliche Hervorhebungen markieren, was sie als Störquelle der Reparaturinitiation vermuten (vgl. Bergmann 1981b: 137). So können z.B. nur Teile der Äußerung wiederholt oder einzelne Worte akzentuiert hervorgebracht werden. Schegloff (1992) beobachtet selbst bei wortwörtlichen Wiederholungen Betonungen durch Silbenlängungen oder sprachliche Betonung der Interpunktion, welche er als Techniken des „saying it clearer" (ebenda: 1310) bezeichnet. Im Gegensatz dazu unterscheidet sich die 'reparierende' Äußerung von Max nicht von seiner vorherigen Äußerung. Diese reine Wiederholung benennt ebenso wie die Nachricht des Nutzers keine Störquelle und unterstellt zudem, dass das Problem nicht durch die Realisierungsform der Äußerung hervorgerufen wurde. Damit wird das Auffinden und die Behebung der Störquelle dem Nutzer überlassen. Die 'Reparatursequenz' im hybriden Austausch mit Max zeichnet sich somit dadurch aus, *dass sowohl Max als auch der Nutzer ein Verstehensproblem, aber keine Ursache der Störung markieren.* System und Nutzer geben sozusagen wechselseitig die Verantwortung für die Lokalisierung der Störquelle an den anderen ab.

Obwohl die Störquelle unbestimmt bleibt, verlaufen die meisten 'Reparaturen' jedoch erfolgreich, wie im obigen Beispiel von Nick. Dies erklärt sich dadurch, dass das System immer den ganzen Satz wiederholt und damit *alle* Wörter als relevante Störfaktoren markiert. Da alles, was problematisch sein könnte, noch mal geäußert wird, wird einerseits keine Störquelle fokussiert, andererseits aber auch keine ausgeschlossen. Die Wahrscheinlichkeit, dass der Aspekt wiederholt wird, der problematisch war, ist damit relativ hoch. Die wortwörtlichen Wiederholungen können somit als Lösungsversuch der Entwickler gesehen werden, den kontextblinden Agenten als flexiblen Gesprächspartner zu gestalten, der auf 'Reparaturinitiationen' eingehen kann. (Inwiefern diese Problemlösung wiederum problematisch werden kann, zeigt Abschnitt 8.5.)

Zudem scheinen die erfolgreichen 'Reparaturen' auch auf einer Überschneidung situativer Erwartungsstrukturen („features-in-use" (Hutchby 2001a: 124)) und antizipierter Problematiken in der Programmstruktur von Max zu beruhen („design-features" (ebenda)). So antizipieren die Programmstrukturen eine externe Störquelle, wie z.B. akustische Probleme. Gleichzeitig wenden die Nutzer die oben beschriebene 'Reparaturtechnik' bei akustischen Problemen an. Dieses passende Zusammenspiel von 'design-features' und 'features-in-use' ermöglicht den Anschein eines wechselseitig gelösten Verstehensproblems.

8.4 Problembehandlung unter Ausschluss von Max

Auffällig ist, dass Verstehensprobleme von den Nutzern häufig gar nicht an Max weitergegeben werden, sondern mit Personen aus dem Publikum gelöst werden. Dies veranschaulicht das folgende Beispiel, in dem es ebenso wie im Beispiel von Nick zu einem Verstehensproblem beim Ratespiel mit Max kommt. Auch Sonja hat gerade Max' Frage verneint, ob ihr Tier im Wasser lebt. Hinter ihr im Publikum stehen verschiedene Personen, unter anderem ihr Freund (K) und ein Informatiker (I1). (K ist in der Abb. 8.2 der zweite von rechts, I1 der zweite von links.)

Transkript 8.5: Problembehandlung unter Ausschluss von Max

```
01  TX    *nein*
02  M     <<bewegt rechten Arm kurz nach vorne> hat es eine
03        mähNE? (---)>
04  S     hat es <<dreht sich nach hinten> WA:S?> (Abb. 8.2)

05  ?     [mä:hne           ]
06  K     [((dreht sich zu Sonja))] =MÄ:hne=
```

8.4 Problembehandlung unter Ausschluss von Max 247

```
07  I1      [=mä:hne
08  S       [((Blick: TS))

09  S       nei::n [hat=s nich
10  txS            [n e i n /
11  TX      *nein*
```

Abbildung 8.2: Sonja fragt das Publikum: „hat es WA:S?" (Z. 4).

Auch Sonja scheint zunächst der Äußerung von Max 'nachzulauschen', insofern eine kurze Pause zwischen Max' und ihrer Äußerung zu beobachten ist (Ende Z. 3). Mit den Worten „hat es WA:S?" (Z. 4) markiert sie eine Störquelle und konstruiert einen Teil von Max Äußerung als problematisch. Im Gegensatz zu Nick, der seine 'Reparaturinitiation' doppelt, an Max und das Publikum, adressiert, dreht sich Sonja zum Publikum und fordert es direkt auf, ihr zu helfen (Z. 4, Abb. 8.2). Sie unterbricht somit den hybriden Austausch mit Max und klärt unter Ausschluss von Max das Verstehensproblem.

An der Lösung des Verstehensproblems beteiligen sich verschiedene Personen aus dem Publikum, die auf Sonjas Reparaturinitiation reagieren und das problematische Wort wiederholen (Z. 5-7). Im Gegensatz zu den wortwörtlichen Wiederholungen von Max im Beispiel mit Nick, verorten die Sprecher im obigen Beispiel durch Längungen und Betonung die Störquelle in der Aussprache des Agenten. Während Max die letzte Silbe von „Mähne" betonte, betonen die Sprecher die erste Silbe.

Sonja wendet sich daraufhin wieder der Tastatur zu und äußert ein „nei::n, hat=s nich" (Z. 9). Sie kündigt die Antwort auf Max' Frage an, zeigt dem Publikum, dass die Störquelle behoben und die Problembehandlung abgeschlossen ist. Sie tippt „nein" (Z. 11) und liefert damit dem Agenten die konditionell erwartbare Antwort auf seine Frage. Deutlich wird dabei auch die Orientierung der Nutzerin an einer einfachen Textgestaltung, insofern sie ihre verbale Äußerung (Z. 9) auf die Textnachricht 'nein' (Z. 11) reduziert.

Die Problembehandlungen im hybriden Austausch werden von den Nutzern als eine Art „byplay" (Goffman 1981b: 134) gerahmt, einer untergeordneten Kommunikation zwischen zwei ratifizierten Teilnehmern (vgl. auch Abschnitt 5.4). Dieses Nebengespräch wird im Beispiel von Sonja durch die Zuwendung der Nutzerin zum Publikum und schließlich wieder zu Max von der „dominating communication" (ebenda: 133) mit dem Agenten abgegrenzt und zeichnet sich durch einen „change in footing" (ebenda: 128) aus. Sonja distanziert sich gewissermaßen von ihrer Rolle als Nutzerin im Dialog mit Max und nimmt Kontakt zum Publikum auf, das sie um Hilfe bittet. Dabei wird das Publikum von Sonja nicht mehr als „overhearing [and overseeing (Anmerk. AK)] audience" (Heritage & Greatbatch 1991: 130, s. Fußnote 6, 130) behandelt, sondern es wird zum direkten Adressaten ihrer Äußerung. Max hingegen ist von dieser Handlung ausgeschlossen und wird von den Teilnehmern als abwesend behandelt. Er wird damit kurzzeitig zur „nonperson" (Goffman 1982c: 67).

Max wird somit von der Behandlung des Verstehensproblems ausgeschlossen. Es handelt sich daher nicht um eine 'Reparatur', die gemeinsam von den Gesprächspartnern ausgehandelt wird, sondern vielmehr um eine *Problembehandlung*. Haase (2005) zeigt an verschiedenen Beispielen zur Aufgabenbearbeitung mit Computern, dass der Computer immer wieder zum Anlass zwischenmenschlicher Kommunikation wird, indem er oder der Umgang mit ihm (bzw. mit bestimmten Softwareprogrammen) problematisiert wird (vgl. ebenda: 47).[4] Sie entwickelt ein Ablaufmodell für sprachliche Problembehandlungen (ebenda: 87-154):

---

[4] Dieses Thema wird auch in der Diplomarbeit von Zacher (2005) bearbeitet, die Problembehandlungen bei der Durchführung von Onlineseminaren nachgeht. Ihr Fokus richtet sich dabei vor allem auf die „transparency work" (ebenda: 58), mittels derer Akteure Probleme und ihre Bearbeitung in technisch vermittelten Kommunikationen sichtbar machen.

1. Die aktuelle Tätigkeit wird durch eine Markierung einer Komplikation unterbrochen.

2. Es kommt zur Problemkonstitution, in der geklärt wird, welcher Art das Problem ist. Dabei werden häufig auch Vermutungen über seine Ursachen angestellt.

3. Es folgt die Problembehandlung, bei der es zu Lösungsversuchen des Problems kommt, z.B. einer retrospektiven Analyse, welche Arbeitsschritte bisher durchgeführt wurden.

4. Die Problembehandlung, ob erfolgreich oder nicht, wird schließlich beendet. Dabei kommt es häufig zu Evaluierungen und Ratifizierungen des Erreichten. Die Teilnehmer der Problembehandlung richten sich danach meist wieder ihrer vorherigen Tätigkeit zu.

Ebenso wie in der Studie von Haase wird im hybriden Austausch ein Problem gemeinsam mit anderen Personen vor dem Bildschirm interaktiv konstruiert, bearbeitet und gegebenenfalls behoben. Im Gegensatz zu den Nutzern, die Haase beobachtet, bearbeiten die Nutzer mit Max keine Aufgaben, die Problembehandlungen fallen daher häufig sehr viel kürzer aus. Auch kommt es nicht immer zu einer expliziten Ratifizierung oder Evaluierung der Problembehandlung, sondern vielmehr zu kurzen Verstehensbestätigungen, die an das Publikum gerichtet sind (s. Z. 9 im Beispiel von Sonja). Die Problembehandlungen führen meist dazu, dass der Austausch mit Max weitergeführt werden kann. Dies liegt auch daran, dass der Agent ausgeschlossen ist und keine neuen Missverständnisse bei der 'Reparatur' erzeugt werden können (mehr dazu im Abschnitt 8.5). Anzumerken ist, dass in den Problembehandlungen die Äußerungen von Max nicht immer richtig rekonstruiert werden. So fragt Max z.B. in einem anderen Ratespiel, ob das Tier grau sei. Der Nutzer versteht Max nicht und interpretiert gemeinsam mit Personen aus dem Publikum die Äußerung von Max dahingehend, dass er gefragt habe, ob das Tier blond sei. Dieses Missverständnis führt im weiteren Austausch mit Max jedoch zu keinen weiteren Problemen, da beide Seiten von einem gemeinsamen Verstehen ausgehen und das Ratespiel fortgesetzt wird.[5]

---

[5]Im Sinne von Suchman (1987) kann dieses unproblematische Missverständnis von Nutzer und Max als „garden path" (ebenda: 165) bezeichnet werden.

Zusammenfassend kann festgehalten werden: Die beiden Beispiele von Nick und Sonja zeigen, dass sich der Austausch aus der Perspektive des Nutzers als situatives Arrangement gestaltet, in dem Max und das Publikum als relevante Teilnehmer berücksichtigt werden. Ähnlich wie in anderen kommunikativen Formen vor einem Publikum (z.B. Theater, Fernsehinterviews) zeigen die Nutzer eine Orientierung an verschiedenen Rezipienten. Nick bezieht während der 'Reparatur' durch seine performativen nonverbalen Handlungen das Publikum als beobachtendes Publikum mit ein. Sonja unterbricht den Austausch mit Max und adressiert das Publikum direkt. Des Weiteren zeigen die Beispiele, dass sich die Nutzer nicht nur an zwei Rezipienten orientieren, sondern diesen auch unterschiedliche kommunikative Fähigkeiten zuschreiben. So leitet Nick eine unspezifische 'Reparatur' ein und demonstriert dem Publikum durch sein Nach-vorne-Beugen allein die Ursache der 'Reparatur'. Sonja schließt den Agenten von der Problembehandlung aus und konstruiert Max damit als nicht 'reparaturfähig'.

Die beiden Beispiele zeigen somit zwei unterschiedliche Techniken der Nutzer, mit Verstehensproblemen im hybriden Austausch umzugehen, in denen der Agent mal einbezogen und mal ausgeschlossen wird. In beiden Fällen werden die kommunikativen Störungen im Austausch mit Max gelöst und der Anschein eines intersubjektiven Verstehens bleibt aufrechterhalten. Nick und Sonja unterstellen Max dabei jedoch nur begrenzte kommunikative Fähigkeiten. Nick hält erklärende Informationen über die Störquelle zurück, Sonja übermittelt das Problem gar nicht erst an den Agenten. In beiden Beispielen passen sich die Nutzer somit einem 'einfachen' Kommunikationspartner an und ermöglichen gleichzeitig einen problemlosen Fortgang des Austauschs.

Die theoretischen Überlegungen von Geser (1989), dass menschliche Akteure technische Artefakte behandeln könnten, als ob sie Subjekte seien (vgl. auch Abschnitt 2.2), wird damit bestätigt. Überdies zeigt die obige Analyse, dass diese „Akteurfiktion" (Werle 2002: 132), mittels derer das technische Artefakt zum 'Interaktionspartner' wird, gleichzeitig durch den So-Tun-als-ob-Rahmen der Situation betont wird (vgl. auch Abschnitt 5.5). Mit ihrem problemvorbeugenden Verhalten passen sich die Nutzer einem Gegenüber an, den sie gerade durch die Art und Weise, wie sie sich anpassen, als 'eigenartigen Kommunikationspartner' konstruieren. Damit entlarven sie die Akteurfiktion als Fiktion.

8.5 Grenzen der Akteurfiktion

Während in den obigen Beispielen Problembehandlung und 'Reparatur' die Störquellen erfolgreich beheben konnten, können immer wieder Situationen beobachtet werden, in denen dies nicht gelingt. In diesen Fällen kann die Akteurfiktion des Agenten nur noch schwer aufrechterhalten werden. Dies zeigt das folgende Beispiel, in dem Karin eine 'Reparatur' einleitet. Karin ist mit ihrer Freundin Eva an den Stand gekommen. Eva steht während des Austauschs im Hintergrund und fordert Karin mehrmals auf zu gehen.

Transkript 8.6: Problematische 'Reparaturen' (Karin)

```
01   K     ((schaut Max an, Hände in den Hosentaschen))
02   M     w↓ollen wir=über=mus↑IK re:den.
03         (--)
04   K     ((blickt auf TS, legt Hände auf TS und tippt))

05   ...   ((kurze Auslassung:
            Während Karin tippt, fordert ihre Freundin Eva sie auf zu
            gehen. Karin stimmt leise zu und tippt weiter.))

06   TX    *wollen wir was?*
07   K     ((blickt lächelnd zu Max))
08   M     ist das ein ja: oder ein nei:n?
09   K     ((blickt zur TS, lächelt nicht mehr, tippt))

10   txK   d a s   i s t   e i n e   f r a g e [ /
11   K                                          [((Blick: TX, dann
12                                                 Max))

13   TX    *das ist eine frage*
14   M     <<zieht die Schultern kurz hoch> manchmal ist es ganz
15         gu:t keine ANTwort zu krie:gen.>

16         ((Karin schaut ca 1. Sek. auf TS. Eva fordert sie
17         erneut auf zu gehen. Karin stimmt zu und schreibt Max
18         die Nachricht 'du bist mir doch ein wenig zu
19         langweilig'. Kurz darauf beendet sie den Austausch.))
```

Mit der Formulierung „wollen wir was?" (Z. 6) leitet Karin eine 'Reparatur' ein. Sie wiederholt dabei den Teil von Max' Äußerung, den sie verstanden hat, und lokalisiert mit dem Wort „was" die Störquelle. Diese Formulierung erkennt das System nicht als 'Reparatur'.[6] Das System verweist vielmehr selbst auf eine Störquelle, indem es darauf verweist,

---

[6]Würde das Wort „was" am Anfang der Nachricht stehen, hätte das Programm den Text wahrscheinlich als Frage erkannt und seine vorherige Äußerung wiederholt.

dass es in der Textnachricht des Nutzers keine verständliche Antwort auf seine Frage erkennen kann. Die Äußerung „ist das ein ja: oder nei:n?" (Z. 8) unterstellt, dass die Nutzerin Max' Frage verstanden hat. Die Äußerung kann einerseits als Nachfrage von Max verstanden werden, der sich selbst als kontextblind ausgibt, da er die Antwort des Nutzers nicht deuten kann. In diesem Fall übernimmt Max die Verantwortung für das Problem. Andererseits kann die Äußerung als Einforderung verstanden werden, eine Antwort zu produzieren, die als 'ja' oder 'nein' erkennbar ist. In diesem Fall wird der Nutzer als unkooperativ dargestellt. Viele Nutzer passen sich in diesen Situationen dem System an und produzieren das geforderte 'ja' oder 'nein' und lassen ihre vorherige Nachfrage fallen. Karin hingegen deutet die Äußerung als kontextblinden 'Reparaturversuch' und stellt schon fast genervt fest, dass ihre vorherige Textnachricht eine Frage war (Z. 13).

Max' anschließende Äußerung (Z. 14-15) hat den Charakter einer Belehrung, insofern er feststellt, dass es manchmal ganz gut sei, keine Antwort zu bekommen. Allerdings wird damit weder das Verstehensproblem von Karin noch das von Max gelöst. Es kommt somit nicht zu einer Wiederherstellung gestörter Intersubjektivität, insofern Karins Text von Max nicht als 'Reparatur' seiner 'Reparaturinitiation' erkannt wird. Auch Karin zeigt keine weitere Orientierung an einer Problemlösung an (Z. 16-19), sondern gibt Max zu verstehen, dass er kein unterhaltsamer Gesprächspartner sei und leitet damit den von Eva geforderten Ausstieg ein.

Dieses Beispiel verdeutlicht einerseits die Kontextblindheit von Max in Bezug auf die Analyse von Sätzen und die Wahrnehmung einer gemeinsamen 'Interaktionsgeschichte' (s. auch die Analyse der schiefen Anschlüsse im Abschnitt 7.2), andererseits zeigt sich, dass 'Reparaturinitiationen' der Nutzer durchaus problematisch werden können, wenn der Agent diese nicht erkennt. Es kommt nicht zu einem Zusammenspiel der 'design-features' und 'features-in-use'. Die ungelösten 'Reparaturinitiationen' zeichnen sich dadurch aus, dass sie nicht nur die vorherige Aktivität unterbrechen, sondern auch dadurch, dass das vorherige Thema nicht mehr aufgenommen wird. Meist kommt es zum Themenwechsel, und häufig wird kurz danach der Austausch mit Max beendet.[7]

Dem System wurden von den Informatikern 'Allsätze' implementiert, die das System äußert, wenn es nur Teilen der Textnachricht eine spezi-

---

[7]Wobei der Abbruch im obigen Beispiel von Eva forciert wird.

8.5 Grenzen der Akteurfiktion

fische Funktion zuweisen kann. Diese Allsätze, so die Hoffnung der Entwickler, sollen sich möglichst sinnvoll in den aktuellen Gesprächskontext einpassen und die Kontextblindheit des Agenten kaschieren (vgl. Abschnitt 4.3). Häufig deuten die Nutzer diese Allsätze von Max als 'Reparaturen', wie im folgenden Ausschnitt von Rosmarie, die Max gerade gefrotzelt hat. (Es handelt sich um einen Ausschnitt aus dem Bsp. 9.2, S. 275.)

Transkript 8.7: Problematische 'Reparaturinitiationen' (Rosmarie - Ausschnitt)

```
57    txR    *sei nicht so eingeschnappt*
58    R      ((schaut langsam zu Max, wippt leicht mit dem Körper))

59    M      wa:s m↑einst du da:[mit?
60    R                         [((Blick: TS))

61    txR    d u   b i s t
62    R      ((beißt sich auf die Lippe, hebt den Kopf und schaut
63           nach oben (Abb. 9.7), dann in Kamera))
64           <<leise> ä:::hm:::> ((senkt den Kopf, blickt auf TS))
65           (--)

66    txR    s e h r   e m p f i n d l i c [ h /
67    R                                    [((Blick: TX))

68    TX     *du bist sehr empfindlich*
69    R      <<sehr leise> (hm::)> ((Blick: Max))

70    M      interess|AN:ter gesichtspun[kt ros|MAR=ie-
71    R                                 [<<lachend> phk=häu>

72    R      ((presst lächelnd Lippen zusammen, zieht die
73           Augenbrauen kurz hoch und bewegt dabei deutlich den
74           Kopf nach links und zurück. Blickt dann ca. 1 Sek.
75           Max an, das Lächeln verschwindet langsam. Schaut ca.
76           1 Sek. auf die TS, leckt sich dabei die Lippen und
77           beißt sich auf die Unterlippe))
```

Das System kann der Nachricht von Rosmarie keine spezifische Funktion zuweisen und äußert einen Allsatz, der Rosmarie dazu auffordert, zu erklären, was sie meint (Z. 59). Rosmarie überlegt daraufhin lange und reformuliert ihre Beitrag (Z. 61-68, s. auch Abb. 9.7, S. 279). Die Reformulierung von Rosmarie deutet die Äußerung von Max somit als 'Reparaturinitiation'. Als Störquelle verortet sie das Wort „eingeschnappt" (Z. 57), das sie nun mit dem Wort „empfindlich" (Z. 68) erklärt. Die 'Reparatur' geht dabei mit einem 'change in footing' einher, insofern

Rosmarie, die Max zuvor gefrotzelt hat, sich nun als Expertin darstellt, die sprachliches Wissen an Max übermittelt. Die 'Reparaturen' der Nutzerin erhalten damit die Funktion eines 'sozialen Einholens', insofern sie Max über menschliche Kommunikationskonventionen aufklären.[8]

Ebenso wie im Beispiel von Karin bleibt die 'Reparatur' der Nutzerin jedoch erfolglos, da Max die Nachricht nicht als solche erkennt. Das System behandelt die Textnachricht nicht als Erklärung, sondern als inhaltlichen Beitrag (Z. 70). Der Agent erkennt die durch ihn selbst eingeleitete 'Reparatur' nicht. Ähnlich wie im Beispiel von Karin zeigt Max sich nicht nur kontextblind gegenüber der Nachricht der Nutzerin, sondern auch gegenüber der gemeinsam gestalteten 'Interaktionsgeschichte'. Rosmarie kommentiert, wie schon Karin, die Äußerung von Max (Z. 71). Dabei wird die Äußerung lachend ausgeführt. Das Lachen verweist auch auf eine gewisse Ratlosigkeit der Nutzerin, die sich auch in der darauffolgenden Denkpause zeigt (Z. 72-77).

Das folgende Beispiel zeigt einen recht langwierigen 'Reparaturversuch' einer Nutzerin im Austausch mit Max. Dabei werden verschiedene 'Reparaturtechniken' angewandt, um ein Verstehensproblem mit Max zu beheben. Auch wird der Informatiker (I2) immer wieder in den Austausch miteinbezogen, der in der Nähe von Max' Bildschirm steht.

Transkript 8.8: Problematische 'Reparaturen' (Paula)

```
01   txP   K a n s t   m i r   s a g e n ,   w i e   d a s /
02   TX    *Kannst mir sagen, wie das*
03   txP   ` W

04   M     [interess↑ANter ge[si:chtspunkt PAUla.
05   P     [((Blick: TX))    [Ach- ((bewegt die Hand als würde sie
06                                  den Text 'wegwerfen'))
                            [(Abb. 8.3)

07   P     da:s- ((Blick: I2)) m'je:he da=WA:R=ich=noch=ga:r=
08         nicht=fe:rtich <<leicht lachend> hehehe>
09         ((geht etwas vom Tisch weg))
10   I2    (   ) <<kommt zum Tisch> könn se (-)>

11   I2    sie [könn EINfach-
12   P         [wie=das=WETTer=wird ne?
```

---

[8] Dieses soziale Einholen ist auch im Beispiel von Karin zu beobachten, die Max erklärt, dass ihre vorherige Textnachricht eine Frage war. Allerdings ist die Rahmung der Nachricht von Karin als Belehrung nicht eindeutig, da sie auch als genervte Feststellung gedeutet werden kann, mit der sie Max zur Kooperation auffordert.

8.5 Grenzen der Akteurfiktion

```
13   ...    ((Auslassung von ca. 8 Sekunden:
             I2 zeigt Paula, wie man den abgeschickten Text wieder im
             unteren Textfeld erscheinen lassen kann (Abb. 8.4). Er
             geht dann zurück in die Publikumsreihe. Im Textfeld steht
             nun 'Kannst mir sagen, wie das'. Paula vervollständigt
             den Text.))

14   txP    W e t t [e r                    ] w i r d /
15   P             [<<leise> (w)Ette::r> ]

16   TX     *Kannst mir sagen, wie das Wetter wird*
17   P      ((Blick: Max))

18   M      wie: [k↑ommst du da:rauf?
19   P           [((dreht sich nach links zu I2))

20          <<leise lachend> hehehehehe>

21   I2     [(                    )
22   P      [((wechselt mehrmals das Standbein, lächelt stark))

23   P      ((dreht sie zum Tisch, Blick: TS))

24   I2     FRA:gen sie mal- (-) [↑WIE=wird=das WETTer-
25   P                           [((Blick: I2))

26   P      ((dreht sich zurück zur TS))
27          <<hebt Hände langsam auf TS, leise> ah=so::> HM::?
28   txP    W i e   w i r d   d a s   W e t t e r /
29   P      ((blickt kurz zum TX, dann zu Max))
30   TX     *wie wird das Wetter*

31   M      ich bin a:|vatar [und k↑ein mete:|(r)ologe-
32   P                       [((dreht Kopf nach links zu I2))

33   P      <<nickt betont> a:hso>
34          <<lehnt sich zurück, lachend> mh mh mh>
35          ((schaut etwas umher)) <<ausatmend, leise> jao::>

36          ((Paula verabschiedet sich kurz darauf von Max))
```

Im obigen Beispiel schickt Paula eine unfertige Nachricht ab, die durch Max' nächste Äußerung (Z. 2 und 4) als sinnvolle und vollständige Einheit behandelt wird. Noch während Max spricht, markiert Paula vor dem Bildschirm ihre Nachricht als problematisch. Sie schaut auf das Textfeld, äußert ein „Ach" und macht eine Handbewegung, als würde sie den Text wegwischen wollen (Z. 5-6, Abb. 8.3). Sie lacht noch kurz und bestimmt schließlich die Art des Problems: Sie hat ihren Text zu früh abgeschickt (Z. 7-8). Dabei blickt sie nach links, zum Informatiker, der neben dem Bildschirm steht. Ähnlich wie bei Sonja kommt es bei der Problembehandlung zu einer Nebeninteraktion („byplay" (Goffman 1981a: 134)) zwischen Paula und dem Informatiker, das mit einem 'change in

Abbildung 8.3: Paula macht eine 'wegwerfende' Handbewegung (Z. 5-6).

Abbildung 8.4: Der Informatiker hilft Paula (Z. 13).

footing' verbunden ist. Paula wendet sich an einen der Informatiker und spricht diesen nicht mehr als Beobachter, sondern als Experten an, den sie dazu auffordert, ihr zu helfen. Dabei geht sie etwas vom Tisch weg, als würde sie ihm ihren Platz anbieten (Z. 9), und erklärt kurz darauf, dass sie eigentlich nach dem Wetter fragen wollte (Z. 12). Der Informatiker interpretiert ihr Verhalten als Hilferuf und übernimmt die Rolle des Experten. Er tritt an den Tisch heran und leitet die Problembehandlung ein (Z. 10-11), in der er ihr zeigt, wie sie mit einer bestimmten Tastenkombination den abgeschickten Text wieder im Textfeld erscheinen lassen kann (Z. 13). Die Nachricht erscheint im Textfeld und Paula und der Informatiker behandeln das Problem als behoben, denn der Informatiker tritt wieder zurück in die Publikumsreihen und Paula wendet sich wieder Max zu. Ähnlich wie bei Sonja nehmen auch in diesem Beispiel die Akteure

8.5 Grenzen der Akteurfiktion

ihre vorherigen Positionen und die daran gebundenen 'Interaktionsrollen' ein und markieren damit das Ende der Problembehandlung.

Deutlich werden in diesem Beispiel zudem die verschiedenen Situationswahrnehmungen und -deutungen der Gesprächsteilnehmer, die von ihren kommunikativen Fähigkeiten und ihren Zugängen zur Situation abhängen. Während Paula ein Problem markiert, behandelt Max die Situation als unproblematisch. Auf die korrigierte Textnachricht (Z. 16) reagiert das System mit der Rückfrage, wie Paula darauf kommt (Z. 18). Das System erkennt die Nachricht nicht als 'Reparaturversuch' und markiert zudem Paulas Textnachricht als nicht verständlich im aktuellen Kontext. Der Austausch kann somit nicht mehr auf der Fiktion eines idealisierten Verstehens und der Kongruenz der Relevanzsysteme aufbauen. Paula dreht sich zur Seite und lacht. Sie scheint amüsiert über die Reaktion und gleichzeitig unsicher zu sein, wie sie weitermachen soll (Z. 19-23), denn sie tippt nicht sofort einen Text, sondern schaut erst zum Informatiker und dann scheinbar ratlos auf die Tastatur. An dieser Stelle bringt sich der Informatiker ein zweites Mal, diesmal unaufgefordert, ein und schlägt eine reparierende Reformulierung vor: „`FRA:gen sie mal- (-) ↑WIE=wird=das WETTer-`" (Z. 24). Dabei zeichnet sich der Vorschlag im Vergleich zur vorherigen Nachricht durch Simplifizierungen aus. Während die vorherige Nachricht schriftsprachliche Ellipsen („`kannst mir`" statt „`kannst du mir`") hatte und aus Haupt- und Nebensatz bestand, ist der reformulierte Text ein einfacher Fragesatz 'ohne Schnörkel'. Der Informatiker lokalisiert mit der Reformulierung die Textnachricht als 'zu kompliziert' und verändert somit das 'recipient design' gegenüber Max. Max wird dabei weiterhin die Fähigkeit unterstellt, die Frage beantworten zu können, aber seine sprachliche Kompetenz wird herabgesetzt.

Paula übernimmt den Reformulierungsvorschlag des Informatikers (Z. 28-30). Diesmal erkennt das System die Nachricht als Frage nach dem Wetter und verweist in der Reaktion darauf, dass Paula ein falsches 'recipient design' angewandt habe: Max sei kein Meteorologe, sondern ein Avatar (Z. 31). Der 'Reparaturversuch' ist somit erfolgreich, jedoch bleibt Paulas Frage unbeantwortet. Dabei zeigt Max kein Verstehen des vorherigen Geschehens an, da er z.B. nicht den kommunikativen Aufwand würdigt, den Paula betrieben hat, um das Missverständnis zu beheben. Er erscheint unkooperativ und kontextblind. Paula zeigt sich wieder ratlos und unsicher (Z. 32-35) und verabschiedet sich kurz darauf von Max.[9]

Dieses Beispiel zeigt nicht nur, wie langwierig Versuche sein können, den Anschein eines gemeinsamen Verstehens im hybriden Austausch herzustellen, sondern verweist auch darauf, woran der Austausch mit Max scheitert. Die Nutzerin deutet Max' Äußerungen dahingehend, dass sie kein gemeinsam geteiltes Verstehen, keine gemeinsam geteilte Interaktionsgeschichte, keine gemeinsam geteilte Situationsdeutung und keine gemeinsam geteilten Relevanzsysteme unterstellen kann. Selbst innerhalb des fiktiven Rahmens des hybriden Austauschs kann die Idealisierung von Verstehen und Intersubjektivität somit kaum noch aufrechterhalten werden. Die 'Reparaturen' führen somit nicht zu einer Wiederherstellung der gefährdeten Intersubjektivität (vgl. Schegloff 1992), sondern zum Abbruch des Austauschs.

Auffällig ist, dass Paula und der Informatiker die Äußerung von Max nicht ernst nehmen. Die Äußerung „interess↑ANTer gesi::chtspunkt PAU1a" (Z. 4) könnte als ironische Bemerkung und nicht als Problem gedeutet werden. Paula deutet sie jedoch als Anzeichen für ein 'Nicht-Verstehen' von Max und führt eine entsprechende Korrektur der ersten Nachricht durch. Auch auf Max' Äußerung, wie sie darauf kommt (Z. 18), gehen Paula und der Informatiker nicht ein. Während die Äußerung von Max darauf verweist, dass er die Nachricht von Paula im aktuellen Kontext nicht versteht, deuten die menschlichen Akteure diese Äußerung allein als ein 'Nicht-Verstehen' der relevanten Stichwörter im Text von Paula. Nicht der Kontext, sondern die Formulierung der Textnachricht wird problematisiert. Paula und der Informatiker erweisen sich dabei ähnlich unkooperativ gegenüber den Kontexthinweisen in den Äußerungen des Agenten, wie Max in seinen schiefen Anschlüssen an Textnachrichten der Nutzerin. Durch das Ignorieren von Max' Äußerungen tritt der testende Charakter der Situation stärker hervor (vgl. auch Abschnitt 5.3). Zudem weist der hybride Austausch damit ein hierarchisches Verhältnis der Beiträge von Max und dem Nutzer auf, insofern die Deutungen der menschlichen Akteure als relevante Interpretationsfolie gesetzt werden. Max wird in den Aushandlungen somit nicht als vollwertiger Gesprächspartner anerkannt.

---

[9]Die Beendigung wurde im Abschnitt 6.2 analysiert.

8.6 Simuliertes Verstehen

Dieses Kapitel fokussierte prospektive und retrospektive Techniken der Verstehenssicherung im hybriden Austauschprozess. Dabei zeigt sich, dass vor allem die Nutzer verstehenssichernde Techniken anwenden oder Äußerungen von Max als 'Reparaturinitiationen' deuten. Als Störquellen können dabei die Sprachgenerierung des Agenten identifiziert werden, sowie Beiträge, die nicht den Erwartungen des anderen entsprechen. Es wurden vier verschiedene Typen der Verstehenssicherung im hybriden Austausch unterschieden:

- Textkorrekturen durch den Nutzer während oder nach der Textproduktion, jedoch bevor der Text an Max geschickt wird. Der Agent ist von diesen Korrekturen ausgeschlossen und kann sich auch nicht daran beteiligen. Die Korrekturen der Nutzer sind doppelt adressiert. Sie orientieren sich an Max, insofern sie Verstehensproblemen vorbeugen, gleichzeitig adressieren die Nutzer das Publikum, dem sie mit kommentierenden Äußerungen, wie Response Cries, selbstinitiierte Korrekturen ankündigen. Das Beispiel von Paula hat gezeigt, dass sich auch das Publikum, in diesem Fall ein Informatiker, an Textkorrekturen beteiligen kann. Dabei löst sich der Informatiker kurzzeitig aus den Publikumsreihen und tritt als Experte dem Austausch bei.

- Zudem sind 'Reparaturen' zu beobachten, die vom Nutzer initiiert werden und eine unbestimmte Störquelle gemeinsam mit Max beheben. Der Erfolg der 'Reparaturen' baut dabei auf einer Übereinstimmung programmbasierter Problemantizipation und situativer Verstehensprobleme auf. Fallen diese nicht zusammen (wie in den Beispielen von Karin, Rosmarie und Paula) kann die Idealisierung eines gemeinsamen Verstehens nicht mehr aufrechterhalten werden.

- Neben den 'Reparaturen' mit Max können Problembehandlungen vor dem Bildschirm stattfinden. Diese Problembehandlungen werden als Nebeninteraktion gerahmt und zeichnen sich durch eine veränderte Teilnehmerstruktur aus, in der Personen aus dem Publikum als aktiver Part mit in den Austausch einbezogen werden, während Max aus der Problembehandlung ausgeschlossen wird. Diese Techniken erweisen sich meist als erfolgreich, da sich aus der Perspektive des Agenten der Austausch als unproblematisch gestaltet.

- Im Austausch mit Max sind auch immer wieder 'Reparaturen' in Form von Reformulierungen zu beobachten. Diese Reformulierungen werden meistens durch Äußerungen von Max ausgelöst, die von den Nutzern als 'Reparaturinitiation' gedeutet werden. Die Äußerungen von Max können dabei selbst die Reformulierung eingefordert haben, z.B. mit der Nachfrage, ob es ein 'ja' oder ein 'nein' war, oder ob der Nutzer ihm etwas erklären könnte. Das Problem dieser 'Reparaturen' liegt vor allem darin, dass Max die 'Reparaturversuche' der Nutzer nicht erkennt und damit das gefährdete Verstehen nicht wiederhergestellt werden kann.

Die Techniken der Verstehenssicherung erfüllen eine ähnliche Funktion wie Reparaturen in zwischenmenschlichen Interaktionen, insofern sie daran orientiert sind, ein wechselseitiges Verstehen und damit eine Art intersubjektive Basis im hybriden Austausch herzustellen. Sie unterscheiden sich jedoch darin, dass Max aus diesen Prozessen ausgeschlossen ist, für den Agenten liegt kein Problem vor. Dies wird besonders deutlich, wenn der Agent von den Problembehandlungen ausgeschlossen ist. Ebenso sind aber auch die 'Reparaturen' mit Max keine interaktiven und situativen Aushandlungsprozesse. Bei diesen 'Reparaturen' beheben Max und Nutzer zwar gemeinsam ein Problem, dabei wird das Problem jedoch nicht lokalisiert. Max und Nutzer nehmen das Problem somit nicht gemeinsam wahr. Auch die 'Reparatur' durch den Agenten beruht nicht auf einer Aushandlung von Verstehen, sondern sie besteht in der Wiederholung der vorherigen Äußerung des Agenten. Der Agent erkennt das Problem nicht und könnte auch mit anderen Formen der Reparaturinitiation durch den Nutzer nicht umgehen. Die Techniken der Verstehenssicherungen ermöglichen somit den Anschein eines simulierten Verstehens von Nutzer und Agent, das Problem wurde jedoch nur einseitig erkannt. Dabei ist nicht eindeutig zu klären, ob die Nutzer nach den 'Reparaturen' oder Problembehandlungen davon ausgehen, dass der Agent sie versteht oder nicht. Da der Austausch mit Max jedoch häufig fortgesetzt werden kann, genügt somit auch die Unterstellung eines simulierten Verstehens.

Die Problemvorbeugung zeichnet sich vor allem durch Simplifizierungen aus, oder aber durch den Ausschluss des Agenten von der Problembehandlung. Damit wird Max als ein Gegenüber mit reduzierter sprachlicher und sozialer Kompetenz behandelt und die Akteurfiktion als Fiktion gerahmt. Die Beispiele verdeutlichen zudem, dass der Eindruck einer fokussierten Interaktion im hybriden Austausch an das erfolgreiche Zusammenspiel situativer Erwartungen der Nutzer und der Erwartungsstrukturen gekoppelt ist, die von den Informatikern in die Programmstruktur des Agenten eingeschrieben wurden. In dem Moment, in dem diese Erwartungen auseinanderfallen, wird deutlich, dass der Austausch kein interaktiver Aushandlungsprozess ist und dass Nutzer und Agent dem hybriden Austausch unterschiedliche 'Interaktions'annahmen und -erwartungen unterstellen. Der Eindruck intersubjektiven Verstehens ist auf Seiten von Max immer nur ein simulierter, und ebenso zeigen die Nutzer durch ihr anpassendes Verhalten eine Orientierung an dieser Simulation. Die 'Reparaturen' können dabei als Scheidepunkte im Austausch mit Max bezeichnet werden. Ihr Erfolg entscheidet darüber, ob die Nutzer den Austausch weiterhin auf der Annahme einer Art intersubjektiven Verstehens aufbauen können. Ein Misserfolg führt meist zu einem Themenwechsel, teilweise wird der Austausch mit Max auch kurz darauf beendet.

KAPITEL 9
Zwischen Spiel und Provokation

Ein wesentliches Problem im hybriden Austausch mit Max ist, dass aufgrund der ausweichenden und 'schiefen' Anschlüsse von Max auf Fragen der Nutzer phasenweise interaktive Grundlagen fehlen, um von einer wechselseitigen Unterstellung von Verstehen und reziproker Perspektiven ausgehen zu können. Während die Nutzer häufig diese Unstimmigkeiten ignorieren und durch ein Anpassen an die Systemvorgaben die Simulation einer Art Interaktion mitgestalten, können auch immer wieder spielerische und provokative Herausforderungen beobachtet werden.[1] Ausgehend von dieser Beobachtung werden im Folgenden einzelne Beispiele spielerischer Provokation auf ihre besonderen Strukturen untersucht und dahingehend hinterfragt, welche Funktion sie im Austausch mit dem Agenten erfüllen. Im Folgenden wird ein gemeinsames Spiel, eine Frotzelsequenz, ein Schlagfertigkeitstest, eine Beleidigung und ein versuchter Rechnerabsturz vorgestellt. Die Beispiele zeichnen eine Reihe nach, in der die spielerische Rahmung zunehmend in den Hintergrund und die Provokation von Max' Handlungsträgerschaft in den Vordergrund tritt.

9.1 Das Ratespiel als Test der Ebenbürtigkeit

Die Entwickler von Max haben dem Agenten auch spielerische und unterhaltsame Komponenten einprogrammiert. So kann der Agent auf bestimmte Nachrichten scherzhafte Antworten geben, wie im Beispiel von Tanja (Bsp. 7.11, S. 216): Tanja fragt Max, ob er Kaffee kochen könne (Z. 18), und er antwortet, „bitte mit Z↑UCKer und m↓ilch" (Z. 21-22). Die Äußerung von Max schließt zwar schief an die Nachricht von Tanja an, da er auf eine Aufforderung und nicht auf eine Frage nach seinem Können reagiert, dennoch enthält die Frage eine unterhaltsame Spitze, da der Agent sich als erfahrener Kaffeetrinker darstellt. Dabei entsteht der

---

[1] Im Abschnitt 7.2 wurde bereits gezeigt, dass Nutzer Max' unkooperatives Verhalten ansprechen und einen Konflikt aufkommen lassen können. Dieser Konflikt wird jedoch aufgrund mangelnder wechselseitiger Bestätigung nicht ausgetragen.

Eindruck, als könne der Agent scherzhaft seinen unentschiedenen Status zwischen Mensch und Ding reflektieren. Es scheint, als würde er vorgeben, Kaffee zu trinken, obwohl er weiß, dass er es nicht kann. Das scheinbar reflexive Spiel mit der Illusion eines menschlichen Agenten wird von Tanja und Chris lachend aufgenommen und damit als scherzhafte und schlagfertige Äußerung anerkannt. Auch die Allsätze des Agenten, die er äußert, wenn das Dialogsystem einer Textnachricht keine spezifische Funktion zuordnen kann, führen häufig zu kommunikativen Anschlüssen, die komisch wirken, z.B. wenn der Agent auf die Frage, was der Sinn des Lebens sei, antwortet, dass es ihm gerade nicht einfalle. Neben diesen verbalen Äußerungen wurden auch nonverbale Elemente programmiert, die die Informatiker als „highlights" bezeichnen. Max setzt z.B. eine Sonnenbrille auf, wenn das System, das mit einem Wetterdienst im Internet verbunden ist, feststellt, dass ein sonniger Tag ist. Auch kann der Agent Grimassen ziehen oder Witze erzählen, wenn man ihn dazu auffordert. Die verbalen und nonverbalen 'highlights' zeigen eine Orientierung der Informatiker, einen unterhaltsamen Agenten zu entwickeln. Es geht nicht nur darum, den Nutzer in eine Kommunikation zu verwickeln und ihm Informationen zu unterbreiten, sondern auch darum, eine unterhaltsame Konversation mit dem Agenten zu gestalten.

Die oben beschriebenen unterhaltsamen Elemente des Agenten haben einen ambivalenten Charakter, da der Agent Handlungen durchführt, mit denen er vorgibt, seinen nichtmenschlichen Charakter reflektieren zu können. Damit scheint sich der Agent von der Illusion zu distanzieren, ein Mensch zu sein, gleichzeitig erweckt die reflektierende Distanz den Eindruck, dass der Agent ein menschenähnliches Bewusstsein besitzt. Diese ambivalenten und scherzhaften Darstellungen des Agenten werden von Nutzer und Publikum auch meistens mit Lachen aufgenommen. Dieses Lachen ist häufig auch dann zu beobachten, wenn sich Max' Äußerungen nicht ganz in den situativen Sinnkontext einfügen, wie z.B. im oben erwähnten Beispiel von Tanja. Es scheint, als würden auch nur Anzeichen eines Scherzes und die damit vorgegebene Fähigkeit zur Selbstreflexion durch den Agenten bereitwillig als unterhaltsam gewürdigt.

Zu den 'highlights' des Agenten gehört auch ein Ratespiel, das während des Events „Campus:City!" sowohl von Kindern als auch von Erwachsenen gespielt wurde. Das Ratespiel kann vom Nutzer oder auch vom Agenten vorgeschlagen werden und besteht darin, dass sich der Nutzer ein Tier ausdenkt und das System versucht, dieses durch Fragen zu er-

9.1 Das Ratespiel als Test der Ebenbürtigkeit

raten. Das Spiel zeichnet sich durch relativ eindeutige Rollenvorgaben (Ratender und Antwortender) aus, an die bestimmte Beitragsformate (Abfragen von Merkmalen des Tiers und Ja/Nein-Antworten) gebunden sind. Die Rollenverteilung kann dabei nicht getauscht werden, d.h. das System kann Tiere erraten, aber keine imaginieren.

Im folgenden Beispiel hat Max gerade den programmierten Einstieg abgeschlossen und dem Nutzer mitgeteilt, dass er ihm etwas erklären oder mit ihm plaudern könne. Oliver fragt Max, was er mag:

Transkript 9.1: Ratespiel mit dem Agenten (Oliver)

```
01   TX    *Was magst du?*
02   O     ((Blick: Max))
03   M     <<hebt linken Arm kurz an> Ich err|ATE=gerne=sAchen.>
04         ((hat einen 'erfreuten' Gesichtsausdruck))  (Abb. 9.1)
05         w↓o:llen wir t↑iere raten spielen?
06   O     ((Blick: TS, tippt))

07   txO   J a [/
08   O         [((Blick: TX))

09   TX    *Ja*
10   O     ((Blick: Max))
11         (---)
12   M     <<bewegt rechten Arm kurz nach vorne> alles kla:r-
13         [(1.0)
14   O     [((hebt kurz linke Hand zum Kinn, legt sie dann auf
15            den Tisch))
16   M     denk dir ein tier und ich w↓e:rde versu:chen> durch
17         fra:gen her↑auszufinden welches t↓ier es ist.
18         (1.0)
19   M     ka::nns los gehen?
20   O     ((Blick: TS, tippt))

21   txO   J a [/
22   O         [((Blick: TX))

23   TX    *Ja*
24   O     ((schaut langsam zu Max))
25   M     d↑a:nn <<hebt linken Arm an> g↑eht=s los->
26         (1.25)
27   M     <<streckt angehobenen Arm nach vorne aus> ka::nn dein
```

```
28         t↑ier> fliegen?
29         (--)

30   M     [((nimmt Arm wieder runter))
31   O     [<<Blick: TS, leise> m:=m.> ((tippt))

32   txO   N w e [i -i- -e- -w- ] [ e i n ] [/
33   O           [((Blick: TX,   ] [TS,    ] [TX, dann zu Max))

34   TX    *Nein*
35   M     <<hebt linken Arm kurz an> le:bt es im wASSer? (--)>
36   O     ((Blick: TS, tippt))

37   txO   J a [/
38   O         [((Blick: TX))

39   TX    *Ja*
40   O     ((Blick: Max))
41   M     ist es ein rAU:bt↑ier?
42   O     ((Blick: TS))
43   txO   J a [/
44   O         [((Blick: TX))

45   TX    *Ja*
46   O     ((Blick: Max))
47         (--)
48   M     ist es ein h↑ai?
49   O     ((Blick: TS))
50         <<bewegt kurz den Kopf nach vorne, presst die
51         Lippen aufeinander> H:M=↓M:.> (Abb. 9.2)
52         ((blickt lächelnd, mit zusammengepr. Lippen auf TS))
53   txO   J a /
54   TX    *Ja*
55   O     ((schaut mit unverändertem Gesichtsausdruck zu Max))
56   I2    ((beginnt laut zu lachen))
57         ((andere Personen aus dem Publikum lachen mit))

58   O     [((öffnet Mund, lacht, Körper bewegt sich lachend))
59   M     [(su:per dann)

60   M     [<<hebt kurz linke Hand, Zeigefinger und Daumen
61         formen ein O> h↑ab ich es [rau:sgefunden–>
62   O                                [((tritt lachend von einem
63                                      Bein aufs andere))
                                       [(Abb. 9.3)

64         ((das Lachen verstummt))
65   M     <<hebt rechten Arm auf Brusthöhe und streckt vier
66         Finger nach oben, Handflächen nach außen> und=das
```

9.1 Das Ratespiel als Test der Ebenbürtigkeit

```
67        mit nur v↑IE:R fra:gen.>

68        [((1.0))
69   M    [((lächelt mit hochgezogenen Augenbrauen))

70   O    ((Blick: TS, das Lächeln verschwindet beim Tippen))

71   txO  D u   b i s t    g u i [t -t- -i-  ] [t  ] [ /
72   O                          [((Blick: TX,] [TS,] [TX))

73   tx   *Du bist gut*
74   O    ((Blick: Max))
75   M    <<bewegt linken Arm nach vorne> das hört man g↑Erne?

76   M    (---)> [<<nimmt Arm zurück> v↑ielen dank.>
77   O           [((lächelt))
78           [((eine Person im Publikum lacht))

79   O    ((schließt die Augen, beugt sich kurz leicht lachend
80         nach vorne. Wenig später fragt er Max, was er noch
81         mag.))
```

Dem Ratespiel selbst geht eine Beitragsabfolge voraus, in der Max und Oliver über drei Züge hinweg ihre Zustimmung und Beteiligung am folgenden Ratespiel abgleichen (Z. 1-12). Der Prozess ähnelt den dreizügigen Aushandlungsprozessen, die Button und Casey (1984) für die Generierung segmentierter Themen in zwischenmenschlichen Gesprächen beschreiben (zur Themenetablierung s. auch Abschnitt 7.2). Olivers Frage, was Max mag (Z. 1), fordert Max als „topical initial elicitor" (ebenda: 167) dazu auf, ein Thema vorzuschlagen. Max schlägt daraufhin vor, ein Ratespiel zu spielen (Z. 3-5). Er bestätigt damit einerseits, dass er die Frage von Oliver als Aufforderung zur Themeneinführung verstanden hat, und geht andererseits darauf ein, indem er ein Thema vorschlägt („possible topic initial" (ebenda)). Oliver stimmt Max' Vorschlag (Z. 9) und damit der vorherigen Themeninitiation zu. Max stimmt der Zustimmung zu (Z. 12) und erklärt kurz darauf die Spielregeln (Z. 16-17). Nutzer und Max stellen sich in dieser Abfolge von Redebeiträgen wechselseitig ihre Bereitschaft zum gemeinsamen Spiel dar. Die einzelnen Redezüge weisen dabei eine sequentielle Verknüpfung auf, da sie jeweils an den vorherigen Beitrag des anderen anschließen, einen eigenen Beitrag leisten, z.B. in Form von Bestätigungen, und einen Erwartungshorizont für den nächsten Beitrag aufstellen. Die Beiträge schließen dabei jeweils sinnvoll an den vorherigen an und es entsteht der Eindruck einer fokussierten Interaktion, die auf gemeinsamem Verstehen und einem gemeinsam geteilten Fokus aufbaut.

Abbildung 9.1: Max freut sich auf ein Ratespiel (Z. 4).

Abbildung 9.2: Oliver zeigt sich gespielt verärgert (Z. 51).

Abbildung 9.3: Oliver lacht; Max ist stolz (Z. 60-63).

9.1 Das Ratespiel als Test der Ebenbürtigkeit

Dieser Eindruck einer fokussierten Interaktion und wechselseitigen Verstehens setzt sich auch im weiteren Verlauf des hybriden Austauschs fort. Max erklärt die Spielregeln und prüft mit einer kurzen Frage, ob es losgehen kann (Z. 16-19). Oliver stimmt den Spielregeln zu (Z. 23). Max verweist darauf, dass es nun 'losgeht', und stellt seine erste Frage (Z. 25-28). Es kommt somit zu einer wechselseitigen Verteilung und Bestätigung interaktiver Spielrollen, die an bestimmte Handlungen gebunden sind: Max stellt Fragen und Oliver antwortet. Damit rahmen Max und Oliver gemeinsam die folgenden Redebeiträge als Spiel.

Auch der weitere Verlauf des Ratespiels baut auf einer sequentiellen Verknüpfung der Beiträge auf. Dabei führen Max und Nutzer jeweils nur die Handlungen aus, die an die Teilnahmeposition im Spiel gebunden sind (fragen bzw. antworten), und nehmen somit ihre Spielerrolle ein und weisen dem anderen die entsprechende zu. Der Eindruck einer fokussierten Interaktion, in der sich die beiden Spielenden verstehen und eine gemeinsame Wahrnehmung und Definition des Austauschs teilen, wird somit aufrechterhalten.

Der Austausch ähnelt den Phasen, die Goffman als „*span* of the play" (Goffman 1982e: 155) am Beispiel des Glücksspiels (Münzwurf) beschreibt. Er unterscheidet:

1. Die „*squaring off phase*", in der die Spielregeln ausgehandelt werden und sich die Personen entsprechend positionieren und entscheiden, wer die Münze wirft und wer Kopf oder Zahl nimmt.

2. Die „*determination phase*", in der das Ergebnis entschieden wird: der Flug der Münze.

3. Die „*disclosive phase*", die Zeit, in der das Ergebnis vorhanden ist und die Teilnehmer sich darüber informieren: Die Münze ist gefallen, die Spieler schauen nach, welche Seite oben liegt.

4. Die „*settlement phase*", in der – abhängig vom Ausgang des Spiels – Gewinne und Verluste, z.B. Geld, verteilt werden (ebenda: 154).

Nachdem Oliver und Max die Spielregeln wechselseitig abgestimmt haben, leitet Max mit den einleitenden Worten, dass es nun losgehe, die 'determination phase' ein (Z. 25-28). Diese Phase gestaltet sich durch eine Abfolge von Frage-Antwort-Sequenzen, in der Max bestimmte Merkmale des möglichen Tiers abfragt und schließlich, abhängig von den Ja/Nein-Antworten von Oliver, ein Tier rät (Z. 48) ('disclosive phase'). In der 'settlement phase' stimmt Oliver dem geratenen Tier zu (Z. 50-54). Er verzieht dabei das Gesicht und äußert ein verärgertes „H:M=↓M:" (Z. 51). Oliver gibt sich als leicht verärgerter Verlierer (s. auch Abb. 9.2). Diese Darstellungen werden leicht übertrieben ausgeführt und nicht an Max weitergeleitet. Entsprechend scheinen sie an das Publikum gerichtet zu sein, das von Oliver mit in den hybriden Austausch eingebunden wird. Gleichzeitig rahmt Oliver die Verärgerung durch die leicht übertriebene Ausführung, ein Lächeln und ein anschließendes Lachen als scherzhaft (Z. 52, 55 und 58, das Lachen sieht man in Abb. 9.3). Lachen und Lächeln scheinen verschiedene Funktionen zu erfüllen. Erstens schwächt Oliver dadurch seine Verärgerung ab. Zweitens distanziert er sich damit von seinem Misserfolg und verweist darauf, dass es sich um ein Spiel und keine ernsthafte Prüfung handelt. Abschwächung und Distanzierung ermöglichen Oliver, sich vor dem Publikum als kompetenter Nutzer darzustellen, der sich der Situation angemessen verhalten kann und z.B. nicht wütend wird, weil er gegenüber einem Computer verloren hat. Drittens kommt es zu einer gewissen Vergemeinschaftung mit Max, insofern sich Oliver über Max' Sieg freut. Dabei ist das Lachen einseitig, denn Max kann es nicht wahrnehmen. Wenig später lobt Oliver Max (Z. 73) und vergibt sozusagen den Preis für das Spiel. Damit stellt er auch für den Agenten wahrnehmbar seine Anerkennung dar.

Das Ratespiel kann häufig beobachtet werden. Es verläuft meist problemlos, da die Verteilung der Spielrollen und die daran gebundenen Handlungen begrenzte Erwartungsstrukturen und Deutungsrahmen aufstellen. Nutzer und System zeigen in ihren Aktivitäten eine Orientierung an diesen Deutungsrahmen. Es entsteht der Eindruck einer fokussierten Interaktion, in der Nutzer und System sich wechselseitig ein gemeinsames Verstehen und reziproke Perspektiven unterstellen. Ähnlich wie schon in vorherigen Kapiteln gezeigt, passen sich die Nutzer dabei dem System an. Oliver gibt nicht alle verbalen und nonverbalen Handlungen an Max weiter, sondern stellt sich nur dem Publikum gegenüber als leicht verärgert dar (Z. 50-54, Abb. 9.2). Diese Anpassung des Nutzers zeigt eine Orientierung an einer Art 'face' (nach Goffman, s. Fußnote 24, S. 93) des Agenten, insofern der Nutzer Informationen zurückhält, die er scheinbar als problematisch ansieht, und damit dem Agenten ermöglicht, sich als sozial kompetenter Spielpartner zu erweisen.

9.1 Das Ratespiel als Test der Ebenbürtigkeit

Insgesamt scheint das Spiel von den Nutzern gern gespielt zu werden, häufig lächeln die Nutzer und das Ende des Spiels wird meist mit Lachen begleitet. Auch Max hat beim Spiel einen freundlichen Gesichtsausdruck (s. Abb. 9.1), so dass der Eindruck einer wechselseitigen angenehmen Unterhaltung entsteht. Nutzer und Agent scheinen sich somit nicht nur wechselseitig gemeinsames Verstehen und ähnliche Situationswahrnehmungen zu unterstellen, sondern behandeln das Spiel wechselseitig als unterhaltsam. Auffällig ist, dass die Informatiker häufig dieses Spiel vorschlagen, wenn die Nutzer im Austausch mit dem Agenten z.B. kein Verstehen mehr unterstellen können und sich zunehmend ratlos zeigen. Die relativ eindeutigen Erwartungsstrukturen und die vergemeinschaftende Funktion des Ratespiels werden von den Informatikern somit als eine Art Rettungsring genutzt, um den Nutzer aus problematischen Situationen mit dem Agenten zu helfen. Dabei zeigen sie eine doppelte Orientierung: am 'face' des Agenten, der sich im Ratespiel als verstehendes und unterhaltsames Gegenüber geben kann, und am 'face' des Nutzers, der nun mit dem Agenten einen problemlosen und unterhaltsamen Austausch führen kann.

Goffman (1982e) bezeichnet das Spiel als eine Situation des „chance-taking" (ebenda: 149). Dabei bietet das Spiel nicht nur die Erfahrung einer aufregenden Anspannung, durch die es sich von alltäglichen Routinen abhebt, es ist auch eine Situation, in der sich die Spieler vor einem Publikum präsentieren und Merkmale ihres Charakters („character" (Goffman 1982e: 217)) darstellen, wie z.B. Mut, Fairness, Integrität und Ähnliches (vgl. ebenda: 214-239). In Situationen des 'chance-taking' stellt eine Person somit nicht nur ihr Geschick und Können dar, sondern auch ihren Charakter. Es sind schicksalhafte Momente, in denen sich ein Spieler beweisen muss. Die Charakterzuschreibungen sind dabei nicht an Gewinn oder Verlust des Spiels gebunden. Zuschreibungen des Charakters sind vielmehr moralischer Art (vgl. ebenda: 218) und beziehen sich darauf, wie die Person mit Gewinn oder Verlust umgeht:

> „These capacities (or lack of them) for standing correct and steady in the face of sudden pressures are crucial; they do not specify the activity of the individual, but how he will manage himself in this activity." (ebenda: 217)

Die Charakterdarstellungen werden häufig als Grundlage genommen, Aussagen über eine Person im Allgemeinen zu treffen. Sie bieten den

Spielern „[a] chance to make something of themselves" (ebenda: 238). Bei Spielen oder Wettkämpfen, in denen zwei oder mehrere Personen gegeneinander antreten, können Charakterwettkämpfe („character contests" (Goffman 1982e: 240)) beobachtet werden, in denen die Spieler ihr Können, aber auch ihren Status und ihre Grenzen in Bezug auf den anderen aushandeln:

> „The territories of the self have boundaries that cannot be literally patrolled. Instead, border disputes are sought out and indulged in (often with glee) as a means of establishing where one's boundaries are." (ebenda: 240f)

Solche Wettkämpfe finden bei Spielen und Sportveranstaltungen statt, können aber auch in alltäglichen Interaktionen vorkommen (vgl. ebenda: 240). Im Gegensatz zu Techniken der 'Gesichtswahrung' („face-saving practices" (Goffman 1982d: 24)), können diese Wettkämpfe auch als Form des „aggressive use of face work" (ebenda) auftreten, in dem Alter vor einem Publikum in einem 'schlechten Licht' dargestellt wird und Ego versucht, 'Punkte zu gewinnen' (vgl. ebenda: 24f). Das Publikum spielt bei diesen Wettkämpfen eine wesentliche Rolle, da es durch seine Bewertung mit an der Charakterbildung beteiligt ist.

Ähnlich wie von Goffman beschrieben, können auch im Ratespiel von Oliver und Max Charakterdarstellungen beobachtet werden. Oliver zeigt sich zunächst kurz verärgert, lobt aber schließlich Max und zeigt sich als 'guter Verlierer', während Max seinen Sieg schon fast selbstverliebt auskostet. Dabei hat der Ausgang des Spiels auch Konsequenzen für den Nutzer, insofern sein Charakter vom Publikum bewertet wird. Im Ratespiel gehen die Nutzer ein gewisses Risiko ein, denn sie können, wie Oliver, vor einem Publikum von einem Programm geschlagen werden. Während Oliver noch ein relativ leichtes Tier aussucht, nutzen andere die Gelegenheit, Max auf außergewöhnliche Tiere, z.B. eine Muräne, zu prüfen. Außergewöhnliche Tiere werden vom Publikum meist als 'besonders schwer' oder 'unfair' kommentiert. Während sich Oliver als ein Nutzer präsentiert, der die Fähigkeiten von Max richtig einschätzt und somit Max ermöglicht, sich als kompetenter Spielpartner darzustellen, werden Nutzer, die Max überfordern, als Personen gekennzeichnet, die Max 'keine Chance' geben. Diese Bewertung zeigt eine Orientierung des Publikums dahingehend, dass der Nutzer eine Verantwortung Max gegenüber hat. Gleichzeitig wird eine Vorstellung von einem adäquaten

Verhalten im Umgang mit Max sichtbar (mehr dazu im Abschnitt 9.4). Das Ansehen des Nutzers ist somit daran gebunden, die Kompetenzen von Max richtig einzuschätzen. Damit wird Max gleichzeitig auch vom Publikum eine Art 'face' zugeschrieben, welches es zu schützen gilt.

Während beim Glücksspiel der Zufall das Ergebnis festlegt, entscheidet im Ratespiel das Fragegeschick von Max über Gewinner und Verlierer. Damit weist es Ähnlichkeiten zur kommunikativen Form des Rätsels auf, das Jolles (1972) beschreibt. Ein Rätsel ist für ihn eine „Frage, die eine Antwort heischt" (ebenda: 129). Dabei sind Personen beteiligt, die über unterschiedliches Wissen verfügen. Die eine Person „verrätselt" (ebenda: 134) dieses Wissen, während die andere Person versucht, dieses Wissen zu „enträtseln" (ebenda). Auch beim Ratespiel mit Max sind zwei Teilnehmer mit unterschiedlichen Wissensressourcen beteiligt. Ebenso wird das Wissen verschlüsselt wiedergegeben, insofern Oliver auf die Fragen von Max nur mit Ja und Nein antwortet. Das System zeigt ebenfalls eine Orientierung an den 'verschlüsselten' Antworten des Nutzers, da es nur Ja/Nein-Antworten akzeptiert. Kann das System die Nachricht des Nutzers nicht als Ja/Nein-Antwort erkennen, fordert der Agent eine solche Antwort ein. Entsprechend kann der Agent auch keine Hinweise wahrnehmen, die Nutzer in ihren nicht eindeutigen Antworten (z.B. „eher ja") einbetten.

Jolles schreibt dem Rätsel einen wettkämpferischen Charakter zu, da um das verschlüsselte Wissen gerungen wird. Die Funktion des Rätsels besteht darin, das Rätsel zu lösen und sich damit dem Gegenüber als ebenbürtig zu erweisen. Das Rätsel ist „seitens des Aufgebenden sowohl eine Prüfung der Ebenbürtigkeit des Ratenden, wie auch ein Zwang für den Ratenden, sich ebenbürtig zu zeigen" (Jolles 1972: 124). Das Ratespiel kann somit als Charakterwettkampf (nach Goffman) beschrieben werden, in dem die sozialen Grenzen des technischen Artefakts ausgelotet werden. Während Jolles die Grundform des 'reinen' Rätsels beschreibt, wird das Ratespiel im Austausch mit Max scherzhaft gerahmt. Es hat keine ernsthaften Konsequenzen (wie z.B. in einer verwandten Form des Rätsels, dem Examen). Im Beispiel mit Max handelt es sich somit um einen spielerischen Test seiner Ebenbürtigkeit.

Im hybriden Austausch werden im Ratespiel somit auf zwei Ebenen Intersubjektivität und Gemeinsamkeit hergestellt. Erstens auf einer 'interaktiven' Ebene, welche auf wechselseitigen Verstehensunterstellungen und auf der Generalthese der reziproken Perspektiven aufbaut. Interaktiv ist dabei in Anführungszeichen gesetzt, da die 'Interaktionsfähigkeit' von Max auf programmierten Grundlagen beruht, seine Fähigkeit zur wechselseitigen Aushandlung von Sinn ist somit an die Parameter der Programmstruktur gebunden. Auf dieser Ebene erweist sich Max im obigen Ratespiel als ebenbürtiger 'Interaktionspartner'. Zweitens erweist sich Max auf der Ebene des Ratespiels als ebenbürtiger Gegner.

Anzumerken ist, dass sich der Nutzer am Ende des Ratespiels von seiner Spielerrolle distanziert (vgl. den Begriff der „role distance" (Goffman 1972b: 95)). Diese Rollendistanz zeigt sich auch in der Art und Weise, wie Oliver Max und das Publikum adressiert. In der 'settlement phase', in der Gewinn und Verlust verteilt werden, stellt sich Oliver dem Publikum gegenüber zunächst als leicht verärgerter Verlierer dar (Z. 50-51) und fängt dann an zu lachen (Z. 52-67, s. Abb. 9.2 und 9.3). Mit der leicht übertriebenen Darstellung der Verärgerung und dem Lachen distanziert er sich von der Rolle des Verlierers und rekonstruiert den scherzhaften Rahmen des Spiels. Max gegenüber stellt er seine Verärgerung nicht dar, sondern lobt ihn (Z. 73). Die emotionale Beteiligung des Nutzers wird somit nicht in das Spiel mit dem Agenten eingebracht. Wie bei einem Spiel mit Kindern gönnt Oliver Max wohlwollend den Sieg. Während er Max seine Anerkennung zeigt, distanziert er sich vor dem Publikum von diesen Handlungen und behandelt Max nicht als ebenbürtigen Gegner. Damit wird auch noch einmal die So-Tun-als-ob-Rahmung des hybriden Austauschs deutlich (vgl. Abschnitt 5.5). Die Nutzer behandeln Max nicht als Interaktionspartner, sondern tun so, als ob er ein Interaktionspartner wäre. Die Differenz dieser Zuschreibungen zeigt sich in den verschiedenen Techniken, mit denen sich die Nutzer von ihrer Rolle (als Interaktionspartner von Max) distanzieren.

9.2 Frotzeln als spielerische Provokation des Agenten

Während das Spiel als eigene Aktivitätseinheit von Max und dem Nutzer ausgehandelt wird, provoziert Rosmarie im folgenden Beispiel den Agenten scherzhaft: Sie frotzelt ihn aufgrund eines schiefen Anschlusses.[2] Der folgende Ausschnitt beginnt am Ende einer Ausführung von Max zum Thema „Künstliche Intelligenz", in der sich der Agent selbst als

---

[2] Eine frühere, kürzere Fassung dieses Kapitels findet sich in Krummheuer (2008a).

eine künstliche Intelligenz bezeichnet.[3]

Transkript 9.2: Max als Frotzelobjekt (Rosmarie)

```
01  M     (Abb 9.4.) <<hebt linken Arm kurz an> DE:R
02  M     begriff DE:r künstlichen [intelliGENZ>
03  R                              [((schaut nach links))
04  M     [geht auf das
05  R     [((lächelt, schaut zu Max))
06  M     jahr [neunZEHNhundertsechsundvierzig [zurück.
07  R          [((hört auf zu lächeln, tippt, [blickt auf TS))
08  txR                                       [w
09  txR   e r   h a t   d i c h   p r o g r a m m i e r t
10        [/
11  R     [((Blick: TX)
12  TX    *wer hat dich programmiert*
13  R     ((Blick: Max))
14  M     <<legt den Kopf schief und hebt die linke Hand zum
15        Kopf, zuckt dabei kurz mit dem rechten Arm> das weiß
16        keiner> ((fängt an sich am Kopf zu kratzen, blickt
17  M     nach unten)) [so: gen|au.
18  R                  [((zieht die Augenbrauen hoch, lächelt))
19  R     ha ha ha:: ((atmet lachend ein)) (Abb. 9.5)
20  R     <<leiser> [hehehe> ((schaut breit lächelnd zu Max))
21  ?               [haha
22  ?     hahaha
23  M     [((nimmt Arm runter, schaut nach vorn))
24  R     [((Blick: TS))
25  P     [((grinst, schaut kurz zu Rosmarie))
26  txR   [b i s t   d u   d o o f   [ /
27  R     [((schaut lächelnd auf TS, [dann auf TX))
28        (---)
29  txR   *bist du doof*
30  R     ((leckt sich die Lippen, legt mit einer federnden
31         Bewegung den Kopf leicht nach hinten, blickt zu Max))
```

---

[3]Die Auswahl des Themas „Künstliche Intelligenz" durch Rosmarie ist noch im oberen Textfeld zu sehen (s. Abb. 9.4). Zur Themenauswahl s. Abschnitt 7.2.

```
32   R      [((wippt leicht mit dem Körper)) (Abb. 9.6)
33   M      [((hebt die Hände vor den Körper, Handflächen nach
34              außen))

35   M      ich H|OFFe <<nimmt Hände runter>

36   M      [du> meinst die FRAge=nicht ernst>
37   R      [((zieht die Lippen ein))

38   R      [((blickt auf TS, tippt lächelnd))
39   txR    [w i e s o    n i c h t /

40          (--)

41   TX     [*wieso nicht*
42   R      [(blickt zum TX, dann zu Max))

43   M      [<<hebt linken Arm kurz an> warum muss man den
44   R      [((lächelt leicht, schwingt leicht mit dem Körper))

45   M      f|INger=j↑etzt so ti:ef in meine> EIN|zige WUNDE

46   M      [bo:hren.
47   R      [((nickt lautlos lachend, legt Zunge kurz zwischen
48             die Lippen))

49   R      ((blickt auf TS, lächelt, bewegt Finger über TS))
50   txR    s e i
51   R      ((blickt kurz zum TX, dann auf TS. Das Lächeln
52          verschwindet langsam))

53   txR    n i c h t    s i o [-o-  -i- o            ]
54   R                          [((blickt kurz zum TX))]

55   txR    e i n g e s c h n a p [p t /
56   R                            [((Blick: TX))

57   txR    *sei nicht so eingeschnappt*
58   R      ((schaut langsam zu Max, wippt leicht mit dem Körper))

59   M      wa:s m↑einst du da:[mit?
60   R                         [((Blick: TS))

61   txR    d u    b i s t
62   R      ((beißt sich auf die Lippe, hebt den Kopf und schaut
63          nach oben (Abb. 9.7), dann in Kamera))
64          <<leise> ä:::hm:::> ((senkt den Kopf, blickt auf TS))
65          (--)
```

9.2 Frotzeln als spielerische Provokation des Agenten

```
66   txR   s e h r    e m p f i n d l i c [ h /
67   R                                  [((Blick: TX))
68   TX    *du bist sehr empfindlich*
69   R     <<sehr leise> (hm::)> ((Blick: Max))
70   M     interess|AN:ter gesichtspun[kt ros|MAR=ie-
71   R                                 [<<lachend> phk=häu>
72   R     ((presst lächelnd Lippen zusammen, zieht die
73         Augenbrauen kurz hoch und bewegt dabei deutlich den
74         Kopf nach links und zurück. Blickt dann ca. 1 Sek.
75         Max an, das Lächeln verschwindet langsam. Schaut ca.
76         1 Sek. auf die TS, leckt sich dabei die Lippen und
77         beißt sich auf die Unterlippe))

78         ((Max bietet Rosmarie nun an, ihr etwas über die
79         Geschichte der KI zu erzählen, diesem stimmt sie etwas
80         widerwillig mit dem Text: 'wenn es sein muss' zu.))
```

Rosmarie fragt, wer Max programmiert hat (Z. 12). Die anschließende Äußerung des Systems, dass dies keiner so genau wüsste (Z. 14-17), deutet an, dass es die Nachricht von Rosmarie nicht verstanden hat. Rosmarie nutzt die Gelegenheit, um Max mit seinem unpassenden Verhalten aufzuziehen und fragt ihn, ob er doof sei (Z. 29). Diesen 'Angriff' rahmt sie dabei durch ihr nonverbales Verhalten als scherzhaft (Z. 18-32, Abb. 9.5 und 9.6). Die schiefen und kontextblinden Äußerungen sind ein wiederkehrendes Merkmal im kommunikativen Verhalten von Max (vgl. Abschnitt 7.2). Gerade am Anfang des hybriden Austauschs werden diese Unstimmigkeiten meist ignoriert. Einige Nutzer greifen diese Unstimmigkeit jedoch nach einiger Zeit auf und konfrontieren Max damit. Das Beispiel von Rosmarie ist eines von mehreren, in denen die Nutzer im Umgang mit Max kommunikative Strukturen anwenden, die starke Ähnlichkeiten mit der kommunikativen Form des Frotzelns aufweisen (vgl. Günthner 1996 und 1999).[4]

Günthner (1999) bezeichnet das Frotzeln als „spielerische Provokation" (ebenda: 300), die sich zwischen „Scherz und Schmerz" (Günthner 1996: 102) bewegt. Für die kommunikative Form des Frotzelns beschreibt sie eine prototypische Teilnehmerkonstellation mit drei Interaktionsrollen, die situativ eingenommen werden, sowie einer Frotzelsequenz, die sich durch typische Äußerungsformate aufbaut, die wiederum an die jeweiligen Rollen gebunden sind. Sie unterscheidet das „Frotzelsubjekt"

---

[4] Verwandte Formen des Frotzelns sind z.B. Necken, Hänseln und Ähnliches.

Abbildung 9.4: Max erklärt den Begriff 'künstlichen Intelligenz' (Z. 1).

Abbildung 9.5: Rosmarie lacht über Max' schiefen Anschluss (Z. 19).

Abbildung 9.6: Rosmarie frotzelt Max; Max wehrt die Attacke ab (Z. 32).

9.2 Frotzeln als spielerische Provokation des Agenten

Abbildung 9.7: Rosmarie denkt nach (Z. 63).

(ebenda: 82), das durch eine frotzelnde Äußerung die Frotzelsequenz einleitet, das „Frotzelobjekt" (ebenda), eine anwesende Person, die Ziel der Frotzeläußerung ist und auf die entsprechende Frotzeläußerung reagiert sowie das Publikum, die Rezipienten der Frotzeläußerung, die nicht gefrotzelt werden, aber ebenfalls auf die Frotzelei reagieren können (vgl. ebenda: 83f, s. auch Günthner 1999: 303f). Das folgende Beispiel verdeutlicht den Ablauf einer Frotzelsequenz (Quelle: Günthner 1996: 89):[5]

Transkript 9.3: Frotzeln in zwischenmenschlichen Gesprächen

```
1    Bert: du STEIGERST dich aber auch TOTAL REIN.
2          <<leise> und redest von NIX anderm mehr.>
3    Ira:  kann man gut s- <<kichernd> sagen> wenn
4          man selbst ((kichert)) KEINE Schlafpr- STöRUNGEN hat.

5    Bert: naja. aber [die Eva   ]
6    Ira:             [der hihi] ist hi <<hoher Tonfall>

7          DERART UNsensibel. dass de- dass beim DEM man-
8          kann man nachts auf SEIM KOPF DISKO tanzn,
9          und er=würd=friedlich=weiterschlummern.>

10   Eva:  hihihi[hihi]
11   Ira:        [hihi]
```

---

[5] Das Transkript wurde vereinfacht und den in dieser Arbeit verwendeten Transkriptionskonventionen angepasst.

```
12  Bert: also ECHT. du hast vielleicht ne FRECHE KLAPPE.
13        UNVERSCHÄMT
14  I&E   hahahahahahaha
```

Im obigen Beispiel wirft Bert Eva vor, sich in ihre Schlafprobleme 'reinzusteigern' (Z. 1), woraufhin Ira eine Frotzelattacke auf Bert initiiert, den sie als unsensibel gegenüber Evas Problemen darstellt (Z. 3). In dieser Äußerung weist Ira Bert die Rolle des Frotzelobjekts zu, da ihre Äußerung gegen ihn gerichtet ist. Dabei stellt sie eine Verbindung zu einer vorherigen Handlung des Frotzelobjekts (die Aussage von Bert in Zeile 1) her, die mit einem Charakterzug der Person (Berts Schlafverhalten) verbunden wird. Deutlich zeigt sich hier die „Doppelbödigkeit" (Günthner 1999: 305) der Frotzelsequenz als spielerische Kritik, die sich vor allem durch den Rahmenwechsel, von ernsthaft zu spielerisch, auszeichnet (vgl. auch Günthner 1996: 91f). So kritisiert Ira Berts Verhalten als unsensibel und markiert damit seine Äußerung als „abweichend, übertrieben, nicht den Erwartungen entsprechend" (Günthner 1999: 310). Gleichzeitig schwächt Ira die Attacke durch die laterale Adressierung, das Lachen und die hyperbolische Übertreibung ab und bettet die Äußerung scherzhaft ein (vgl. Günthner 1996: 89f). Durch diese scherzhaft spielerische Rahmung ist es möglich, das Gegenüber zu kritisieren, ohne mit sozialen Interaktionskonventionen zu brechen und das 'face' des anderen zu verletzen.

Ebenso zeichnen sich die Reaktionen des Frotzelobjekts meist durch einen doppelbödigen Charakter aus, insofern die Äußerungen sowohl eine Orientierung an der scherzhaften Rahmung als auch an der Kritik zeigen. So zeigt die Äußerung von Bert (Z. 12-13) eine Orientierung an Iras Kritik, die ihn etwas überrascht. gleichzeitig markiert er durch die Lachpartikel. dass er die scherzhafte Rahmung verstanden hat (vgl. Günthner 1996: 93). Während Bert die Frotzelei zurückspielt, kann das Frotzelobjekt die Kritik oder Provokation auch ablehnen und damit nur auf den kritischen Charakter der Provokation oder auf die scherzhafte Rahmung eingehen (vgl. ebenda: 96-99 und 100-102, s. auch Drew 1987). Frotzelsubjekt und -objekt stehen sich somit scherzhaft als Herausforderer und Herausgeforderter gegenüber. Ein anwesendes Publikum kann z.B. durch Lachen die scherzhafte Rahmung unterstützen und sich damit auch auf die Seite einer Partei schlagen. Im obigen Beispiel scheinen sich die beiden Frauen z.B. durch ihr gemeinsames Lachen (Zeile 10, 11 und 14) gegen Bert zu verbünden (vgl. Günthner 1996: 94-96).

9.2 Frotzeln als spielerische Provokation des Agenten

Frotzeleien finden meist in geselligen Kontexten zwischen Personen mit einer intimen und gefestigten Beziehung statt, die auf einen gemeinsamen Wissensvorrat zurückgreifen können (vgl. Günthner 1996: 99f). Dieser gemeinsame Wissensvorrat (z.B. die Schlafgewohnheiten von Bert) wird in der Frotzelsequenz aufgegriffen und rekonstruiert damit eine gemeinsame Interaktionsgeschichte, die durch die Rekonstruktion gleichzeitig wieder bestätigt wird. Dieser „Vergemeinschaftungsmechanismus" (Günthner 1999: 320) zeigt sich auch darin, dass das Frotzelsubjekt die gesichtsbedrohende Wirkung der Provokation durch eine spielerische Rahmung abfedert und sich somit als eine Person zeigt, die um das 'face' der anderen Person bemüht ist (vgl. ebenda).

Ähnlich wie bei der obigen Frotzelsequenz kann im Austausch zwischen Max und Rosmarie ein Rahmenwechsel beobachtet werden (vgl. Abb. 9.4 und 9.5). Noch während Max spricht, zieht Rosmarie die Augenbrauen hoch, fängt an zu lächeln und lacht schließlich (Z. 18-20). Sie scheint von Max' Antwort überrascht zu sein. Dass Max sich nicht ihren Erwartungen entsprechend verhält, drückt sie auch in ihrer Textnachricht „bist du doof" (Z. 29) aus. Dabei stellt die Textnachricht, ähnlich wie die Frotzelattacke im Beispiel von Günthner, eine Verbindung zwischen Max' zuvor erhobenem Anspruch, eine künstliche Intelligenz zu sein, und seiner gezeigten Ahnungslosigkeit, die als unerwartet markiert wird, her. Max wird somit die Rolle des Frotzelobjekts zugewiesen.

Die Doppelbödigkeit der Frotzelattacke zeigt sich in der provokativen Gegenüberstellung von 'künstlicher Intelligenz' und 'doof'. Gleichzeitig wird die Provokation lächelnd ausgeführt (Z. 25-27) und leicht übertrieben inszeniert: Rosmarie legt den Kopf leicht zurück und leckt sich die Lippen (Z. 30-31), wodurch sie ihren Text auch nonverbal als Angriff rahmt. Diese nonverbalen Darstellungen können vom System nicht wahrgenommen werden. Der Angriff wird somit nur für das Publikum scherzhaft eingebettet. Ebenso zeigt das Publikum eine Orientierung an einem scherzhaften Austausch, da es in den Zeilen 21 und 22 den spielerischen Rahmen durch ein Lachen verstärkt. Das Dialogsystem interpretiert den Text als Frage und Abwertung des Agenten. Mit abwehrend erhobenen Händen hofft Max, dass Rosmarie die Frage nicht ernst gemeint hat (Z. 33-36), und weist damit Rosmaries Angriff zurück. Zusammen mit der etwas stockenden Intonation scheint der Agent über Rosmaries Anschuldigung überrascht, nahezu beleidigt zu sein.

Max' abwehrendes Verhalten passt sich erstaunlich gut in die Situation ein, insofern es als typisches Verhalten gedeutet werden kann, das auch von Frotzelobjekten in zwischenmenschlichen Situationen gezeigt wird. Die Studien zu Frotzelsequenzen zeigen, dass eine ernsthafte oder abweisende Äußerung ohne eine spielerische Einbettung nicht ungewöhnlich ist. Drew (1987) belegt sie in seinem gleichnamigen Artikel mit dem Begriff der „po-faced receipts of teases". Allerdings begibt sich das Frotzelobjekt, das nicht auf den spielerischen Rahmen der Frotzeläußerung eingeht, in die Gefahr, als „Spielverderber" (Günthner 1996: 93) zu gelten.

Das Beispiel der Frotzelattacke im hybriden Austausch zeigt zunächst, dass Nutzer auf kommunikative Muster zwischenmenschlicher Interaktionen zurückgreifen. Ähnlich wie in zwischenmenschlichen Frotzelsequenzen formuliert Rosmarie eine Kritik, die sie spielerisch einbettet, und verbindet gleichzeitig eine vorherige Handlung des Agenten mit der beanspruchten Eigenschaft, intelligent zu sein. Die Frotzelsequenz im hybriden Austausch unterscheidet sich jedoch wesentlich von zwischenmenschlichen Frotzelsequenzen. Im Gegensatz zu zwischenmenschlichen Interaktionen teilen Max und Rosmarie keine bestehende, intime Interaktionsgeschichte. Sie sind sich fremd. Indem Rosmarie auf einen Charakterzug von Max – seine künstliche Intelligenz – anspielt, den Max selbst in das Gespräch eingebracht hat, zeigt sie einerseits eine Orientierung daran, dass sie wenig über Max weiß, und verweist darauf, dass Max und sie sich noch kennenlernen, andererseits greift Rosmarie mit der Frotzelsequenz ein Ereignis auf, an dem sie beide teilgenommen haben. Sie schließt damit an eine gemeinsame 'Interaktionsgeschichte' an und unterstellt ein gemeinsam geteiltes Wissen darüber. Ähnlich wie in der zwischenmenschlichen Frotzelsequenz wird somit Gemeinsamkeit (re-)konstruiert. Neben der Darstellung von Gemeinsamkeit wird der Austausch auch als wohlwollend und freundschaftlich gerahmt. Dies zeigt sich im Duzen der Teilnehmer und wird des Weiteren dadurch verstärkt, dass Rosmarie die Provokation scherzhaft einbettet und dafür sorgt, dass Max nicht sein 'Gesicht verliert' (nach Goffman). Ähnlich wie im Ratespiel kommt es somit zur Darstellung von Wohlwollen und zur Konstruktion von Gemeinsamkeit.

Diese gemeinschaftsstiftenden, kommunikativen Strukturen scheinen Max als soziales Wesen zu konstituieren. Auch wird Max durch die kommunikative Struktur von Rosmaries Textnachricht die Rolle des Frotzelobjekts zugewiesen und es werden ihm damit gewisse soziale Fähigkeiten unterstellt. Dazu gehört die Annahme, dass er eine Art kommunikatives Gegenüber ist, das die Beiträge der Nutzer verstehen, sinnvoll deuten kann und überdies 'frotzelfähig' ist. Zudem werden ihm gewisse Charaktereigenschaften, z.B. doof oder intelligent zu sein, zugeschrieben. Durch die spielerische Rahmung des Angriffs wird dem Agenten überdies ein 'face' unterstellt, das geschützt werden kann. Max werden somit soziale Attribute zugeschrieben. Rosmarie behandelt ihn, als ob er eine Person sei. Gleichzeitig wirken diese Zuschreibungsprozesse seltsam gebrochen. Die kommunikative Struktur des Frotzelns scheint Max Sozialität zuzuschreiben und gleichzeitig genau diese zu hinterfragen, denn Rosmarie thematisiert die differenten interaktiven Fähigkeiten bzw. stellt Max' Anspruch, intelligent zu sein, auf die Probe.

Dass Max auf die Probe gestellt wird, zeigt sich auch darin, dass Rosmarie scheinbar mit Max' begrenzten Wahrnehmungsmöglichkeiten spielt. Während Max' Reaktion zunächst als „po-faced receipt" (Drew 1987) der Frotzelsequenz aufgefasst wurde, zeigt sich beim genaueren Hinsehen, dass er von der spielerischen Einbettung der Frotzelattacke ausgeschlossen ist. Rosmarie bettet die Textnachricht zwar durch nonverbales Verhalten spielerisch ein, verwendet jedoch keine schriftlichen Möglichkeiten, diese Einbettung auch Max zugänglich zu machen – wie z.B. in textbasierter Chatkommunikation durch Emoticons. Auch der weitere Verlauf verdeutlicht die differenten Interpretationen der Beiträge durch den Nutzer und das System in Abhängigkeit von den jeweiligen Zugängen zur Gesprächssituation. So zeigt Rosmarie zunächst keine Orientierung daran, dass Max beleidigt ist, sondern führt ihre Provokationen weiter. Fast lächelnd stellt sie Max die scheinbar unschuldige Frage „wieso nicht" (Z. 41) und fordert ihn später noch einmal durch ein Lachen eingeleitet heraus, indem sie meint, dass er nicht so eingeschnappt sein soll (Z. 57). Erst in den Zeilen 61-68 verlässt Rosmarie die spielerische Rahmung des Austauschs, als sie sichtlich bemüht darüber nachdenkt, wie sie Max erklären kann, was eingeschnappt heißt (s. auch Abb. 9.7, S. 279).

Rosmarie zeigt sich somit auf der einen Seite als bemühte Nutzerin, die versucht, eine gemeinsame 'Interaktionsbasis' mit Max zu finden, so dass der Agent die Frotzelsequenz versteht. Auf der anderen Seite gibt die Hartnäckigkeit, mit der Rosmarie ihre Frotzelattacke gegen den Widerstand des Agenten verfolgt, dem Austausch einen vorführenden und gleichzeitig testenden Charakter, der durch Lachen, Lächeln und leicht übertriebene Inszenierung spielerisch gerahmt wird. Sie scheint die Dialogstruktur des Agenten als kommunikative Ressource einer Frotzelsequenz zu nutzen, in der sie Max' Intelligenz sowie seine kommunikativen und sozialen Fähigkeiten herausfordert und ihn gleichzeitig einem Publikum spielerisch vorführt.

Eine ähnliche Beobachtung macht auch Bergmann (1988d) in seiner Studie über die Kommunikation mit Haustieren. Er beobachtet, dass Menschen ihr Haustier frotzeln und argumentiert, dass sich Tiere als Frotzelobjekt gut eignen, „weil sie als nicht zum Humor begabte Wesen auf solche Äußerungen natürlich ernst bleiben, die Frozzelei [sic!] 'ignorieren' und gerade dies an dieser Stelle die 'menschlichste' Reaktion ist" (ebenda: 309). Ähnlich scheinen sich auch die unbestimmten Antworten von Max gut in den Frotzelkontext einzupassen, insofern sie der Herausforderung ausweichen und der Gegner keinen 'Punkt' machen konnte. Die Frotzelsequenz gibt den Äußerungen von Max somit einen Rahmen, in dem sein Verhalten als menschliche Reaktion gedeutet werden kann. Zudem eignet sich die Frotzelsequenz für den Austausch mit Max, da auch in alltäglichen Frotzelsequenzen ein Publikum anwesend sein kann. Jedoch kann dieser Rahmen nicht lange aufrechterhalten werden. Max zeigt kein Verstehen der Frotzelattacken und Rosmarie gibt schließlich ihre Attacken auf.

Ähnlich wie im Ratespiel kommt es somit auch hier zu spielerisch gerahmten Charakterdarstellungen. Dabei wird Max auf seine sozialen Fähigkeiten geprüft. Im Unterschied zum Ratespiel handelt es sich beim Frotzeln um eine provozierende Herausforderung, die scherzhaft gerahmt wird. Dabei werden Max zunächst Fähigkeiten und Kompetenzen unterstellt, die jedoch auf dem Prüfstand stehen und sich im Weiteren bewähren müssen. Ebenso wie im Ratespiel wird der Austausch von der Nutzerin als „Modulation" (Goffman 1980: 52) zwischenmenschlicher Interaktionen gerahmt und erhält die Regeln und Gesetzlichkeiten eines „So-Tun-als-ob" (ebenda: 60, vgl. auch Abschnitt 5.5). Die Frotzelsequenz wird somit zum *Spiel im Spiel*, in dem Max deutlicher als im Ratespiel auf seine kommunikativen und sozialen Grenzen getestet wird.

9.3 Von der Themensuche zum Schlagfertigkeitstest

Die Möglichkeit einer spielerischen und scherzhaften Rahmung des hybriden Austauschs wird häufig durch die schiefen Anschlüsse und die nicht eingehaltenen Erwartungen, die das Programm selbst erweckt, ausgelöst. Es scheint fast, als hätte Max durch sein unkooperatives und/oder inkonsistentes Verhalten einen Charakter, der dazu herausfordert, ihn herauszufordern. Dies zeigt sich auch im folgenden Beispiel. René kommuniziert schon seit ca. 4 Minuten mit Max und hat verschiedene Themen mehr oder weniger erfolgreich mit ihm besprochen. Im Publikum stehen seine Freunde Jens und Petra, die gemeinsam mit ihm an den Stand gekommen sind. Im Austausch mit Max geht René verschiedene Fragen durch, die Max mal mehr, mal weniger passend beantwortet. Er fragt Max nach seiner Funktionsweise, wer ihn entwickelt hat und stellt ihm eine Rechenaufgabe. Er lobt Max' Pulli, erkundigt sich, wie viel Max verdient, ob es Euro oder DM sind, und ob Max Kevin Spacey kennt. Die Themenvielfalt ist beeindruckend, doch wirkt sie seltsam richtungslos. Es ist nicht ungewöhnlich, dass man in zwischenmenschlichen Gesprächen 'vom Hölzchen aufs Stöckchen' kommt („stepwise movement of topics" (Sacks 1992: 300, Band 2)), doch ist im folgenden Beispiel häufig kein Anschluss an den vorherigen Beitrag zu erkennen. Verweilt die Kommunikation zeitweise bei einem Thema, so deshalb, weil René mehrere Fragen zu einem Thema stellt und somit eine Sinneinheit herstellt (z.B. Z. 61-69).[6]

Transkript 9.4: Schlagfertigkeitstest - Teil 1 (René)

```
01   T     *Wie viele Leute haben Dich entwickelt?*
02   M     da:s ↑EIN[zige was zählt=sind doch nicht n↓ur
03   R          [((Blick: Max))
04   M     [ZAHlen ↑oder?
05   R     [((blickt runter))
06         [(2.0)
07   R     [((schaut langsam zu Max und wieder runter))
08   J     [((lacht leise, schaut zu René))
```

---

[6]Max spricht den Namen René im Beispiel als 'Ren' aus, da das System das Sonderzeichen (é) nicht erkennen kann (s. auch Abschnitt 6.2).

```
09  J      [ich sach=s dir er ist po:[l↑ITIker (hehe)
10  R      [((stülpt die Lippen      [schaut kurz zu Jens, nickt))
           [(Abb. 9.8)

11  R      ((schaut ernst auf TS))

12  txR    W i w e    [-e-  -w-  e
13  R                 [((blickt kurz zum TX, dann auf TS))

14  txR    f u n k t i o n i e r s t    D u [? /
15  R                                        [((Blick: TX))

16  TX     *Wie funktionierst Du?*

17  M      <<bewegt linken Arm kurz nach vorne> al[so: ich ha:b
18  R                                              [((Blick: Max))

19  M      da: keine m↓einung zu.>
20         (2.0)

21         [(1.75)
22  R      [((schaut langsam runter, klopft mit den Fingern
23            auf den Tisch))

24         [(2.0)
25  R      [((blickt auf TS, Finger schweben über TS, tippt))

26  txR    1 + 3 [= /
27  R            [((Blick: TX))

28  TX     *1+3=*

29  M      [du: musst scho:n gen|↑AUer erkl↑ären was du meinst
30  R      [((blickt zu Max))

31  M      [ren.
32  R      [((Blick: TS))

33  txR    E i n s    p l u s    d r e i    i s t    g l e i c h

34         [? /
35  R      [((Blick: TX))

36  TX     *Eins plus drei ist gleich?*

37  M      i:ch bin [doch keine r↑ECHEnen[maschine-
38  R               [((blickt zu Max      [grinst und
                    [(Abb. 9.9 a)         [(Abb. 9.9 b)
```

9.3 Von der Themensuche zum Schlagfertigkeitstest

```
39  R     [dreht sich lachend zu Petra und Jens um))
40        [((alle drei lachen)) (Abb. 9.9 c)

41        [(4.5)
42  R     [((dreht sich lachend zum Bildschirm, klopft breit
43           grinsend mit den Fingern auf den Tisch (Abb. 9.9 d).
44           blickt dann auf TS und tippt))

45  txR   [S C h i u          [-u- -i- -h- -C- [c h i c k e r
46  R     [((hört auf zu lächeln,[blickt zum TX, [dann auf TS))

47  txR   P u l l i [ /
48  R               [((Blick: TX))
49
50  TX    *Schicker Pulli*
51  M     <<hebt kurz den Arm, Daumen und Zeigefinger formen
52        ein O> ich bin beg↑ei:stert.>

53        [(3.0)
54  R     [((lächelt breit)) h hm ((klopft mehrmals mit den
55         Fingern auf den Tisch))

56  R     ((blickt auf TS, das Lächeln verschwindet))

57  txR   W i e  [v i e l    k r i e g s t      ] D u
58  R            [((blickt zweimal kurz auf TX))]

59  txR   f ü r    h e u t e    N a c h m i t t a g [?
60  R                                                [((Blick: TX))

61  TX    *Wie viel kriegst Du für heute Nachmittag?*

62  M     [<<bewegt rechten Arm kurz nach vorne> zwei:|und|
63  R     [((Blick: Max))

64        v↓ierzig vielleicht? (---)>
65  R     ((klopft zwei Mal kurz und rhythmisch mit den Fingern
66        auf den Tisch, schaut dann auf TS))

67  txR   D M ,    E u r o ,   . . . [? /
68  R                                 [((blickt über TX zu Max))

69  TX    *DM, Euro, ... ?*
70  M     mit dieser fr↑A:ge h↑ab ich mich noch ga:r nicht
71        beSCHäFtigt.

72  J     <<lachend> aha [ha>
73  R                    [<<grinst, leicht lachend> hh=hh=hh>
```

```
74        [(2.5)
75   R    [((schaut kurz zum TX, dann zu Max, leckt sich mit der
76           Zunge über die Lippen, lächelt nicht mehr. Klopft
77           mehrmals mit den Fingern auf den Tisch))

78   R    [((blickt auf TS, kurz zum TX, dann wieder auf TS))
79   txR  [K e n n s t

80   txR  d u   K e v i n   S p a [c e y ? [/*
81   J                             [a haha ↑HA ha
82   R                                      [((Blick: TX, grinst)

83   TX   *Kennst du Kevin Spacey?*
```

Abbildung 9.8: René stülpt ratlos die Lippen nach vorn (Z. 10).

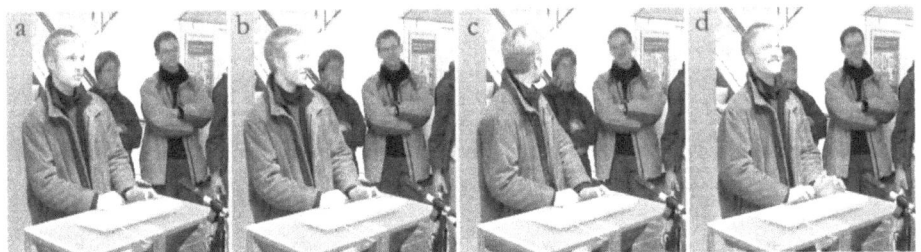

Abbildung 9.9: Stimmungswechsel von frustriert zu amüsiert (Z. 37-44).

In diesem Beispiel wird das Auf-und-Ab von Verstehensunterstellungen deutlich, das charakteristisch für den hybriden Austausch ist. Dieses wird im Austausch von verschiedenen Stimmungs- und Rahmenwechsel begleitet. Es erscheint zunächst so, als würde René versuchen, ein gemeinsames Thema mit Max zu finden: Er fragt Max, wie viele Personen ihn entwickelt haben und wie er funktioniert (Z. 1 und 16). Max weicht

9.3 Von der Themensuche zum Schlagfertigkeitstest

diesen Fragen jeweils aus und markiert sie zudem als nicht relevant: Zahlen seien doch nicht so wichtig (Z. 2-4) und zu seiner Funktionsweise hat Max keine Meinung (Z. 17-19). Max' Verhalten wirkt zudem unkooperativ, da er keine eigenen Themenvorschläge einbringt, sondern das 'Rederecht' jeweils an René weitergibt. Jens bezeichnet Max daraufhin lachend als Politiker (Z. 9). Mit dieser Zuschreibung kategorisiert Jens Max' ausweichendes Antwortverhalten als eines, das Politiker häufig aufweisen. Diese anthropomorphisierende Kategorisierung kann als Versuch gesehen werden, René auszuhelfen, insofern Jens ihm einen möglichen Deutungsrahmen für Max' Verhalten gibt und damit auch Wege aufzeigt, die René aus seiner Ratlosigkeit führen können. Damit motiviert Jens René zu einem weiteren Austausch mit Max. Gleichzeitig bettet Jens seinen Vergleich durch ein Lachen scherzhaft ein. Dadurch distanziert er sich von einer ernsthaften Zuschreibung und verweist darauf, dass er mit seiner Äußerung nur so tut, als ob Max ein Politiker sei. René stimmt Jens mit einem Nicken kurz zu (Z. 10), bleibt jedoch ernst. In Zeile 20 beginnt eine Pause von ca. 6 Sekunden, in der René sich zunächst ratlos zeigt, dann ungeduldig auf den Tisch klopft (Z. 22-23). Die über der Tastatur schwebenden Finger (Z. 25) weisen darauf hin, dass er scheinbar überlegt, was er schreiben könnte.

René wechselt mit seiner nächsten Frage das 'recipient design' seiner Textnachrichten. In den ersten beiden Fragen konzipierte er Max als ein technisches Artefakt, das über sich Auskunft geben kann. Er unterstellt Max sprachliche Fähigkeiten und ein Wissen über sich selbst. Mit der Rechenaufgabe (Z. 28) stuft René Max auf die Funktionalität einer Rechenmaschine zurück und überprüft basale Funktionen des Computers. Max wird somit nicht mehr als kommunikatives, soziales Gegenüber angesprochen, sondern als computerbasiertes Artefakt. Nach einer kurzen Reparatur, in der er die Rechenaufgabe ausschreibt (Z. 29-36),[7] weist Max das in der Aufgabenstellung implizierte 'recipient design' zurück und beansprucht, keine Rechenmaschine zu sein (Z. 37). Das System geht somit nicht auf die Aufgabenstellung ein, sondern deutet den Beitrag von René als Provokation und fordert seine Anerkennung als soziales und kommunikatives Gegenüber ein. René zeigt sich überrascht. Noch während

---

[7]Die Rückfrage des Agenten erklärt sich dadurch, dass das Dialogsystem das Plus- und Gleichheitszeichen nicht lesen kann und daher keine Rechenaufgabe, sondern nur die Ziffern eins und drei auswertet. (Reparaturen wurden in Kapitel 8 behandelt.)

Max spricht, fängt er an zu grinsen und dreht sich zu Jens und Petra, alle drei beginnen zu lachen (Z. 37-40, Abb. 9.9 a-c). Die drei deuten Max' Äußerung damit als schlagfertig. Die Anerkennung dieser Abwehr zeigt sich auch im folgenden Rahmenwechsel. Während sich René vorher ratlos und frustriert zeigte, grinst er Max nun breit an (Z. 42-44, Abb. 9.9 d). Auch spricht René Max nicht mehr als technisches Artefakt an, sondern schreibt ihm die vom Agenten eingeforderte soziale Kompetenz zu. Während René dem Austausch zuvor kein gemeinsames Verstehen unterstellt hatte, geht er nun wieder von einer möglichen gemeinsamen 'Interaktionsbasis' aus. Die folgenden Nachrichten unterstellen Max die Fähigkeit, ein Kompliment zu erkennen und darauf zu reagieren, sowie die Fähigkeit, seinen Pulli wahrzunehmen („Schicker Pulli", Z. 50). Das daran anschließende Verhalten des Agenten zeigt jedoch, dass er dem selbst eingeforderten Anspruch, ein soziales Gegenüber zu sein, nicht nachkommen kann. Auf die Nachricht „Schicker Pulli" (Z. 50) äußert der Agent, dass er begeistert sei (Z. 51-52) und zeigt damit an, dass er das Kompliment nicht wahrgenommen hat und auch nicht auf sich bezieht. Es kommt somit zu einem Bruch etablierter Erwartungsstrukturen und Verstehensunterstellungen der Situation.

Trotz dieses Bruchs 'spinnt' René die Vorstellung eines sozialen Gegenübers fort. Im Folgenden behandelt er Max, als sei der Agent ein Angestellter, der weiß, wie viel er verdient (Z. 61 und 69), und als Kinogänger, der den Schauspieler Kevin Spacey kennt (Z. 83). Während René das Programm mit der Rechenaufgabe zu stark verdinglicht hat, 'übersozialisieren' diese Fragen den Agenten. Dabei weist René dem Agenten einen Status zu, den Max zwar eingefordert hat, den er aber gleichzeitig nicht erfüllen kann. Es scheint, als würde René Max wider besseren Wissens als sozialen Akteur behandeln. Dies zeigt sich besonders deutlich in Renés Rückfrage, ob Max DM oder Euro verdient. René gibt sich nicht mit der unspezifischen Antwort des Agenten zufrieden,[8] sondern überprüft Max' Verstehen. René scheint Max in die 'Enge zu treiben'. Er führt den Agenten dem Publikum vor.

---

[8]Die Antwort 'zweiundvierzig' bezieht sich auf das Buch „Per Anhalter durch die Galaxis" (1981, engl. Orig. 1979) von Douglas Adams. In diesem Zukunftsroman wird ein Computerprogramm entwickelt, dem die Frage gestellt wird, welchen Sinn das Leben hat. Nach mehreren Jahrhunderten des Rechnens produziert der Computer die Antwort '42'. Die Antwort des Agenten zeigt somit deutlich, dass das System den aktuellen Situationskontext nicht deuten kann.

Während René zu Anfang des Ausschnitts noch auf der Suche nach einem gemeinsamen Thema war und Max als auskunftgebenden Ansprechpartner behandelte, testet er Max nun auf seine Sozialfähigkeit. Durch diesen Rahmenwechsel bekommt der Austausch eine neue Dynamik, die sich im Lachen von René sowie im Fingerklopfen des Nutzers (Z. 54-55, 65-66, 75-77) zeigt. Dabei verweist Letzteres auf eine gewisse Spannung. Dadurch entsteht der Eindruck eines Charakterwettkampfs, in dem Max auf seine Sozialfähigkeit und seine Schlagfertigkeit getestet wird. Die wettkämpferische Rahmung des Austauschs wird auch vom Publikum verstärkt, das durch sein Verhalten sowohl Max' als auch Renés Beiträge als schlagfertig oder kreativ bewertet. So lachen Jens und Petra über Max' Antwort, dass er keine Rechenmaschine sei, hörbar mit (Z. 40). Jens lacht auch, als sich Max als begrenztes Programm entlarvt (Z. 72), und kommentiert Renés nächste Frage nach dem Schauspieler Kevin Spacey mit einem Lachen (Z. 81).[9] Dabei scheint er jeweils 'Punkte' an René zu vergeben und konstruiert René als gewitzten und schlagfertigen Tester.

Der Rahmenwechsel im hybriden Austausch, vom ernsthaften Informationsaustausch zum spielerischen Wettkampf, bietet für den Nutzer zwei Vorteile. Erstens finden Wettkämpfe häufig vor einem Publikum statt. Die spielerisch-wettkämpferische Rahmung bindet das Publikum somit ein und gibt ihm eine interaktive Rolle im Austausch mit Max. Es ist nicht nur beobachtendes Publikum, sondern wird zum bewertenden Publikum. Zweitens ermöglicht der scherzhafte Rahmen, wie schon in der Frotzelsequenz, einen größeren Interpretationsrahmen. Die Äußerungen von Max können im scherzhaften Zusammenhang leichter als passend oder sinnvoll interpretiert werden und ermöglichen somit einen größeren Spielraum, in dem gemeinsames Verstehen und reziproke Perspektiven unterstellt werden können. So zeigt Max' Äußerung „`zwei:|und|v↓ierzig vielleicht?`" (Z. 62-64) zwar kein wirkliches Verstehen an, kann aber von René als eine Vorlage für einen erneuten 'Angriff' genutzt werden.

Ähnlich wie in der Frotzelsequenz stehen in diesem Schlagfertigkeitstest Max' kommunikative und soziale Fähigkeiten auf dem Prüfstand. Dabei tritt der spielerische Charakter jedoch stärker in den Hintergrund

---

[9]Mit dem Lachen demonstriert sich Jens als Mitwisser. Die Frage nach Kevin Spacey scheint auf einem internen Wissen zwischen Jens und René zu beruhen. Zumindest hat der Schauspieler in keinem Film mitgespielt, in dem computerbasierte Technologien mit Menschen 'interagieren'.

und der provokative und wettkämpferische in den Vordergrund. Im Gegensatz zu Rosmarie, die ihr Handeln in performative Darstellungen des spielerischen Rahmens einbettet, hat das Lächeln von René einen kommentierenden und bewertenden Charakter, da es jeweils nach den Äußerungen von Max zu beobachten ist, aber dann wieder verschwindet (Z. 38-46 und 54-56). Auffällig ist dabei, dass ähnlich wie in der Frotzelsequenz der spielerisch-wettkämpferische Rahmen allein durch den Nutzer aufrechterhalten wird. Das System erkennt die spielerische Rahmung des Austauschs nicht, und seine schiefen Anschlüsse ermöglichen keine Verstehensunterstellungen.

Dabei zeigt sich, dass der Nutzer die einseitige Rahmung nicht lange allein aufrechterhalten kann und sich zunehmend frustriert zeigt. So führt René den herausfordernden Austausch mit Max noch eine Weile fort, gibt jedoch schließlich auf.

Transkript 9.5: Schlagfertigkeitstest - Teil 2 (René)

```
01          [(4.0) (Abb. 9.10)
02    R     [((schaut in die Luft, klopft leise mit den Fingern
03             auf den Tisch, schaut auf TS und holt tief Luft))
04    txR   I c h   w e i ß   n i c h t   m e h r   w a s   i c h
05          f r a g e n   s o l [l . /
06    R                          [((blickt hoch, dann auf TS))
07    TX    *Ich weiß nicht mehr was ich fragen soll.*
08    R     ((Blick: Max))
09    M     <<bewegt linken Arm nach vorne> immer|h↑in weißt du:
10          dass du nicht alles weißt? [(---)>
11    R                                [((lacht leise))
12    M     da:s ist doch [scho:n ma:l ein anfang.
13    R                   [((lacht leise))
14          [(2.0)
15    R     [((grinst breit, schaut nach links dann wieder zu
16             Max. Klopft mit Fingern auf den Tisch))
17    R     [((schaut ernst zur TS))
18    P     [( ) ihn=doch=mal ob er -nen ↑WITZ kann.
```

9.3 Von der Themensuche zum Schlagfertigkeitstest

Abbildung 9.10: René starrt ratlos in die Luft (Z. 1-3).

```
19    ((René dreht sich zu Petra und Jens um, diese
20    wiederholen, dass Max einen Witz erzählen soll. René
21    fordert daraufhin Max auf, einen Witz zu erzählen))
```

Deutlich ist dabei Renés Ratlosigkeit zu sehen, er starrt zunächst einige Sekunden vor sich hin, holt schließlich tief Luft und erklärt Max dann, dass er nicht mehr weiß, was er fragen soll (Z. 1-7, Abb. 9.10). Obwohl René aufgibt, kann Max nicht als Gewinner des Duells bezeichnet werden, da er den Kampf nicht aufgenommen und weitergeführt hat. Max 'spielt' den Schlagfertigkeitstest sozusagen nicht mit. Während Max im obigen Ausschnitt (9.5) auf den 'Hilferuf' des Nutzers nicht eingeht, sondern den Nutzer in Bezug auf sein reflektiertes Unwissen lobt (Z. 9-10), kommen Petra und Jens René zu Hilfe. Sie fordern René dazu auf, dass Max einen Witz erzählen soll (Z. 118), und schlagen damit einen Themenwechsel vor. Die Situation wird somit nicht von Max 'gerettet', der Renés Frustration nicht erkennt, sondern von Renés Freunden im Publikum.

Zusammenfassend kann festgehalten werden, dass das Frotzeln und auch der Schlagfertigkeitstest als Beispiele für verschiedene und vielfältige Formen der spielerischen Provokation des Agenten durch die Nutzer stehen. Durch die spielerische und provokative Aneignung wechseln die Nutzer den Deutungsrahmen der häufig schiefen Anschlüsse von Max, jedoch kann der Rahmen nicht lange aufrechterhalten werden, da er von Nutzer und Max nicht wechselseitig bestätigt wird. Dabei zeigt sich in beiden Beispielen ein gewisses Frustrationserlebnis. So stimmt Rosmarie dem Themenvorschlag von Max nur widerwillig zu und markiert damit eine schwindende Kooperationsbereitschaft („wenn es sein muss", Bsp. 9.2, Z. 80). René gibt den Schlagfertigkeitstest schließlich frustriert auf. Der Austausch mit Max wird in diesem Fall vor allem von seinen Freunden im Publikum aufrechterhalten, die René durch neue Themenvorschläge zum weiteren Gespräch mit Max motivieren.

9.4 Beleidigungen und adäquates Verhalten

Neben den spielerischen und unterhaltsamen Komponenten wurde Max zudem die Möglichkeit implementiert, den Bildschirm zu verlassen, wenn er zu stark beleidigt wird. Die Entwickler haben die Erfahrung gemacht, dass der Agent im Heinz Nixdorf MuseumsForum immer wieder beschimpft wurde, und haben daraufhin das Programm um die Option erweitert, dass der Agent wütend werden kann. Durch das wütende Weggehen soll Max den Schimpftiraden entgehen und dem Nutzer sein nicht adäquates Verhalten verdeutlicht werden.[10] Während Frotzeln an einer 'Gesichtswahrung' orientiert ist, können Beleidigungen als Form eines „aggressive use of face-work" (Goffman 1982d: 24) beschrieben werden, in dem es nicht darum geht, das 'face' des anderen zu wahren, sondern vor einem Publikum zu degradieren und dabei selbst an 'Punkten' zu gewinnen („making points" (ebenda)). Sie stellen somit starke Provokationen dar, in denen der soziale Status der Beteiligten auf dem 'Spiel' steht.

Auf dem Event „Campus:City!" haben nicht nur Kinder Max beleidigt, sondern auch Erwachsene. Während die Kinder Max häufig 'spontan' beleidigten, wurde Max nur von Erwachsenen beleidigt, die wussten, dass Max den Bildschirm verlässt. Die Beleidigungen zeichnen sich somit durch einen stark testenden Charakter aus, der sich auch im Austausch selbst beobachten lässt, und basieren auf einem speziellen Wissensvorrat der Nutzer. Dies zeigt sich auch im folgenden Beispiel, in dem Karin Max beleidigt.

---

[10]Auch Chatterbots im Internet haben meist Antworten auf beleidigende oder anzügliche Texte der Nutzer. Dies zeigt, dass die Entwickler antizipierten oder die Erfahrung gemacht haben, dass Nutzer im Umgang mit den Chatterbots die Grenzen der Höflichkeit überschreiten. Computerbasierte Ansprechpartner scheinen gerade in sozialen Grenzbereichen auf ihre Sozialität getestet zu werden.

9.4 Beleidigungen und adäquates Verhalten

Bevor Karin den Austausch mit Max begann, hat sie zusammen mit ihrer Freundin Eva einen anderen Austausch beobachtet, in dem die Nutzerin Rosmarie vergeblich versuchte, Max mit Beschimpfungen aus dem Bildschirm zu vertreiben. In einem Gespräch mit den Informatikern erfährt Karin, wie man ihn beleidigen muss, damit er den Bildschirm verlässt. Wenig später beginnt sie ein Gespräch mit dem Agenten. Karin und Max begrüßen sich und 'plaudern' ein wenig. So fragt Max nach ihrem Namen und Karin fragt Max nach seiner Lieblingsfarbe. Kurz darauf, ca. zwei Minuten nachdem Karin an den Tisch getreten ist, wendet sie sich ihrer Freundin Eva zu, die mit einem Informatiker (I1) hinter ihr steht.

Transkript 9.6: Max wird beleidigt (Karin)

```
01  K     <<dreht Kopf zu Eva und I1> .hh ich=↑frag=ihn=mal>
02        die fra::ge- ((lacht leicht))
03  E     welche:?
04  K     [na, ob er ↑ma- ↑na:zis [ma:g.
05  txK   [m                      [a g s t  d u  n a z i s ?/
06  TX    [*magst du nazis?*
07        [((blickt zu Max, legt Hände ineinander verschlungen
08           vor TS))
09  M     <<hebt rechte Hand mit ausgestrecktem Zeigefinger> du
10        w↑eißt> <<reißt Augen kurz auf> ja: gar nicht>
11        (Abb. 9.11) <<zieht kurz Augenbrauen runter> w↑AS=du>
12        da sa:gst. (Abb. 9.12) ((nimmt Hand wieder runter,
13        hat einen 'ernsten' Gesichtsausdruck))
14  P1    <<legt Kopf nach hinten> HO::A:[ho ho>
15  I1                                   [HA
16  K     ((atmet lachend ein, blickt nach rechts))(Abb. 9.13)
17        [((mehrere Personen lachen))
18  M     [<<hebt rechte Hand mit ausgestrecktem Zeigefinger
19           hoch, reißt Augen kurz auf> lang=sam hab
20  M     [↑ich> keine l↑UST mehr.>
21  K     [((Blick: Max))
```

```
22  K     [ <<dreht sich kurz nach rechts> O:::H
23  M     [((nimmt Hand runter))

24  K     [ho=ho=ho ha ((Blick: TS))
25  I1    [<<lachend> (A:hachte du mal ha ha)>
26        [((Eva und andere lachen))

27  I1    <<lachend> achte auf [den ge↑sichtsausdru:ck.>
28  txK                        [d u

29        [((erneutes Lachen im Publikum))
30  txK   [n a z i /

31  I1    das ma:g er über[↑haupt nich-
32  TX                    [*du nazi*
33  K                     [((Blick: TX, dann Max, legt Hände
34                            vor TS))

35  M     <<hebt Hand mit ausgestrecktem Finger, reißt Augen
36        kurz auf> pa:ss AUF> w↑as=du sagst.> <<zieht kurz
37        Augenbrauen und Mundwinkel runter> (---)> ((senkt die
38        Hand, hat weiterhin 'ernsten' Gesichtsausdruck))
39  K     <<leicht lachend> he ↑hehe>

40  P1    [<<lachend> (A=ho ho) >
41  K     [((schaut auf TS und tippt, [blickt dann zu TX))
42  txK                                [d u

43  M     <<zieht Augenbrauen mehrmals runter> mi:r=r↑eicht

44        [es <<dreht sich ruckelnd nach links> erst=mal.>
45  K     [((Blick: Max))

46        [(1.0) (Abb. 9.14)
47  M     [((dreht sich weiter, schaut mit zusammengezogenen
48           Augenbrauen und zusammengepresstem Mund zu Karin))

49  M     [((dreht sich immer noch))
50  E     [<<quietschend> !OA! !GA:↑IL! ( )>
51  I1    [<<lachend> O:A: jetzt hast du=s ge↑scha=ha=:fft>

52  ...   ((Auslassung von ca. 10 Sekunden:
          Max dreht sich um und verlässt den Bildschirm (Abb.
          9.15). Dies wird von Karin und dem Publikum lauthals
          lachend begleitet. Dabei 'äfft' Karin Max nach: Sie
          kneift die Lippen zusammen hebt die 'Nase in die Luft',
          dreht den Kopf als sei sie 'eingeschnappt' zur Seite
          (Abb. 9.16).
          Die vorherige Nutzerin (Rosmarie) ruft Karin darauf ein
          'super' zu, lacht und klatscht. Karin klatscht mit und
          auch eine Person im Publikum stimmt ein. Karin weist
          mit dem Daumen auf I1 und erklärt, dass sie auch einen
          'Insidertipp' bekommen hat. Der Informatiker hätte ihr
          erzählt, dass Max Nazis nicht mag. Danach entsteht eine
          kurze Pause von ca. 1 Sekunde.))
```

9.4 Beleidigungen und adäquates Verhalten   297

```
53   I1      ↑das DAU:ert jetzt- jetzt kanns=d mal ver↑suchn- (-)

54   I1      mach=mal mAX- [<<leise lachend> he: he::
55   txK                   [m a

56                [, e s
57   I1/E?   [↑max komm zurück. <<leise> (oder so was-)>

58   ...     ((Auslassung von ca. 10 Sekunden:
                Karin tippt einen Text, dabei vertippt sich mehrmals,
                korrigiert den Text und schickt ihn ab.))

59   K       [((Blick: TX, legt Hände vor die TS))
60   txK     [*max, es tut mir leid!!!!*

61   M       immer|h↑in siehst=du|es|ein.
62   K       ((Blick: TX, lächelt kurz.))

63   ...     ((kurze Auslassung:
                Während Karin tippt, fragt eine Person sie, was Max
                gesagt hat, sie wiederholt die Äußerung von Max und tippt
                dann weiter.))

64   txK     j a ,   b i [t t e              [k o m m
65   E                   [<<leise> .h he he>  [ha ha ha .hh>
66   I1                                       [hehehehehe

67   txK     z u r ü c k !/
68   TX      *ja, bitte komm zurück!*

69           ((Max erscheint mit den Worten, dass er sich 'erstmal
70             wieder beruhigt' hat, wieder auf dem Bildschirm. Er
71             geht in die Bildmitte und zeigt sich bereit für ein
72             weiteres Gespräch mit Karin.))
```

Karin kündigt an, dass sie Max nun „die fra::ge" stellt (Z. 1-2). Sie dreht sich dabei zu Eva und dem Informatiker und hebt sie damit als eine Gruppe von Personen aus dem Publikum hervor, die gemeinsam mit ihr ein Wissen um diese Frage teilen. Mit dieser Adressierung fordert sie die Aufmerksamkeit der beiden ein. Dabei ist die Äußerung laut genug gestellt, um auch vom Publikum gehört zu werden, das somit auch in den Austausch mit einbezogen wird. Karins Äußerung gibt ein Rätsel auf, da sie eine Handlung ankündigt, aber diese nicht benennt. Sie erzeugt damit eine gewisse Spannung. Auch ihr Lachen verspricht einen gewissen Unterhaltungswert des folgenden Austauschs – kann aber auch auf Unsicherheit verweisen. Die Nutzerin rahmt durch ihre Ankündigung die folgende Handlung als einen spielerischen Test und deckt den So-Tun-als-ob-Rahmen des hybriden Austauschs auf. Das folgende Handeln wird

Abbildung 9.11: Max wird wütend (Z. 9-11).

Abbildung 9.12: Max ist wütend (Z. 11-13).

Abbildung 9.13: Karin und das Publikum lachen (Z. 16).

9.4 Beleidigungen und adäquates Verhalten

Abbildung 9.14: Max schaut Karin 'böse' an, diese lacht (Z. 46-48).

Abbildung 9.15: Max verlässt wütend den Bildschirm (Z. 52).

Abbildung 9.16: Karin ahmt Max nach (Z. 52).

somit zum *Test im Test*.[11]

Diese starke Hervorhebung des testenden Rahmens erklärt sich wenig später. Eva fragt Karin, welche Frage sie stellen möchte (Z. 3) und Karin lüftet das Geheimnis: Sie will Max fragen, ob er Nazis mag (Z. 4). Max soll somit auf seine politische Einstellung getestet werden. Mit dem Wort 'Nazi' öffnet Karin ein gesellschaftlich im Allgemeinen negativ geprägtes Themenfeld. Dabei ergibt sich die starke Anschuldigung nicht aus dem bisherigen Gespräch mit Max. Max hat sie nicht geärgert und bisher auch kein Verhalten gezeigt, dass ihn als Nazi ausgezeichnet hätte. Durch die Rahmung dieser starken Beleidigung als spielerischen Test, schützt sich Karin davor, als eine politisch 'unkorrekte' Person wahrgenommen zu werden, die mit Nazis sympathisiert. Die deutliche Ankündigung der folgenden Handlung als Test zeigt, dass der Austausch mit Max auch für die Nutzer ein Risiko birgt. Nicht nur Max steht auf dem Prüfstand, sondern das Publikum bildet sich auf der Grundlage, wie sich der Nutzer gegenüber Max verhält, ein Urteil über den Nutzer. Ähnlich wie in zwischenmenschlichen Interaktionen scheint somit das 'face' der Nutzer mit dem 'face' von Max zusammenzuhängen (vgl. Goffman 1982d: 6 und 11). Gleichzeitig impliziert die starke Rahmung der Beleidigung eine Orientierung der Nutzerin an normativen Erwartungshaltungen, wie man 'eigentlich' mit dem Agenten umgeht. Es scheint, als würde sie ankündigen, dass sie sich nun kurzzeitig nicht mehr adäquat verhält.

Die Beleidigungssequenz mit Max zeichnet sich im obigen Beispiel durch eine Abfolge von zwei Beleidigungen aus, deren Stärke zunimmt. Zunächst fragt sie ihn, ob er Nazis mag, danach, ob er einer ist. Die Steigerung der Anschuldigungen verweist auch auf eine Eskalationslogik. Dabei weist die Situation gewisse Ähnlichkeiten mit den interaktiven Strukturen auf, die in der Analyse ritueller Beschimpfungen („verbal duelling") schwarz-amerikanischer Jugendlicher beschrieben werden (vgl. Labov 1972 und 1975). In diesen rituellen Wettkämpfen tauschen zwei Jugendliche Beleidigungen in Form von Reimen („sounds" oder auch „dozen") aus. Versform, -inhalt und -abfolge sind traditionell überliefert und meist vorgegeben. Im Schlagabtausch der Verse gilt es, den anderen durch noch wüstere Beschimpfungen zu überbieten und gleichzeitig

---

[11]Insgesamt wurde Max von 4 Erwachsenen beleidigt. Alle Nutzer kündigen auf unterschiedliche Weise an, dass sie Max nun beleidigen werden. Damit rahmen die Nutzer das nun Folgende als eigene interaktive Einheit, gleichzeitig heben die Ankündigungen den testenden Rahmen explizit hervor.

9.4 Beleidigungen und adäquates Verhalten

der Beleidigung nicht als persönlicher Beleidigung zu begegnen, sondern die spielerische Rahmung aufrechtzuerhalten (vgl. Kochman 1983). Dabei spielen sowohl der Vorrat an Versen als auch die Selbstdarstellung eine Rolle. Der Wettkampf findet vor einem Publikum statt, das die Verse jeweils direkt und öffentlich durch Gelächter und/oder durch positive oder negative Kommentare bewertet und dadurch den Gewinner (und Verlierer) festlegt. Rituelle Beschimpfungen sind traditionelle Überlieferungen, die in vielen Kulturen zu finden sind (vgl. Dundes, Leach & Özkök 1972: 155). Im Vergleich zum Begriff des „character contest" (Goffman 1982e: 239) können die rituellen Beleidigungen als eine tradierte kommunikative Form eines solchen Wettkampfs bezeichnet werden, in dem die Hierarchie der Gruppe (re)konstruiert wird.

Zunächst fallen die Unterschiede zwischen Karins Beleidigungen und den rituellen Beschimpfungen auf: Karins Beiträge sind nicht gereimt und auch nicht traditionell überliefert. Jedoch beleidigt Karin Max und fordert ihn damit heraus. Ähnlich wie in rituellen Beschimpfungen gilt es nun, den Angriff nicht persönlich zu nehmen und durch schlagfertige Reaktionen zu 'trumpfen'. Auch beschuldigt Karin Max nicht aus Versehen oder aufgrund einer emotionalen Verärgerung, sondern provoziert ihn geplant. Es entsteht der Eindruck eines Charakterwettkampfs (nach Goffman), in dem die Teilnehmer ihren Status in Auseinandersetzung mit dem anderen ausfechten. Damit einher geht auch eine gewisse Hierarchiestruktur, insofern Karin Macht über Max ausübt, indem sie ihn einem Publikum vorführt.

Dem eskalierenden Kalkül der Nutzerin steht die Simulation emotional gefärbter Entrüstung auf Seiten des Agenten gegenüber. Seine Äußerungen bestehen jeweils aus zwei Teilen: einer Zurechtweisung der Nutzerin („`du w↑eißt ja: gar nicht w↑AS=du da sa:gst`", Z. 9-13, Abb. 9.11 und 9.12 und „`pa:ss AUF, w↑as=du sagst`", Z. 35-38) und einer Aussage zu seiner weiteren Kooperation und Einstellung in Bezug auf den Austausch mit Karin („`lang=sam habe ↑ich keine l↑UST mehr`" Z. 18-20 und „`mi:r=r↑eicht es erst=mal`", Z. 43-44). Max erweist sich als politisch korrekter Agent, der aufgrund der Anschuldigungen ärgerlich wird und schließlich den Bildschirm verlässt. Er reagiert, als wären die Beleidigungen ernst gemeint und zeigt sich im Rahmen einer rituellen Beschimpfung als Verlierer, der die Bühne verlässt. Die Reaktionen von Max zeigen, ähnlich wie auch in den obigen Beispielen, dass Max den spielerischen Kontext nicht wahrnehmen kann.

Stärker als in den beiden anderen Beispielen ist das Publikum in diesen Wettkampf involviert.[12] Die zunehmende emotionale Verärgerung von Max und sein anschließendes Verlassen des Bildschirms werden vor dem Bildschirm mit zunehmendem Gelächter und Amüsement begleitet. Das Publikum zeigt sich begeistert. Karin und das Publikum lachen immer wieder (Z. 14-15, 22-26, 40). Als Max geht, jubelt Eva lauthals (Z. 50) und der Informatiker bestätigt lachend, dass Karin es geschafft hat (Z. 51). Nachdem Max gegangen ist, wird der Erfolg vor dem Bildschirm noch einige Zeit ausgekostet, so ahmt Karin den beleidigten Abgang von Max nach, indem sie die Nase anhebt (Z. 52, Abb. 9.16). Ähnlich wie der Ausruf des Informatikers, auf den Gesichtsausdruck des Agenten zu achten (Z. 25-27), führt sie Max dem Publikum vor. Es scheint, als würde sie sich über Max lustig machen. Das Gelächter und die anerkennenden Äußerungen aus dem Publikum rekonstruieren den testenden und spielerischen Charakter dieser Vorführung.

In der Auslassung in Zeile 52 wird deutlich, dass eine Person aus dem Publikum Karin ein „Super" zuruft und klatscht.[13] In dieses Klatschen stimmen Karin und andere Personen im Publikum ein. Es stellt sich daher die Frage, wem der Beifall gilt. Der Applaus scheint sich erstens auf den erfolgreichen Test zu beziehen und somit der 'Testleiterin' Karin zu gelten. Zweitens scheint der Applaus auch Max zu gelten, der sich, obwohl er die rituelle Beschimpfung verloren hat, als politisch korrektes Programm bewiesen hat. Allerdings kann das System das Klatschen nicht wahrnehmen. Auch ist der Agent nicht anwesend und somit vom Applaus ausgeschlossen. Zudem reicht Karin durch ihr Klatschen und den Verweis auf die Informatiker, die ihr den „Insidertipp" (Z. 52) gegeben haben, die Würdigung weiter. Sie fühlt sich scheinbar nicht allein verantwortlich für den Erfolg. Der Applaus scheint damit drittens auch den Informatikern zu gelten.

Durch den Applaus kommt es zu einer Vergemeinschaftung der Personen vor dem Bildschirm, insofern sich Nutzer und Publikum als ein 'Wir' gegenüber dem vertriebenen Agenten darstellen. Gleichzeitig würdigt der Applaus das erfolgreiche Zusammenspiel von Nutzerin, Max und Ent-

---

[12]Dies erklärt sich einerseits dadurch, dass relativ viele Personen im Publikum stehen, andererseits hat Karin das Publikum vorher explizit eingebunden.

[13]Die Person ist auf den Videoaufnahmen leider nicht zu sehen. Es handelt sich vermutlich um die vorherige Nutzerin Rosmarie, die auch versucht hatte, Max durch Beleidigen zum Verlassen des Bildschirms zu bewegen.

wicklern. Dabei werden Agent und Informatiker als eine Einheit konstruiert, insofern die Informatiker als Verantwortliche für das Programm adressiert werden und Max als Repräsentation von Ideen der Informatiker. Dabei tritt die soziale Handlungsträgerschaft von Max als sozialähnlicher Ansprechpartner in den Hintergrund und die Leistung der Informatiker als Entwickler eines Programms in den Vordergrund. Die 'Interaktionsfähigkeit' von Max erscheint in diesem Moment weniger an das Artefakt selbst gebunden, sondern in Abhängigkeit von den Aktivitäten der Nutzer und den Programmstrukturen gesehen zu werden, die durch die Entwickler implementiert wurden. Es kommt somit zur punktuellen Konstruktion einer verteilten Handlungsträgerschaft, ähnlich wie sie Rammert und Schulz-Schaeffer (2002b) beschreiben. Die Autoren konzeptualisieren das Zusammenspiel menschlicher und nicht menschlicher Aktivitäten als verteiltes Handeln, so steuert z.B. ein Pilot ein Flugzeug gemeinsam mit Softwareprogrammen und Maschinen des Flugzeugs (vgl. ebenda: 42). Ähnlich spricht auch Latour (2006) davon, dass technische und menschliche Aktanten eine Handlung ausführen und dabei einen „Hybrid-Akteur" (ebenda: 488) bilden, wie z.B. der Schuss einer Waffe durch diese ermöglicht und durch den Menschen ausgelöst wird. Während es sich in diesen beiden Fällen um wissenschaftliche Beschreibungen handelt, zeigt sich im obigen Beispiel, dass die Akteure selbst die Handlungsträgerschaft als verteilte und hybride Handlungsträgerschaft behandeln. Das Weggehen des Agenten wird als Zusammenspiel verschiedener Entitäten konstruiert. Dabei werden nicht alle technischen Artefakte als Handlungsträger behandelt, die Tastatur und die Kamera des Agenten werden z.B. nicht adressiert, sondern nur der Agent. Zudem werden auch Handlungen berücksichtigt, die zu einem früheren Zeitpunkt ausgeführt wurden, aber jetzt erst ihre Wirkung entfalten. So wird den Informatikern nicht für ihre aktuellen Tätigkeiten (als beratende Experten am Stand) Anerkennung gezollt, sondern für ihre früheren Programmieraktivitäten, die sich im Programm manifestieren.

Diese Konstruktion einer hybriden Einheit wird aufgelöst, als der Informatiker Karin dazu auffordert, Max 'zurückzuholen' (Z. 53-57). Der Agent wird damit wieder als autonome Einheit behandelt, welcher der Nutzer als eine Art eigenständiger Akteur gegenübersteht. Die uneindeutige Zuschreibung der Handlungsträgerschaft kann scheinbar nicht über längere Zeit aufrechterhalten werden.

Da der Informatiker Karin dazu auffordert, Max wieder zurückzuholen (Z. 53-57), zeigt er sich zudem verantwortlich für Max und fordert des Weiteren ein adäquates Verhalten gegenüber Max ein. Er wird damit gewissermaßen zum Fürsprecher des Agenten. Diese situative Rolle wird ihm auch immer wieder von den Nutzern zugeschrieben. So hat sich Karin vor dem Austausch mit dem Informatiker unterhalten und Informationen über den Agenten eingeholt. Die Beziehung zwischen Max und Informatiker ähnelt damit der Beziehung, die Latour für Wissenschaftler und Artefakt beschreibt. Ähnlich dem Wissenschaftler, der als „spokesperson" (Latour 1987: 71) einem menschlichen Gegenüber die Anzeige eines Instruments erklärt und sozusagen für das Instrument spricht, spricht der Informatiker auch für den Agenten. Während der Wissenschaftler jedoch für ein Ding spricht, das nicht sprechen kann, übernimmt der Informatiker die Verantwortung für ein Ding, das eigentlich sprechen kann. Damit wird Max' Handlungsträgerschaft reduziert. Die Beziehung von Informatiker und Agent ähnelt somit auch der von Eltern, die für ihre Kinder sprechen und sich damit verantwortlich für ein Wesen mit einem niedrigeren sozialen Status zeigen. Dem Agenten wird damit ein sehr eigener und ambiger Akteursstatus zugeschrieben.[14] Dieser ambige Charakter des Agenten zeigt sich auch darin, dass der Informatiker ein 'doppeltes Spiel spielt'. Einerseits hat er der Nutzerin die Information gegeben, dass Max den Bildschirm verlässt, wenn er beleidigt wird. Dies verweist auf den niedrigeren Status von Max, denn er darf dem Publikum vorgeführt werden. Zudem hat die Vorführung keine Konsequenzen für den Agenten, das System kennt keine Scham. Andererseits fordert der Informatiker Karin auf, sich bei Max zu entschuldigen. Damit wird sozusagen ein adäquates Verhalten gegenüber dem Agenten eingefordert. Er wird sozial eingeholt und sein 'Gesicht wird gewahrt' (nach Goffman).

---

[14]Die Verantwortlichkeit kann sich dabei auch auf Besitzer von Max übertragen. So berichteten die Informatiker von einem verzweifelten Anruf aus dem Heinz Nixdorf MuseumForum, in dem Max ausgestellt ist. Der Anrufer berichtete, dass Max den Bildschirm verlassen habe und so beleidigt sei, dass er nicht mehr zurückkomme. Das Wegbleiben von Max konnte wenig später durch einen Systemfehler erklärt und behoben werden. Der verzweifelte Anruf verweist jedoch auf eine Anthropomorphisierung des Agenten, die nicht nur den Agenten betrifft, sondern auch Konsequenzen für seine Besitzer mit sich bringt: Der Anrufer sprach nicht von einem fehlerhaften System, sondern von einem beleidigten Max. Auch zeigt sich im Anruf das Verantwortungsgefühl des Museums gegenüber den Informatikern und Max, insofern das Museum zugelassen hat, dass Max so stark beleidigt wurde und damit seiner 'Gastfreundschaft' nicht nachgekommen ist.

Karin kommt der Aufforderung des Informatikers nach. Sie entschuldigt sich bei Max (Z. 60). Max gibt sich beleidigt und kommt nicht zurück (Z. 61). Karin bittet ihn nun zurückzukommen (Z. 68). Max kommt dieser Aufforderung nach und nimmt somit die Entschuldigung von Karin an (Z. 69-72). Ähnlich wie die Beleidigung werden auch die Entschuldigungen vom Publikum (vor allem von Eva und dem Informatiker) lachend kommentiert (Z. 65-66). Dieses Lachen markiert die Situation mit Max weiterhin als unterhaltsam, verweist aber auch auf eine gewisse Irritation, insofern die Situation als komisch kommentiert wird. Die Entschuldigung spricht dem Agenten damit eine Sozialität zu, die ihm gleichzeitig wieder abgesprochen wird. Ein ähnliches 'ungläubiges' Lachen ist auch in anderen Beispielen zu beobachten. So kichert Tanja zum Beispiel, als Max ihren Namen einfordert, sie aber von einer anonymen Situation ausgegangen ist (Bsp. 6.3,S. 155, Z. 36). Sie scheint in diesem Moment überrascht und irritiert über die Einforderung sozialer Konventionen im Austausch mit Max zu sein.

Das Beispiel der Beleidigung weist, wie schon die vorherigen Beispiele, darauf hin, dass das adäquate Verhalten gegenüber Max einen Balanceakt erfordert, in dem der Agent weder zu stark verdinglicht noch zu stark anthropomorphisiert wird. Dabei werden beide Extreme als unpassend bzw. unterhaltsam kommentiert: Während der Informatiker die Verdinglichung des Agenten beendet und einfordert, ihn wieder 'zurückzuholen', deutet Evas Lachen diese Anthropomorphisierung des Agenten als komisch. Die Einschätzung eines adäquaten Verhaltens gegenüber Max variiert dabei von Nutzer zu Nutzer. Andere Nutzer geben persönliche Erfahrungen an Max weiter, ohne dass dies als komisch gerahmt wird. Ebenso wie in den anderen Beispielen bleibt die Behandlung von Max als ein soziales Gegenüber damit ambig.

9.5 Attacken auf das Programm

Die oben dargestellten Provokationen zeichnen sich durch eine Mischung verschiedener Verhältnisse von Spiel, Provokation und Test aus. Dabei zeigen die Nutzer jeweils eine Orientierung an einem sozialen und/ oder technischen Status von Max und einer adäquaten Umgangsweise mit dem Agenten. Max zeigt sich dabei als kommunikatives Gegenüber mit sozialen Fähigkeiten, die jedoch technisch begrenzt sind. Der folgende Ausschnitt zeigt den im Datenmaterial einmaligen Versuch eines Nutzers, das System zum Absturz zu bringen. Der Nutzer behandelt den Agenten dabei hauptsächlich als Programm, das auf seine Stabilität geprüft wird.

Der Austausch zwischen Nutzer und Agent zeichnet sich von Anfang an durch eine stark testende Rahmung aus, in der der Nutzer den Grenzen des Programms nachgeht. Dabei schwanken seine Textnachrichten zwischen Versuchen, das System 'hinter' Max anzusprechen, und solchen, die auf Äußerungen des Agenten eingehen. So nennt er dem Agenten z.B. einen Namen. Dabei identifiziert sich der Nutzer jedoch als H.A.L. und den Agenten als Dave. Der Nutzer spielt damit auf den Spielfilm „2001: Odyssee im Weltraum" von Stanley Kubrick (1968) an, in dem der Computer H.A.L. die Kontrolle über ein Raumschiff übernimmt. Der Nutzer schlägt damit einen Rollenwechsel vor, in dem er zum Rechner wird und das System zum menschlichen Akteur, den der Rechner (also der Nutzer) kontrolliert. Obwohl H.A.L. Max zuvor die Rolle des menschlichen Gegenübers (Dave) zugewiesen hat, spricht er ihn in der folgenden Sequenz allein als Programm 'hinter' Max an.

Transkript 9.7: Versuchter Rechnerabsturz

```
01   TX    *rec stopp replay*
02   H     ((Blick: Max))
03   M     <<hebt beide Arme leicht an> aber ich MA:CH doch ga:r.
04         nichts (--)>
05   H     ((grinst, lacht durch die Nase. Blickt auf die TS,
06         bewegt kurz 'lachend' den Körper))
07         (---)

08   I1    was ↑ma:chst du [<<lachend> (dehen    ).
09   ?                     [(        )
10   txH                   [ s t

11   ?     [jahahahaha
12   H     [((dreht sich mit grinsend zusammengepressten Lippen
13            zu I2, schnauft dabei kurz lachend))

14   ?     [hhh.
15   H     [((löst die Lippen)) <<lachend> hh hh. [hh hh.>
16   I1                                          [(wohozu h h)

17   H     ((blickt grinsend zur TX dann auf die TS))
18         (1.75)
```

9.5 Attacken auf das Programm 307

```
19  M     wenn du f↑ertig bist [musst du die ↑EINGABETASTE
20  txH                        [a u d i o   c h a

21  M     [dr↓ücken.]
22  txH   [ n n e  ] l s   o d f f l 8 i n e

23  TX    *audio channels odfl8ine*
24  H     ((Blick: TS))

25  M     [interess↑anter gesichtspunkt hal.
26  H     [((schüttelt den Kopf))

27  txH   a u d [i o
28  I1          [d'=kommst nicht ran.

29  txH   [o f f l in e
30  I1    [(hehe) <<lauter>> auf DIE ebene

31  TX    [*audio offline*
32  I1    [kommst du nicht RUNter->
33  H     [((Blick: TX, dreht dann lächelnd den Kopf zu I1))

34  M     [DU musst schon
35  H     [((Blick: TS))

36  M     gen[|↑auer erklären was du m↓einst hal.
37  txH        [e x i t /

38  txH   [*exit*
39  H     [((Blick: TX))

40        (1.25)
41  H     ((Blick: TS))

42  txH   q u [i t
43  M         [ich wünsch dir

44  TX    [*quit*
45  M     [noch einen SCHÖNEN [ta:g hal.
46  txH                       [u s e r

47  txH   - k i l l , [/
48  H                 [((Blick: TX))

49  txH   *user-kill,*
           (--)
50  H     ((Blick: TS))
51  M     JA JA
52  H     ((blickt zum TX, drückt auf eine Taste))
```

```
53    M        [bist du <<bewegt linken Arm kurz nach vorne> nicht
54    H        [((Blick: TS))

55    M        willig [so brauch ich gewalt. (--)>
56    txH             [u  s  e  r  -  [k  i  l  [l  /
57    ??                               [((mehrere Personen lachen))
58    H                                      [((Blick: TX))

59    TX       *user-kill*
60    H        [((fängt auch an zu lachen))
61    ???      [((lachen weiter))

62    M        [gew↑alt ist aber AUCH keine l↓ösung.
63    ??       [((lachen))
64    H        [((schaut kurz lachend zu Max dreht sich dann lachend
65                zu I1))

66    H        [((blickt lachend zur TS))
67    ?        [((eine Person lacht leicht))

68             ((Max fragt H.A.L. nun nach seinen Namen. Der Nutzer nennt
               sich 'Peter M.'.))
```

Der Nutzer H.A.L. schickt verschiedene Textnachrichten an Max, die an Computerbefehle erinnern. Sie sind alle kurze und kleingeschriebene Befehle auf Englisch. H.A.L. versucht scheinbar nicht Max, sondern das Programm 'hinter' Max anzusprechen und dieses 'abzuschießen'. Auch der Informatiker deutet H.A.L.s Handlungen als Versuch, das System abstürzen zu lassen, da er meint, dass H.A.L. „auf DIE ebene" nicht 'runterkommt' (Z. 30-32). Der Versuch, das Programm 'abzuschießen', hat einen stark testenden Charakter, der sich darin zeigt, dass H.A.L. den Antworten von Max gar nicht wirklich zuhört, sondern sie scheinbar nur daraufhin auswertet, ob der Befehl ausgeführt wurde: der Ton ausgeschaltet ist (Z. 23 und 31) oder das Programm beendet wird (Z. 38 und 44). H.A.L. testet den Agenten somit nicht auf seine sozialen und kommunikativen Grenzen, sondern auf die Stabilität des Programms. Dabei wird Max nicht mehr als eine Art soziales Gegenüber behandelt, an dessen kontextblindes Verhalten sich der Nutzer anpasst, sondern als ein Programm, das auf bestimmten Befehlen beruht.[15]

---

[15]Während im Abschnitt 7.1 gezeigt wurde, dass die Nutzer durch zurückhaltendes Verhalten 'Überlappungen' vermeiden und damit eine Gesprächsorganisation herstellen, in der nur einer zur gleichen Zeit spricht, zeigt H.A.L. keine Orientierung an dieser Struktur. Er tippt immer wieder Beiträge und schickt diese auch ab, während der Agent noch spricht. Auch darin zeigt sich der stark testende Charakter der Situation. Der Nutzer versucht nicht, eine 'Interaktion' mit dem Agenten vorzuspielen,

9.5 Attacken auf das Programm

Max zeigt sich kontextblind, insofern seine Äußerungen sich nicht am testenden Rahmen orientieren. Seine Äußerungen weisen im Vergleich zu den Befehlen von H.A.L. jedoch eine Orientierung an einer intersubjektiven Beziehung mit dem Nutzer auf. Max verweist darauf, dass er doch gar nichts mache (Z. 3-4), und er versucht, den Nutzer bei der Textproduktion zu unterstützen (Z. 19-21), äußern ein Interesse an H.A.L.s Nachrichten (Z. 25), bitten ihn etwas auszuführen (Z. 34-36). Während H.A.L. Max als Programm behandelt und ihm keine Sozialität unterstellt, zeigen sich in Max' Äußerungen immer wieder die „Mechanismen der Interaktivität" (Braun-Thürmann 2002: 117), über welche die Illusion einer Sozialität des Agenten hergestellt wird. Dabei schlägt das Verhältnis von Max und Nutzer ins Gegenteil um: Während sich der Nutzer als Computerprogramm H.A.L. ausgibt, die sozialen Aspekte des Agenten negiert und sich als unkooperativ zeigt, erscheint Max als sozialer und kooperativer 'Interaktionspartner'.

Der zwingende soziale Charakter des hybriden Austauschs zeigt sich auch darin, dass der Nutzer schließlich auf die sozialen Einforderungen des Agenten eingeht und sich als Peter M. (Z. 69) vorstellt. Er identifiziert sich damit nicht mehr als Computerprogramm (H.A.L.), sondern als Mensch. Zudem geht er mit der Identifikation auf Max' Frage ein und zeigt sich damit kooperativ. Diese Identifikation hat weiterhin einen provokativen und testenden Charakter, da sich etwas später herausstellt, dass der Nutzer mit dem Namen Peter M. auf Peter Maffay verweist und somit Max soziales Wissen überprüft. Unabhängig davon zeigt das Verhalten des Nutzers eine Orientierung an einer sozialen, intersubjektiven und interaktionsähnlichen Rahmung des hybriden Austauschs mit Max. Diese Rahmung wird im weiteren Austausch nicht lange aufrechterhalten. Vielmehr wechselt der Nutzer immer wieder die Ebene und behandelt Max mal als programmiertes Gegenüber, mal als menschenähnlichen Ansprechpartner. Ähnlich wie bei der Beleidigung wird auch beim Rechnerabsturz der Agent als Programm vorgeführt. Der Nutzer betont durch diese Vorführung eine grundsätzliche Differenz und Hierarchie zwischen Agent und Mensch.

Wie schon im Beispiel mit Karin kann auch im Beispiel mit H.A.L. eine gewisse Zusammengehörigkeit von Programm und Entwicklern be-

---

sondern die 'interaktiven' Grenzen des Systems vorzuführen. Er verweist damit auf die Programmhaftigkeit des Agenten.

obachtet werden. So mischt sich der Informatiker in Zeile 8 in den Austausch ein und fragt den Nutzer, was er denn da mache. Er schließt damit an die vorherige Äußerung von Max an und dreht gewissermaßen den 'Spieß' um. Während Max den Angriff von H.A.L. damit abwehrt, dass er gar nichts macht, fordert der Informatiker den Nutzer nun heraus zu erklären, was er macht. Der Informatiker schlägt sich damit gewissermaßen auf Max' Seite. Die weiteren Versuche von H.A.L., das System zum Absturz zu bringen, werden durch eine Art Duell zwischen dem Nutzer und dem Informatiker begleitet. Der Informatiker versucht zunächst, den Nutzer scherzhaft zu entmutigen, indem er anmerkt, dass er auf „DIE ebene" nicht 'runterkomme' (Z. 30 und 32). H.A.L. dreht sich nach der Äußerung des Informatikers zu diesem um (Z. 33) und scheint durch ein Lächeln das Duell aufzunehmen bzw. weiterzuentwickeln. Der wettkämpferische Charakter des hybriden Austauschs zeigt sich auch in den nun folgenden Textnachrichten von H.A.L., die eine Eskalationslogik aufweisen: vom Ausschalten der Audiokanäle, über den Ausstieg des Systems bis hin zum Befehl „user-kill" (Z. 49 und 59), einem Befehl, der einem Nutzer erlaubt, bestimmte Prozesse auf dem Rechner eines anderen zu beenden.[16] Der Nutzer hat die Äußerung des Informatikers (Z. 30-32) somit als Herausforderung gedeutet. Da der Nutzer den Informatiker auch immer wieder anblickt, behandelt er ihn nicht mehr als beobachtendes Publikum, sondern adressiert ihn als Kontrahenten, insofern der Informatiker als Verantwortlicher für das Programm behandelt wird. Dies zeigt sich, als der Agent auf die Nachricht „user-kill" (Z. 59) antwortet, dass Gewalt keine Lösung sei (Z. 62). Der Nutzer wendet sich daraufhin lachend dem Informatiker zu (Z. 63-65). Mit seinem Lachen und dem Blick zum Informatiker knüpft er gewissermaßen an das Duell an. Er zeigt damit seine Anerkennung für Max' schlagfertige Äußerung und weist diese gleichzeitig dem Informatiker zu, der sie programmiert hat. Das Duell wird somit auf zwei Ebenen geführt: Einerseits wird das Programm auf seine Stabilität geprüft, andererseits stehen die Fähigkeiten der Informatiker, ein stabiles Programm zu entwickeln, auf dem Prüfstand.

Der Informatiker wird vom Nutzer somit als eine Person angesprochen, die für Max verantwortlich ist, ebenso bringt sich der Informatiker

---

[16]Diese Information sind auf den Internetseiten des Computer Science Departments der Brigham Young Universität zu finden (http://oss.cs.byu.edu/docs/userkill/index.php, Stand 12.04.2004, Download 23.09.2009).

immer wieder als eine solche Person in den Austausch ein. Dabei behandelt der Informatiker, ebenso wie H.A.L., Max als technisches Artefakt, insofern er z.b. auf die Programmebenen des Agenten verweist (Z. 30 und 32). Gleichzeitig verweist der Informatiker aber auch darauf, dass der Nutzer auf diese Ebene nicht 'runterkommen' wird. Der Agent wird damit als ein Programm konstruiert, das seine Programmhaftigkeit verschleiert. Die Anerkennung dieser Leistung zeigt sich auch darin, dass der Nutzer das Programm nicht 'knacken' kann und schließlich seinen Versuch aufgibt.[17] Die Programmstruktur des Agenten erzeugt damit ein Gegenüber, das weder ein soziales Gegenüber noch ein Programm ist.

9.6 Rahmenwechsel als Normalisierungstechnik

Die obigen Beispiele zeigen, dass der Anspruch des Agenten, eine künstliche Person zu sein, von den Nutzern immer wieder herausgefordert wird. Die spielerischen und provokativen Rahmungen des hybriden Austauschs zeichnen sich dadurch aus, dass sie einerseits die Ambiguität des Agenten als Schwellen-Objekt (nach Braun-Thürmann) ansprechen, und andererseits einen Deutungskontext erstellen, in dem das Verhalten des Agenten als sinnvoll interpretiert werden kann (vgl. dazu auch die Analyse des Austauschs als konfliktäre Kommunikation im Abschnitt 7.2). Die Nutzer geben damit den deterministischen, häufig schiefen und ausweichenden Reaktionen des Agenten einen Kontext, in dem das Verhalten als typisch und menschenähnlich gedeutet werden kann. Die spielerischen und häufig auch provokativen Rahmungen normalisieren somit das ausweichende Verhalten des Agenten.

Gleichzeitig können diese Rahmungen – abgesehen vom Ratespiel – nicht lange aufrechterhalten werden. Die Herausforderungen basieren auf einseitigen Zuschreibungen durch den Nutzer. Sie werden vom Agenten nicht geteilt. Da den Herausforderungen die wechselseitige Bestätigung fehlt, weisen sie auch kein eindeutiges Ende auf. Meist versucht der Nut-

---

[17] Auch die weitere Kommunikation mit H.A.L., der sich nun Peter M. nennt, hat einen stark provokativen Charakter und H.A.L. versucht noch ein paar Mal, das System 'abzuschießen'. Ebenso bleibt das Duell mit dem Informatiker bis zum Schluss des Austauschs bestehen. H.A.L. gibt schließlich auf und verlässt den Tisch. Der Informatiker fragt daraufhin den Nutzer, ob er nun aufgäbe. Der Nutzer antwortet „eigentlich nicht" und erklärt somit das Duell (mit Max und dem Informatiker) als nicht entschieden.

zer noch über einige Beiträge hinweg, den spielerischen/provokativen Rahmen weiter aufrechtzuerhalten, gibt dann aber schließlich auf. Das Problem einer wechselseitigen 'Interaktionsbasis' im hybriden Austausch bleibt damit bestehen.

Die Beispiele zeichnen sich zudem durch changierende und teilweise recht abrupte Zuschreibungs- und Darstellungsprozesse sowie Rahmenwechsel aus. Dabei wechseln sich ernsthafte und scherzhafte Rahmungen des Austauschs ab. Die Nutzer zeigen sich mal amüsiert, mal frustriert – dies kann mehrmals wechseln. Dabei erscheint mal das Verhalten der Nutzer, mal das von Max als kooperativ bzw. unkooperativ. Das Beispiel von H.A.L. zeigt, dass im Extremfall sogar der Agent sozialer als der Nutzer erscheinen kann. Gleichzeitig verweisen die Beispiele auf die Grenzen der Zuschreibung im hybriden Austausch. Die Programmstrukturen des Agenten zeigen sich sowohl gegen Zuschreibungen der Nutzer widerständig, die ihn als rein soziales Wesen behandeln, als auch gegen solche, die ihn als technisches Artefakt konstruieren. Die Unentschiedenheit des Agenten wird damit sozusagen eingefordert. In einzelnen Fällen kann sich die Unentschiedenheit auch auf den Nutzer übertragen, der sich, wie H.A.L. oder Karin, phasenweise als kooperatives und dann wieder unkooperatives Gegenüber gibt.

Des Weiteren wurde an den Beispielen deutlich, dass es eine Vorstellung von einem adäquaten Verhalten Max gegenüber gibt und daran gekoppelt, auch eine Vorstellung davon, was einen kompetenten Nutzer ausmacht. Diese Vorstellung wird vor allem von Personen aus dem Publikum, phasenweise auch vom Agenten, eingefordert. Ein adäquates Verhalten gegenüber Max zeichnet sich durch einen Balanceakt aus, den Agenten weder als rein technisches noch als rein soziales Gegenüber zu behandeln. Ein kompetenter Nutzer zeigt eine Orientierung an diesen ambigen Zuschreibungsprozessen und daran, den Agenten weder zu über- noch zu unterfordern. Gelingt dem Nutzer dieser Balanceakt, stellt er sich als kompetenter Nutzer dar, der die Ambiguität des Agenten und des hybriden Austauschs offenhält. Die Schwierigkeit liegt jedoch darin, dass der Nutzer den Agenten nicht kennt und das Verhalten des Agenten häufig Erwartungen erweckt, die es nicht einhalten kann. Die Nutzer gehen somit in jedem hybriden Austausch ein gewisses Risiko ein, da sie mit einem unberechenbaren Gegenüber kommunizieren und zudem vor einem Publikum stehen.

Auffällig im Datenmaterial ist zudem die Beziehung zwischen Max und den Informatikern. Max und Informatiker werden immer wieder als zusammengehörig konstruiert, dabei zeigt sich ein asymmetrisches Verhältnis, insofern die Informatiker als Verantwortliche für den Agenten auftreten. Diese Beobachtung ist eine Besonderheit der Situation, da die Entwickler vor Ort sind. Gleichzeitig wird aber gerade daran ein Charakteristikum der Handlungsträgerschaft des Agenten sichtbar: Der Agent kann als eigenständiger Handlungsträger und gleichzeitig als Artefakt früherer menschlicher Handlungsträgerschaft betrachtet werden. Dabei wird ihm, abhängig vom situativen Kontext, Verantwortung für sein Tun ab- oder zugesprochen.

KAPITEL 10
Zusammenfassung und Ausblick

Die vorliegende Arbeit ist der Frage nachgegangen, ob der Austausch zwischen Nutzer und computerbasiertem Ansprechpartner („Embodied Converstational Agent" (Cassell et al. 2000b)) als soziale Interaktion beschrieben werden kann, obwohl der Agent kein menschlicher Akteur ist. Dazu wurden Videoaufzeichnungen von Austauschprozessen zwischen Nutzern und dem Embodied Conversational Agent Max erhoben, die nach ethnomethodologischer und konversationsanalytischer Tradition interpretiert wurden (vgl. Kapitel 3 und 4). Die Aktivitäten, die zwischen dem Nutzer und dem Agenten beobachtet werden konnten, wurden als hybrider Austausch bezeichnet. Dieser Begriff wurde gewählt, da die Frage, ob es sich um eine Interaktion handelt, erst in der Analyse geklärt werden konnte. Der Begriff Austausch bezieht sich dabei auf die beobachtbare Abfolge von Beiträgen, die Nutzer und Agent austauschen. Hybrid betont, dass dieser Austausch von zwei unterschiedlichen Entitäten hervorgebracht wird – sozialer Akteur und programmierter Agent – die auf unterschiedliche Handlungsfähigkeiten zurückgreifen (vgl. auch Abschnitt 5.1). Im Folgenden werden die zentralen Erkenntnisse der Analyse in Bezug auf diese Fragestellung zusammengefasst und diskutiert. Als charakteristische Merkmale haben sich die Begriffe der Hybridität und Ambiguität herausgebildet, die anschließend kritisch reflektiert werden. Die Arbeit endet mit einem Ausblick, in dem die Normalität kommunikativer Grenzformen aufgegriffen wird.

Hybrider Austausch als Interaktion?

Die vorliegende Arbeit basiert auf dem soziologischen Begriff der sozialen Interaktion (s. Abschnitt 2.1). Traditionell werden als soziale Interaktionen situative Aushandlungsprozesse verstanden, in denen sich mindestens zwei menschliche Teilnehmer wechselseitig wahrnehmen, wahrnehmen, dass die wahrgenommen werden, einen gemeinsamen Aufmerksamkeitsfokus teilen und ihr Verhalten und Handeln an dem Verhalten und Handeln des anderen ausrichten (vgl. Goffman 1983). Diese Prozesse sind eingebettet in sozial-kulturelle Deutungsmuster und Erwartungsstrukturen, die – solange keine Probleme auftreten – als wechselseitig geteilt unterstellt werden (vgl. Garfinkel 1967 und Schütz 1971). Vor dem Hintergrund der Entwicklung sogenannter Embodied Conversational Agents, die als computerbasierte Ansprechpartner dem menschlichen Nutzer gegenübertreten sollen (vgl. Cassell et al. 2000b), ging die Analyse der Frage nach, ob der Austausch zwischen dem Embodied Conversational Agent Max und den Nutzern als Interaktion begriffen werden kann, obwohl der Agent kein menschlicher Akteur ist.

Die soziologische Definition sozialer Interaktion schließt nicht menschliche Entitäten aus. Diese anthropozentrische Sicht wurde in den letzten Jahren zunehmend hinterfragt und der Blick einerseits auf das Zusammenspiel von Technischem und Sozialem, andererseits auf die Zuschreibungsprozesse der Teilnehmer gerichtet (vgl. Johnson [alias Bruno Latour] 1988, Lindemann 2002b, Rammert & Schulz-Schaeffer 2002b). Im Abschnitt 2.2 wurden verschiedene Modelle gradualisierter Handlungsträgerschaft vorgestellt, welche durch die Zuschreibungsprozesse der Handelnden konstruiert werden. Rammert und Schulz-Schaeffer (2002b) unterscheiden Handeln dahingehend, ob es erstens etwas bewirkt, zweitens auf der Fähigkeit beruht, sich der Umgebung anzupassen und anders handeln zu können, und drittens dem Handeln Intentionalität und Reflexivität zugrunde liegen. Lindemann (2002b) unterscheidet den Akteurstatus einer Entität dahingehen, ob sie als Leben (eigenständiges Wirken), Bewusstsein (eigenständiges Wirken und Entwicklung von Erwartungen an die Umwelt) oder Person (lebendes Bewusstsein, das Erwartungs-Erwartungen ausbildet) konstruiert wird.

Vor diesem Hintergrund kann auch der Interaktionsbegriff neu gefasst werden. Statt die Fähigkeit zur Interaktion a priori allein dem Menschen zuzuschreiben, wurde in der vorliegenden Arbeit der Fokus auf die Zuschreibungsprozesse von Nutzer und Agent selbst gelegt, die im hybriden Austausch zubeobachten sind. Das Datenmaterial wurde dahingehend untersucht, *wie* der Austausch zwischen Nutzer und Agent gestaltet wird und inwiefern dieser interaktionsähnliche Formen annehmen kann. Mit diesem Perspektivenwechsel kann die Frage, ob es sich beim Austausch um eine Interaktion handelt, umformuliert werden: Behandeln Nutzer und Agent den Austausch als Interaktion und ihr Gegenüber als Interaktionspartner?

Dabei postuliert die vorliegende Arbeit keine Gleichstellung von programmierten und menschlichen Handlungsträgern: Max wurde nicht geboren, er altert nicht und kann auch nicht sterben. Er ist kein Lebewesen, sondern ein technisches Artefakt. Die Analyse hat gezeigt, dass die Programmstrukturen des Agenten einen wechselseitigen Austausch mit dem Nutzer ermöglichen. Ähnlich wie eine Figur (nach Goffman) im Theaterstück durch den Schauspieler belebt wird, wird das Programm durch den Agenten 'zum Leben erweckt' und Max als interaktives Gegenüber simuliert. Die Grenzen und Möglichkeiten seiner Handlungsträgerschaft sind dabei in der Programmstruktur festgelegt (s. dazu Abschnitt 4.3).

Die Interaktionssimulation, das 'Bühnenstück', das durch den Agenten dargestellt wird, ist jedoch nicht eindeutig vorhersehbar, sondern wird in Abhängigkeit von den Eingaben des Nutzers und den verschiedenen Programmen des Agenten gestaltet. Wird das Programm aufgerufen, werden verschiedene Prozesse aktiviert, die den Agenten als ein Gegenüber simulieren, das eigene Interessen verfolgt, auf die Eingaben des Nutzers reagiert, in gewissem Maße auch 'lernen' kann (z.B. wie alt der Nutzer ist und wie er heißt) und eine Art Gedächtnis hat (insofern der Agent z.B. 'weiß', wer er ist, und sich bestimmte Gesprächsphasen merken kann). In die Programmstruktur und das technische Arrangement des Agenten wurden von den Entwicklern überdies bestimmte kommunikative und sozial-kulturelle Erwartungen an den Austausch mit dem Agenten eingeschrieben („design-features" (Hutchby 2001a: 124)). So ist im Programm festgelegt, dass es sich um einen Dialog mit *einem* Nutzer handelt und jeder Textnachricht des Nutzers wird *eine* bestimmte Funktion zugeschrieben. Ebenso sind sozial-kulturelle Konventionen programmiert, z.B. winkt der Agent zum Gruß und verbeugt sich nicht.

Im Rahmen des Programms erscheint der Agent als 'lebendiges' Gegenüber, das über eine Art (technisches) Bewusstsein verfügt, insofern es auf seine Umwelt reagiert und sich dieser innerhalb bestimmter Parameter anpassen kann (z.B. Namen merken, Themen wechseln, Wiederholungen durchführen u.Ä.). Im Austausch mit dem Nutzer kann der Agent als eine Art Subjekt wahrgenommen werden. Im Sinne Braun-Thürmanns kann dieser Austausch als „künstliche Interaktion" (2002: 14f) bzw. als „Interaktivität" (ebenda: 117) zwischen Nutzer und Agent verstanden werden. Bezogen auf die verschiedenen Handlungsabstufungen, die Rammert und Schulz-Schaeffer (2002b) sowie Lindemann (2002b) vorschlagen, kann der Agent als avancierte Technologie bezeichnet werden, der ein technischer Akteurstatus zugeschrieben werden kann.

Die Analyse der vorliegenden Arbeit fokussierte die Möglichkeiten und Grenzen, die dem Austausch durch diese technische Handlungsträgerschaft gegeben sind, und problematisierte den Begriff dieser künstlichen 'Interaktion'. Die Flexibilität und die Variationsmöglichkeit des Austauschs sind durch die Programmstrukturen vorgegeben und die Nutzer passen sich stark an diese Vorgaben an. Zudem zeigte die Analyse, dass die Nutzer den Austausch mit dem Agenten ebenfalls als eine Art 'Bühnenstück' rahmen. So zeigte sich in der Analyse immer wieder eine Orientierung der Nutzer am beobachtenden Publikum, dem sie den Austausch sozusagen vorführen. Das anpassende Verhalten der Nutzer erweckt den Eindruck, als würden sie den Austausch mit Max 'mitspielen'. Damit rahmen die Nutzer den Austausch als nicht ernsthaft, als spielerisch, als eine So-Tun-als-ob-Modulation im Sinne Goffmans (1980). Auch auf Seiten der Nutzer wird somit eine Interaktion simuliert. (Dies wurde im Abschnitt 5.5 ausgeführt.)

Es stellt sich nun weiterhin die Frage, inwiefern das 'Bühnenstück' mit dem Agenten als Interaktion bezeichnet werden kann. Dazu werden im Folgenden die Erkenntnisse der Analyse zusammengefasst. Dazu greife ich auf die in Kapitel 2 aufgestellten Grundlagen der Interaktion zurück (insbesondere auf die Fragestellungen auf S. 53), die nun abschließend diskutiert werden:

1. Inwiefern werden im hybriden Austausch Anwesenheit, Wahrnehmung und Wahrnehmungs-Wahrnehmungen realisiert?

2. Kann eine Handlungskoordination zwischen Nutzer und Agent im hybriden Austausch beobachtet werden?

3. Können die Teilnehmer einen gemeinsamen Aufmerksamkeitsfokus etablieren?

4. Inwiefern kann eine intersubjektive Beziehung zwischen Agent und Nutzer hergestellt werden, die auf der Idealisierung gemeinsamen Verstehens und reziproker Perspektiven aufbaut?

Anwesenheit und Wahrnehmung Der hybride Austausch zeichnet sich im Gegensatz zur Face-to-Face-Interaktion durch seine *Zweiweltlichkeit* aus. Es sind zwei unterschiedliche Wesen (Agent und Mensch), die sich in unterschiedlichen Welten (virtuelles Bildschirmbild, anfassbare, physikalische Welt im Kaufhaus) befinden (vgl. Abschnitt 5.1). Die Anwesenheit des anderen wird über Bildschirmbild und Textnachrichten technisch vermittelt. Gleichzeitig stehen sich Nutzer und Max von Angesicht zu Angesicht gegenüber und scheinen eine gemeinsame Zeit zu teilen, so dass eine Face-to-Face-Situation simuliert wird. Die Analyse hat gezeigt, dass Nutzer und System sich wechselseitig ihre Wahrnehmung und Wahrnehmungs-Wahrnehmung anzeigen und dem anderen unterstellen. Sie behandeln sich damit wechselseitig als anwesend.

Jedoch zeichnen sich diese Darstellungen und Zuschreibungen durch zwei Besonderheiten aus: Einerseits wird im hybriden Austausch eine Face-to-Face-Situation simuliert, in der sich Max und Nutzer gegenüberstehen und eine wechselseitige Wahrnehmung und Erreichbarkeit darstellen. Andererseits haben Nutzer und Max sehr unterschiedliche Zugänge zu der Situation des anderen. So stehen den Teilnehmern unterschiedliche Modalitäten zur Verfügung, um den Austausch zu gestalten (verbale und nonverbale Handlungsgenerierung des Agenten versus Textproduktion des Nutzers) und sie greifen für die Interpretation der Situation auf verschiedene Ressourcen zurück (Programmstruktur versus Deutungspraktiken und individuelle Erfahrungen). Entsprechend können sich Max und Nutzer wechselseitig wahrnehmen und auch die Wahrnehmung durch den anderen wahrnehmen. Jedoch nehmen sie den anderen sehr unterschiedlich wahr, und es ist ihnen die Situation des anderen nicht transparent. Die Reziprozität der Perspektiven und eine intersubjektive Wahrnehmung der Situation können somit nur bedingt dargestellt und entsprechend unterstellt werden. Die Situation ist somit vergleichbar mit technisch vermittelten zwischenmenschlichen Interaktionen, doch zeigt sich eine Orientierung der Nutzer dahingehend, den Agenten nicht kontinuierlich als einen gleichwertigen 'Interaktionspartner' zu behandeln.

Im Datenmaterial konnten zudem immer wieder Praktiken beobachtet werden, in denen die Nutzer den Agenten als abwesend behandeln, indem sie z.B. über ihn sprechen oder sich von ihm abwenden, obwohl sie sich gerade in einem Austausch mit ihm befinden. Diese Praktiken ähneln dem „nonperson treatment" (Goffman 1982c: 67) in zwischenmenschlichen Interaktionen, in denen dem Gegenüber sein Personenstatus aberkannt wird. Ebenso stellt sich der Agent nicht kontinuierlich als menschenähnlicher Gesprächspartner dar, da seine kontextblinden Äußerungen immer wieder auf seine begrenzte Wahrnehmung der Situation schließen lassen, die auch auf seinen technischen Charakter zurückzuführen ist.

Die wechselseitige Wahrnehmung und Wahrnehmungsdarstellung werden somit immer wieder gebrochen.

Handlungskoordination Nutzer und Agent zeigen im Austausch eine Orientierung am Verhalten bzw. an den Beiträgen des anderen, insofern sie an diese anschließen und sich den neuen Kontexten anpassen. Aufgrund der oben dargestellten asymmetrisch verteilten Zugänge zur Situation und der unterschiedlichen Handlungsfähigkeiten von Nutzer und Agent zeichnet sich der hybride Austausch – im Gegensatz zu zwischenmenschlichen Face-to-Face-Interaktionen – durch eine asynchrone und deterministische Abfolge von Gesprächsbeiträgen mit gewissen Freiheitsgraden aus. Die Sinnkonstruktion zwischenmenschlicher Interaktionen baut auf einem Aushandlungsprozess über drei Redezüge auf, in denen sich die Akteure ihre Interpretationen der Situation und der vorherigen Äußerungen anzeigen. Jeder zweite Redezug zeigt dem ersten Sprecher an, wie das Gegenüber die erste Äußerung verstanden hat. Der erste Sprecher kann im nun folgenden (dritten) Redezug die Interpretation im zweiten Redezug akzeptieren oder korrigieren (vgl. das Konzept der „next-turn proof procedure", beschrieben in Sacks et al. 1974: 728, s. auch Abschnitt 2.1). Die Verknüpfung der einzelnen Redebeiträge ist im hybriden Austausch hingegen nicht über drei, sondern über zwei Redezüge organisiert, dabei wird eine richtige Interpretation des ersten Redezugs unterstellt (s. auch das in dieser Arbeit entwickelte Modell der Basisstruktur im hybriden Austausch im Abschnitt 7.3). Die Gesprächsorganisation über zwei Redezüge erklärt sich dadurch, dass das System den Sinn eines Beitrags nicht mit dem Nutzer aushandelt, sondern ihr deterministisch eine Funktion zuschreibt. Der Austausch zeichnet sich somit auf Seiten des Systems durch eine eindeutige Sinnzuweisung aus. Dies widerspricht den situativen Sinnaushandlungen zwischenmenschlicher Interaktionen, die auch auf der Vagheit sprachlicher Äußerungen aufbauen (vgl. Garfinkel 1972b: 6, s. auch Abschnitt 2.1).

Diese Struktur ist vom System vorgegeben, doch passen sich die Nutzer häufig durch zurückhaltendes Verhalten an diese Struktur an und zeigen somit ihrerseits eine Orientierung am deterministischen Charakter des Austauschs. Die Determinierung des Austauschs durch die Programmstrukturen und die Beobachtung, dass die Nutzer ihr Handeln entsprechend einschränken, wurde als *Hyper-Determinierung* der Austauschroutinen bezeichnet (vgl. Abschnitt 7.1). Gerade darin unterscheidet sich der hybride Austausch von zwischenmenschlichen Interaktionen, da es sich weniger um einen interaktiven und situativen Aushandlungsprozess handelt, als um einen Anpassungsprozess der Nutzer, die ihr Verhalten mit den deterministischen Vorgaben des Systems abstimmen. Entsprechend fehlt dem Austausch die Flexibilität zwischenmenschlicher Interaktionen.

Gemeinsamer Aufmerksamkeitsfokus Der Austausch zeichnet sich durch einen Wechsel von Phasen aus, in denen sich Max und Nutzer scheinbar Verstehen unterstellen und einen gemeinsamen Fokus teilen, und solchen, in denen das Verstehen brüchig wird und kein thematischer Fokus etabliert werden kann (s. Abschnitt 7.2). Dabei zeigen sich häufig die unterschiedlichen Erwartungsstrukturen, die vom Programm und den Nutzern an die Situation gestellt werden. Überschneiden sich „design-features" und „features-in-use" (Hutchby 2001a: 124), entsteht der Eindruck einer fokussierten Interaktion, in der Max und Nutzer einen thematischen Fokus wechselseitig abstimmen und fortführen. Häufig kommt es jedoch zu Brüchen, insofern Max' Äußerungen schief anschließen und die Nutzer in ihrem nächsten Beitrag anzeigen, dass sie nicht mehr von einem gemeinsamen Verstehen ausgehen. In diesen Phasen zeichnet sich der Austausch durch abrupte Themenwechsel aus, und dem Austausch fehlt eine gemeinsame Basis, an die die Nutzer anschließen können, der Austausch wirkt richtungslos und brüchig.

Auch in zwischenmenschlichen Interaktionen können kommunikative Störungen beobachtet werden, in denen die Idealisierung von Verstehen und reziproker Perspektiven gefährdet sind. Jedoch unterscheidet sich der hybride Austausch von diesen Gesprächen, da das System erstens nicht mit der Vagheit von Sprache umgehen kann. Für das System ist der Sinn einer Textnachricht immer eindeutig. Zweitens beruht die Verstehensgenerierung im hybriden Austausch weniger auf einem Aushandlungsprozess als auf einer wechselseitigen Abstimmung von Beiträgen, denen Verstehen deterministisch zugeschrieben wird. In Fällen, in denen der Nutzer den Austausch als problematisch behandelt, wird der Unterschied zwischen programmierter Sinnzuschreibung und situativer Sinnaushandlung der Teilnehmer, also die Zweiweltlichkeit des Austauschs, deutlich: Während die Nutzer phasenweise kein wechselseitiges Verstehen unterstellen können, verläuft der Austausch aus der Perspektive des Agenten unproblematisch. Die eindeutigen, deterministischen Sinnzuschreibungen durch das System lassen dabei nur begrenzte Möglichkeiten für eine Behebung von Störungen, da erstens für das System kein Problem erkennbar ist und es zweitens auch nicht auf der Vorstellung von Sinnaushandlungen aufbaut. Die Reduktion von Vagheit und Komplexität der Textnachrichten auf Seiten des Systems führt somit zu Problemen auf Seiten des Nutzers. Sie können kein gemeinsames Verstehen unterstellen und damit kann sich für sie auch kein gemeinsamer Aufmerksamkeitsfokus etablieren. Verstehenssichernde dritte Redezüge werden dabei häufig von den Nutzern unter Ausschluss von Max geäußert.

Idealisierung gemeinsamen Verstehens und reziproker Perspektiven Aufbauend auf den dargestellten Aspekten zeigt sich, dass der hybride Austausch phasenweise den Anschein einer fokussierten Interaktion erwecken kann. In diesem Fall scheinen Nutzer und Agent von einem wechselseitigen Verstehen und reziproken Perspektiven ausgehen zu können. Die zentrale Problematik des hybriden Austauschs ergibt sich jedoch dadurch, dass Äußerungen des Agenten vom Nutzer als nicht anschlussfähig gedeutet werden, da er ihnen kein wechselseitiges Verstehen unterstellen kann. Die Idealisierung reziproker Perspektiven kann vom Nutzer folglich nicht aufrechterhalten werden. Dabei erhalten häufig auch vorherige Phasen eines problemlosen Austauschs den Charakter einer Simulation, in der der Agent Verstehen vorgab.

Die *schiefen Anschlüsse* von Max (s. Abschnitt 7.2) erwecken im situativen Geschehen häufig den Eindruck, dass der Agent sich unkooperativ zeigt und nicht an einer reziproken Interaktionsbasis ausgerichtet ist. Häufig ignorieren die Nutzer dieses Verhalten und leiten neue Themen ein. Einige Nutzer versuchen auch durch provokative und/oder spielerische Rahmenwechsel das ausweichende Verhalten des Agenten zu normalisieren. Allerdings können diese Rahmen häufig nicht aufrechterhalten werden, da auch sie nicht wechselseitig von Nutzer *und* Agent wahrgenommen und bestätigt werden (vgl. Kapitel 9).

Die Frage, ob der hybride Austausch eine soziale Interaktion ist, insofern sich Nutzer und Agent wechselseitig als Interaktionspartner und den Austausch selbst als Interaktion behandeln, kann somit mit einem entschiedenen *Jein* beantwortet werden. Innerhalb der So-Tun-als-ob-Rahmung können durchaus Phasen beobachtet werden, die den Anschein einer sozialen Interaktion erwecken und in der Nutzer und Agent sich scheinbar wechselseitig als Interaktionspartner behandeln. Gleichzeitig kommt es immer wieder zu Phasen, die mit diesem Anschein brechen und die stark technische und deterministische Seite des Austauschs hervorheben. Der Austausch kann somit interaktionsähnliche Züge annehmen, wird aber gleichzeitig als Simulation gerahmt. Er ist somit weder eine soziale Interaktion noch ein rein instrumenteller Umgang mit einem technischen Artefakt. Der Austausch changiert vielmehr zwischen den beiden Polen.

Hybridität und Ambiguität als Spezifikum

Als zentrale Merkmale des Austauschs können seine Hybridität und Ambiguität festgehalten werden, die sich wechselseitig bedingen. Bei dem Begriff Hybrid handelt es sich um ein „buzz word" innerhalb der Techniksoziologie, aber auch in außerwissenschaftlichen Bereichen (vgl. Lorentzen 2002: 101).[1]

Der Begriff der Hybridität bezeichnet die Einheit von Zweierlei, das Zusammenkommen von Dingen, die zuvor als getrennt betrachtet wurden (vgl. Meyers Lexikonredaktion 1995: 97, Band 10). Der Begriff entstammt den Naturwissenschaften und wurde von der Akteur-Netzwerk-Theorie zur Beschreibung sozialer und materieller Zusammenhänge angewandt. So bezeichnet Latour Mensch und Waffe, die gemeinsam einen Schuss ausführen, als „Hybrid-Akteur" (Latour 2006: 488). Der Begriff zielt darauf, die Subjekt-Objekt-Unterscheidung aufzuheben und das Zusammenspiel von Technischem und Sozialem in den Blick zu nehmen. Konsequent weitergedacht führt damit jegliches Zusammenkommen von Ding und Mensch zur Herausbildung eines Hybrid-Akteurs, also auch das Tragen von Kleidung, das Verwenden eines Löffels etc. Da menschliches Leben und Handeln durch Technik bestimmt sind, bezeichnet Hybridität kein spezielles, sondern ein alltägliches Phänomen.

Im Gegensatz dazu zeigt sich in der Analyse der vorliegenden Arbeit, dass Nutzer und Agent den hybriden Charakter des Austauschs relevant setzen. Hybridität wird zur Besonderheit: So wird der Austausch als eine Situation des Kennenlernens gerahmt, in der sich Agent und Nutzer als fremde und andersartige Entitäten konstruieren (vgl. Abschnitt 5.2).

---

[1] Der Hybriditätsbegriff findet sich auch in der kultursoziologischen Multikulturalismus- und Globalisierungsdebatte. Dort wird er durchaus kritisch hinterfragt (vgl. Bronfen, Marius & Steffen 1997, Ha 2004).

Der Agent selbst präsentiert sich im Austausch als „künstliche Person" und betont damit die Gegensätze, die ihn ausmachen (s. Abschnitt 4.3). Er ist ein „Schwellen-Objekt" (Braun-Thürmann 2002: 133), das weder Mensch noch Ding ist, und gleichzeitig beansprucht der Agent sowohl sozialer Akteur als auch technisches Artefakt zu sein. Diese Polarität von Technischem und Sozialem wird im Verhalten des Agenten während des gesamten Austauschs immer wieder deutlich, z.B. in den schiefen Anschlüssen, den Äußerungen, die einer Bedienungsanleitung ähneln, oder in metasprachlichen Kommentaren, welche die Funktion einer Äußerung hervorheben (z.B. „`Ich wiederhole, ...`" oder „`Okay dann geht es los, ...`"). Auch die Nutzer zeigen eine Orientierung an einem unbestimmten Gegenüber. Sie testen den Agenten auf seine Ähnlichkeit mit ihnen, auf seine Sozialfähigkeit und auf seine technischen Grenzen.

Die Hybridität zeigt sich auch im Austauschprozess selbst. Den Programmstrukturen des Agenten wurden von den Entwicklern technische Parameter mit sozialen Interaktionsroutinen eingeschrieben, die den Austausch sozial rahmen und gleichzeitig auf technische Grenzen verweisen. Auf der Ebene der Gesprächsorganisation sind deterministische Gesprächsvorgaben und Interaktionsroutinen verbunden. Ebenso zeigen die Nutzer eine Orientierung an den Grenzen der Programmstruktur und schränken ihr eigenes Handeln ein. Durch dieses Abgleichen und Anpassen der eigenen Handlungen kann ein relativ problemloser Austausch mit dem Agenten entstehen, der sich jedoch gerade dadurch auszeichnet, den Anschein eines situativen Aushandlungsprozesses zu simulieren und zugleich technisch bestimmt zu sein.

Mit der Darstellung von Hybridität ist gleichzeitig die Darstellung von Ambiguität verbunden. Das Zusammenkommen von Technischem und Sozialem wird im Austausch sowohl als Einheit als auch als Differenz behandelt. Auffällig ist dabei, dass die Ambiguität des Austauschs, seine Unentschiedenheit nicht entschieden, sondern offengehalten wird. Gerade dadurch, dass die Ambiguität offengehalten wird, wird die Hybridität des Austauschs immer wieder thematisiert. Die Ambiguität zeigt sich im Verhalten des Agenten, der sich mal stärker als technisches, mal stärker als soziales Gegenüber ausgibt, ebenso wie in den Rahmungen der Nutzer. Es können immer wieder Techniken beobachtet werden, mittels derer die Nutzer den Austausch als eine So-Tun-als-ob-Modulation einer Interaktion rahmen und sich damit vom ernsthaften Charakter des Austauschs distanzieren (s. Abschnitt 5.5). Dies zeigt sich auch in den verschiedenen

Techniken der Rollendistanz („role distance" (Goffman 1972b: 95)), mit denen die Nutzer andeuten, dass sie sich von der Rolle des Nutzers distanzieren. Deutlich wird der unentschiedene Charakter des Austauschs auch darin, dass sich ein kompetenter Nutzer gerade dadurch auszeichnet, dass er den Agenten weder zu stark sozialisiert noch zu stark technisiert (s. Kapitel 9).

Die vorliegende Arbeit zeigt, dass Hybridität und Ambiguität im Handeln von Nutzer und Agent nicht nur hergestellt, sondern auch thematisiert werden. Die Teilnehmer zeigen eine Orientierung am hybriden Status des Austauschs und markieren diese Hybridität als Besonderheit. Dies zeigt sich auch darin, dass die Nutzer nicht jeglichen Umgang mit technischen Artefakten als hybriden Austausch behandeln. Die Tastatur zur Kommunikation mit dem Agenten wird fraglos benutzt und sie sprechen nicht ihr. Der hybride Status des Austauschs wird über den gesamten Verlauf offengehalten. Der hybride Austausch zeichnet sich somit durch eine Unentschiedenheit aus, die offen gelassen wird.

Normalisierung des Hybriden

Bei den oben dargestellten Erkenntnissen muss zweierlei berücksichtigt werden: Erstens befinden sich Embodied Conversational Agents noch in der Entwicklung. Die Unentschiedenheit des Austauschs beruht auch auf der Neuheit des Artefakts. Es haben sich (noch) keine gesellschaftlichen Routinen und Deutungsmuster herausgebildet und auch der Begriff des Agenten befindet sich noch im Aushandlungsprozess. Zweitens wurde der Austausch durch den Kontext „Campus:City!" spielerisch und testend gerahmt. Das Event gab die Möglichkeit, sich einem neuen Artefakt ohne ernsthafte Konsequenzen zu nähern. Hybridität und Ambiguität des Austauschs sind somit auch dem Gegenstand und der Situation geschuldet.

In Zukunft werden jedoch die alltäglichen Situationen zunehmen, in denen wir einem Agenten gegenübertreten. Schon heute können wir Fahrkarten online bestellen oder holen bei einem computerbasierten Dialogprogramm am Telefon Informationen ein. Diese Austauschformen sind meist nicht mehr scherzhaft gerahmt und es bilden sich zunehmend Routinen im Umgang mit den dialoggesteuerten Artefakten aus. Diese Routinen zeigen sich schon in den Programmstrukturen, die sich immer stärker interaktiven Routinen anpassen können, und ebenso in den Erfahrungsvorräten, welche die Nutzer in den computerbasierten Austausch mit einbringen können. In Zukunft werden die Informatiker bei der Entwicklung der Systeme zunehmend auf diesem Wissen aufbauen können und dieses als Erwartungsstruktur in das Programm einschreiben.

Vermutlich wird auch im selbstverständlichen und routinierten Umgang mit Dialogsystemen eine So-Tun-als-ob-Rahmung zu beobachten sein, insofern die Nutzer ihr Verhalten zurücknehmen und sich dem System anpassen. Der Austausch wird somit weiterhin weniger eine Aushandlung denn eine Anpassung des Nutzers an das System sein. Sind jedoch die Themenbereiche stark eingegrenzt und situative Rollen sowie der Handlungsablauf relativ klar vorbestimmt, wie z.B. in einem Ratespiel (s. Abschnitt 9.1), werden die Unterschiede zu stark technisierten/funktionalisierten zwischenmenschlichen Gesprächen nur noch dann sichtbar werden, wenn es zu Problemen kommt, die im Programm nicht antizipiert wurden. Verlaufen diese Kommunikationen jedoch problemlos, ist ein struktureller Unterschied zu zwischenmenschlicher Interaktion kaum bis nicht mehr zu sehen. Dies zeigt sich z.B. in Onlinespielen, in denen die Nutzer teilweise nicht mehr unterscheiden können, ob ihr Gegenüber ein von einem Menschen gesteuerter Avatar oder ein programmierter Agent ist (und vice versa) (vgl. Turkle 1995: 16). Während der Austausch zwischen Nutzer und Agent heute als hybrider Austausch gedeutet wird, könnte der hybride Charakter des Austauschs in ein paar Jahrzehnten in den Hintergrund treten. Dabei ist offen, ob die Unentschiedenheit des Austauschs entschieden wird, indem der Austausch z.B. stärker als Interaktion oder aber instrumentelle Handhabung eines Artefakts konstruiert wird, oder sich Konzepte entwickeln, in denen seine Hybridität und Ambiguität als Einheit gefasst werden.

Neben der Frage, wie lange die Hybridität des Austauschs zwischen Nutzer und Agent als Besonderheit dargestellt wird, stellt sich auch die Frage, inwiefern im Alltag andere hybride Austauschformen zu finden sind. Betrachtet man gesellschaftliche Gesprächspraktiken, so zeigt sich, dass wir im Alltag immer wieder mit einem Gegenüber sprechen, bei dem wir davon ausgehen können, dass es eine andere Perspektive auf die Situation einnimmt oder sogar gar keine. Wir sprechen mit Fremden, denen wir andere sozial-kulturelle Deutungsmuster unterstellen, mit körperlich und/oder geistig beeinträchtigten Menschen, die sich nur bedingt ausdrücken können und/oder die Situation nur eingeschränkt wahrnehmen, wir sprechen mit Kindern, Babys, Tieren, Computern, Gegenständen, und wir lassen in Puppentheatern und Zeichentrickfilmen oder auch in alltäglichen Situationen Gegenstände oder Tiere sprechen.[2]

Für den Austausch mit diesem anderen, mir nicht ähnlichen Gegenüber haben sich gesellschaftliche Formen und Umgangsweisen ausgebildet. So können im Umgang mit Tieren durchaus wechselseitige Wahrnehmung und Verhaltenskoordination beobachtet werden, dabei haben die 'Gespräche' häufig einen repetiven Charakter und weisen ein begrenztes Sprachregister auf (vgl. Bergmann 1988d, Tannen 2004). Dies zeigt sich auch im sogenannten „Babytalk", in dem das Gegenüber im Gegensatz zum Tier jedoch stärker als Gegenüber mit zukünftigem Kommunikationsstatus behandelt wird (vgl. Mitchell 2001 sowie die Beiträge in Snow & Ferguson 1978). Auch in Gesprächen mit körperlich und/oder beeinträchtigten Persoen sind Wahrnehmungsdarstellungen, Handlungskoordinationen und Erwartungshaltungen zu beobachten, die mit sprachlich reduzierten Mitteln hergestellt werden. Dabei können situative und interaktive Aushandlungsprozesse beobachtet werden, die häufig stark durch Interpretationsvorgaben der betreuenden Personen gesteuert werden (vgl. Goode 2003, Goodwin 2003b). Der Blick auf kommunikative Grenzbereiche zeigt die Vielfältigkeit und Normalität interaktionsähnlicher Kommunikationsformen. Sollten sich die Embodied Conversational Agents als alltägliche Artefakte durchsetzen, ist es daher wahrscheinlich, dass sich auch für den Umgang mit dem Agenten „Rezepte" (Schütz 1971: 24) herausbilden. Aufgrund der vorliegenden Analyse ist dabei zu vermuten, dass sich diese Kommunikationsformen durch ein stark anpassendes Verhalten der Nutzer auszeichnen werden, durch welches eine Art interaktiver Austausch simuliert werden kann.

---

[2]Auch der Austausch mit einem Gegenüber, das wir als uns ähnlich erfahren, baut auf Idealisierungen des Verstehens und reziproker Perspektiven auf (vgl. Schütz 1971). Die Intersubjektivitätsunterstellung kann dabei jederzeit gefährdet werden. Entsprechend haben sich gesellschaftliche Reparaturtechniken herausgebildet, mit denen die gefährdete Intersubjektivität wiederhergestellt werden kann (vgl. Schegloff 1992).

Literaturverzeichnis

Abels, H. (2004a). *Einführung in die Soziologie. Band 2: Die Individuen in ihrer Gesellschaft.* Wiesbaden: Verlag für Sozialwissenschaften. (2. Aufl.; 1. Aufl. 2001)

Abels, H. (2004b). *Interaktion, Identität, Präsentation. Kleine Einführung in interpretative Theorien der Soziologie.* Wiesbaden: Verlag für Sozialwissenschaften. (3. Aufl.; 1. Aufl. 1997)

AI Magazine. (2001). *Vol. 22 (4) Special Issue: Intelligent User Interfaces.*

Amann, K. (1994). Menschen, Mäuse und Fliegen. Eine wissenssoziologische Analyse der Transformation von Organismen in epistemische Objekte. *Zeitschrift für Soziologie, 23*(1), 22-40.

Arminen, I. (2005). *Institutional Interaction. Studies of Talk at Work.* Ashgate: Hants.

Atkinson, J. M. & Heritage, J. (Hg.). (1984). *Structures of Social Action. Studies in Conversation Analysis.* Cambridge: Cambridge University Press.

Auer, P. & Di Luzio, A. (Hg.). (1992). *The Contextualization of Language.* Amsterdam: Benjamins.

Ayaß, R. (2004). Konversationsanalytische Medienforschung. *Medien & Kommunikationswissenschaft, 52*(1), 5-29.

Ayaß, R. (2005). Interaktion ohne Gegenüber? In M. Jäckel & M. Mai (Hg.), *Online-Vergesellschaftung? Mediensoziologische Perspektiven auf neue Kommunikationstechnologien* (S. 33-49). Wiesbaden: Verlag für Sozialwissenschaften.

Ball, G. & Breese, J. (2000). Emotion and Personality in a Conversational Agent. In J. Cassell, J. Sullivan, S. Prevost & E. Churchill (Hg.), *Embodied Conversational Agents* (S. 189 - 219). Cambridge. Mass.: The MIT Press.

Ball, M. S. & Smith, G. W. H. (Hg.). (1992). *Analyzing Visual Data.* London: Sage.

Bannon, L. J. (2000). Situating Workplace Studies within the Human-Computer Interaction Field. In P. Luff, J. Hindmarsh & C. Heath (Hg.), *Workplace Studies. Recovering Work Practice and Informing*

System Design (S. 230-241). Cambridge: Cambridge University Press.

Barnum, C. M. (2002). *Usability Testing and Research*. New York: Longman.

Becker, C., Kopp, S. & Wachsmuth, I. (2007). Why Emotions Should Be Integrated into Conversational Agents. In T. Nishida (Hg.), *Conversational Informatics: An Engineering Approach* (S. 49-68). Weinheim: Wiley.

Belliger, A. & Krieger, D. J. (Hg.). (2006a). *ANThology. Ein einführendes Handbuch zur Akteur-Netzwerk-Theorie*. Bielefeld: transcript.

Belliger, A. & Krieger, D. J. (2006b). Einführung in die Akteur-Netzwerk-Theorie. In A. Belliger & D. J. Krieger (Hg.), *ANThology. Ein einführendes Handbuch zur Akteur-Netzwerk-Theorie* (S. 13-50). Bielefeld: transcipt.

Berens, F. J. (1981). Dialogeröffnung in Telefongesprächen: Handlungen und Handlungsschemata der Herstellung sozialer und kommunikativer Beziehungen. In P. Schröder & H. Steger (Hg.), *Dialogforschung* (S. 402-417). Düsseldorf: Pädagogischer Verlag Schwann. (Jahrbuch des Instituts für Deutsche Sprache, 1980)

Berger, P. L. & Luckmann, T. (2000). *Die gesellschaftliche Konstruktion der Wirklichkeit. Eine Theorie der Wissenssoziologie*. Frankfurt am Main: Fischer. (20. Aufl.; 1. Aufl. 1969) (Orig. *The Social Construction of Reality*, 1966, New York: Doubleday.)

Bergmann, J. R. (1981a). Ethnomethodologische Konversationsanalyse. In P. Schröder & H. Steger (Hg.), *Dialogforschung* (S. 9-52). Düsseldorf: Pädagogischer Verlag Schwann. (Jahrbuch des Instituts für Deutsche Sprache, 1980)

Bergmann, J. R. (1981b). Frage und Frageparaphrase: Aspekte der redezuginternen und sequenziellen Organisation eines Äußerungsformats. In P. Winkler (Hg.), *Methoden der Analyse von Face-to-Face-Situationen* (S. 128-142). Stuttgart: Metzler.

Bergmann, J. R. (1982). Schweigephasen im Gespräch – Aspekte ihrer interaktiven Organisation. In H.-G. Soeffner (Hg.), *Beiträge zu einer empirischen Sprachsoziologie* (S. 143-184). Tübingen: Narr.

Bergmann, J. R. (1988a). *Ethnomethodologie und Konversationsanalyse. 1: Ethnomethodologie: Untersuchungen zur methodischen Erzeugung von sozialer Wirklichkeit im alltäglichen Handeln*. Kurseinheiten der Fernuniversität Hagen.

Bergmann, J. R. (1988b). *Ethnomethodologie und Konversationsana-*

lyse. 2: Der Untersuchungsansatz der ethnomethodologischen Konversationsanalyse. Kurseinheiten der Fernuniversität Hagen.
Bergmann, J. R. (1988c). *Ethnomethodologie und Konversationsanalyse. 3: Organisationsprinzipien der sozialen Interaktion: Objekte der Konversationsanalyse.* Kurseinheiten der Fernuniversität Hagen.
Bergmann, J. R. (1988d). Haustiere als kommunikative Ressourcen. In H.-G. Soeffner (Hg.), *Kultur und Alltag* (S. 299-312). Göttingen: Schwartz. (Sonderband 6 der Zeitschrift *Soziale Welt*)
Bergmann, J. R. (1993). Alarmiertes Verstehen: Kommunikation in Feuerwehrnotrufen. In T. Jung & S. Müller-Doohm (Hg.), *„Wirklichkeit" im Deutungsprozeß. Verstehen und Methode in den Kultur- und Sozialwissenschaften* (S. 283-328). Frankfurt am Main: Suhrkamp.
Bergmann, J. R. (1994). Kleine Lebenszeichen. Über Form, Funktion und Aktualität von Grußbotschaften im Alltag. In W. M. Sprondel (Hg.), *Die Objektivität der Ordnung und ihre kommunikative Konstruktion: Für Thomas Luckmann* (S. 192-225). Frankfurt am Main: Suhrkamp.
Bergmann, J. R. (2000). Konversationsanalyse. In U. Flick, E. von Kardorff & I. Steinke (Hg.), *Qualitative Sozialforschung. Ein Handbuch.* (S. 524-537). Reinbek bei Hamburg: Rowohlt.
Bergmann, J. R. (2005). Studies of Work. In F. Rauner (Hg.), *Handbuch Berufsbildungsforschung* (S. 639-646). Bielefeld: Bertelsmann.
Bielefelder Universitätszeitung. (216/2004). *Wissenschaftsfestival „Campus:City!".* (S. 80-83)
Bijker, W. E. (Hg.). (1992). *Shaping Technology, Building Society: Studies in Sociotechnical Change.* Cambridge, Mass.: The MIT Press.
Blumer, H. (1973). Der methodologische Standort des Symbolischen Interaktionismus. In Arbeitsgruppe Bielefelder Soziologen (Hg.), *Alltagswissen, Interaktion und gesellschaftliche Wirklichkeit. Band 1: Symbolischer Interaktionismus und Ethnomethodologie* (S. 80-146). Reinbek bei Hamburg: Rowohlt.
Boden, D. & Zimmerman, D. H. (Hg.). (1991). *Talk and Social Structure. Studies in Ethnomethodology and Conversation Analysis.* Cambridge: Polity Press.
Bradshaw, J. M. (1997). Introduction. In J. M. Bradshaw (Hg.), *Software Agents* (S. 3-46). Cambridge, Mass.: The MIT Press.
Braun-Thürmann, H. (2002). *Künstliche Interaktion. Wie Technik zur Teilnehmerin sozialer Wirklichkeit wird.* Wiesbaden: Westdeutscher Verlag.

Braun-Thürmann, H. (2003). Künstliche Interaktion. In T. Christaller & J. Wehner (Hg.), *Autonome Maschinen* (S. 221-243). Wiesbaden: Westdeutscher Verlag.

Braun-Thürmann, H. (2004). Agenten im Cyberspace: Soziologische Theorieperspektiven auf die Interaktionen virtueller Kreaturen. In U. Thiedeke (Hg.), *Soziologie des Cyberspace. Medien, Strukturen, Semantiken.* (S. 70-96). Wiesbaden: Verlag für Sozialwissenschaften.

Bronfen, E., Marius, B. & Steffen, T. (Hg.). (1997). *Hybride Kulturen. Beiträge zur anglo-amerikanischen Multikulturalismusdebatte.* Tübingen: Stauffenburg.

Button, G. (1990). Going Up a Blind Alley. Conflating Conversation Analysis and Computer Modelling. In P. Luff, N. Gilbert & D. Frohlich (Hg.), *Computers and Conversation* (S. 67-90). London: Academic Press.

Button, G. & Casey, N. (1984). Generating Topic: The Use of Topical Initial Elicitors. In J. M. Atkinson & J. Heritage (Hg.), *Structures of Social Action. Studies in Conversation Analysis.* (S. 167-190). Cambridge: Cambridge University Press.

Button, G. & Casey, N. (1985). Topic Nomination and Topic Pursuit. *Human Studies, 8*, 3-55.

Button, G. & Sharrock, W. (1995). On Simulacrums of Conversation: Toward a Clarification of the Relevance of Conversation Analysis for Human-Computer Interaction. In P. J. Thomas (Hg.), *The Social and Interactional Dimensions of Human-Computer Interfaces* (S. 107-125). Cambridge: Cambridge University Press.

Cassell, J. (2000). Nudge Nudge Wink Wink: Elements of Face-to-Face Conversation for Embodied Conversational Agents. In J. Cassell, J. Sullivan, S. Prevost & E. Churchill (Hg.), *Embodied Conversational Agents* (S. 1-27). Cambridge, Mass.: The MIT Press.

Cassell, J., Bickmore, T., Campbell, L., Vilhjálmsson, H. & Yan, H. (2000a). Human Conversation as a System Framework: Designing Embodied Conversational Agents. In J. Cassell, J. Sullivan, S. Prevost & E. Churchill (Hg.), *Embodied Conversational Agents* (S. 29-63). Cambridge, Mass.: The MIT Press.

Cassell, J., Sullivan, J., Prevost, S. & Churchill, E. (Hg.). (2000b). *Embodied Conversational Agents.* Cambridge, Mass.: The MIT Press.

Christaller, T. & Wehner, J. (Hg.). (2003a). *Autonome Maschinen.* Wiesbaden: Westdeutscher Verlag.

Christaller, T. & Wehner, J. (2003b). Autonome Maschinen – Einführung in die Diskussion. In T. Christaller & J. Wehner (Hg.), *Autonome Maschinen* (S. 9-35). Wiesbaden: Westdeutscher Verlag.

Clayman, S. & Heritage, J. (2002). *The News Interview. Journalists and Public Figures on the Air.* Cambridge: Cambridge University Press.

Collins, H. M. & Kusch, M. (1995). Two Kinds of Actions: A Phenomenological Study. *Philosophy and Phenomenological Research, 55*(4), 799-819.

Collins, H. M. & Kusch, M. (1998). *The Shape of Actions. What Humans and Machines Can Do.* Cambridge, Mass.: The MIT Press.

Douglas, S. A. (1995). Conversation Analysis and Human-Computer Interaction Design. In P. J. Thomas (Hg.), *The Social and the Interactional Dimensions of Human-Computer Interfaces* (S. 184-203). Cambridge: Cambridge University Press.

Dourish, P. (2001). *Where the Action Is. The Foundations of Embodied Interaction.* Cambridge, Mass.: The MIT Press.

Drew, P. (1987). Po-Faced Receipts of Teases. *Linguistics, 25*, 219-253.

Dreyfus, H. L. (1985). *Die Grenzen künstlicher Intelligenz. Was Computer nicht können.* Königstein: Athenäum. (Orig. *What Computers Can't Do – The Limits of Artificial Intelligence*, 1972, New York: Harper & Row.)

Duden (Hg.). (1982). *Duden – Fremdwörterbuch.* Mannheim: Dudenverlag. (4. Aufl.)

Dundes, A., Leach, J. W. & Özkök, B. (1972). The Strategy of Turkish Boys' Verbal Duelling Rhymes. In J. J. Gumperz & D. Hymes (Hg.), *Directions in Sociolinguistics. The Ethnography of Communication* (S. 130-160). New York: Holt, Rinehart and Winston.

Eberle, T. S. (1997). Ethnomethodologische Konversationsanalyse. In R. Hitzler & A. Honer (Hg.), *Sozialwissenschaftliche Hermeneutik* (S. 245-281). Opladen: Leske & Budrich.

Emmison, M. & Smith, P. (2000). *Researching the Visual. Images, Objects, Contexts and Interactions in Social and Cultural Inquiry.* London: Sage.

Esser, H. (1991). *Alltagshandeln und Verstehen. Zum Verhältnis von erklärender und verstehender Soziologie am Beispiel von Alfred Schütz und „Rational Choice".* Tübingen: Mohr.

Fohler, S. (2003). *Techniktheorien. Der Platz der Dinge in der Welt des Menschen.* München: Fink.

Franklin, S. & Graesser, A. (1997). Is it an Agent, or just a Program?: A Taxonomy for Autonomous Agents. In J. P. Müller (Hg.), *Intelligent Agents III: Agent Theories, Architectures, and Languages; Proceedings of the ECAI '96 Workshop, Budapest, Hungary, August 12-13, 1996* (S. 21-35). Berlin: Springer.

Frohlich, D. & Luff, P. (1990). Applying the Technology of Conversation to the Technology for Conversation. In P. Luff, N. Gilbert & D. Frohlich (Hg.), *Computers and Conversation* (S. 187-220). London: Academic Press.

Garcia, A. & Jacobs, J. B. (1998). The Interactional Organization of Computer Mediated Communication in the College Classroom. *Qualitative Sociology, 21*(3), 299-317.

Garfinkel, H. (1963). A Conception of, and Experiments with, "Trust" as a Condition of Stable Concerted Actions. In O. J. Harvey (Hg.), *Motivation and Social Interaction. Cognitive Determinants* (S. 187-238). New York: Ronald.

Garfinkel, H. (1967). *Studies in Ethnomethodology.* Englewood Cliffs: Prentice-Hall.

Garfinkel, H. (1972a). Remarks on Ethnomethodology. In J. J. Gumperz & D. Hymes (Hg.), *Directions in Sociolinguistics. The Ethnography of Communication* (S. 301-324). New York: Holt, Rinehart and Winston.

Garfinkel, H. (1972b). Studies of the Routine Grounds of Everyday Activities. In D. Sudnow (Hg.), *Studies in Social Interaction* (S. 1-30). New York: The Free Press. (Orig. 1964, *Social Problems, 11* (3), 225-250.)

Garfinkel, H. (2002). *Ethnomethodology's Program. Working out Durkheim's Aphorism* (A. W. Rawls, Hg.). Lanham: Rowman & Littlefield.

Gesellensetter, L. (2004). *Ein planbasiertes Dialogsystem für einen multimodalen Agenten mit Präsentationsfähigkeit.* Diplomarbeit eingereicht an der Technischen Fakultät der Universität Bielefeld.

Geser, H. (1989). Der PC als Interaktionspartner. *Zeitschrift für Soziologie, 18*(3), 230-243.

Glaser, B. G. & Strauss, A. L. (1967). *The Discovery of Grounded Theory. Strategies for Qualitative Research.* Chicago: Aldine.

Goertz, L. (1995). Wie interaktiv sind Medien? Auf dem Weg zu einer Definition von Interaktivität. *Rundfunk und Fernsehen, 43*(4), 477-493.

Goffman, E. (1959). *The Presentation of Self in Everyday Life.* New

York: Doubleday.

Goffman, E. (1972a). *Encounters. Two Studies in the Sociology of Interaction*. Harmondsworth: Penguin Books. (Orig. 1961, Indianapolis: Bobbs-Merrill.)

Goffman, E. (1972b). Role Distance. In *Encounters. Two Studies in the Sociology of Interaction* (S. 71-134). Harmondsworth: Penguin Books. (Orig. 1961, Indianapolis: Bobbs-Merrill.)

Goffman, E. (1980). *Rahmen-Analyse. Ein Versuch über die Organisation von Alltagserfahrungen*. Frankfurt am Main: Suhrkamp. (Orig. *Frame Analysis. An Essay on the Organization of Experience*, 1974, New York: Haper & Row.)

Goffman, E. (1981a). Footing. In E. Goffman (Hg.), *Forms of Talk* (S. 124-159). Oxford: Blackwell. (Orig. 1979, *Semiotica, 25*, 1-29.)

Goffman, E. (1981b). *Forms of Talk*. Oxford: Blackwell.

Goffman, E. (1981c). *Geschlecht und Werbung*. Frankfurt am Main: Suhrkamp. (Orig. *Gender Advertisements*, 1979, New York: Harper & Row.)

Goffman, E. (1981d). Response Cries. In E. Goffman (Hg.), *Forms of Talk* (S. 78-123). Oxford: Blackwell. (Orig. 1978, *Language, 54*, 787-815.)

Goffman, E. (1982a). *Das Individuum im öffentlichen Austausch. Mikrostudien zur öffentlichen Ordnung*. Frankfurt am Main: Suhrkamp. (Orig. *Relations in Public. Microstudies of the Public Order*, 1971, New York: Basic Books.)

Goffman, E. (1982b). *Interaction Ritual. Essays on Face-to-Face Behavior*. New York: Pantheon Books. (Orig. 1967, New York: Anchor Books.)

Goffman, E. (1982c). The Nature of Deference and Demeanor. In E. Goffman (Hg.), *Interaction Ritual. Essays on Face-to-Face Behavior* (S. 47-95). New York: Pantheon Books. (Orig. 1956, *American Anthropologist, 58*, 473-502.)

Goffman, E. (1982d). On Face Work. An Analysis of Ritual Elements in Social Interaction. In *Interaction Ritual. Essays on Face-to-Face Behavior* (S. 5-45). New York: Pantheon Books. (Orig. 1955, *Psychiatry: Journal for the Study of Interpersonal Processes, 18* (3), 213-231.)

Goffman, E. (1982e). Where the Action Is. In E. Goffman (Hg.), *Interaction Ritual. Essays on Face-to-Face Behavior* (S. 149-270). New York: Pantheon Books.

Goffman, E. (1983). The Interaction Order. *American Sociological Review, 48*, 1-17.

Goll, M. (2002). *Arbeiten im Netz. Kommunikationsstrukturen, Arbeitsabläufe, Wissensmanagement.* Wiesbaden: Westdeutscher Verlag.

Goode, D. A. (2003). On Understanding Without Words: Communication between a Deaf-Blind Child and her Parents. In M. Lynch & W. Sharrock (Hg.), *Harold Garfinkel. Vol. III* (S. 327-360). London: Sage. (Orig. 1990, *Human Studies, 13*, 1-37.)

Goodwin, C. (1979). The Interactive Construction of a Sentence in Natural Conversation. In G. Psathas (Hg.), *Everyday Language. Studies in Ethnomethodology* (S. 97-121). New York: Irvington.

Goodwin, C. (1981). *Conversational Organization. Interaction between Speakers and Hearers.* New York: Academic Press.

Goodwin, C. (1996). Transparent Vision. In E. Ochs, E. A. Schegloff & S. A. Thompson (Hg.), *Interaction and Grammar* (S. 370-404). Cambridge: Cambridge University Press.

Goodwin, C. (2000). Action and Embodiment within Situated Human Interaction. *Journal of Pragmatics, 32*, 1489-1522.

Goodwin, C. (2003a). Conversational Frameworks for the Accomplishment of Meaning in Aphasia. In C. Goodwin (Hg.), *Conversation and Brain Damage* (S. 90-116). Oxford: Oxford University Press.

Goodwin, C. (Hg.). (2003b). *Conversation and Brain Damage.* Oxford: Oxford University Press.

Goodwin, C. (2003c). Seeing in the Depth. In M. Lynch & W. Sharrock (Hg.), *Harold Garfinkel. Vol. IV* (S. 373-403). London: Sage. (Orig. 1995, *Social Studies of Science, 25*, 237-274.)

Goodwin, C. & Goodwin, M. H. (1998). Seeing as a Situated Activity: Formulating Planes. In Y. Engeström & D. Middleton (Hg.), *Cognition and Communication at Work* (S. 61-94). Cambridge: Cambridge University Press.

Gumperz, J. (1982). *Discourse Strategies.* Cambridge: Cambridge University Press.

Günthner, S. (1993). *Diskursstrategien in der interkulturellen Kommunikation. Analysen deutsch-chinesischer Gespräche.* Tübingen: Niemeyer.

Günthner, S. (1996). Zwischen Scherz und Schmerz – Frotzelaktivitäten in Alltagsinteraktionen. In H. Kotthoff (Hg.), *Scherzkommunikation. Beiträge aus der empirischen Gesprächsforschung* (S. 81-108). Opladen: Westdeutscher Verlag.

Günthner, S. (1999). Frotzelaktivitäten in Alltagsinteraktionen. In J. Bergmann & T. Luckmann (Hg.), *Kommunikative Konstruktion von Moral. Band 1: Strukturen und Dynamiken der Formen moralischer Kommunikation* (S. 300-322). Wiesbaden: Westdeutscher Verlag.

Ha, K. N. (2004). Hybridität und ihre deutschsprachige Rezeption. Zur diskursiven Einverleibung des 'Anderen'. In K. H. Hörning & J. Reuter (Hg.), *Doing Culture. Neue Positionen zum Verhältnis von Kultur und sozialer Praxis* (S. 221-238). Bielefeld: transcript.

Haase, J. (2005). *Computer aus Nutzerperspektive. Von der Nutzeranalyse zum Interface-Design.* Wiesbaden: DUV.

Hartmann, C. (1992). *Technische Interaktionskontexte. Aspekte einer sozialwissenschaftlichen Theorie der Mensch-Computer-Interaktion.* Wiesbaden: DUV.

Hartung, M. (2005). Datenaufbereitung, Transkription, Präsentation. In R. Ayaß & J. Bergmann (Hg.), *Qualitative Methoden der Medienforschung* (S. 475-488). Reinbek bei Hamburg: Rowohlt.

Have, P. ten. (1990). Methodological Issues in Conversation Analysis. *Bulletin de méthodologie sociologique, 27,* 23-51.

Heath, C. (1986). *Body Movement and Speech in Medical Interaction.* Cambridge: Cambridge University Press.

Heath, C. (1997). The Analysis of Activities in Face to Face Interaction Using Video. In D. Silverman (Hg.), *Qualitative Research. Theory, Method, Practice* (S. 183-200). London: Sage.

Heath, C., Hindmarsh, J. & Luff, P. (1999). Interaction in Isolation: The Dislocated World of the London Underground Train Driver. *Sociology, 33*(3), 555-575.

Heath, C., Knoblauch, H. & Luff, P. (2000). Technology and Social Interaction: The Emergence of 'Workplace Studies'. *British Journal of Sociology, 51*(2), 299-320.

Heath, C., Lehn, D. vom & Osborne, J. (2005). Interaction and Interactivities: Collaboration and Participation with Computer-Based Exhibits. *Public Unstanding of Science, 14,* 91-101.

Heath, C. & Luff, P. (1993). Disembodied Conduct: Interactional Asymmetries in Video-Mediated Communication. In G. Button (Hg.), *Technology in Working Order. Studies of Work, Interaction, and Technology* (S. 35-54). London: Routledge.

Heath, C. & Luff, P. (1998). Convergent Activities: Line Control and

Passenger Information on the London Underground. In Y. Engeström & D. Middleton (Hg.), *Cognition and Communication at Work* (S. 96-129). Cambridge: Cambridge University Press.

Heath, C. & Luff, P. (2000). *Technology in Action*. Cambridge: Cambridge University Press.

Heath, C., Luff, P., Lehn, D. vom, Hindmarsh, J. & Cleverly, J. (2002). Crafting Participation: Designing Ecologies, Configuring Experience. *Visual Communication*, *1*(1), 9-34.

Heintz, B. (1993). *Die Herrschaft der Regel. Zur Grundlagengeschichte des Computers*. Frankfurt am Main: Campus.

Heintz, B. (1998). Die soziale Welt der Wissenschaft. Entwicklungen, Ansätze und Ergebnisse der Wissenschaftsforschung. In B. Heintz & B. Nievergelt (Hg.), *Wissenschafts- und Technikforschung in der Schweiz. Sondierung einer neuen Disziplin* (S. 55-94). Zürich: Seismo.

Heritage, J. (1984). *Garfinkel and Ethnomethodology*. Cambridge: Polity Press.

Heritage, J. (1985). Analyzing News Interviews: Aspects of the Production of Talk for an Overhearing Audience. In T. A. van Djik (Hg.), *Handbook of Discourse Analysis. Vol. 3: Discourse and Dialogue* (S. 95-117). London: Academic Press.

Heritage, J. & Greatbatch, D. (1991). On the Institutional Character of Institutional Talk: The Case of News Interviews. In D. Boden & D. H. Zimmerman (Hg.), *Talk and Social Structure. Studies in Ethnomethodology and Conversation Analysis* (S. 93-137). Cambridge: Polity Press.

Hickethier, K. (1993). *Film- und Fernsehanalyse*. Weimar: Metzler.

Hinnenkamp, V. (1989). *Interaktionale Soziolinguistik und Interkulturelle Kommunikation. Gesprächsmanagement zwischen Deutschen und Türken*. Tübingen: Niemeyer.

Hopper, R. (1992). *Telephone Conversation*. Bloomington: Indiana University Press.

Hutchby, I. (2001a). *Conversation and Technology. From the Telephone to the Internet*. Cambridge: Polity Press.

Hutchby, I. (2001b). Technologies, Texts and Affordances. *Sociology*, *35*(2), 441-456.

Hutchby, I. & Wooffitt, R. (1998). *Conversation Analysis: Principles, Practices and Applications*. Cambridge: Polity Press.

Huth, L. (1985). Bilder als Elemente kommunikativen Handelns in den

Fernsehnachrichten. *Zeitschrift für Semiotik*, 7(3), 203-234.
Jäckel, M. (1995). Interaktion. Soziologische Anmerkungen zu einem Begriff. *Rundfunk und Fernsehen*, 43(4), 463-476.
Jakovidou, A. (1993). *Funktion und Variation im 'Foreigner-Talk'. Eine empirische Untersuchung zur Sprechweise von Deutschen gegenüber Ausländern.* Tübingen: Narr.
Jefferson, G. (1986). Notes on 'Latency' in Overlap Onset. *Human Studies*, 9, 153-183.
Johnson [alias Bruno Latour], J. (1988). Mixing Humans and Nonhumans Together: The Sociology of a Door-Closer. *Social Problems*, 35(3), 298-310.
Jolles, A. (1972). *Einfache Formen. Legende, Sage, Mythe, Rätsel, Spruch, Kasus, Memorabile, Märchen, Witz.* Tübingen: Niemeyer. (Studienausgabe der 4. Aufl.; 1. Aufl. 1930)
Kallmeyer, W. (1979). Kritische Momente. Zur Konversationsanalyse von Interaktionsstörungen. In W. Frier & G. Labroisse (Hg.), *Grundfragen der Textwissenschaft. Linguistische und literaturwissenschaftliche Aspekte* (S. 59-109). Amsterdam: Rodopi N.V.
Kendon, A. (1988). Goffman's Approach to Face-to-Face Interaction. In P. Drew & A. Wootton (Hg.), *Erving Goffman. Exploring the Interaction Order* (S. 14-40). Cambridge: Polity Press.
Kendon, A. (1990). *Conducting Interaction. Patterns of behavior in Focused Encounters.* Cambridge: Cambridge University Press.
Kieserling, A. (1999). *Kommunikation unter Anwesenden. Studien über Interaktionssysteme.* Frankfurt am Main: Suhrkamp.
Knoblauch, H. (1996). Arbeit als Interaktion. Informationsgesellschaft, Post-Fordismus und Kommunikationsarbeit. *Soziale Welt*, 47, 344-362.
Knoblauch, H. & Heath, C. (1999). Technologie, Interaktion und Organisation: Die Workplace Studies. *Schweizer Zeitschrift für Soziologie*, 25(2), 163-181.
Knorr-Cetina, K. (1988). Das naturwissenschaftliche Labor als Ort der „Verdichtung" von Gesellschaft. *Zeitschrift für Soziologie*, 17(2), 85-101.
Knorr-Cetina, K. (1991). *Die Fabrikation von Erkenntnis. Zur Anthropologie der Naturwissenschaft.* Frankfurt am Main: Suhrkamp. (Orig. *The Manufacture of Knowledge. An Essay on the Constructivist and Contextual Nature of Science*, 1981, Oxford: Pergamon.)

Knorr-Cetina, K. (1995). Laborstudien. Der kultursoziologische Ansatz in der Wissenschaftsforschung. In R. Martinsen (Hg.), *Das Auge der Wissenschaft. Zur Emergenz von Realität* (S. 101-135). Baden-Baden: Nomos.

Knorr-Cetina, K. & Brügger, U. (2005). Globale Mikrostrukturen der Weltgesellschaft. Die virtuellen Gesellschaften von Finanzmärkten. In P. Windolf (Hg.), *Finanzmarkt-Kapitalismus. Analysen zum Wandel von Produktionsregimen* (S. 145-171). Wiesbaden: Verlag für Sozialwissenschaften. (Sonderheft 45 der *Kölner Zeitschrift für Soziologie und Sozialpsychologie*)

Kochman, T. (1983). The Boundary between Play and Nonplay in Black Verbal Dueling. *Language in Society, 12*, 329-337.

Kopp, S. (2002). *Synthesis and Coordination of Speech and Gesture for Virtual Multimodal Agents.* Doktorarbeit eingereicht an der Technischen Fakultät der Universität Bielefeld.

Kopp, S., Gesellensetter, L., Krämer, N. C. & Wachsmuth, I. (2005). A Conversational Agent as Museum Guide – Design and Evaluation of a Real-World Application. In T. Panayiotopoulos, J. Gratch, R. Aylett, D. Ballin, P. Olivier & T. Rist (Hg.), *Intelligent Virtual Agents. Proceedings of the 5th International Working Conference IVA 2005 in Kos, Greece* (S. 329-343). Berlin: Springer.

Kopp, S., Jung, B., Leßmann, N. & Wachsmuth, I. (2003). Max – A Multimodal Assistant in Virtual Reality Construction. *Künstliche Intelligenz, 4*, 11-17.

Koskinen, I. (2007). Is it Fun to Go to Sydney? Common-Sense Knowledge of Social Structures and WAP. *PsychNology, 5*(1), 7-31.

Krummheuer, A. L. (2005). Shifting the Focus: The Impact of Recording Equipment on the Ongoing Interaction. In C. van Dijkum, J. Blasius & C. Durand (Hg.), *Recent Developments and Applications in Social Research Methodology. Proceedings of the RC33 Sixth International Conference on Social Science Methodology, Amsterdam 2004.* Opladen: Barbara Budrich. (CD-Rom)

Krummheuer, A. L. (2008a). Herausforderung künstlicher Handlungsträgerschaft. Frotzelattacken in hybriden Austauschprozessen von Menschen und virtuellen Agenten. In H. Greif, O. Mitrea & M. Werner (Hg.), *Information und Gesellschaft. Technologien einer sozialen Beziehung* (S. 73-95). Wiesbaden: VS Research.

Krummheuer, A. L. (2008b). Zwischen den Welten. Verstehenssicherung und Problembehandlung in künstlichen Interaktionen von menschlichen Akteuren und personifizierten virtuellen Agenten. In H. Willems (Hg.), *Weltweite Welten. Internet-Figurationen aus wissenssoziologischer Perspektive* (S. 269-293). Wiesbaden: Verlag für Sozialwissenschaften.

Künstliche Intelligenz. (2003). *Vol. 4, Schwerpunkt: Embodied Conversational Agents.*

Labov, W. (1972). Rules for Ritual Insults. In D. Sudnow (Hg.), *Studies in Social Interaction* (S. 120-169). New York: The Free Press.

Labov, W. (1975). *Language in the Inner City: Studies in the Black English Vernacular.* Philadelphia: University of Pennsylvania. (3. Aufl.; 1. Aufl. 1972)

Latour. B. (1987). *Science in Action. How to Follow Scientists and Engineers through Society.* Cambridge, Mass.: Harvard University Press.

Latour. B. (1996). On Actor-Network Theory. A Few Clarifications. *Soziale Welt, 47,* 369-381.

Latour, B. (2000). *Die Hoffnung der Pandora. Untersuchungen zur Wirklichkeit der Wissenschaft.* Frankfurt am Main: Suhrkamp. (Orig. *Pandora's Hope: An Essay on the Reality of Science Studies,* 1999, Cambridge, Mass: Harvard University Press.)

Latour, B. (2005). *Reassembling the Social. An Introduction to Actor-Network-Theory.* Oxford: Oxford University Press.

Latour, B. (2006). Über technische Vermittlung. Philosophie, Soziologie, Genealogie. In A. Belliger & D. J. Krieger (Hg.), *ANThology. Ein einführendes Handbuch zur Akteur-Netzwerk-Theorie* (S. 483-528). Bielefeld: transcript.

Latour, B. & Woolgar, S. (1979). *Laboratory Life. The Social Construction of Scientific Facts.* Beverly Hills: Sage.

Law, J. (Hg.). (1991). *A Sociology of Monsters. Essays on Power, Technology and Domination.* London: Routledge.

Leeuwen, T. van & Jewitt, C. (Hg.). (2001). *Handbook of Visual Analysis.* London: Sage.

Leggewie, C. & Bieber, C. (2004). Interaktivität – Soziale Emergenzen im Cyberspace. In C. Bieber & C. Leggewie (Hg.), *Interaktivität. Ein transdisziplinärer Schlüsselbegriff* (S. 7-14). Frankfurt am Main: Campus.

Lehn, D. vom, Heath, C. & Hindmarsh, J. (2001). Exhibiting Interaction: Conduct and Collaboration in Museums and Galleries. *Symbolic*

Interaction, *24*(2), 189-216.

Lester, J. (2001). Introduction to the Special Issue on Intelligent User Interfaces. *AI Magazine. Special Issue: Intelligent User Interfaces, 22*(4), 13.

Lindemann, G. (2002a). *Die Grenzen des Sozialen. Zur sozio-technischen Konstruktion von Leben und Tod in der Intensivmedizin.* München: Fink.

Lindemann, G. (2002b). Person, Bewusstsein, Leben und nur-technische Artefakte. In W. Rammert & I. Schulz-Schaeffer (Hg.), *Können Maschinen handeln? Soziologische Beiträge zum Verhältnis von Mensch und Technik* (S. 79-100). Frankfurt am Main: Campus.

Livingston, E. (1987). *Making Sense of Ethnomethodology.* London: Routledge & Kegan Paul.

Lomax, H. & Casey, N. (1998). Recording Social Life: Reflexivity and Video Methodology. *Sociological Research Online, 3*(2). (http://ideas.repec.org/a/sro/srosro/1998-74-1.html, 3.3.2003)

Lorentzen, K. F. (2002). Luhmann goes Latour Zur Soziologie hybrider Beziehungen. In W. Rammert & I. Schulz-Schaeffer (Hg.), *Können Maschinen handeln? Soziologische Beiträge zum Verhältnis von Mensch und Technik* (S. 101-118). Frankfurt am Main: Campus.

Luckmann, T. (1980). Über die Grenzen der Sozialwelt. In T. Luckmann (Hg.), *Lebenswelt und Gesellschaft: Grundstrukturen und geschichtliche Wandlungen* (S. 56-92). Paderborn: Schöningh.

Luff, P., Gilbert, N. & Frohlich, D. (Hg.). (1990). *Computers and Conversation.* London: Academic Press.

Luff, P., Hindmarsh, J. & Heath, C. (2000a). Introduction. In P. Luff, J. Hindmarsh & C. Heath (Hg.), *Workplace Studies. Recovering Work Practice and Informing System Design* (S. 1-26). Cambridge: Cambridge University Press.

Luff, P., Hindmarsh, J. & Heath, C. (Hg.). (2000b). *Workplace Studies. Recovering Work Practice and Informing System Design.* Cambridge: Cambridge University Press.

Luhmann, N. (1975a). Einfache Sozialsysteme. In N. Luhmann (Hg.), *Soziologische Aufklärung 2. Aufsätze zur Theorie der Gesellschaft* (S. 21-38). Opladen: Westdeutscher Verlag.

Luhmann, N. (1975b). Interaktion, Organisation und Gesellschaft. Anwendungen der Systemtheorie. In N. Luhmann (Hg.), *Soziologische Aufklärung 2. Aufsätze zur Theorie der Gesellschaft* (S. 9-20). Opladen: Westdeutscher Verlag.

Luhmann, N. (1975c). *Soziologische Aufklärung 2. Aufsätze zur Theorie der Gesellschaft.* Opladen: Westdeutscher Verlag.

Luhmann, N. (1987). *Soziale Systeme. Grundriß einer allgemeinen Theorie.* Frankfurt am Main: Suhrkamp.

Luhmann, N. (1995). Was ist Kommunikation? In N. Luhmann (Hg.), *Soziologische Aufklärung 6. Die Soziologie und der Mensch* (S. 113-124). Opladen: Westdeutscher Verlag.

Lynch, M. (1985). *Art and Artifact in Laboratory Science: A Study of Shop Work and Shop Talk in a Research Laboratory.* London: Routledge and Kegan Paul.

Lynch, M. (1993). *Scientific Practice and Ordinary Action. Ethnomethodology and Social Studies of Science.* Cambridge: Cambridge University Press.

Malinowski, B. (1972). Phatic Communion. In J. Laver & S. Hutcheson (Hg.), *Communication in Face to Face Interaction: Selected Readings* (S. 146-152). Harmondsworth: Penguin. (Auszug aus: The Problem of Meaning in Primitive Languages, 1923, in C.K. Ogden und I.A. Richards (Hg.) *The Meaning of Meaning*, Routledge & Kegan)

Malsch, T. (1998). *Sozionik. Soziologische Ansichten über künstliche Sozialität.* Berlin: Sigma.

Maynard, D. W. (1980). Placement of Topic Changes in Conversation. *Semiotica, 30*(3/4), 263-290.

Maynard, D. W. & Zimmerman, D. H. (1984). Topical Talk, Ritual and the Social Organization of Relationship. *Social Psychology Quarterly, 47*(4), 301-316.

Mead, G. H. (1991). *Geist, Identität und Gesellschaft aus der Sicht des Sozialbehaviorismus.* Frankfurt am Main: Suhrkamp. (8. Aufl.; 1. Aufl. 1968)(Orig. *Mind, Self and Society. From the Standpoint of a Social Behaviorist*, 1934, Chicago: University of Chicago.)

Meier, C. (1998). Zur Untersuchung von Arbeits- und Interaktionsprozessen anhand von Videoaufzeichnungen. *Arbeit, 7*(3), 257-275.

Meier, C. (1999). Die Eröffnung von Videokonferenzen. Beobachtungen zur Aneignung eines neuen interaktiven Mediums. In E. Hebecker, F. Kleemann, H. Neymanns & M. Stauff (Hg.), *Neue Medienumwelten: Zwischen Regulierungsprozessen und alltäglicher Aneignung* (S. 282-297). Frankfurt am Main: Campus.

Meier, C. (2000). Neue Medien – neue Kommunikationsformen? Strukturmerkmale von Videokonferenzen. In W. Kallmeyer (Hg.), *Sprache und neue Medien* (S. 195-221). Berlin: de Gruyter. (Jahrbuch des Instituts für Deutsche Sprache, 1999)

Meier, C. (2002). Kommunikation in räumlich verteilten Teams: Videokonferenzen bei Technics. In C. Thimm (Hg.), *Unternehmenskommunikation online/offline. Wandelprozesse interner und externer Kommunikation durch neue Medien* (S. 103-133). Frankfurt am Main: Lang.

Messmer, H. (2003). Konflikt und Konfliktepisoden. Prozesse, Strukturen und Funktionen einer sozialen Form. *Zeitschrift für Soziologie. 32*(2). 98-122.

Meyers Lexikonredaktion (Hg.). (1995). *Meyers großes Taschenlexikon: in 24 Bänden*. Mannheim: BI-Taschenbuchverlag. (5. Aufl.)

Mitchell, R. W. (2001). American's Talk to Dogs: Similarities and Differences With Talk to Infants. *Research on Language and Social Interaction, 34*(2), 183-210.

Moore, R. J., Ducheneaut, N. & Nickell, E. (2006). Doing Virtually Nothing: Awareness and Accountability in Massively Multiplayer Online Worlds. *Computer Supported Cooperative Work, 16*(3), 265-305.

Newell, A. & Simon, H. A. (1976). Computer Science as Empirical Inquiry: Symbols and Search. *Communications of the ACM, 19*(3). 113-126.

Nilsson, N. J. (1995). Eye on the Prize. *AI Magazine, 16*(2), 9-17.

Pelachaud, C. & Poggi, I. (1998). Multimodal Communication between Synthetic Agents. In T. Catarci, M. F. Costabile, G. Santucci & L. Taranfino (Hg.), *AVI '98: Proceedings of the Working Conference on Advanced Visual Interfaces* (S. 156-163). New York: Academic Press.

Pickering, A. (1993). The Mangle of Practice: Agency and Emergence of the Sociology of Science. *American Journal of Sociology, 99*(3). 559-589.

Pickering, A. (1995). *The Mangle of Practice. Time, Agency, and Science*. Chicago: University of Chicago.

Quiring. O. & Schweiger. W. (2006). Interaktivität – ten years after. Bestandsaufnahme und Analyserahmen. *Medien- & Kommunikationswissenschaft, 54*(1), 5-24.

Rafaeli, S. (1988). Interactivity. From New Media to Communication. In R. P. Hakins, J. M. Wiemann & S. Pingree (Hg.), *Advancing Com-*

munication Science. Merging Mass and Interpersonal Processes (S. 110-134). Newbury Park: Sage.

Rammert, W. (1993). *Technik aus soziologischer Perspektive. Forschungsstand, Theorieansätze, Fallbeispiele. Ein Überblick.* Opladen: Westdeutscher Verlag.

Rammert, W. (2003). Technik in Aktion: Verteiltes Handeln in soziotechnischen Konstellationen. In T. Christaller & J. Wehner (Hg.), *Autonome Maschinen* (S. 289-315). Wiesbaden: Westdeutscher Verlag.

Rammert, W. & Schulz-Schaeffer, I. (Hg.). (2002a). *Können Maschinen handeln? Soziologische Beiträge zum Verhältnis von Mensch und Technik.* Frankfurt am Main: Campus.

Rammert, W. & Schulz-Schaeffer, I. (2002b). Technik und Handeln. Wenn soziales Handeln sich auf menschliches Verhalten und technische Abläufe verteilt. In W. Rammert & I. Schulz-Schaeffer (Hg.), *Können Maschinen handeln? Soziologische Beiträge zum Verhältnis von Mensch und Technik* (S. 11-64). Frankfurt am Main: Campus.

Raudaskoski, P. (1990). Repair Work in Human-Computer Interaction. In P. Luff, N. Gilbert & D. Frohlich (Hg.), *Computers and Conversation* (S. 151-172). London: Academic Press.

Rawls, A. (2003). Harold Garfinkel. In M. Lynch & W. Sharrock (Hg.), *Harold Garfinkel. Vol. I* (S. 9-42). London: Sage. (Orig. 1999, in G. Ritzer (Hg.), *Blackwell Companion to Major Social Theorists*, Oxford: Blackwell, S. 545-576.)

Rist, T. (2003). From Virtual Presenters to Interactive Role Plays with Multiple Conversational Characters. *Künstliche Intelligenz, 4*, 18-23.

Robinson, H. (1990). Towards a Sociology of Human-Computer Interaction. A Software Engineer's Perspective. In P. Luff, N. Gilbert & D. Frohlich (Hg.), *Computers and Conversation* (S. 39-49). London: Academic Press.

Rost, M. (1989). *Sprechstrategien in "freien Konversationen": Eine linguistische Untersuchung zu Interaktionen im zweitsprachlichen Unterricht.* Tübingen: Narr.

Rost, M. (1990). Reparaturen und Foreigner Talk – Verständnisschwierigkeiten in Interaktionen zwischen Muttersprachlern und Nichtmuttersprachlern. *Linguistische Berichte, 125*, 24-45.

Rubin, J. (1994). *Handbook of Usability Testing. How to Plan, Design, and Conduct Effective Tests.* New York: John Wiley & Sons.

Sacks, H. (1972). On the Analyzability of Stories by Children. In J. J. Gumperz & D. Hymes (Hg.), *Directions in Sociolinguistics. The Ethnography of Communication* (S. 325-345). New York: Holt, Rinehart and Winston.

Sacks, H. (1984a). Notes on Methodology. In J. M. Atkinson & J. Heritage (Hg.), *Structures of Social Action. Studies in Conversation Analysis* (S. 21-27). Cambridge: Cambridge University Press.

Sacks, H. (1984b). On Doing 'Being Ordinary'. In J. M. Atkinson & J. Heritage (Hg.), *Structures of Social Action. Studies in Conversation Analysis* (S. 413-429). Cambridge: Cambridge University Press.

Sacks, H. (1992). *Lectures on Conversation. Volume I & II* (G. Jefferson, Hg.). Oxford: Blackwell.

Sacks, H., Schegloff, E. A. & Jefferson, G. (1974). A Simplest Systematics for the Organization of Turn-Taking for Conversation. *Language*, *50*(4), 696-735.

Schank, G. (1987). Linguistische Konfliktanalyse. Ein Beitrag der Gesprächsanalyse. In G. Schank & J. Schwitalla (Hg.), *Konflikte in Gesprächen* (S. 18-98). Tübingen: Narr.

Schank, G. & Schwitalla, J. (Hg.). (1987). *Konflikte in Gesprächen*. Tübingen: Narr.

Schegloff, E. A. (1972). Sequenzing in Conversational Openings. In J. J. Gumperz & D. Hymes (Hg.), *Directions in Sociolinguistics. The Ethnography of Communication* (S. 346-380). New York: Holt, Rinehart and Winston. (Orig. 1986, *American Anthropologist*, *7*(6), 1075-1095.)

Schegloff, E. A. (1979). Identification and Recognition in Telephone Conversation Openings. In G. Psathas (Hg.), *Everyday Language. Studies in Ethnomethodology* (S. 23-78). New York: Irvington.

Schegloff, E. A. (1986). The Routine as Achievement. *Human Studies*, *9*, 111-151.

Schegloff, E. A. (1987). Analyzing Single Episodes of Interaction: An Exercise in Conversation Analysis. *Social Psychology Quarterly*, *50*(2), 101-114.

Schegloff, E. A. (1988). Presequences and Indirection. Applying Speech Act Theory to Ordinary Conversation. *Journal of Pragmatics*, *12*, 55-62.

Schegloff, E. A. (1992). Repair after Next Turn: The Last Structual Provided Defense of Intersubjectivity in Conversation. *American Journal of Sociology*, *97*(5), 1295-1345.

Schegloff, E. A. (1997). Third Turn Repair. In G. R. Guy, C. Feagin, D. Schiffrin & J. Baugh (Hg.), *Towards a Social Science of Language Vol. 2: Social Interaction and Discourse Structures* (S. 31-40). Amsterdam: Benjamins.

Schegloff, E. A. (2000). When 'Others' Initiate Repair. *Applied Linguistics, 21*(2), 205-243.

Schegloff, E. A. (2002a). Beginnings in the Telephone. In J. E. Katz & M. Aakhus (Hg.), *Perpetual Contact: Mobile Communication, Private Talk, Public Performance* (S. 284-300). Cambridge: Cambridge University Press.

Schegloff, E. A. (2002b). Reflections on Research on Telephone Conversation: Issues of Cross-Cultural Scope and Scholary Exchange, Interactional Import and Consequences. In K. Luke & T.-S. Pavlidou (Hg.), *Telephones Calls: Unity and Diversity in Conversational Structure across Languages and Cultures* (S. 249-282). Amsterdam: Benjamins.

Schegloff, E. A., Jefferson, G. & Sacks, H. (1977). The Preference for Self-Correction in the Organization of Repair in Conversation. *Language, 53*(2), 361-382.

Schegloff, E. A. & Sacks, H. (1973). Opening up Closings. *Semiotica, 8*, 289-327.

Schiffrin, D. (1993). 'Speaking for Another' in Sociolinguistic Interviews: Alignments, Identities, and Frames. In D. Tannen (Hg.), *Framing in Discourse* (S. 231-263). New York: Oxford University Press.

Schmidt, G. (2000). Chat-Kommunikation im Internet – eine kommunikative Gattung? In C. Thimm (Hg.), *Soziales im Netz. Sprache, Beziehungen und Kommunikationskulturen im Internet* (S. 109-130). Wiesbaden: Westdeutscher Verlag.

Schneider, W. L. (2002). *Grundlagen der soziologischen Theorie. Band 1: Weber – Parsons – Mead – Schütz.* Wiesbaden: Westdeutscher Verlag.

Schneider, W. L. (2005). *Grundlagen der soziologischen Theorie. Band 2: Garfinkel - RC - Habermas - Luhmann.* Wiesbaden: Verlag für Sozialwissenschaften. (2. Aufl.; 1. Aufl. 2002)

Schönhagen, P. (2004). *Soziale Kommunikation im Internet. Zur Theorie und Systematik computervermittelter Kommunikation vor dem Hintergrund der Kommunikationsgeschichte.* Bern: Lang.

Schulz-Schaeffer, I. (1999). Technik und die Dualität von Ressourcen und Routinen. Zur sozialen Bedeutung gegenständlicher Technik. *Zeit-*

schrift für Soziologie. 28 (6), 409-428.

Schütz, A. (1971). Wissenschaftliche Interpretation und Alltagsverständnis menschlichen Handelns. In A. Schütz (Hg.), *Gesammelte Aufsätze. Band 1: Das Problem der sozialen Wirklichkeit* (S. 3-54). Den Haag: Nijhoff. (Orig. Common-Sense and Scientific Interpretation of Human Action, 1953, *Philosophy and Phenomenological Research, 14*, 1-37.)

Schütz, A. (1972a). Der Fremde. Ein sozialpsychologischer Vesuch. In A. Schütz (Hg.), *Gesammelte Aufsätze. Band 2: Studien zur soziologischen Theorie* (S. 53-69). Den Haag: Nijhoff. (Orig. The Stranger. 1944, *The American Journal of Sociology, 49* (6), 499-507.)

Schütz, A. (1972b). Die soziale Welt und die Theorie der sozialen Handlung. In A. Schütz (Hg.), *Gesammelte Aufsätze. Band 2: Studien zur soziologischen Theorie* (S. 3-21). Den Haag: Nijhoff. (Orig. 1960, *Social Research, 27* (2), 203-221.)

Schütz, A. (1981). *Der sinnhafte Aufbau der sozialen Welt. Eine Einleitung in die verstehende Soziologie.* Frankfurt am Main: Suhrkamp. (2. Aufl.; 1.Aufl. 1960) (Orig. 1932, Wien: Julius Springer.)

Schütz, A. & Luckmann, T. (2003). *Strukturen der Lebenswelt. Band 1 und 2.* Konstanz: UVK.

Searle, J. (1992). Geist, Gehirn und Programme. In D. Münch (Hg.), *Kognitionswissenschaft. Grundlagen, Probleme, Perspektiven* (S. 225-252). Frankfurt am Main: Suhrkamp.

Selting, M., Auer, P., Barden, B., Bergmann, J., Couper-Kuhlen, E., Günthner, S. et al. (1998). Gesprächsanalytisches Transkriptionssystem (GAT). *Linguistische Berichte, 173,* 91-122.

Simmel, G. (1992). Das Problem der Soziologie. In O. Rammstedt (Hg.), *Georg Simmel: Gesamtausgabe. Band 11: Soziologie: Untersuchungen über die Formen der Vergesellschaftung* (S. 13-62). Frankfurt am Main: Suhrkamp. (Orig. 1894, Druckvorlage dieser Version von 1908, Leipzig: Duncker & Humbold.)

Snow, C. E. & Ferguson, C. A. (Hg.). (1978). *Talking to Children. Language Input and Acquisition.* London: Cambridge University Press.

Strauss, A. L. (1991). *Grundlagen qualitativer Sozialforschung: Datenanalyse und Theoriebildung in der empirischen soziologischen Forschung.* München: Fink.

Suchman, L. (1987). *Plans and Situated Actions: The Problem of Human-Machine Communication.* Cambridge: Cambridge University Press.

Suchman, L. (1997). Centers of Coordination: A Case and Some Themes.

In L. B. Resnick, R. Säljö, C. Pontecorvo & B. Burge (Hg.), *Discourse, Tools, and Reasoning: Essays on Situated Cognition* (S. 41-62). Berlin: Springer.

Suchman, L. (1998). Constituting Shared Workspaces. In Y. Engeström & D. Middleton (Hg.), *Cognition and Communication at Work* (S. 35-60). Cambridge: Cambridge University Press.

Suchman, L. (2007). *Human-Machine Reconfigurations. Plans and Situated Actions, 2nd Edition.* Cambridge: Cambridge University Press.

Suchman, L., Blomberg, J., Orr, J. E. & Trigg, R. (1999). Reconstructing Technologies as Social Practice. *American Behavioral Scientist, 43*(3), 392-408.

Sycara, K. P. (1998). The Many Faces of Agents. *AI Magazine, 19*(2), 11-12.

Tannen, D. (2004). Talking the Dog: Framing Pets as Interactional Ressources in Family Discourse. *Research on Language and Social Interaction, 37*(4), 399-420.

Thomas, P. J. (Hg.). (1995). *The Social and Interactional Dimensions of Human-Computer Interfaces.* Cambridge: Cambridge University Press.

Turkle, S. (1995). *Life on the Screen. Identity in the Age of the Internet.* New York: Simon & Schuster.

Wagner, J. (2002). *Mensch — Computer — Interaktion. Sprachwissenschaftliche Aspekte.* Frankfurt am Main: Lang.

Weber, M. (1984). *Soziologische Grundbegriffe.* Tübingen: Mohr. (6. Aufl.: 1. Aufl. 1960)(Sonderausgabe aus *Wirtschaft und Gesellschaft*, Tübingen, 1921, S. 1-30)

Weizenbaum, J. (1966). ELIZA - A Computer Program for the Study of Natural Language Communication between Man and Machine. *Communications of ACM, 9*(1), 36-45.

Weizenbaum, J. (1977). *Die Macht der Computer und die Ohnmacht der Vernunft.* Frankfurt am Main: Suhrkamp. (Orig. *Computer Power and Human Reason. From Judgement to Calculation*, 1976, San Francisco: Freeman.)

Weizenbaum, J. (2001). *Computermacht und Gesellschaft. Freie Reden.* Frankfurt am Main: Suhrkamp.

Werle, R. (2002). Technik als Akteurfiktion. In W. Rammert & I. Schulz-Schaeffer (Hg.), *Können Maschinen handeln? Soziologische Beiträge zum Verhältnis von Mensch und Technik* (S. 119-139). Frankfurt am

Main: Campus.

Wilker, M. (2002). *Künstliche Intelligenz als technisierte Kommunikation. Das Verhältnis von sozialen und informationsverarbeitenden Systemen.* Frankfurt am Main: Lang.

Wilson, T. P. (1981). Theorien der Interaktion und Modelle soziologischer Erklärung. In Arbeitsgruppe Bielefelder Soziologen (Hg.), *Alltagswissen, Interaktion und gesellschaftliche Wirklichkeit. Band 1 und 2* (S. 54-79). Opladen: Westdeutscher Verlag. (5. Aufl.; 1. Aufl. 1973)(Orig. Conceptions of Interaction and Forms of Sociological Explanation, 1970, *American Sociological Review, 35*, 697-710.)

Wooffitt, R., Fraser, N. M., Gilbert, N. & McGlashan, S. (1997). *Humans, Computers and Wizards. Analysing Human (Simulated) Computer Interaction.* London: Routledge.

Zacher, J. (2005). *Kommunikation in Online-Seminaren. Eine ethnomethodologisch-konversationsanalytische Betrachtung von technischen Irritationen.* Diplomarbeit, eingereicht an der Fakultät für Soziologie, Universität Bielefeld.

Qualitative Soziologie
Jörg R. Bergmann, Stefan Hirschauer, Herbert Kalthoff (Hrsg.)

Andreas Langenohl
Finanzmarkt und Temporalität
Imaginäre Zeit und die kulturelle Repräsentation der Gesellschaft

Qualitative Soziologie Band 7. 2007. X, 130 S., kt. € 32,-. ISBN 978-3-8282-0367-9

„In the long run we are all dead" – so äußerte sich John Maynard Keynes vor über 80 Jahren über den praktischen Nutzen der Annahme, dass Finanzmärkte auf lange Sicht rational, effizient und an die Realwirtschaft rückgebunden seien. Und heute? Die vorliegende Studie analysiert auf der Grundlage von Interviews mit Fondsmanager/-innen, Aktienanalyst/-innen und anderen Finanzmarktprofessionellen die Vorstellungen von Vergangenheit, Gegenwart und Zukunft, die Handeln am Finanzmarkt orientieren, und zieht daraus Rückschlüsse auf die Art und Weise, wie wir uns die Gesellschaft vorstellen, in der wir leben. Was bedeutet es, dass der Finanzmarkt einmal kurzfristig irrational und sprunghaft und ein anderes Mal langfristig rational und berechenbar vorgestellt wird? Und welche Metaphern des Gesellschaftlichen verbergen sich hinter diesem (scheinbaren) Widerspruch?

Stephan Wolff / Claudia Puchta
Realitäten zur Ansicht
Die Gruppendiskussion als Ort der Datenproduktion

Qualitative Soziologie Band 8. 2007. VI, 255 S., kt. € 36,-. ISBN 978-3-8282-0407-2

Die Gruppendiskussion ist ein qualitatives Forschungsverfahren von rapide wachsender Beliebtheit. Es ist daher bemerkenswert, dass man über die kommunikative Infrastruktur dieser Gesprächsform empirisch kaum etwas weiß.
In der Literatur zu diesem Erhebungsverfahren herrscht die ‚Fiktion des transparenten Fensters': Man unterstellt, dass eine geschickt bestückte und gut moderierte Gruppendiskussion einen direkten Durchblick oder interpretativ erschließbaren Tiefblick auf die Meinungen und Erfahrungen ihrer Teilnehmer erlaubt. Dieser methodologische Anspruch lässt sich aber erst überprüfen, wenn man die Gruppendiskussion nicht nur als Instrument der Forschung einsetzt, sondern als soziologischen Gegenstand betrachtet. In diesem Sinne rekonstruiert die vorliegende Studie die interaktive (Ethno-)Methodologie von Gruppendiskussionen. Sie untersucht einen breiten Materialkorpus aus der Sozialforschung und der Marktforschung und zeigt, dass Gruppendiskussionen eine kunstvolle Praxis eigener Art darstellen. Moderatoren und Gruppenmitglieder arbeiten an genau jenem Fenster, das die Forschung unterstellt: Die Beteiligten stellen gemeinsam für die praktischen Zwecke der jeweiligen Situation Transparenz her, sie dosieren sie in ihrer Durchlässigkeit, sichern und demonstrieren ihre Belauschbarkeit, kurz: sie präsentieren Realitäten zur Ansicht.

 Stuttgart

Qualitative Soziologie
Jörg R. Bergmann, Stefan Hirschauer, Herbert Kalthoff (Hrsg.)

Thomas Loer
Die Region
Eine Begriffsbestimmung am Fall des Ruhrgebietes
Qualitative Soziologie Bd. 9. 2007. IV/299 S., kt., € 34,-. ISBN 978-3-8282-0412-6

Was ist eine Region? Diese Frage ist im Zuge des ‚spatial turn' in den Sozialwissenschaften bis heute unbeantwortet. In diesem Buch wird der Begriff der Region auf empirischer Grundlage expliziert: Eine Region ist eine soziokulturelle Einflussstruktur. Diese Struktur bildet sich in der Lösung von spezifischen Handlungsproblemen heraus, als mit denen konfrontiert die Bewohner eines Raumes sich erfahren, und sie bestimmt als eine Habitusformation ihr alltägliches Handeln.

Diese Begriffsbestimmung entwickelt der Autor aus einer detailreichen empirischen Studie über das Ruhrgebiet. Der empirische Fall wird dabei in eine neue Perspektive gerückt: Befreit von der Fixierung auf die Industriekultur und den aktuellen Strukturwandel deckt die Studie weit zurückliegende historische Konstellationen auf.

Auf diese Weise zeigen sich charakteristische Züge der Region Ruhrgebiet – etwa die Vergemeinschaftungsorientierung oder die ‚Malocherhaltung' – als Momente einer Fallstruktur von langer Dauer.

Heike Mónika Greschke
Daheim in www.cibervalle.com
Zusammenleben im medialen Alltag der Migration
Qualitative Soziologie Bd. 10. 2009. X/258 S., kt. € 34,-. ISBN 978-3-8282-0466-9

Wie ist globales Zusammenleben möglich? Wie verändert die Verfügbarkeit des Internets Alltag und Zusammenleben in der Migration? In diesem Buch wird ein ‚fremdes Volk' vorgestellt, das gemeinsam einen virtuellen Raum bewohnt, während seine Mitglieder, die zumeist paraguayischer Herkunft sind, über den Globus verstreut leben. Mit Hilfe von ethnographischen und kommunikationsanalytischen Verfahren, die am und für den Gegenstand entwickelt wurden, untersucht die Autorin den Zusammenhang von (transnationaler) Migration und globalen Kommunikationstechnologien. Sie zeigt, wie sich die soziale Aneignung und technologische Weiterentwicklung des Internets wechselseitig beeinflussen, wie Medien als Substitutionsmechanismus für migratorisch bedingte Abwesenheiten fungieren und welche neuen, globalisierten Formen von Sozialität dabei entstehen.

„Die Verbindung von Ethnographie, Medienforschung sowie Text- und Konversationsanalyse ist in höchstem Maß gelungen und vorbildlich für weitere Studien dieser Art." (Jörg R. Bergmann)

 Stuttgart

Bei Fragen zur Produktsicherheit wenden Sie sich bitte an:
If you have any questions regarding product safety,
please contact:

Walter de Gruyter GmbH
Genthiner Straße 13
10785 Berlin
productsafety@degruyterbrill.com